山本

ミシェル・フーコーの統治性と国家論

生政治/権力/真理と自己技術

山本哲士著作撰 3

文化科学高等研究院出版局

知の新書 SONDEOS
103

単行本『フーコー国家論』2016が品切れのため、普及用にタイトルを変え、章題、見出しのいくつかを変更し、新書にて廉価にし〈新版〉として刊行します。ミス・誤りや誤植を直し、文脈上でも幾分の修正・加筆をなしましたが根本軸が変更されたわけではない。ただ、国家論五部作はすでに完成しているので、7、8章はかなり手を入れました。さらにAppendixに書き下ろし論考を新たに収録しました。

Tetsuji Yamamoto,
Governementality and State-theory of Michel Foucault,
EHESC publishing, (first edition, 2016), Aug. 2021, Tokyo

＊ミシェル・フーコーの統治性と国家論〈新版〉

生政治／権力／真理と自己技術

はじめに

フーコーには国家論がないと言われます。それは、フーコーは権力諸関係を主に対象にしたのであって、国家とは窮極の形態であるにすぎないとしたことからきており、さらに「社会の国家化」「国家の社会化」ではない「国家の統治制化」であるとして国家優位の思考を回避したとみなされがちにあるのですが、生政治や統治制などは国家領域に関わることであるし、講義録での領土・安全・人口論や『社会は防衛せねばならない』の戦争論や『生政治の誕生』での新自由主義の検証などは国家形成の検証であり、また近代初期の「国家理性」「ポリス」をめぐる考察などは国家論の見直しとしてなされています。権力関係論のあと、その延長上で「国家」は「国家化 étatisation」の理論として前面にたてられて論じられました。監獄や病院や学校の制度の外にでて、それを規律の権力テクノロジーとして包括的に把捉したように、国家の外にでて国家を把捉する理論作業をフーコーはなしたのです。メタ批判は外部に立つことが基本です。一九七八年二月八日の講義で「いまから国家を探究する」と明言していますが、国家を「統治性 gouvernementalité」の様態から、人口・統治・安全性の「配備 dispositif」から考えていく問題設定を開削し明示していきます。それをさらに、フーコー国家論として理論転移していくことによって、既存の国家権力論や国家機能論を超えていくことがなされうるはずです。本書は、そこを新たに理論生産していく地平を開くものです。フーコーを忠実においながらしかし、ただの解釈にはとどめません。

フーコーは、国家を実体化する既存の仕方を切り離します、国家への愛や嫌悪に凝固されてしまっている国家観を解体するゆえ、国家論ではないかのようにみなされてしまいました。「国家は、歴史において、市民社会の上に脅威を与える一種の有機体 organisme のように増大し croître 発展させられて se développer やまないあの冷たい怪物 monstrer froid などではない」（⑦p.253、306頁）というのです。国家は統治制の一タイプでしかないという指摘は重要です。（統治性を「統治制」としてわたしは捉え返していきます。）

吉本隆明は国家は共同幻想の一つの様態でしかないという論をはりました。

国家を論じていくにあたって、フーコーは統治制を、吉本は共同幻想を前面におしだします。なぜ、そのように論じるのか？ 国家を実体的に国家凝固体として設定することでは、国家の実際、本質にとどきえないからです。そして、二人に共通している思想は、「国家は本質ではない、普遍でもない」ということです。その思想態度にたったうえで、フーコーは、国家形成の「プロセス」を歴史探究し、吉本は国家の発生・起源を本質探究し、それによって新たな国家論の閾を拓きました。フーコーは統治制の権力諸形態を明証化し、吉本は幻想構造を明証化（拙書『吉本隆明と「共同幻想論」』晶文社）しました。

つまり、「国家論」とは、歴史現存性を明らかにするものであって、国家の限界閾と消滅の契機をさぐりあてることにある（レーニンでさえ）、国家の単なる客観化ではないということです。

吉本の共同幻想論をふまえた「共同幻想国家論」において、わたしは国家と社会空間のはざまに統治技術を布置しました。本書は、その統治技術を明確にさせていくものです。国家と社会の関係に代わって、共同幻想と統治技術の理論閾を拓くことです。そして、国家の統治制化の後に、「社会の国家化」——公衆衛生や医療制度の生成や政治経済の市場——が疎外構成された構造を把捉することです、フーコーの論述をふまえてのことです。社会を社会として創成し、社会空間における「生者」を統治する技術の形成は、国家論としてくみたてうる対象です。〈国家〉の視座から、フーコーの読みをその可能性として論述していくことです。そこに、権力関係論を位置づけ直すことになります。権力関係を国家へ従属させることではありません、権力諸関係は国家を対象・参照せずに機能しているものです、その働きを国家と関係づけることです。

『安全性・領土・人口』『生政治の誕生』を『社会は防衛せねばならない』とともに、一九七五〜一九七九年の講義録を主軸にして、生権力・生政治、生者たちの統治、自己・他者の統治などにもふれながら、総体としての国家論を本書ではまとめていくことにします。それは、さらに加えて「自己技術」の政治・倫理に関わることになるものです。国家／権力関係に自分はどう関係して「いるか／いくか」です。

フーコーは、これらの考察を「国家理論なしですませる」と主張します。それは〈faire l'économie d'une théorie de l'Etat〉なのですが、ここには、「国家理論を節約する」という意味合いがあり、さらには「faire l'économie de =〜なしですませる」という慣習語的な使い方ではなく、そのまま字義とおりにいえば「国家理論のエコノミーを為す」という含蓄です。ここを辞書理解などしているとほんとに見誤ります、両義的な意味をこめているのです。「国家理論なしですませる国家理論のエコノミーを明らかにする」ということになるでしょうか。経済の出現、ホモ・エコノミクスの変容を考察することから国家化の統治制を探究しています。そして、「あなたは、諸分析において、国家的メカニズムの現前と効果とを現実性の中で消し去る分析をなしているのか、と言われたなら、わたしはそれは誤りであると言う」とはっきり述べていますが、これも「国家論を放棄していないぞ」とも、また「国家の消滅などは提起しないぞ」とも、両義的に理解できます。要するに既存の仕方での国家論は述べないということです。

狂気、精神疾患、臨床医学、刑罰システムへの規律テクノロジーの統合などを問題としながら、自分は、諸プラチック pratiques の総体・体制や諸々の為す仕方や諸統治制が累進的に国家化されていくことを探っているのであって、「国家化の問題が、わたしが提起した問いの中心にあるのだ」と述べています。つまり、国家の本性・構造・諸機能をそれ自体としてそれ自体のために分析することからは始めない、政治的普遍の類いとしての国家を設定して拡張するようなことはしない。なぜなら、国家は本質でも、普遍的なものでもない、権力の自律的源泉でもない、国家に内部はない、とフーコーは断定するからです。国家とは、永続的な国家化 perpétuelle étatisation によってもたらされる効果・プロフィール・動的切断 découpe mobile である。財政の資源、投資の様態、決定の中心、統御の諸形態・諸タイプ、地方権力・中央権威の間の諸関係を、変様したり、転移したり、混乱させたり、密かに滑りこませたりする、「不断の変換諸行為 transactions incessantes」である。国家には諸々の情 entrailles というものがない、それは感情 sentiments がないというのではなく、内部が無いということを意味する。国家は多角的な統治性体制の動的効果 effet mobile である、ということです。国家を秘密から引き離すということではなく、外部へと通過して国家の問題を問うこと、統治性の諸プラチックから国家問題の調査をなすことだ、というのです。(『生政治の誕生』p.78-9、93-4 頁) 国家を包括的制度とみなすようなそんな既存の理論からではなく、統治性から明証化してつかむ、そういう国家論をえがきだしているのです。政治と経済、それさえも無いとフーコーは言います。理論的な挑戦の言明です。

フーコーの思考法は、定義づけへ集中化・中心化・基軸化していくものではなく、拡散・分散・散逸していくように思考を展開し、あまねく網の目にいきわたるかのようにずらしてもいきますので、これだ！とは把捉しがたいものになっています、非常に厄介です。「意味されたもの《シニフィエ》」として把捉すると、それはフーコーではないものに転じられてしまうのです。大学人知性のフーコー論が稚拙なのは、意味されたことへまとめあげ整序化するからです、それは学生さん仕事です。しかも既存の近代学問認識の中へと後退させる。それを本書で、わたしもときにしてはいますが、要約的解読において、できるかぎりフーコー言述に沿ってまとめました。がまんして、読んでください、そうとしかなしようがないからです。

国家の統治制化を、かかる問題構成と思考技術とからフーコーは説くわけですが、国家の機能・アクト acte を統治プラチックから動的な切断・効果において解き明かす。だが、国家に内部がない、つまり構造も装置もないというように、わたしたちは断言しえません。国家が形成され構造化されてしまったものは存在すると考えるほかない歴史的現存の事態があります。そこが、フーコー国家論のミソとなるところです。権力諸関係論に実体がない、関係性とプラチックがあったのみであるように、国家に実体があるというのではない、構造関係や装置関係が作用的にあるということの意味においてです。それは、内部的にも外部的にもあるという意味です。要するに国家理論をつくりなおすことが求められている。それは、マルクス主義と自由主義・新自由主義の次元をこえてなされねばならないことです。新自由主義をフーコーは肯定したというような浅薄な見解は論外ですが、新自由主義の統治制の構成を検証することから、マルクス主義および社会主義ではまったく見逃されてしまっている「統治制」「統治技術」を明らかにして、国家技術の界閾をつかもうとしているのです。そこから政治テクノロジーと自己テクノロジーとの関係を把捉していくことが可能になります。政治諸戦略の道具手段と効果として国家を概念化していくことによって、公的なものとプライベートなものとの外在的境界を把捉して、国家と市民社会との対立の意味を再把捉して、政治諸制度と国家諸装置の内的な構造化を明らかにしていくことです。その理論アプローチと新たな問題設定が、フーコーによってまったく斬新に開削されているのです。

本書もまた、わたしの理論思考を介在させます、それは「述語政治」「場所政治」の開示を明証にしていくためです。主語的・主体的な——投企的と言える——政治実践 praxis への批判がこめられていきます。わたしの理論が、フーコーを基盤にしてなされていることは自明のことですが、フーコー理解が《言説プラチック pratiques discursives》論としてほとんどフーコー論者たちにおいて不在になっている、これもフランス現代思想了解の歪みというか、既存の社会科学理論の地盤転移としてのフーコー理論による解体が、しっかりとつかみとられていない、つまり、大学人の言説にからみとられ矮小化されたフーコーでしかない、それはフーコーの可能条件を見誤っている文化主義の系譜で政治を考えているにすぎないということです。あいかわらず、反の論理・実践が政治だと勘違いされています。フーコーのラディカルさが、国家へ形而上学的に収奪された認識の代物へと転じられてしまっているのです。フーコーの政治理論を前面へとおしだしたのは、わたしの戦略的な意図・ディレクションによるフーコー導入でありましたが、フーコーが亡くなった時を契機にして、相当意識的に編集・遂行しました（福井・山本他編『ミシェル・フーコー 1926-1984 権力／知／歴史』新評論、1984）。あまりにも表層のフーコー理解が「現代思想」の文化主義・記号論主義で蔓延していたためです。フーコーを権力論／歴史論の社会科学に配置するためです。このわたしの企図にたいして反動的に、フーコーの可能閾が広いため、再び文化主義的政治、ポストモダン政治へと、またドゥルーズ／ガタリと接合されて柔和化されたり、ネグリらのマルクス主義へと後退させられています。そうしたければすればいいですが、こちらがフーコー国家論を明示しなかったことにも因があろうと反省して、本書を改めて記すことにした理由になりますでしょうか。政治へのお喋り、主知主義をいくら繰り返そうが、国家に認識を収奪されたそれは、政治力をもたない――この政治力とは政治をしないという政治力をふくみます。その思想的・理論的な界閾は提示しておかねばならない。ネオリベラリズムと合体するフーコーだなどという理解の暴力は、政治的不能化の現れでしかありません。それは日本にとどまらない、世界でも波及しています。ここを打ち破っていくには、「フーコー政治理論」「フーコー権力論」としてではなく「フーコー国家論」として理論構築していくことが要されることになるのかとおもいます。わたし自身の怠慢でした。というのも、わたしはわたしに対してマルクス主義からの離脱が不可避であり、そこをフーコー権力論として開削し領有しえてしまったそこにとどまってしまったからです、自分の自分への思考としてでした。自らのマルクス主義図式・形式からの深刻な離脱であったのですが、それでよしとしてしまった。だが、マルクス主義理論を領有していない者たちが、フーコーを主知主義的に学問研究を装って出版文化市場で近年闊歩しはじめています。それは無意識のマルクス主義概念空間へと後退しています、そうしたフーコー研究なるものとは、本書はまったくちがうと強調しておきます。

フーコー論文集や講義録の翻訳は、かつてのずさんなものとちがって、一回りまわって非常によくなってこなされているのですが、どうにも細部に邦訳しきれない閾が不可避にあります。誤訳というよりも邦訳明証化が不可能な閾なのですが、そこにこそ実はフーコーの固有閾があるのです。諸概念のいりみだれ、理論概念の構成にたいする説明訳によって、そこは多分にぼやかされずれてさえいます。あまりに乱暴な訳もあります。とても訳書から引用文として使えないのです。そこは本書の論述過程で示していくことにしてあります。したがって訳書にはしたがっていません、その訳者によって移動させられてしまった理論水準の低下にはしたがえません。たとえばキイ概念になっている〈gouvernementalité/gouvernmentality〉は、単純に「統治性」とは訳してすまされない、あきらかに、「統治」と「心性」との構成からなされています――フランスでの解釈でも「心性」なる概念含意はそこには無いなどと主張されていますが、とんでもない誤認です。そこは、〈dispositif〉にも関わる、（アルチュセール的な）「appareil 装置」ではない、この対比的識別があり（フーコはこの両言表を使う）、また規制・ノルムをめぐる微妙な差異の理論的な意味がぶれていきます。はっきりいって訳書は不用意にぐちゃぐちゃです。フーコー理解の正統性を競う問題ではなく、フーコー理論の可能閾を開いていく上での問題です。訳語の用語の問題などではなく、概念空間の理論地平の問題であるのです。わたしは「統治性」としながらもそこから離脱すべく、「統治制」「統治技術」「統治心性」として、この統治プラチック（統治仕為）の論閾を考えていますが、あくまで国家空間と社会空間との関係における諸個人のパワー諸関係としてです。空間的に、そのように布置するしかない。やはり、アルチュセールとブルデューとをつねに照応させていないと、たんなる解釈正統性の問題へとずれます。「政治をいかになすか（しないか）」という場を、実際に「どこに」設定するかの自己技術／政治倫理もからむ問題であるのです。それはまた、ハーバマスのマルクス主義的膠着化を離脱する上でも大事です。フーコーとハーバマスだと関係性を設定したとき、たんなる大学人言説の知識主義の戯れ言でしかなくなると言えます。日本だけのことではありません。フーコーの固有さを全体化する政治が要されるところには、知と政治のからむ要があるのです。〈知―権力―主体〉のフーコー三角形において、〈知（真理）―言説―言説プラチック〉の軸が設定されていなければなりません。意識・認識の場がずらされていくことです。この三角形をはずしたいかなるフーコー論もおしゃべりでしかないと断言します。もちろん勝手におしゃべりしていればいい、人の勝手です。こちらには関係ないということですが、象徴的闘争は不可避にそこに生起しているということです。

国家が市民社会や社会空間の上にそびえて、実体としてあるかのように思われている、それはヘーゲル以来の概念的空間であり、マルクス主義的な上部構造の建築的比喩ですが、実際にはそうではない、そんな組織体も有機体も無いとフーコーから言われたところで、その観念・スキームは崩れない、幻想としてまた想像的表象として、そうなってしまっているからです、それも統治心性、統治技術による効果・結果です。フーコー国家論を明証化していくことで、それが解体するとは思われませんが、言説プラチックとしてそれは機能させていかねばならないことです。〈国家技術〉の実際的なものに近づくためです。「知の政治」の要になるところです。

「セクシュアリテの歴史」の第一巻『知の意志』——『知への意志』ではない——における権力関係論は拙書『フーコー権力論入門』(1991)、『フーコーの〈方法〉を読む』(1996)で論述しています。

またフーコーの思想総体については『ミシェル・フーコーの思考体系』(2009)として論述してあります。

本書は、これらに次ぐものです。

【凡例】

フーコー講義は、以下のように略語します。邦訳は巻数番号で示します。

IFD *Il faut défendre la société: Cours au Collège de France, 1975-1976* (Gallimard/Seuil, 1997)〔⑥『社会は防衛しなければならない』〕

STP *Sécurité, territoire, population: Cours au Collège de France, 1977-1978* (Gallimard/Seuil, 2004)〔⑦『安全・領土・人口』〕

NB *Naissance de la biopolitique : Cours au Collège de France, 1978-1979* (Gallimard/Seuil, 2004)〔⑧『生政治の誕生』〕

GSA *Le Gouvernement de soi et des autres : Cours au Collège de France, 1982-1983* (Gallimard/Seuil, 2008)〔⑫『自己および他者の統治』〕

また論稿は、*Dits et écrits* (Gallinard, 1994) の原書の通し番号で、n°234 のように示します。二巻本へ凝集されましたが——通し番号は同じです(邦訳も通し番号が付記されています)——古い四巻本の方を使いますのでご容赦を。

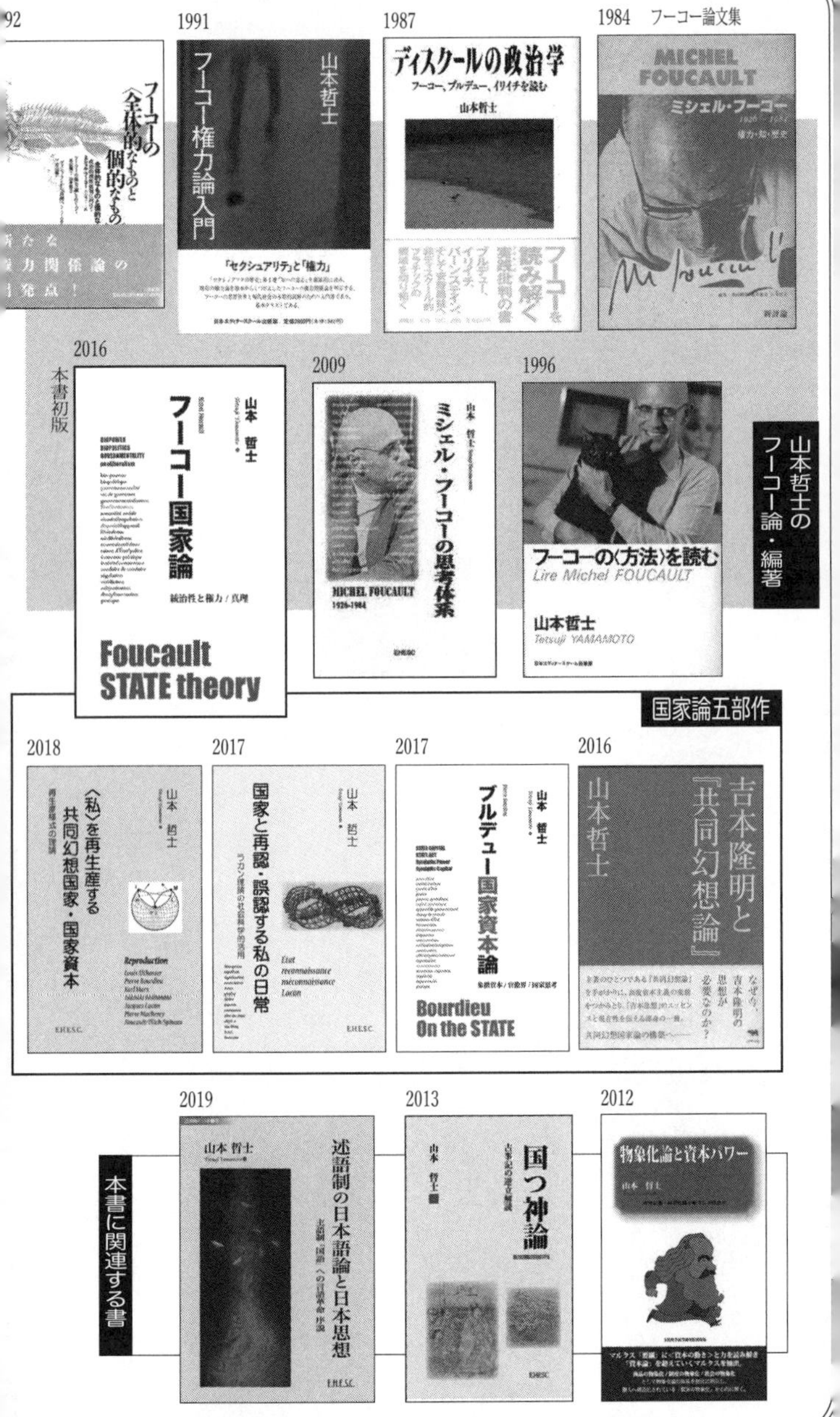

山本哲士のフーコー論・編著
1992
フーコーの〈全体的なもの〉と個的なもの
新たな権力関係論の出発点！
1991
山本哲士
フーコー権力論入門
「セクシュアリテ」と「権力」
1987
ディスクールの政治学
フーコー、ブルデュー、イリイチを読む
山本哲士
フーコーを読み解く
1984 フーコー論文集
MICHEL FOUCAULT
ミシェル・フーコー
権力・知・歴史
2016
本書初版
山本 哲士
フーコー国家論
統治性と権力／真理
Foucault STATE theory
2009
山本 哲士
ミシェル・フーコーの思考体系
MICHEL FOUCAULT 1926-1984
1996
フーコーの〈方法〉を読む
Lire Michel FOUCAULT
山本哲士
Tetsuji YAMAMOTO
国家論五部作
2018
山本 哲士
〈私〉を再生産する共同幻想国家・国家資本
Reproduction
E.H.E.S.C.
2017
山本 哲士
国家と再認・誤認する私の日常
Etat reconnaissance méconnaissance Lacan
E.H.E.S.C.
2017
山本 哲士
ブルデュー国家資本論
Bourdieu On the STATE
2016
山本哲士
吉本隆明と『共同幻想論』
なぜ今、吉本隆明の思想が必要なのか？
本書に関連する書
2019
山本 哲士
述語制の日本語論と日本思想
E.H.E.S.C.
2013
山本 哲士
国つ神論
古事記の謎を解く
EHESC
2012
物象化論と資本パワー
山本 哲士

I

権力関係論から統治性論へ

序章　フーコー権力論の地平と言説プラチック

——生権力／統治技術／統治性と国家への問題構成および基本範疇——

　権力分析をなしながら、フーコーは自らの言説理論を開削していったとき、プラチック（仕為）の領域と界閾を対象的に拓いていったといえます。それは社会プラチックではなく、言説それ自体の実際的な作用・働きであり、言説に規定された実際行為でもある「言説的プラチック pratiques discursives」です。理論的に未踏であった領域がそこに明証に拓かれていきました。かつては非政治的だとみなされていた領域の政治的な権力的なあり様を、物・制度・実際行為・言説にたいして見いだしていったわけです。ブルデューが「界のなかの闘争」として開削した領域に、フーコー権力論の分析が照応的になされたといえますが、もちろん対象は違うし、分析の仕方も違います。ブルデューは、支配する側がいかにそれを徹底しようとも劣勢の側からの抵抗があり、そこに象徴的闘争、物理的闘争がなされているのだとしましたが、それに対してフーコーは、ヒトという種が生物的なものとしていかに政治の領域にくみこまれていくのかという〈生〉の権力・政治を探究し、〈振る舞い conduite〉の統治に対する「反振る舞い」が同時に作用しえているあり方をうきだたせました。

その両者の思考領域の差異のへだたりの時空に、〈国家〉が「視えない」権力の関係作用をなしていることが浮上するのだと仮定して、本書の理論探究をすすめていきます。つまり、ブルデューとフーコーとが逃した領域を探りあて明証化していくことです。批判理論とは、現実に作用している視えないものを明るみに出すことです。概念的に言えば、〈象徴権力〉と〈生権力〉との関係を「国家アクト」と「権力諸関係」との関係に配置して、この双方の次元を把捉することになります。さらに国家／社会／経済諸関係とそれらはいかに関係するかという古典的な問題も絡めてですが、それを転移するためです。古典的マルクス主義も一般的な社会科学も、社会批判の理論的な資源・ツールにはもはやなりえていないなかで、この二人が権力理論として開削してきたことは、自分の日常生活を問うことにおいて非常に重要であるだけでなく、国家論を見直すうえでもとても重要です。

それは、権力や政治や国家とは何かではなく、「いかに」作用しているのかを問い、明らかにしたものになる。象徴権力論も生権力論も、その批判的解明は、「何か?」にではなく、「いかに?」においてなされています。[1]「他者を誘い込み服従させる諸行為 actions の総体」、諸個人・諸集団間でむすばれている関連 rapports・関係 relations を対象にすることです(「主体と権力」)。批判プラチックのなされ方、理論プラチックのなされ方が、この二人は既存のものとはまったく違うのです。裁き判決する、否定し拒否するとい

1「権力はいかに示威されるか」という意味での「いかに」ではなく、「いかなる手段を通じて行使されるか」「個々人が他者に対して権力をふるうとき、何が起きるのか」を問うことで、「なにか」「なぜ」の問いを排除するんではない、異なった仕方で提示するのだと「主体と権力」で述べています。(『思考集成』IX、no°306「主体と権力」、10-11頁)

うことに焦点をおく司法的言説ではなく、また目的意識的に投企的行動をする実践意識・行動でもない、つまり社会的現実にたいしてある諸標準を評価し適用させる規則遂行ではない、生活日常の当たり前だとおもわれている社会的・制度的な「プラチック＝実際行為」に権力作用を読み解いて、主体化＝従属化された自由の幻想からときはなたれる自己技術を自らにとりもどすためです。まだ存在していないものへと至ることです。「〈批判〉とは、人が認識しうること、なすべきこと、希望しうることを決定するために、理性の使用が正統でありうる諸条件を定義することを任務とする」とフーコーは述べています(n°339「啓蒙とは何か」)。

すでに、わたしはフーコー権力論の基礎領域は明示してあります。[2] 権力分析の先に「統治制」が分析された、それを本書では「国家論」としてどこまで練り上げられるかに課題をおきます。フーコーが「理論の端緒」をつかんだと自ら言っている、それをさらにおしすすめ理論生産の地盤にたどりつくことです。IFDでフーコーは、「権力を意図や決定のレベルでは分析しないこと」、「権力を内側から理解しようとはしないこと」と述べていましたが、それは「社会の最低辺のレベルで、権力の現象・技術・処置はどのように働くものなのかを分析する」こととしていたものであり、それはプラチック次元での考察をなすということであり、権力を実体や流体としてこれこれから生ずるようなものとみなすのではない、外部から他の諸関係に作用するものではない、と見なすことでした。これは、〈可能関係の仕為作用《プラチック》〉であると、

2 拙書、『ディスクールの政治学：フーコー・ブルデュー・イリイチ』(1987)、『フーコー権力論入門』(1991)、『フーコーの〈方法〉を読む』(1996)、『ミシェル・フーコーの思考体系』(2009)

わたしは把捉しますが、国家の考察にも使える仕方です。権力それ自体においてその働き・作用はプラチックに＝実際的に、それ自体で物事を可能にすべくなされる、ということです。資格をとれる、疾患を治せる、矯正されうるといったポジティブな可能性はもちろん、ネガティブなものである抑圧や支配や隷属をも可能にするということです。権力を実体的に見ないように、国家も実体的にみない方法をフーコーはとっていきます。権力は無い、とさえ言えますが、それは実体的なものではないということです。

IFDとSTPで、それぞれ年度の講義の初めに、フーコーは権力分析するうえでの「方法」と「指標」とをまとめて述べています。その両書の間の微差は、何を理論的に浮上させるのでしょうか？　権力諸関係にたいする新たな界が、〈国家〉として出現してくるのですが、しかし〈国家〉ではないものの界が新たに設定されていきます。権力への言述は、あちこちでくりかえしくりかえしなされているのも、その視えない働き・作用を言説でつかみ明証化させることの反復的回転、ずらしの検証であって、権力を言説プラチックとして顕在化させるためです。権力を対象にして権力ではないものを、国家を対象にして国家ではないものを浮上させるのがフーコーの手法・方法です。そこを、大学人による「意味されたもの」の世界でまとめあげたとき、権力の意味する作用は喪失されて、権力反対／反権力の主知主義のおしゃべりに堕しているにすぎないことになります。本書は、意味された捉え方をできるかぎり回避していきますが、〈意味されたもの〉の力の介入――知りうる水準範囲のみでの精緻化・整序化――は、つねに襲ってくる簡易さ・容易さへの誘惑であるゆえ注意されたしです。

(1) 権力概念の転移へ

権力関係論が「生権力」となって出現したのは一九七六年でした、IFDの最終講義の中でです。わたしは、社会科学的な理論革命は一九七五年までに地盤的にはほぼ出そろったと総括していますが、その世界線上に新たにこの概念が出現したのです。理論生産の新たな水準が、フーコーら批判理論の継承とそれへの批判とで九〇年代末まで深化されていくことになる。フーコーの歴史的考察においては、「主権の権力」から「生権力」への権力概念の転移です。政治哲学のなかで権力への考察として機能していた「法理論」の歴史的・概念的枠組みがクリティカルに識別され、さらに正統性の問題を捨てて、政治権力の行使にふくまれているテクノロジーと合理性の形態へのアプローチがなされたのです。フーコーの権力分析は、そのときをもって飛躍していきます。個々の身体に集中した権力諸技術の「解剖―政治」に加えて、十八世紀後半に、「人間種」の塊にたいする「生政治」が登場した、その新しい技術が「生権力」とされた、「人口」への「生政治」です。〈人口〉が政治として発見されたのです。かかる身体の解剖政治と人口への生政治が、『セクシュアリテの歴史』第一巻『知の意志』[3]（1976）でわたしたちの目にふれて出現したのは言うまでもありません。性は身体の欲望主体化と人口の統治性の問題に交点として関わる、ということでした。

（これは衝撃的でした。当時は講義録などはまだ刊行されていない。講義にわたしはでていたわけでもない、わたしはメキシ

---

3 <La volonté du savoir>は「知への意志」ではない、知・言説が意志を働かす「知の意志」です。訳者は、知の外に人間主体を想定し、人間の意志が知へ働くと誤認しています。また権力が外部から真理・知や性関係へ作用すると誤認しているのです。

コにいました。イリイチが『医療ネメシス』を刊行していくべくセミナーをなしていたときです。メキシコ遊学中で、それをわたしは知ります。彼らの知的相互交通は、直接的であれ間接的であれ、ダイナミックになされていました。それはわたしには目を見張る光景でした。日本の遅れは、相当なものであると感じた実経験です。わたしがフーコー権力論を中心に福井憲彦氏たちと論文集で編集刊行したのはフーコーが亡くなった一九八四年ですから、七六年から八年間、わたし自身は権力論と格闘していたことになりますでしょうか。頭のなかにこびりついたマルクス・レーニン主義の権力概念の転移は、帰国した一九七九年にはもうそれなりに自分のものとはなっていましたが、完全に整理が自らについたのは一九八四年です。ただの知識では概念空間転移はなされない。日常生活そのもののなかに権力諸関係が作用しているのだということを、イリイチ、フーコー、ブルデューを通じての「学校論・教育論」の方からわたしは領有していました。論稿集編集のその後、『ディスクールの政治学』1986、『フーコー権力論入門』1991で明示した次元です。フーコーは、ただ読めばすむという言説ではない。わたしは当時、スペイン語訳、英訳で読み、帰国後フランス語で読み直します。それぞれの言語で、まったく違うと感知したのは大きな学びでした。イリイチは、英語で草稿を書き、西訳、仏訳、独訳しながら同時に思考をして仕上げますが、トランスする意味作用の重要さを学んだ。）

◉権力概念の捉え直し

STPで、フーコーは、去年「軽はずみに」[4]述べてしまった「生権力」について今年は語るとして、まず五つの提起（命題）propositions を示します、それは原理 principes でも規則 règles でも定理 théorèmes でもないと述べます。「指標 indication」ともいっています。（1978.1.11 講義）

①権力とは何かという一般理論の仕方ではない。権力は実体 substance や流体 fluide ではない、あるもの

4 <proposition> は論理学では「命題」となるが、ここでは、原理・教義でも規則・定理でもない、ただの「提起」であるという意味合いであろう。しかし命題化しうるという意味は含蓄されているとおもわれる。

から生じるものではない。権力とは諸処置 procédures[5] の総体である。権力を確保する役割・機能・主題のメカニズム・諸処置の総体です。どこを通るのか、誰と誰の間で、どの点と点との間で、いかに通され、いかなる処置でいかなる効果を伴っているかによる、知の分析においてのみ把捉されるものだ。(p.3-4)

②権力は権力自体によって立つものでも、生産諸関係、家族関係・性関係に変更や妨害を外部から加え、確固・一貫・安定したものにするというものではない。それらとの諸々の横的共整序 coordinations latérales・階層的従属 subordinations hiérarchiques・孤立的同型性 isomorphismes、テクニック的な同一性・類似、伝導効果があったにしても、そこから権力メカニズムを把捉しえたにしても、権力メカニズムが編制され維持され変容される役割のための諸処置の総体は、自動発生的 autogénétiques でも自動存続的 autosubsistantes でもない。自分自身において設立されてもいない。権力メカニズムが付け加わるというものではない。権力の諸メカニズムはこれらすべての諸関係 relations のもともと内属的部分 partie intrinsèque をなし、互いの効果と原因の循環的なものにある。(p.4)

③権力関係の分析は、ある社会の包括的分析や経済的変容の歴史にも結びつきうるが、フーコーは歴史学・社会学・経済学のどこにも属さない、哲学としての「真理の政治学」を探究してきたのだ、と主張します。それは、哲学に関わる、真理の政治学、社会で展開される闘争・対決・闘いによって、また闘争の諸要素である権力の諸戦術によって生産される「知の諸効果 effets de savoir」を示すことだ。

5 <procédures> は「手続き」と一般に訳されていますが、法律用語での訴訟手続きからきています。フーコーでは訴訟ではないし、法的な仕方を排除しようとしています。物事をなされるように処理していくことです。わたしは「処置」することと理解しています。

④ 理論的・分析的な言説は、すべて命令形の言説とはならない。命令的言説の形をとらないこと、「これこれに対ししかじかで闘え」、これを愛せ嫌え、これは良いあれは悪い、賛成しろ・反対しろ、という命令形は、美学的言説であり美学的秩序 ordre esthétique の選択の問題でしかない。何らかの教える制度から発せられたもので、紙の上のことでしかない。なすべきことの次元は現実的諸力の界 champ de forces réelles の内部にしかない。そこでは語る主体が単独で創造して自らの言葉を発することはありえない。諸力の界 champ de forces は言説内部で統御しえないし価値づけもされない。闘争するなら、これが鍵となる点 points clés、これが力の諸線 lignes de force、これが錠前 verrous、これがブロックされているもの blocages と、戦術的諸標識 indicateurs tactiques を示せるだけの、条件的命令形 imperatif conditionnel である。それが哲学的プラチック pratique philosophique の闘争と真理とのなす円 cercle である。(p.5)

⑤ 真理と闘争とのあいだの関係は、何世紀もの哲学的論争のなかで理論的言説において意味・効果を失っている。そこにたいしてフーコーは、単なる命令 seul impératif ではなく、範疇的 catégorique で無条件 inconditionnel のものを提起するが、それを政治的には決してやらない、と言っています (p.6)。何を言っているのでしょう?　つまり真理そのものの働きを視ること、そこにはかならず闘争が無条件ですでに展開されているということです。真理を外部から政治操作しているのではないということでしょう。

これが国家論の問題へ入っていくときに、フーコーが一九七八年時点で到達していた権力関係の考え方です。

しかしさかのぼる前年の IFD の講義 (1976.1.14) では、「権力とは何か」「権力装置とは何か」を解析することだとして、次の五つの方法論的な留意を提示していました。まだ「何か?」にとらわれていた段階ですから、対象の設定の仕方についてのことであって、権力プラチックの「いかに？」働いているかの状態把捉になりきっていませんが、かすかにその示唆が浮上しています。先の五点と比較してください。

①権力を中心の一般的メカニズム、総体の諸効果としてではなく、末端で、毛細状になるところで捉える。「最も局在的な régionales、最も局所的な locales、諸形態・諸制度のなかで」——中心的ではない地域的・地方的なという空間の位置——、「権力を組織し限界づける法の諸規則からは権力がはみだしてしまう」。規則を超えて延長し、諸制度の中に投資され、諸テクニックの中に身体をとらえ、物質的介入の道具が与えられる、そこで権力をとらえること。法的手段が弱まる極限で権力を捉えること。主権性 souveraineté ではなく「支配 domination」の研究である。(p.25)

②権力を意図 intention・決定 décision のレベルで分析しない、内側から理解しようとしない、権力を誰が持つか、その人は何を考えているか、何を求めているかという問いをたてない。現実的・効果的プラチックの内部 intérieur で研究すること。他方、その外面 face externe で、権力の対象、標的、適用界をともなった直接的・無媒介的関係において、その現実的諸効果が植え込まれ生産するところにおいて研究すること。服属化の諸処置のなかで、身体を服属させ assujettissent、動作 gestes を方向づけ dirigent、行動 comportement を管理する régissent、連続的・絶え間のないプロセスのなかでいかに物事がなされるのか。徐々に、現実に、物理的に、身体・力・エネルギー・物質・欲望・思考の多様さをもとに、諸主体がいかにつくられていくかを知ること。「諸主体の構成としての服属化 assujettissement の物質的審級 instance matérielle」を捉えること。国家の中心的魂ではなく、周縁的で多様な身体を問うこと。権力諸効果によっ

て、構成された身体が主体となる。「物質的諸操作子 opérateurs matériels の研究」である。(p.25-6)

③権力を「一塊の同生成的な（均質な）支配現象 phénomène de domination massif et homogène」とは考えない。ある個人・集団・階級が他者たちを支配するとは考えない。非常な高み・遠くから、権力を所有・占有している者たちと、それを持たず従属している subissent 者たちが分たれているとは考えない。権力とは循環 circule し連鎖 chaîne している何かであって、ここかしこに位置されて localisé いない。何人かの手の間にあるのではない、富・財のように領有され approprié ていない。権力は網 réseau において網にたいして行使されており、諸個人は循環するだけでなく、つねに従属する subir と同時に自ら権力行使もする位置に置かれる。権力の動かない標的、承認させる標的ではない、つねにリレー relais である、諸個人によって経由される transit が、諸個人へ適用される applique ものではない。ちょっとややこし言い方になっていますが、要するに個人を要素的中心、原始的原子、多様な材料とみなして、そこに服従や破壊をなす打撃を与えるものだとみなしてはならない。そうではなく、身体、動作 gestes、言説、欲望が個人を構成する、それが権力の一次的効果であって、個人は権力によって構成されるのだ。それがリレーとなって、権力は自らが構成した個人によって経由されるということです。これが、「服属化 assujetissement の諸形態の研究」としてなされることです。(p.26-7)

④権力は世の中で最もよくあまねく共有されているとはみなしてはならない、中心から出発して、社会の最小な要素に波及しているという演繹的推論をなすべきではない。社会の最低辺から、下から上へ、権力の現象、テクニック、処置は働いて、しだいに包囲され植民地化され使用され、屈折させられ、転

移され、延長され、政治利益や経済効用をもち、制度全体へ機能させ、「最終的には国家システム全体によって植民地化され維持されることになった」。これが「権力は行使され、循環され、網を形成する」ということである。「服属化の局所的諸システムの諸結合 connexions と諸使用 utilisations の研究」である。

⑤権力はイデオロギーを形成するものではない。イデオロギーに満たないと同時にイデオロギーをこえている。権力は、知の形成・蓄積の効果的な諸道具、観察の諸方法、記録の諸テクニック、調査・研究の諸処置 procédures、検査の諸装置 appareils であり、知の諸装置 appareils de savoir を形成・組織化・循環化させるものである。「知の諸配備 dispositifs de savoir の研究」である（ここではまだ、appareils と dispositifs とが区別されていませんが、知は双方の働きをなすともいえます）。(p.30)

ここで、イデオロギーと切り離しています。「権力の巨大諸機械 grandes machineries がイデオロギー的諸生産 productions idéologiques をともなった」ことはありうる、教育イデオロギー、君主権力イデオロギー、議会制民主主義イデオロギーなど存在はした。しかし、土台 base で、権力網 réseaux de pouvoir が行きつく地点で形成されるのがイデオロギーであるとは考えたくない、とフーコーはいいます。「知の形成」と「イデオロギー形成」とがはっきり区分されたところです。

既存の権力概念を解体的に転移しようとしていた途上ですから、微妙な言述になっていますが、権力への考え方、思考の仕方を、国家論・統治制論でもとっていこうとしている論述になっています。新たな言説が生産されていくときの思考技術の仕方がかいまみられるところです、非常に参考になりますが、意味されてきたことを転移しているこれらを、意味されたことに再布置してしまいますと、理解はずれます。理論生産を客観化の定義づけだなどと思い込んでいる仕方とはまったく違う。「〜ではない」とされた既存の考えからの切り離しにたいして、まだ「支配技術」「支配戦術」という「支配」の規制性が「服属化」としてとらえられてはいますが、固定した「装置」から「配備」へと転じられていくのです。これから一年をかけて、この規制性からの脱却がなされたのが、STPの「いかに」の問題構成になっていることです。そう簡単には転移されえないという実際ですが、フーコーによる既存のものを剥ぎ落としていく思考技術の仕方は、他の考察においても活用しうるツールになるといえるでしょう。「生権力」が浮上していくには、IFDからSTPへの、こうした転移思考がなされていかねばなりません。

かかる五つの設定の仕方は、知の考古学でなした、①対象、②技術、③概念、④戦略、⑤主題といったそれらに、そのものではないですが、そこに対応しうる手法の応用であるといえます。問題開削していくとき、フーコーはよく「五つ」の問題構成を自らに課して講義をすすめています。即対応していなくとも、だいたい五つに分節化しえたなら、問題構成は明証にうきだしていくということでしょうか。

⊙「生権力」「生政治」概念の出現と消滅⊙

人間＝個人身体から人間種＝人口へ対象が移動する、そこに「生権力」概念が誕生します。

ポール・パットンやエドワルド・メンディエッタらによる考察を参考にしながら概要をおさえておきましょう。

「生権力 bio-pouvoir」概念は「生政治 bio-politique」概念とともに出現したのですが、「生政治」は一九七四年のリオデジャネイロでの公的健康をめぐる講義においてすでに出現しています（n°170, 196, 229）。これは、イリイチによる医療批判を意識して論じられた、フーコーによる医療論です。

そしてIFDの最終講義（1976.3.17）で、両者の概念が登場しました。十八世紀末、人間存在の生物学的次元に行使されはじめた統治権力が、人間を「生きている存在」として設定した。身体と生命との両方を統御する権力によって統治される近代の政治社会は、身体を一方の極にし人口を他方の極にした、生命のコントロールをうみだしたということです。人間身体に関する「解剖政治 anatomo-politique」が十八世紀に編制されたが、その世紀末にもはや解剖政治とは言い難い何かが出現した、それは「人間種に関する生政治 biopolitique de l'espèce humaine」だと自分は呼びたい（IFD, p.216）。十九世紀は「生物的なものの国家化 étatisation du biologique」（IFD, p.213）へ向かったということです。生きている存在としての人間への権力です。生政治とは、人間の生と死、健康と病気、衛生、身体と精神、さらに家族とハウジング、生活すること労働すること、そうした人口の生活を最適化することであり、社会的・文化的・環境的・経済的・地理的な諸条件と関わっている人間の生にたいする統治です。

『知の意志』では、生を規整化するテクノロジーと身体の規律的テクノロジーとが時代的に対比されていましたが、その相互関係が、人口、安全性の統治の次元へと転じられていきます。

STPでは、人間種の生物学的諸姿が政治戦略の対象になったことを検証するのだとして、人々と物の循環に関係して都市人口の統治が考証されます。食糧難の回避と病気の統御です。そこに、主体に対する主権権力の行使のための初期近代の諸テクニックと規律権力のメカニズムとの、双方からは異なる

「安全性のテクノロジー」の出現が考証されます。これが最初の三回の講義で提示されます。そして第四講で、「統治」の問題構成がなされ、人間の生物的存在の諸条件を統治の対象にしたことから、主権権力を行使する諸手段を見直し、「統治のテクノロジー」の考察へとシフトしていき、「統治性」の分析へと入っていきます。あわせてキリスト教的パストラールの再考察と、国家理性・ポリスの考証がなされます。法言説的権力から生権力へのシフトです。主権権力→規律権力→生権力への移行です。

生権力とは、人間種の生物学的容態が政治戦略／権力系譜学の対象となってきたメカニズムのセットです。生活とそのメカニズムが、明白な計算の系域となって知・権力を人間生活の変容の代行者 agent とした、その政治的・経済的な計算の対象となることで、生政治は歴史の諸過程を生活の諸運動に結びつける「生‐歴史 bio-histoire」をえがきだしています。生誕率・死亡率・寿命の計算です。生権力の系譜学は、いかにしてわれわれは医療的〈知・権力〉の対象として自らを構成してきたか、いかにして生きる主体（実体）として自らを統治してきたか、いかにして生活倫理のタームで自らを関係づけてきたか、つまり知の主体、他者にかかわる主体としての権力領域、そして倫理に関係しての道徳主体、という系譜学の三領域です。

NB では、統治の自由主義・新自由主義の形態の分析がなされるのですが、とくにそれは市場メカニズムを通じて行使される「諸個人の諸行為に対する諸行為」つまり「行為にたいする行為」という間接的形態において考察されます——正確には「振る舞いにたいする振る舞い」「振る舞いの領導 conduite de conduite」です。「振る舞い」の二重の意味です。第一講の終りでは、生政治と言われてきたような問題対象が、「統治の自由的アート」の問題閾へとシフトされていく問題構成提起がなされています。そして第四講で、自由論的統治性の枠組みで、①法と秩序の問題、②国家と市民社会の対立の問題、③生政治の問題と生命の問題を、検証すると言っているのですが、第③の問題へはついに至りませんでした。第八講で、「最初は生政治について話すつもりでいた」と述べた、それきりで、以後、生権力と生政治の概念はフーコーの仕事からは消えていきます。

生権力は、十七世紀と二十世紀の間の主権権力の変容における権力分析として、統治性の歴史として、生権力の時代とされる歴史的存在論として、考察されました*。ややこしいのは、主権権力と区別されていながら、主権権力の新たな編成としてその見直しに布置されるためです。規準は、「法／主権」、「身体／規律」、「人口／生権力・生政治（安全性）」を、異なる三つにおいて識別しておいたうえで、相互関係を把捉していくことです。それをもっていないと、混乱していきます。

●生政治と規律テクノロジーとの対比（1976.3.17講義）

規律テクノロジーは、十七、八世紀に出現した「本質的に、個々の個人身体に集中する権力の諸テクニック」であり、個々の身体の空間配置をなし、個々の身体の周りに可視性の領域を組織化するのを保証する諸処置です――軍隊・学校・病院・工場など――。それは身体を引き受け、練習・訓練によって身体の有用な生産的諸力を最大化する諸テクニックです。コンスタントな監視、階層化、視察、エクリチュール、報告の体系によって行使される権力の合理化と厳密なエコノミーの諸テクニックで、「労働の規律テクノロジー」として集約されうるものです。

* 日本で考えると、戦国時代から織豊、そして徳川幕府、明治近代国家を、生権力／統治性の問題構成からどう把捉するかという課題は面白いことになるでしょう。

それにたいして、身体に向けられるのではない、人間を単に身体ととらえるのではない、個人化ではない、人間身体の「解剖‐政治」ではない。十八世紀末に新たに出現した「生政治」は、生きた人間、多数の大きな塊、集団化された、人間種へ向けられた統治です。個々人の疾病ではない、人口現象としての病気が問題にされ、公衆衛生、人口の衛生教育が、出生率だけでなく死亡率とともに関係することが問題とされ、栄養レベル、人々が暮らす物理環境が規整されていきます。老人や事故や虚弱などの生物学的不能状態に介入していきます。経済的にも生活の質に関わる、保険、個人的・集合的貯蓄、保障が合理的メカニズムとして取り上げられていくことになります。生権力は、人間と環境の関係を統御し、沼地のような自然環境や都市生活の情況に関わります。生政治を構成している、諸プラチックと知・権力が介入していく領域とですが、「出生率、死亡率、生物学的不能状態 incapacités biologiques、環境の諸効果、すべてについて生政治は知をひきだし、権力介入の界を定めていく」(IFD, p.218) のです。

①新しい要素 élément の出現：権利 droit 理論には個人と社会しかない。契約する個人、諸個人の自発的・暗黙的契約によって構成された社会体 corps social です。規律プラチック pratique disciplinaire は、諸規律が実際的に個人とその身体に関わっているものです。

生政治 biopolitique の新しいテクノロジーは、社会（体）でも身体でも個人でもない、多数の身体＝人口に関わり、政治問題としての科学的・政治的問題としての、生物学的問題としての、権力の問題としての「人口」が、そこに出現する。

②考察される諸現象の本性 la nature：経済的・政治的諸効果が集合的レベルで出現する、偶発的で予測

しえないが、集合的水準で容易に恒常的なものが確立され、可能になり編制される。持続的に展開され、長期的時間で出現し、系をなす現象。生政治が向けられるのは、持続的なもの durée でとらえられた人口において生産される偶発的出来事 événements aléatoires です。

③ 個別的現象や一個人としての人間ではなく、一般的諸現象やその包括的部分によって決定される水準への介入。たとえば死亡率を修正し低下させ、寿命をのばし、出生率を刺激すること。偶発的界をともなう包括的 global 人口において、均衡を保ち、平均を維持し、一種の恒常性を編制し、補償を確保することができる諸々の「規整するメカニズム mécanismes régulateurs」を編制せねばならない：つまり生きる存在からなる人口に固有の偶発さの周りに「安全性のメカニズム」をインストールし、生の状態 état de vie を最適化すること：諸力を最大化して引き出すこと。それは身体自体を働かせることへ操作された個人的調教 dressage individuel である規律とは全く異なる。細部において個人をとらえるのではなく、包括的メカニズムによって、均衡化 équilibration と規整性 régularité（規則にもとづいての規整化状態）の包括的状態を得る仕方を働かせる agir ことです。生命 vie、人間種 homme-espèce の生物学的過程を考慮し、規律ではなく、規整化 régularisation を確保することです。

「生かす権力 pouvoir de <faire vivre>」としての持続的で知的な権力の出現ですが、「規整化の権力」です。

(p.218-220)

まとめなおします。

◆身体の規律化テクノロジー technologie disciplinaire du corps：

規律的であるテクニック：調教のテクノロジー technologie de dressage

身体に集中し、個人化する諸効果を生産し、有用で従順にすべき諸力の源として身体を操作する。

◆生命の規整化テクノロジー technologie régularisatrice de la vie：

保障的テクノロジー technologie assurancielle：安全性のテクノロジー technologie de sécurité

人口に固有の塊 masse にたいする諸効果として、グループ化し、その生きた塊において生産される偶然的出来事の系を統御 contrôler しようとする：その可能性を統御し（変更させ）、諸効果を補償させる。

個人的調教によってではなく、包括的な均衡によって、恒常性 homéostasie——内部的危険へ関連する総体の安全性——を目ざす。

両者ともに、身体のテクノロジー technologie du corps ですが、一方は諸能力をもった器官 organisme として身体が個人化される individualisé テクノロジーであり、他方は総体の生物学的プロセスにおいて身体が置き換えられる replacés テクノロジーです。「規律化」と「規整化」との作用／働きの違いです。

生権力は、個人身体の規律化に対比されながらも、それを内部的にもっている人口の規制的統治の二重さから設定されたといえます。後者は「安全性のテクノロジー」と呼ばれていきます。しかし「調教テクノロジー」と「安全テクノロジー」とは、対象と道具手段とが本質的に異なります。歴史上での出現とその布置が異なるのです。ディシプリン＝規律は、軍隊・刑務所・学校・病院において内的に組織化・器官化されたものですが、人口の規整化は国家が十八世紀から焦点をおいてきたものです。人口学的データが人口と富の表とに集められ、平均生活期待と疾患率・死亡率の国家的調査が遂行されます。

✂〈身体―器官―規律―諸制度〉の系

la série corps-organisme-discipline-institutions

✂〈人口―生物学的諸過程―規整諸メカニズム―国家〉の系

la série population-processus biologiques-mecanisimes régularisateurs-État

とは、異なるということです。後者に「国家」が問題配置されていますが、統治制・統治技術の概念空間として転移設定されていきます。(p.223)

●二つのテクノロジーの節合

しかし、「権力の規律化メカニズム」と「権力の規整化メカニズム」、「身体の規律メカニズム」と「人口の規整メカニズム」とは、同じレベルにないため、節合 articulés しあいます――分節化されていたものが連動しあう――、それが都市問題・セクシュアリテ・医学・規範で出現し、生権力の過剰を産みます。「十八世紀末、西欧社会は生権力の時代に入った」(『知の意志』)と言われた状態です。

(i) **都市**：個人が家を持ち、部屋を持つ。そこにみられる「身体統御の規律メカニズム」は、碁盤状区割り quadrillage、シテの同一的裁断 découpage même de la cité、家族と個人の局所化 localisation によって、身体にたいしてなされます。切り離し、諸個人の可視化 visibilité、諸々の振る舞いの規範化 normalisation des conduites、都市の空間的配置変え disposition spatiale によって行使される自発的な警備統御 contrôle policier spontanéといったことです。他方、人口にたいして、貯蓄の振る舞いを許しそこに帰着させる、たとえば住居に結びついて賃貸しや購入といったことを可能にすることにおいて、疾病保険・老年保険のシステム、人口の最大限寿命を確保する衛生規則、都市の組織化自体がセクシュアリテ=生殖にたいしてなす圧力、家族衛生に行使される圧力、子どもにもたらされる世話soins、就学などがなされている。これは規整化するメカニズムです。都市の空間分割は、身体/人口を統御するのです。

(ii) **セクシュアリテ**：セクシュアリテは、身体の振る舞いとして永続的監視の形態において規律統御と個人化とをすすめる一方、他方で、人口を構成する多様な統一に関連する大規模な生物学的プロセスにおいて、生殖への効果を働かせています。身体と人口、規律と規整、その交点にあります。

(iii) **医学**：性における放蕩は個人の身体においては病気を巻き起こす温床となり、人口にたいしては遺伝的性質が世代へひきつがれ退化をもたらすとみなされ、そこに医学と衛生とから構成された全体としてのテクニック知savoir techniqueが、科学なるものの介入を身体と人口、器官と生物学的プロセスにたいして規律化する/規整化する諸効果をもたらしていきます。医学は固有の権力諸効果をともなった「介入の政治テクニック technique politique d'intervention」となったのです。

(iv) **規範**：この規律・身体と規整・人口との循環の要素は「規範 norme」です。「規範化社会 la société de normalisation」とは、規律化に覆われた社会ではなく、規律の規範と規整の規範との直交的節合 articulation orthogonaleにそって交叉した社会です。十九世紀は権力が生命を所有し、生命をひきうけ、器官的なものを生物学的なものへ、身体から人口へと広がって、規律テクノロジーと規整テクノロジーとの二重によって覆ったということです。

(v) **生権力の過剰** excès du bio-pouvoir：身体と人口の両極をあわせもつ生権力は、生命そのものを抹消するような原子的権力 pouvoir atomique をも出現させた。生権力は主権権力にたいして過剰になりえる、つまり人間の主権からはみだす。生命を整備する aménager だけでなく、生命を繁殖させ、生きるものを製造し fabriquer du vivants、怪物を製造し、窮極には、統御不能な普遍的破壊をなすウイルスを製造することが、技術的・政治的に人間にたいして可能になっています。

以上が生権力として提示されたものです。それが、権力関係論として再吟味されたことはすでに観たごとしです。生権力／生政治はペアのように使われていて明確な識別はしがたい概念です。そしてそれらは規律権力と区別・対比され――対象としては個人身体・対・人口、メカニズムとしては訓練テクニック・対・安全テクノロジー、操作としては「個人／集団の統御」・対・「集合的なものの規整」、目的としては「従順な身体」・対・「統計的規範」――、また主権権力（司法権力）とも区別・識別されました。しかしながら決定的な概念規定はなされないままフーコーにおいては消えていきます（フーコー継承者たちが拡散させたにすぎませんが、有効な活用できる概念と言えます）。

国家権力の目標は、生命の諸条件よりも諸個人の良き状態、市民社会、市場交換の固有の機能に向けられていきます。そしてフーコーは、生政治を統治性へ、生権力を経済代行為者たちの統治へと、シフトさせていくのです。

(2) 統治技術のテーマの出現：「統治」と「統治性」

一九七八年二月一日、STPの第四講義で「統治」の問題閾が統治プラチック・統治技術として出現し、「安全の技術」の問題をより統括的な位置から考察する試みがはじまるのですが、ここが国家論への転移となっていく可能閾になります。「生権力」の考察は消えて、「統治制」の考察にいたり、それが「生者の統治」として相をかえて出現していき、他方で、自己統治の「自己技術」から主体の問題閾への転回となっていくわけですが、本書では主体の問題は補足的に論じるにとどめます。

統治制の問題は、「統治 gouvernement」と「gouvernementalité 統治（心）性」との区別をたてねばなりません。さらに〈governance〉との違いも派生します。

「統治」の問題構成は、すでに『異常者たち』において提示されていました。子どもへの統治、狂人への統治、貧民への統治、そして労働者への統治です、それは「統治するアート art de gouverner」です(1975.1.15)。これは、一つに規律／ディシプリンにおける身体の規律であり同時に魂の統治である、パストラール制（権力）が統治テクニック technique de gouvernement として転移され布置された、ということです。2章で詳述しますが、パストラールのテーマが原型的にあって、それがキリスト教的パストラールへと制度化されて、その歴史的背景を地盤にして、並行して、近代国家を出現させる統治性とその関係が新たに構成されてくるということです。個人と集団との双方に、異なるテクニックでもって関与していく統治です。

このときフーコーは、権力関係として考えられていた枠の外にでて、国家の次元で考えようという回路を開いています。権力関係を「制度から切り離してテクノロジーの分析へ」、「機能から切り離して戦略の分析へ」、「研究対象の特権から切り離して知の領域・対象の構成へ」という、外に出ようとする三つの運動によって、「規律」という局所的な個々の制度にたいしての包括的な観点を、「包括的な観点は国家に対して存在するのか?」と問い直しながら設定しなおしていきます。「権力テクノロジーは国家という包括的制度・全体化的制度に属するのではないか」という問いです(1978.2.8)。生権力が規律権力と分離されて、異なる対象、異なるレベル、異なる規模、異なる道具において新たなテクノロジーとして考証されるわけですが、そこに「国家」次元の問題構成が入っていることが、見逃されがちになっています。

さらにそのとき、「統治のプラチック la pratique de gouvernement」をプラチック自体として社会学的に考察するのではなく、その「統治するアート」つまり、「最良の仕方で統治する」「よく考えられた仕方」「可能かつ最良の統治の仕方」、つまり「統治プラチックにおける dans /対する sur 考察の審級 instance」を捉えることとして、客観化された位置での「客観化や真理化の諸効果」であり、それが〈統治心性〉[6]を内在化している「統治性 gouvernementalité」の考究へと向かうことになるのです。統治性とは、統治がなしていること自体ではない、統治する諸制度の事態ではない、「プラチックの総体」である。そのプラ

6 <gouvernementalité>を<gouvernement>と<metalité>との結合的概念だとする理解があることにスネラールは間違いだと主張するが(⑦p.406、494頁)、「制度的・心的諸構造 structures institutionelles et mentales」(p.105)ということをフーコーは考慮にいれている、ただそれが前面に出ずに「振る舞い conduite」やプラチック pratique として述べられている。社会史の「心性」をフーコーなりに転移したいからであろう。わたしは、〈統治制〉として、統治技術と統治心性とが「統治するアート」において作用している(統治アクション)と理解して論をくみたてている。とりあえず「統治性」と辞書訳しておくが、わたしにとっては〈統治制〉の構成である。

チックに内在するアートをつかむということです。そして、このプラチックは多角的（多在的）である pratiques multiples。統治諸形態の複数性、国家への関係による統治プラチックの内在、その活動性 activité は多在性 multiplicité[7]・内在性 immanence である、と位置づけられます。

権力関係論でのある限界を超えんとして「国家」の次元が設定されているのですが、それは「統治性」を介在させることによって、再び権力関係の問題構成へと再布置されていくものになっていきます。人間の「振る舞い conduite」を統率する仕方である「統治性」は、権力諸関係を分析するための分析格子である（1979.3.7）、というように。

●統治性と統治制的プラチック

「統治性」の概念が再びあらためて登場したのは、一九七八年二月一日の講義でした。安全・人口・統治の十六世紀における統治するアートの出現と形成をふまえ、主権・規律・統治制的経営 gestion gouvernementale[8]の三角形、そして統治・人口・政治経済の十八世紀以降の堅いまとまりがなされる、それを「統治性の歴史」と自分はくくりたい、と講義をまとめていったのです。

そして統治性には三つの物 choses があるとして、

7 <multipilicité>は「多数」「多様」「多角」であり、訳語確定できない言表であるが、多数のものが多様に多角的に「多在している」「多在性」としておく。

8 形容詞の、<gouvernementale>は、<gouvernement>と対比的に使われたりして、<gouvernement>の形容詞というよりも、あきらかに「統治性」の形容詞へと布置されているように考えられます。「統治制的」とわたしはしています。心性とノルマ化が構成されている。

❶諸制度／諸処置 procédures／諸分析と諸省察／諸計算と諸戦術、から構成される総体で、権力の種別的で複雑な形式を行使し、人口を主要な目標対象にし、政治経済を知の形式とし、「安全性の諸配備 dispositifs de sécurité」を本質的な技術道具としている。

❷傾向 tendance や力の線 ligne de force：主権や規律といった権力タイプよりも長いこと優位に振る舞ってきたもので、それは「統治」と呼ばれてきた。統治の種別的諸装置 appareils spécifiques の系と知の系とを発展させたもの。（ここは「装置」概念です。）

❸統治性は「プロセス processus」である。中世の裁判国家 État de justice（十五、六世紀に管理国家 État administratif *となったもの）が「統治性化 gouvernementalisé」された、その歴史的過程の結果である

とくくっています (STP, p.111-2)。

これが STP における統治性の最初の問題設定です。「安全の諸配備 dispositifs」であり「統治の諸装置 appareils」であるとしています。それが、統治制化された「過程」にある。つまり、統治性は、配備 dispositif・装置 appareil・過程 processus であるということです。

＊dispositif とは、はずす仕組み、あちこちに配置換えしうるもの（たとえば軍事的に攻撃体制を配置、配備する、つまり配置換えしうるものです）。appareil とははめこむ装置、ある箇所に固定しているものです（たとえばプラグにはめこむ）。これをともに「装置」と訳して識別しえていないようでは、フーコーの統治技術の基本がなにもわかっていないということになります。

* justice の国家、administratif 国家、をどう訳したならいいのか。近代語的に訳してしまいましたが、日本での武家諸法度の「裁き」、織豊の天下統治に対応するアドミニストレーションです。まだ〈国家〉になりえていない段階での「安定」への統治性化の構成。

❷の「規律」は、後に、統治性の行使の歴史的形態である、と統治制のなかにくみこまれていきます。

> 国家を冷たい怪物だと過大評価したり、国家を生産諸力の発展、生産諸関係の再生産という機能へ還元したりしている、ともに国家を攻撃すべきものとし、国家を結合性 unité・個体性 individualité・機能性 fonctionnalité としてその重要性 importance においているが、そんな状態に国家は歴史上一度たりともない、国家は「混合されている現実性 réalité composite」であり「神話化された抽象 abstraction mythifiée」でしかない。「社会の国家化 étatisation de la société」ではなく**「国家の統治性化 <gouvernementalisation> de l'État」**がなされているのだ、とされたのです。(p.112)

国家を冷たい怪物にしたり、国家を恐れたり愛したり、そうした「国家嫌悪 la phobie d'État」をもって国家をみていてはだめだということです。

しかしながらこのように「国家」次元において統治性は国家の内在性であるかのようにされて、さらに外交的・軍事的技術の外的なものも内的な管理へと集約される「ポリス国家」として概括されるのですが、そうした統治アート、統治技術、統治経営、統治形態さらには統治理性が、国家よりも主要なことだと、探究され検証しなおされていったのです。その「国家の統治性化」による国家の永続的延命の種別的な多様さが把捉されていきます。ここに、フーコー国家論は描き出されていくことになるのですが、まとまった国家論としてではなく、「統治性」と「新自由主義政治」として論じられていくにとどまってしまったかのように世界ではみなされています。国家〈論〉として実定化されていないからだということでしょうが、フーコーはいつも自ら対象として考察したことを意味されたものとして実定化しませんが、権力関係論が何度も言述しなおされていくのに、国家論においては言述し直しは以後なされません。根本的な政治事項としての国家の出現は、より一般的な統治性の歴史の内部に位置づけられる、国家は統治性における一つのエピソードだ、というのです。

そして『生政治の誕生』(NB、1979.1.10) において、「統治制的合理性の内的規整化 régulation interne de la rationalité gouvernementale」がなされると、統治制的プラチック pratique gouvernementale への考え方がまとめられました。「統治するアート」への限定化 (限界づけ) limitation が、外在的な権利 droit によってなされるのではなく、内在的存在 être intrinsèque においてなされるのが、近代的統治理性となっていくというのです。それは、国家の内部ではなく、統治制の内部です。

❶まず、統治プラチックにおける為されること fait への眼界づけがなされる。不法・不当であるというのではなく、下手な統治、不適応な統治、なすべきことがなされない統治が仕分けられる。

❷状況に応じてしない方がいいとか差し控えたほうがいいとかの慎重さにもとづく助言などではなく、あらゆる状況に通じるつねに有効な原理によって、比較的一様な道筋からなされる「一般的な限界づけ」がくみたてられる。

❸統治にたいして、神だとか聖書だとか主体の意志だとかという外部にあるものではなく、統治プラチックの内側にあって、統治の目標対象があり、その到達のための根本的で最良の手段でもって、統治制的アクション action gouvernementale を限界づける、それを尊重する統治理性が働くということ。統治の諸目標対象の機能における限界づけ。

❹なすべきこととなすべからざることの分割は、個人・人間・主体のなかで統治アクションに従うべきか否かとしてなされるのではなく、統治プラチック自体のなかで操作さるうるものとされえないものとの分割がなされる。agenda と non agenda の間での分割である。
❺以上の制限は、統治者と統治される者との間での衝突、合意、相互譲歩、の相互作用によって包括的・決定的・全面的なやり方でなされるのではなく、統治者と被統治者の双方で定義される「内的規整化 régulation interne」として、予期せぬ出来事が統治プラチックにおいてなすべきこととすべきではないことの分割においてなされていく。(p.12-4)

統治理性は、国家理性とはちがって権利の問題や主権者の侵害・正統性をめぐってなされるのではなく、また刑罰的様相をもってはおらず、「いかにして統治しすぎないようにするか」という統治の過剰にたいして、統治理性に対する内的批判をもって、統治プラチックの合理性を測っていく、そこに「政治経済」が出現していくということです。これが「質素な（倹約的）統治 gouvernement frugal」(p.30) の時代、とされたものです。

統治を「実践」概念空間みていると、この統治プラチックの合理性の意味をずらしてしまう。だから訳書のように、政治経済を「政治経済学」だとして、そのエコノミーのプラチックまた言説プラチックを見誤るのです。政治経済のあり様であって、政治経済学として実定された学問ではありません。言説の作用＝実際行為を考察しているのであって、学問知の分析をなしているのではないのです、これも言説／知と言説プラチックとを混同しているからです。

わたしは講義の文献的保証を探っているのではない、そのような仕方は原書解説者のスネラールが、これみよがしにしていますが、引用対象などどこにでもみいだせる恣意的指摘でしかありません。それは問題構成をただずらす誤認を正統化するだけになるものです。わたしは、何が問題とされてそこに理論的生産の可能条件がどのように配備されているのかを見いだしていくために探っています。フーコー自身が言うように、これこれが権力だと定義されるようなものはない、ただ権力関係が働いている領域があるだけなのです。統治性もそれに抵抗する諸形式が出現したことによって生みだされているにすぎない、と言っています。したがって、いかなる問題構成において配備・布置されているかに理論抽出の鍵が示されるだけです。それは〈プラチックの閾〉においてなされているものなのです。歴史のなかのプラチックが明らかにされていったのです。言説プラチックから（歴史的）プラチックそのものへの探究は、こちらがフーコーによる規制条件のもとで、そこから離床して新たに問題構成していくことであって、その一つをわたしは自らへはっきりさせるべくとりくんでいるだけのことです（7章参照）。

「統治制的〜」「統治の〜」としていたものを、「統治理性」「統治プラチック」「統治アクション（統治行為）」としてよいかと思いますが、「統治制」のもとでのことだと理解しておくことです。

「国家とは」へ

以上のことをふまえて、国家とは種別性 spécificité で、複数性 pluralité である。固有のダイナミズムによって発展する歴史的・自然的な所与のものではない、歴史を征服していく冷たい怪物ではない、登場人物をうちのめしにやってくる憲兵ではない、として「統治するある仕方の共関物 le corrélatif」だとしたのです。国家とは第一に経済的には重商主義である、貨幣の蓄積によって富まねばならない、人口の増加によって強力にならねばならない、列強とのたえまない競争状態にあることで生産・流通（循環）を組織するものであること。第二に内部的経営 gestion intérieure として、プラチックにおいて組織され身体 corps の形をとる国家理性にしたがった統治として、緻密な都市的組織のモデルにしたがって諸国 pays の無確定な規定化 réglementation indéfinie をなす「ポリスの国家 État de police」。第三に、永続的な軍・外交の装置 appareil によって整備・組織され、諸国家間の複数性を維持し均衡が保たれるようにして帝国タイプの統一化がおきないようヨーロッパのバランスを保った。そういう「統治する新たなアート」であった、としたのです (NB, p.7)。これが、フーコー国家論の批判規準となるものです。そこに、生権力・生政治、規律権力、さらにパストラール権力の権力関係論を絡ませて理論生産することになります。主権権力・君主権力を司法権力を媒介にして、その民主主義的編制を対照的に批判対置しながら、それを考察していくことが要されます。統治制・統治技術がその機軸におかれることです。

統治性は、キリスト教的パストラールへ制度化されていく過程を前段階・バックグランドとして、統治性自体の出現（国家理性／ポリス国家）、自由主義の統治性、新自由主義の統治性と、四段階で論じられていきます。

生権力や統治技術を論じているとき、権力諸関係・権力形式かつ権力テクノロジーが論じられているのですが、権力理論にたいしては言説理論とは異なる領域の別物であるかのように、一般に区分されてみられてしまっています。しかし、それらの概念は、真理の体制をもった言説プラチックとしての生政治・生権力であり統治技術です。歴史的な出来事・事実の実証ではありません。歴史家たちはフーコーの歴史を歴史とはみなしていない[9]ようです。権力の歴史であるからですが、権力の言説プラチック

9 ミシェル・ペロー女史にパリであったとき、彼女たちが歴史家たちとフーコーとの交通をはかろうとして一同に会したが、まったく交通しえなかったと嘆息されていた。

ク史であり、その言説によって示された権力テクノロジーの転移の歴史です。そこに統治性・統治テクノロジーの種差性が布置されました。

そして「統治プラチック pratique gouvernementale」もそうなのですが、このプラチックという実際的行為を「実践」などとしていると、暗黙に国家嫌悪の国家を怪物化して、反国家をとなえる「実践」概念空間の政治性がさまようことになります。すると国家の闘と統治性の闘とが混同され、権力闘と統治性闘の混合もなされて、フーコーの個人的な実際政治行動と接ぎ木された理解（フーコーは街頭へ出る政治行動=実践をなした）が徘徊することにつながります。「現代思想と政治」と設定される問題意識において、学校も教育も性関係もさらには大学人としての自らの賃労働形態もまったく日常の諸行為は対象化もされず問われることもなく、自由や政治実践が主知的に語られることになっていく。フーコーへの誤訳的誤認のアカデミックな徘徊です。「実践」概念空間によって思考される関係とその他の関係の総体は、国家における統治性化の言説プラチックに収奪された形而上学のおしゃべりでしかない、自分の権力諸関係の実際の足元はまったく問われていない、つまりなんらの抵抗プラチックをもなしえていないで、自由だ政治だと白々しく語っているものです。国家は悪だ、資本は悪だ、とやっていれば客観化したつもりになって気がすむおしゃべりであって、なんら学問的な厳密さも検証もない。大学人アカデミズムの制度化下での社交集団の自己充足です。現代思想がアカデミズム化された、その精緻化偽装での、フーコー曲解でしかない。そこを補完するかのように階級闘争のアルチュセール主義がはいりこんでいます。だから、appareil 概念とフーコーの dispositif 概念を、しらじらしく「戦争」だなどと机上でお喋りして、その厳密な差別化と関係づけもせずに「装置」なる言表でやすやす同じ訳語をはめて、概念空間をあいまいなままに放置できるのです。彼らの頭のなかでは、国家権力も生権力も、「権力」という同じ概念空間で無意識に同一化されています。プラチック論が不在である限りそうなる。統治と統治性も用語区別はされていますが、概念空間は同一になっているにすぎないといえます。だから、conduite を「操行」として、まちがいではないですが、すましていられるのです。<conduite de conduite>は「操行の操行」だとして何が見えているというのでしょう？「振る舞いにたいする振る舞い」という客観化の処置の意味が把捉されているようには見受けられません。しかも「領導」「導く」という二重性の意味があるのです。

これは、プラチック視座をいれないと了解閾にいたらないものです。つまり、子どもが学校へいく、そのとき、登校時間に合わせ、ランドセルを背負い学校へ行く格好をし、教師に挨拶し、授業を黙って座って聞く、プラチックな「振る舞い」において、それを礼儀ただしくうまくやろうという仕方への処置がなされています。それが親・教師から要請されている「子どもへの統治」の身体・魂への統治です。背景にはさまざまな教育学・教授学の知の真理体制の言説プラチックが働いています。

(大学教師が教壇に立って講義をしているとき、学生たちは教師の方を顔も身体も向いて黙って座って発語しない「振る舞い」をしていることにおいて、それを「うまくやろう」としている「振る舞いに対する振る舞い」が、統治の働きです。そこに一望監視の規律の調教がなされ、かつ主体的・自発的な可能にする従属化の自由がなされている (居眠りもする欠席もさぼりもなしうる)。たんなる強制ではないのですが、暗黙の権力作用は明らかに働いています。講義を聴講しながら、居眠りしたり、マンガを読んでいたり、コンピュータでチャットや映画を見たりすることもなしうる様態ですが、ある枠内でふみはずさぬようにうまくやっています。教官が注意しうるし無視もしうる、注意されて従いもすれば反発して教室をでていくこともできる、しかし落とされないように単位をとるべく「うまく」やっているのです。教官も大きな問題にならぬようにうまくやっていくのです。その統治性や権力関係や国家への規範従属・受容は、ほとんどの大学教師にさえ認識されていない、そういう大学人の知の世界でフーコーは矮小化されています。かかる日常プラチックを問いもせずに、反国家だ、反資本主義だ、自由の政治だなどと言っているフーコー研究などに何の意味があるというのかです。）

主権権力と権力形式の違い

　権力をテクノロジーとして問題にするのであって、表象を問題にするのではないとしながら、しかし「主権権力」は表象次元において考証されています。そこがフーコー権力論において「主権 souveraineté」の布置をとらえがたいものないしは混乱へとまねいているものです。国家として問題を立てると主権者・主権レベル、法レベルで問題を立てることになってしまう（n°192「真理と権力」）、と嫌っていたのに、主権のあり方が転じてきたことを、統治性の考証では繰り返し論じ返しているからです。

　主権の考えはホッブズのリヴァイアサンにみられます。主権とされる一つの魂によって生気を与えられた唯一の意志・身体が国家の中心・頭に、国家を国家として構成する、それが主権だというものです（IFD, p.26）。その古典的な主権権力は「生と死の権利」として示されます。主体＝臣民 sujets は生きるか死ぬか、生死の間に主体は置かれます。主権者の意志の結果として主体＝臣民の生死は権利となっているにすぎない。臣民を殺すも生かすも主権者自体だということですが、その生と死にはバランスは無い、臣民は権力に対して完全な存在ではない、生きてもいないし死んでもいない、そして死の側でしか行使されない、主権者が殺すことができるところにしか行使されない、殺す権利だということです。死なすか faire mourir、生きるにまかせる laisser vivre かという非対称性です。（IFD, p.213-4、1976.3.17 講義）

ここが、新しい権利・権力（生権力）では反転します。生きさせる faire vivire、そして死ぬにまかせる laisser mourir です（p.214）。こうした指摘は、主権権力の行使の形態に言及した生殺与奪権の表象言述でしかありません。つまり主権者権利の生死に関する対称性と行使における非対称性の指摘です。ここが混同だと批判されたりしました。現代権力でも殺すからです。また、新たな権力技術は、もはや主権権力にはないというのですから、それを「生かすことに関わり、死ぬのはほっておく」という表象の次元のことではないという混同もおきています。権力行使は表象の問題ではないのですから。権利という統治の問題は、統治の政治的・司法的表象から、人間生命の生物学的条件にたいする生権力のテクノロジーへとシフトしたのですが、そこに主権権力の民主主義的配置がなされて表象しているといえるのではないでしょうか。生死への表象的関係によって主権権力と生権力を対比させて意味づけるのは無意味だともいます。

するとその過程の間に人種主義という問題が布置されたことになります。人種主義は生権力のエコノミーにおける死機能を正当化する（IFD）。生権力は長い脱線の歴史でもあります。生権力の諸テクニックによって人間の生が生物学的に分割された効果が人種主義です。生政治国家と人種主義との結合において、人種主義は「植民地化」をともなって発展します、植民地化するジェノサイドです。近代人種主義の種別性は、心性やイデオロギーにあるのではなく、権力技術にある。その典型が、生政治国家のファシスト的表象としてナチス国家でありそして社会主義国にも起きたということです。生権力・生政治に権力関係のような可能性パワーを見いだせない歴史が浮上してきたゆえ、この概念は棄却されていったようにおもえます。生権力の系譜学にかわって、問題構成化の系譜学だ、と一九八三年には言明していますす (n°342)。

「主権者が所有する権力」という意味合いが、そのまま近代国家において「国家が所有する権力」というようになってしまっています。主権権力が民主主義的バージョンをもったからです。国家は人格ではないのに、王であるかのように、あるいは代行者である首脳をささえる支配層が国家の内部にあるかのようにされています。どうして、このようになってしまったのか、それを理解するには、主権権力と権力形式とがいかに異なるかの指標をはっきりさせておく必要があるかとおもいます。

主権の権力は、君主と臣民がいる関係として布置されています。そこには三つの原初性があります。

(1976.1.21 講義)

① 主体=主人から臣民=主体への循環。生まれながらに権利・能力を備えた個人=主人が、権力関係のなかに従属させられた要素としての主体=人民をもつという関係が、政治的関係を打ち立てていく。

② 統一性を基礎にした統一権力と諸権力との循環。諸能力、可能性・潜在力の無数の権力があるのに、権力の統一性という根本的で創設的な統一モーメントが編制される。するとこの権力の統一性から、権力の諸形式、様相、メカニズム、制度が派生するとみなされる。政治権力の多数性は、権力統一性から発生して確立され機能するとされる。

③根源的正当性において成立していることで法と正当性との循環が構成される。すべての法よりも根源的で、他の法律が法律として機能するのを可能にしているような、すべての法律についての一般法のような一種の根源的正当性によって構成されている。

　こうした主体・統一・法という三重の前提から、いまの国家が想定されてしまうことが起きた。それをわたしなりに言いますと次のようになります。

①主権権力には主権を持つ主権者という人格がいるが、国家には人格はいない。それゆえそこに、支配層とか支配階級とかという概念が主体であるかのように入れ込まれてしまって、支配する側と支配される側とがあるとされてしまう。

②主権者は命令・指令を発する、そこに主権者の統一意志がある。国家には国家意志というものが作用するが、政府がそれを代行する。個人が命令するのではない。主権者の取り巻きが、代行していた、それが政府機関・官僚へと移行する。国家は統一性をもってさまざまな権力を作用させているとみなされてしまう。

③主権国家では、命令は、法的なものとして実定化され、司法が確立されるとみなされがちだが、法よりも根源の正当性がある、そこが法を超越した法を支配する国家があるとされてしまう。根源的正当性が国家自体だとされてしまう。

　ここには、主権権力を国家権力であるかのようなものに移行させる「過程」があったということです。そこに媒介的に登場したのが、国家理性とポリスという統治理性・統治技術ですが、主権権力を見直すべく、権力形式の論理をそこに介在させねばなりません。

❶服属化の諸関係 relations d'assujettissement が主体をいかにつくりだす fabriquent des sujets かを問うこと。権力を「主権 souveraineté」から解くのではなく「支配の諸関連 rapports・諸操作子 opérateurs」から解くこと、権力関係そのものから事実として効果をうむものとして考えること。いかなる権利から服属化されることを受け入れたのかではなく、実際の服属化関係はいかに主体をつくりだすのかを問うこと。（ここではまだ「支配 domination」という概念が残滓しています。）

❷反転可能 réversibilité な作用（可逆性）を可能にしているものを布置する。異なる支配操作子が、互いに支え合い、参照し合い、補強し合い収斂したり、また否定し合い打消しあうことを示すこと。「権力の諸々の大装置 grands appareils de pouvoir」は、こうした「支配の諸配備 dispositifs de domination」を基礎にして機能している。所与の社会における学校装置 appareil scolaire や学習装置の総体 ensemble des appareils d'apprentissage を、包括的統一体 une unité globale と把握したり主権の国家的統一体 unité étatique から導きだすべきではない（アルチュセールへの批判です）。これらの装置がいかに働き、いかに支え合っているか、服属化の多様性からいかに包括的戦略を定めているかを理解すべき。学校装置を構成している包括的装置の効果的台座 socle effectif である支配のメカニズム・操作子 operateurs なのです。支配の局所的諸戦術 tactiques locales を横断し使っている包括的諸戦略 stratégies globales として権力諸構造 structures de pouvoir を考察していくこと。（この分析の手法関係は重要です。）

❸支配諸関連を、根本的正統性 légitimité を構成しているものに求めるのではなく、それを確保して

いるテクニック的道具 instruments techniques を探究すること。主権こそ権力の源泉、制度の基礎だとしている「法 loi・統一 unité・主体 sujet」の三つの前提ではなく、諸テクニック、諸テクニックの他生成性 hetérogénéité、そしてそれらによる服属化の効果、という三つの視点をもって、支配の諸処置が権力諸関係と権力大諸装置の効果的緯糸となっていること、を解明することです。権力の分析は支配諸関連の分析であり、主権ではなく、支配の多数性、支配の操作子の研究。支配関連は力関連であり、それは戦争関連である、とフーコーは設定します。(p.38-40)

ここが「支配の諸テクニックのマトリックス」としてまだ考えられていたものであるため、フーコーの考えは、「戦争」という問題へといく。それが IFD の「社会を防衛する」(社会が防衛する) の主旨になります。なぜ、権力関係の下・中に戦争があると考え、市民秩序は戦争秩序であると想像し、平和の透かしに戦争を視たのか、「戦争の喧噪・混乱のなかに、戦闘の泥沼のなかに、秩序、国家、その諸制度、その歴史、の叡智性の原理 principe d'intelligibilité を探す」ようになったのか、です。(p.41)

〈統治〉の基本用語

統治用語は、動詞形、形容詞形、名詞形など理論概念的に使い分けられているのだが、基本「統治～」として括っておく。

統治プラチック la pratique gouvernementale (pratiques de gouvernementalité)
統治（する）アート un art de gouverner
統治（制の）テクノロジー technologies de gouvernementalité
統治行為 les actions gouvernementales (les actions du gouvernement)
統治理性 la raison gouvernementale (la raison de gouverner/une rationalité gouvernementale)

(3) 全体化と個人化

ここは、2章で歴史的な経緯として詳述しますので、国家が個人化と全体化とを同時に行使するということの問題設定だけを概要として示しておきます。「身体」と「人口」との問題が、さらに飛躍的に考察されていきます。

●国家理性：国家と統治制

講義録が刊行される以前、「全体的なものと個的なもの」(n°291) の稿をわたしたちは知っていました。一九七九年十月スタンフォード大学で講義されたもので、非常に重要な論考です。そこでは、国家理性とポリスとが論じられていたのですが、この稿は、わたしの監修で邦訳を刊行し、[10] 自分なりに了解してはいましたが権力論への補完的なものであって、国家論への兆しがみられるとしてもそのものとは考えていませんでした。むしろ合理化と権力の関係をつかむ「政治理性」の問題として把捉されました。しかしながら、「国家とは集中化され集中化する権力 pouvoir centralisé et centralisateur の政治形態であるとするなら、パストラール制 pastorat は個人化する権力 pouvoir individualisateur であると呼ぼう」(n°291, p.136) と、国家とパストラール権力を対立的に把捉し、それが結びついてくことを論じていたのです。この結びつきが要です。牧人は各個人と同時に群れ全体、草原、牧草地、そして共同体、シテ、さらには領土をも、

10『フーコーの〈全体的なものと個別的なもの〉』(三交社、一九九二年)。

* キリスト教的パストラール制は、とくに学校教育において制度化されて、世界的な普遍原理となって、非キリスト教的世界に対しても、近代国家の社会統治制として機能していく。

責任持つ対象としていきます。近代国家は統治性が政治的プラチックを計算し熟考するようになったときに誕生し、キリスト教的パストラール制がその過程の背景にあったということです*。

その考察においてすでにふまえられていたものが、一九七八年の三月八日、十五日、二十二日、四月五日の講義に語られていた。「全体的なものと個別的なもの」の論述は、その集約的な要約といえます。STP の前半はパストラールがキリスト教会へ制度化された編制、後半は「国家理性・ポリスと統治技術」との関係をめぐる考察となっています。詳細は後述するとして、問題構成次元をここでは再確認しておきます。

国家理性の大きな意味は、国家が法の外部で、超絶的に国家自体を目標として機能するのだということとの合理性の認識と技術の出現です。フーコーは、これは地動説やデカルトなどの出来事よりも大きな出来事だと主張します。一つの帝国へ向かうのではない、諸国家間のバランスをはかることが主要なことになり、国家の力を、経済の競合関係において増強させることになります。

現在でも国家は永続化されて考えられていますが、その根拠が国家理性にあるということです。国家は国家自体として、あらゆるものの外部にあるとみなされたのです。

国家理性の出現は、自然法則との対比でもって出現しているとされます。したがって、国家理性には理性なるものなどない、という国家理性への批判が派生する。

これは統治の歴史のなかで国家が根本的な政治目標として出現してきたにすぎない、というフーコー固有の捉え方です。つまり、国家は統治制の一タイプでしかない。国家は統治の山場において凝固して効果を形成してきたにすぎないのであって、統治は国家の道具ではない、という統治制優位の観方です。

国家とは、統治プラチックのある合理性 rationalité の出現であって、統治する仕方の規則づけ régler la manière de gouverner を可能にする合理性タイプの出現です。国家は所与としてすでにそこにある国家のみが国家の枠組み cadre において統治されることと、同時に「構築すべき目標対象 objectif à construire」にもされる。つまり、国家とは存在する existe ものであると同時に、いまだ十分に存在していないものでもある。国家理性とは、所与として現前する国家と、構築され construire 組み立てられる bâtir べき国家との間に布置される se situer プラチックの合理化 rationalisation d'une pratique である。統治するアートは、「国家のあるべき存在 le devoir-être de État」を存在させていくのを目標対象としつつ、自らの「諸規則を定め fixer ses régles」、自らの「為す諸々の仕方を合理化 rationaliser ses manières de faire」していかねばならない。「統治の為すべきこと devoir-faire du gouvernement」が国家のあるべき存在とに同一化せねばならない。国家が所与であるとは、「統治のラチオ ratio gouvernementale」が反省的に réfléchie、根拠づけられ raisonnée、計算される calculée 仕方によって、その最大存在 maximum d'être へと移行する passer のが可能になっていることです。「統治する」とは、国家理性の原理にそって統治すること、国家が堅固で solide 永久的な permanent ものとなりうるようにすること、豊かになりうるようにすること、破壊するかもしれないすべてに直面して強力であるようにすることです。(NB, p.5-6)

『生政治の誕生』でこのように統括されました。これは、あきらかに国家論ですが、「統治する」ことの合理性から把捉され位置づけられたものです。

国家理性は大きく三つの問題構成から提示されています。それはパストラールの「救済・服従・真理」が新たに編制しなおされて、国家それ自体として出現していくということです。君主の主権国家とは異なって、君主を救済するのではなく「国家自体を救済する」、領土を服属させるのではなく「人々や物事を服属させる」。そして法にかんする真理ではなく国家の力・資源を認識すること「統計学＝国家の認識」である、ということです。国家は「叡智可能なもの intelligibilité」として捉えられたものだとされます。

そして国家権力は、一つの政治構造の内部に、「個別化の諸テクニック techniques d'individualisation」と「全体化する諸処置 procédures totalisatrices」とを結合させて同時になしている権力形式であるとみなされるのですが、権力関係特有のものだとされていたそれを、国家のあり方でもあると拡張させました。権力関係の本性と国家の本性とが同致させられるのですが、それは統治制化が作用しているからだと理解してよいでしょう。

●ポリス police

ポリスは意味的には「内政」といえるものをふくみますが、ギリシャ時代の都市国家としてのポリスであり、またいまの日常語である「警察」です。それらと関係する意味合いをもっています。それは実際には「都市の規制化」であり「都市化」であり、不法行為を犯しかねない人々の統御・抑止の安全のメカニズムです。ポリスは、後に転倒・周縁化されて、混乱が起こらないように妨害する、混乱を消去する「警察」という否定的な意味に転じられていきます。「ポリスのプラチック（実際的なもの）」であるのですが、多様な局面をもっていて、訳語として確定できないものです。「内政」としたとき、国家がもう外部にそびえたって機能してしまっている概念空間がはいりこんでしまう、適切ではないとおもいます。

「ポリスの政治的配備 dispositif politique de police」と概念布置されるものです。「装置 appareil」には布置されません。「ポリス国家」の出現です。

ポリスは、司法とは異なる。司法は重要な物事にかかわるものですが、ポリスは些細な物事にかかわる。ポリスは規定化 réglementation として表現されますが、法定ではない。通商、都市、市場、つまり商品にかかわるものです。人口と商品生産の諸関係を組織することを目標として国力増大の技術を探究します。国家理性の原則にしたがって整序される統治アートを形成するものです。共住・流通の「良い」統治がなされることです。そこに人間たちの生に対する国家介入が可能になり、生きること（存在）と生きること以上のこと（良き存在）が適切になされるのを目標とします。

ポリスとは、重商主義です。できるだけ多くの商品を他国に送り、そこから多くの金を取り戻し確保する。そのためには多くの穀物があること、それは安価であること、そのために賃金を低くでき、商品価値は低くなり、価格が安ければ国外に売りだせて、金をとりもどせる。多くを生産するため、多くの労働・人手が必要であり、それが賃金を安くできる。人口を再生産することだ。したがって、ポリスは、空間・領土・人口に規制をかけ、国家の権威をふりかざして介入する。国家は各人の善の原則として、よりましに生きられるよう、各人の幸福を万人の幸福へと変容する超越的・綜合的な原則となっていくことだとされていきます。

「魂のパストラール」から「人間の政治的統治」への移行は、前者が消滅したということではなく、人間への統治は、一方では魂の統治ですが、他方で、人口への統治でもあったということです。そのテクニックと処置の総体が、個人化と全体化の統合として構成されていったのです。

●「経済」の出現

しかし、ポリス国家は、都市化の限界を招き、人口はもはや統治の対象ではなくされ、生産・農業大地、諸個人の利益が重視される「経済」という出現をなしていきます。ポリスの裂け目が批判され、国家にたいして、またポリス国家にたいして異端である「経済的理性」が、国家理性の新たな内容として新たな統治性を出現させ、それが近代的・現代的な統治性の基本線を導いていくことになり、自由主義から新自由主義が産まれていくことになります。経済の出現とは、それ以前に経済がなかったということではなく、統治性の対象として経済理性をともなって、新たに出現して顕在化されてきたということです。

ここでは「合理性 rationalité」が大きな意味をもっています。統治は、「統治理性」や「経済理性」をもって統治技術をねりあげ、国家という統治プラチックの合理性の出現をなした、ということです。ジャック＝アラン・ミレールは一九七七年に、[11] フーコーにたいして、「合理性」と言ってしまったならまたエピ

11 ラカン派の理論誌 *Ornicar?* での討議（一九七七年七月）（n°206）。これはフーコーも一緒に討議できて満足していると述べているよう、非常に本質的で、重要な論議である。

ステーメに戻ってしまうんではないかと、合理性や所与の協調 concertacion donnée の中に介入すると主張するフーコーにたいして鋭い問いをつきつけています。つまり〈dispositif（配備）〉の概念でもって、エピステーメよりも他生成的 hétérogène であるものを提示してきて、シニフィアンの総体 ensembles signifiants へとりくんできたのに、エピステーメはただ「諸言表 énoncés」にとりくんでいるだけだ、だが、それではどうやって「非言説的 non-discursif」に到達できるんだ、と問いつめます。フーコーは、エピステーメとは科学性の界 champ de scientificité のなかで、真偽を判断しうる言表を選別し受け入れられるのを可能にする戦略的配備だが、「配備 dispositif」こそが、真偽区別ではなく、科学的に何とも言いようのないものを inqualifiable、形容しうるもの qualifiable から切り離すことができる、と布置します。つまり言表なしに、一切の非言説的な「社会的なもの」tout le social non discursif——それを「制度」だとフーコーはしてしまう——を〈dispositif〉として考えていくというのです。ミレールは、すかさず、制度は言説的だろう、ときりかえし、フーコーはそうかも。と答える。(n°206, p.301-2)

　これは、もはや言説／非言説の閾（エピステーメ）ではない、プラチック総体の界で「合理性」を把捉するんだということであり、その方法概念が dispositif ＝配備だ、という場のずらしが、ミレールとフーコーとのずれから浮き出した、非常に根元的なやりとりです。ミレールには、「プラチックの界」がないのですが、ラカン論者としてシニフィアンの根元はわかっていますから、フーコーのその位置は了解できている。つまり、二人は言語界の外部に迫ることの言語的な意味を了解しています。統治理性や経済理性は国家理性とともに、そこに〈dispositif〉として配備されている、それが全体的なものと個的なものを統合する合理性の布置だ、ということです。権力関係論、統治制論は、既存の社会科学的な対象を画定していく論理ではないのです。

(4) 権力関係論と統治性：「主体と権力」における深化と革新

統治性・統治制によって、権力関係論は「社会なるもの」を対象にして、さらに哲学的に深められました。死の二年前、一九八二年の「主体と権力」(n°306) 論稿は、STP が講義されたあとの論稿です。さらに『生政治の誕生』、『生者たちの統治』、『主体と真理』といった主体論の講義もなされた後です。よく、権力論から主体論へ転化されたなどと軽薄に言われますが、ちがいます。フーコーの関心は一貫して〈知—権力—主体〉のトリアーデをめぐって、政治・権力の問題を、知においても主体においても考察しつづけています。そして、「統治性」概念の出現は、<dispositif>＝配備の方法をもって、権力論を革新・深化していきました。権力論に代わって統治制が考察されたのではない。国家論をおさえていくうえでも、そこで深化された権力関係論をふまえておく必要があります。微妙な差異での深化です。「主体と権力」の論稿は、統治性と権力関係を統合的に論じたものであったのです。

この「主体と権力」の論稿は、ラビノウたちの書『ミシェル・フーコー：構造主義と解釈学を超えて』(第二版、1983) のなかに収録された英文がもとで、それを読んだわたし (たち) には、フーコーの講義に直接参加していないかぎり、「統治」「統治性」の考察を経たあとのものだという認識はありませんでした。わたしはパストラール権力を統括し、さらに「戦略」をも入れて深めたものだと理解していたにすぎません。国家や統治性の新たな理論界が開かれたとはみなしていませんでした。そしてコリン・ゴードンたちが表した*The Foucault Effect: Studies in Governmentality* (Harvester, 1991) で、はじめて「統治性」の問題がラディカルに出現していたのだと知らしめられます。しかしながら、当時、わたしは権力関係論の副次的なものだと認識していた。その後、いくつもの「統治性」論が「新自由主義」論とともに産出されていって、新たな次元が開かれていたのを感知し、講義録STP(2004)が刊行されてようやく、その意味の大きさを示唆されつつも、理論的に本質的な転移はないとすませていた。そこへの自己批判的な反省をこめて、「主体と権力」の論稿――基本的にフランス語(n°306)を軸にしますが英文もときに確認します――を再確認的にふまえて、統括的にまとめておきますが、その論稿の行論にはしたがっていません。邦訳は(ラビノウの書に収録された訳も)、「統治」が「支配」と混同されて、そのまま『思考集成』にも収録されてしまっています。その誤認を理論的に融くためにも論じておきます。当時の情況からしてしかたなかったとはいえますが、ゴードンの書は「統治性」の論稿を英訳してすでにあったわけで、論文集にも入って「統治性」とされていたのですから、『思考集成』では修正しておくべきだったことです。監修者たちの怠慢かつ無知です。

それは戦争に似たものでも司法でもなく、「統治」だとされたことで、どこかまだ癒着していた「権力と支配」との違いがはっきりさせられ、さらに「単一の行為様式 mode d'action singulier」において、権力関係は「振る舞い conduite」とされ、「conduite des conduites」の次元が提示されたのです。権力行使は「conduite des conduites」を構成し、「可能性を整備する aménagar la possibilité」(*Dits et écrits*.vol.4, p.237) ものだということです。権力そして統治を、暴力・闘争、契約や自発的結合、戦争や司法、「同意」や「力」から区別して、関係性と熟慮性 réfléchis とから、つまり合理的知と計算として統治されるものとみなしていく次元が、開示されました。つまり、個人的・集団的な行為者のアクション=行為を直接に形作るのではなく、行為の可能的選択の間接的で省察的な決定において把捉していくことです。行為者が、自らの行為を遂行すること、その振る舞いにたいする省察された振る舞いの可能性のマネジメントが、権力行使であるとされたのです。(たとえば、「子ども立たちを学校へ行かせる」というのは直接に学校へ行けと子どもに命令するような強制・合意をさせることではなく、学校へ行かねばならぬように省察され計算された知の形式を親や社会において、それが人間の振る舞いの利益になるのだという編制をなしていくことです。)「空間的配置、内的生活を管理する細かい規定règlement、組織だてられた諸活動、そこで出会うさまざまな人々、個々人の機能、場所、定められた容姿」すべてが能力・コミュニケーション・権力を構成している。「学習や適応力の獲得や行動comportement様式を確保する活動activitéは、規制されたコミュニケーションcommunications réglées総体」――教科、質疑応答、命令、訓戒、服従の合図、生徒の価値・能力、試験の点数、評価、学校行事、挨拶の仕方、服装などなど――を手段にして展開されているのだということです。規律・訓練の総体ですが、それが「振る舞いにたいする振る舞い」(振る舞いへの領導)としてさらに深みから検証されたのが「統治」です。順応の監視過程がより合理的・経済的に改良され精緻化されてきたのです。

conduiteとは、他者を「連れていくmener」アクトacteのことです。「諸々の可能性を開く界において行動させられる仕方manière de se comporter」です(同)。そして、cunduiteの動詞であるconduireは、他者をリードleadすること(英文)であり、se conduireは、可能性が開かれた域での行動comporter/behavingのさせられ方ということです――このへんは、最初英語で記述され後に仏語になっていますので、混乱がおきかねませんが、理論的にこのように理解しておくべきです。なお邦訳は「gouvernementを「支配・統治」と訳していますが、とんでもない誤認・誤訳です。統治における権力関係の布置が混乱しているから起きている誤訳です。「支配」(二つの反対者の敵対 affrontement entre deux adversaires)と「統治」とを区別したくだりなのですから。つまり、行動を指導し規制するテクニックによって、計算された合理的プログラムないし知の形式が編制されているのが「統治性」です。「統治」とは「振る舞い conduite/conduct」にたいする技術の総体なのです。それによって、強制や合意は、権力諸関係によってよりも、統治手段・技術によってなされるとされたといえます。これを、もう少し紐解いていきましょう。

権力作用とは物事を可能にすることだと、すでに言いましたが、フーコーの権力概念はつねに生産的、可能的なものです。「能力と諸関係を伴った連結筋道の多様さ」に置かれているが権力関係です。他者や行為者に作用するというのではなく、行為に対する行為 action sur action、不測の行為、現実的な行為、未来・現在の行為にたいしてなされるのです。「可能な諸行為にたいする諸行為の総体」です。知の諸形式、制度的実際《プラチック》行為の規制化、身体経験に関しての権力関係ですが、それは「支配」とは区別されます。「支配状態」と「権力の戦略ゲーム」とは違うということです。マルクス主義的な認識図式の知形式を大学知として得ているほとんどの人たちは権力とは支配である、と合致させていますが、その誤認を融くのは並大抵ではないようです——それを明証に説いた「主体と権力」の論稿さえ邦訳で誤認されてひっくり返る始末です——、さらにフーコーへの知識として理解されているだけで、実際の権力作用への認識がなされているようには視えません。権力を「〜させない」支配としてしか理解していない。テイラーやフレイザーやさらにハーバマスらによるフーコー批判は、そこへ向けられてなされています。著名な彼らもそんな程度です。有名ではない論者たちの方が正鵠にとらえています。

ここをはっきりさせるには、支配と解放(自由)と統治との識別を明証化させることです。権力関係の「戦略ゲーム jeu」とは、他者の行為を可能なものに構造化する規制です。それは社会領域は権力諸関係の外部にはない、諸個人間のコミュニケーションや相互交通は権力諸関係の形態のもとにしかないということ、権力諸関係は社会存立のまったき条件であるということです。対象化行為でさえ権力諸関係であるとフーコーはいいます。社会で生きることは、他者との行為関係にアクトすること——フランス語では agir（働きかけ）——の可能性であって、権力諸関係の無い社会などは存在しないということをふまえることです。自由・解放の結果、諸個人の適切な意見がなされるなどということはない。権力諸関係が個人的自由・選択場を広げ、主体に力を与え活動的にさせているのです。自由は権力行使の条件として現れるのであって、権力が行使されるためには自由が存在しなければならないのだということです。権力は自由を排除するなどと考えてはならない。奴隷制には権力関係は存在していない強制の身体関係があるだけだ、ということです。ですから、権力関係の核心には、止むことのない「挑発」、「rétivité du vouloir（意志の不従順・強情）[12]」と「intransitivité de la liberté（自由の自動詞的性質）」とがあると、フーコーは言います。(p.238)

規制的な拘束条件が作用しないかぎり創造などはありえません。つまり、「規制化」とは諸個人を活発化することと制限することの相互性がなされていることを意味します。そこが「統治」をめぐる考察検証のなかでも、明示されたことです。その歴史的実際は、これから1・2・3章でおさえていきますが、

12 英訳は <recalcitrance of the will> としています。

統治とは権力の体系化であり、規制化・規整化であり、省察化の様式であるゆえ、「統治するアート」「統治テクノロジー」「統治理性」とされます。つまり、他者にたいする権力の自発的・外在的な行使ではなく、行為の客観性と行為達成の適切な手段を定義する理性化・合理性の種別的形態が「統治」です。そのとき、フーコーは、魂の精神的統治つまり他の世界への救済を導く「キリスト教的パストラール」と、この現世で人間の安全性を確保する政治的統治としての「国家理性」（そして「ポリス」）とを識別しました。「概念化を動機づけている歴史的諸条件」がふまえられたのです。「概念化された対象だけが十分な概念化の規準ではない」、「概念化は対象の側の理論を基盤にしてはならない」からです。「概念化は絶えざる点検という批判的思考によってのみなされる」のです。

「統治」は十六世紀になされていた広い意味で理解されることです。政治構造や国家経営 gestion des États だけをさすのではなく、諸個人・諸集団の振る舞い conduite を「導く仕方 manière de diriger」をさしています——子ども、魂、共同体、家族、病者の統治です。政治的・経済的服属 assujettissement の制度化された正統的形態を包含するだけではなく、熟考・計算された行為の諸様式 modes d'action、他の諸個人の行為の諸可能性にたいする働きかけ agir を運命づけています。「統治する」ことは、「諸々の他者の不測の行為界 champ d'action éventuel des autres」を構造化する structurer ことです。(p.237)

他方、「支配」とは「社会のもっとも固着した緯糸において、意味するものと結果とが辿り着いた権力のグローバルな構造」であることで、非対称的な権力関係にあり、階層的な秩序として固着され安定させられており、簡単に転覆可能な様態ではありません。服属する人々とは、自由が極端に制限され、権力諸関係の領域がブロックされ、支配と被支配の非対称関係が永続化されている状態だということを、フーコーはふまえています。そこを考えていないのではありません、この支配形態は極端な例外的ケースであり、それは権力行使を可能にする主要な根拠・源ではない、としているのです。権力は上から下へだけでない下から上へもいく毛細管状態だということです。むしろ統治テクノロジーが、支配状態を可能にする権力諸関係を体系化し安定化させているのだ、とみなします。つまり、支配様態と戦略的諸関係を媒介するのが、統治テクノロジーであるということです。権力を正当化する法モデルや、国家とは何かをさぐる国家モデルに依拠した権力論ではない次元が、考察されてきたのです。

● **権力関係と戦略的諸関連**

「戦略」とは三つあるとフーコーは言います。

① 一つの最終目的 fin を達成するために用いられる手段の選択——目標対象 objectif に到達するための仕事におかれた合理性を働かせる agit ことです。

② 他者に対して優位にたとうとする仕方：ある与えられたゲームにおいて、パートナーが、他者の行為としてなされるべきだと考えたことと、他者が自身がなすべきだと考えたことに関連して、アクトすること。

③ 勝利をえるためになされる手段：自らの戦闘手段に敵対する物を奪い取り、闘争をギブアップさせるために、対立状況において使われる処置。

この三つは、対立状態において同時的に現れるものですが、敵にたいして闘争が不可能になるように働くものです。

「権力の戦略」とは、権力配備 dispositif de pouvoir を機能させ維持させるためになされる手段 moyens の総体です。そして大事なことは、権力諸関係と対立諸戦略との関係です。すべての権力関係は闘争の戦略を含意しています、この二つは混同されることなく互いの限界と逆転の関係をもっています。権力関係の核心には、その存続が永久となるために、自由原理による反抗の可能性をもっており、脱出や逃走の手段をもっているのです。

「(直面し合っている) 対立関連 rapporte d'affrontement」とは、安定したメカニズムが敵対するリアクションの自由なプレイに置き換えられるとき、最終目標に達します (つまりいずれかの勝利です)。このメカニズムを通じて、継続的な仕方において適切な確実さをともなって、他者の振る舞いを導く conduire ことができます。死にいたる闘争でないならば、権力関連を固定化することが目標です。

「権力諸関係 relations de pouvoir」は、逃走の手段である反抗なしには存在しえませんから、反抗をおさえこむ権力の集中化と拡大化は自らを限界へと振る舞わせる conduire (=導く) ことなしにはありえません。権力は他者を完全に無力化する行為タイプにおいて、他者を敵対者へと統治し変容する転換において、最終的な状態に達します。

つまり、すべての「対立戦略」は権力関連となることを夢想し、すべての「権力関連」は、最前線の諸抵抗に直面して発展する固有の線に沿って、勝利する戦略になる傾向をもっています。

この二つの間には、不断の結合と反転とが存在しており、権力関係は対立関係となりうるし、社会における対立関係は権力メカニズムの発動に譲歩します。「支配」の根本的現象は、この二つの関係から照射されるものだ、ということです。

● **権力関係と主体**

ここから、権力現象そのものの分析をこえて、人間を主体化＝服従化する様式の考察がなされていったのです。人間主体は生産諸関係や象徴的諸関係におかれていると同時に権力諸関係におかれているからです。人間を主体において変容する客観化 objectivation の三様式 modes です。論稿の一番最初に戻ります。

(i) 科学にならんとしている探究 investigation の異なった様式で、三つの主体の客観化があげられています。近代人間学に至るトリアーデです。①話す主体の客観化：一般文法、文献学、言語学、②生産する主体の客観化：経済において富の分析における労働する主体、③生の存在という事実の客観化：博物誌、生物学。

(ii)「分割するプラチック pratiques divisantes」と呼んだ主体の客観化。主体は、自身の内部で分割されているか、または他者から分割されている。この過程が、彼を対象・物としていく。狂気と正常、病者と健康人、犯罪者と善良な者。

(iii) 人間が主体へと変容される se transforme 仕方の研究：人がセクシュアリテの主体として己を再認する se reconnaître 仕方です。(p.223)

これは、『言葉と物』、『狂気の歴史』『臨床的なものの誕生』『監視することと処罰すること』、そして『セクシュアリテの歴史』で、フーコーが明らかにしてきたことです。それはすでに「主体」を問題にしていたということです。権力論の後の後期フーコーのテーマではない。権力の定義の諸次元をつかって、主体の客観化を研究するには、権力定義を拡大する必要がある。それが「権力諸関係のエコノミー」とされたものです。エコノミーとは、理論とプラチックの意味において使われています。

①横断的諸闘争 luttes transversales：ある特定の一国内に限定されない、ある国々で発展し容易に拡大される。政治的・経済的統治の特別なタイプに限定されない。

②権力の諸効果 effets de pouvoir：闘争の標的は効果である。例えば、医療的専門が批判されるのは、利益を産む企業であるからではなく、人々の身体、個人の健康、生と死に対して効果をなす、統御されない権力を行使するからである。

③直接的諸闘争 luttes immédiates：諸個人の行為に対して行使される、身近な権力審級を批判する。たった一つの敵ではなく、直接の敵を捜しもとめる。解放・革命・階級闘争の終焉といった自分の問題が将来解決されることを期待はしない。

以上の三点よりもっと根本的なのは以下の点である。

④「個人化による統治 gouvernement par l'individualisation」に対する闘い：個人なるものの地位 statu de l'individu を問う闘争。異なる権利を主張し、諸個人を真に諸個人にするすべてを強調する。個人を孤立させ、他者から切り離し、共同体的生活を分割し、個人を自身へ引き戻し、固有のアイデンティティへ縛り付ける、こうしたすべてを攻撃する。個人の為でも個人に反するでもない、個人化による統治への対抗である。

⑤権力効果にたいする抵抗 résistance：知・能力・資格に結びついた権力効果への抵抗、知の特権に対する闘争、人々に押し付けられた表象における神秘、歪み変形 déformation への対峙。ここには科学的知の価値における教条的信仰はまったくなく、またすべての保証された真理への懐疑的・相対的な拒否でもない。循環し機能する知の権力との関連である。「知の体制 régime du savoir」の問題である。

⑥我々は何者であるか qui sommes-nous?：抽象性の拒否。われわれが個人的であることを無視する経済的・イデオロギー的国家による過剰な暴力の拒否。われわれのアイデンティティを決定する科学的・管理的な問いの拒否。(p.226-7)

これらの闘争の主要な目的は、権力の形式（形態）[13] forme de pouvoir、その特別なテクニック technique particulière であって、権力制度、集団、階級、エリートではありません。

こうした権力形式 forme de pouvoir は、「個人を主体へ変容（変形）する transforme」ものです。直接の日常生活において個人をカテゴリーに分類すること、固有の個別性に刻印すること、アイデンティティを与えること、自分にも他人にも再認される真理の掟をおしつけること。この「主体」には二つの意味がある、①統御と依存によって他者へ従属すること、②コンシアンス＊と自己認知によって固有のアイデンティティに結びつくことですが、どちらも従わせ subjugue、服属させる assujettit 権力形式です。

13 <forme>を「形式」とすべきか「形態」とすべきか、どちらでもいいとおもいますが、形づくられている形成されているものだというように理解していいとおもいますが、実体ではなく関係としてです。ですから「形式」とするのが一般的になっています。わたしは、権力論としては、権力関係／パワー関係、権力作用、権力技術、権力の働き、という用語を使いますが、権力形式なる用語は静態的でふさわしくない、とわたしは使いません。関係において行為・行使 exercise されているプラチックであるからです。

＊ <conscience>は意識とも良心とも訳せない、西欧固有の概念で、友人のエドワード・アンドリューがフーコーなどふまえ思想史として徹底探究しています。『コンシアンスの系譜学』EHSC出版局。

●**諸闘争**

闘争には、三つのタイプがある、

①エスニック的・社会的・宗教的な、支配諸形式に対する闘い、

②個人とその産物とを切り離す搾取の諸形式に対する闘い、

③個人を自分自身にくくりつけ他者へ服従させる soumission ものに対する闘い：服属 assujettissement に対する、主体性と服従 soumission の多様な諸形式に対する闘い、

です。ここでフーコーは、現在では③の闘いが前面に躍り出ているが、①②の支配・搾取に対する戦いは消滅などしていないと指摘しています。服属のメカニズムは支配・搾取のメカニズムとの関係ぬきには探究されないが、他の形式との複雑で循環する関係にある、そこを逃してはならないということです。そして、歴史を通じて、新たな主体性をもとめる闘いが展開されてきたとします。そして十六世紀以来、政治権力の新しい形式が発展してきた、それが「国家」だ、国家は全体化をなすだけではない個別化もなす、その結合をなしているとみなします。

●**パストラール権力の総括**

西欧の近代国家は、新たな政治構造の内部に、キリスト教に由来する権力テクニックを取り込んだ。それが「パストラールの権力 pouvoir pastoral」ですが、東方・ヘブライ人のもともとのパストラール（羊飼い／牧人）ではなく、それを「教会」制度という特有の権力組織として編制した。そのなかに新たに制

度化した権力技術です。これはもう、何度もわたしの論述でも確認していたことですが、
①個人の救済を窮極目標にする
②臣民を犠牲にするのではなく、牧人自身が献身的に自らを犠牲にする
③社会全体ではなく、個々人の生涯にかかわる
④心の内面を知り、魂を探り、秘密を告白させる、コンシアンスの知識とそれを教え導く。

この権力形式は、
①政治権力に対立して、救済 salut の方へ向けられ、
②主権原理に対立して、献身的 oblative であり
③司法権力に対立して、個別化的 individualisante です。

生と共存して、絶え間なく続き、真理の生産に連なっています――個人自身の真理です。しかし、これは教会制度化の衰退と、教会制度外に拡散していったことによって、その主要な力を喪失していきます。そしてそこに、「個人化する権力」は新しい組織と新たな分配において、近代国家のなかで、個人性を一つの条件へ統合する洗練された構造となっていきます。（産業サービス制度は、これらを構造化しています。）

十八世紀の「近代国家」は、この個人化の母体としてパストラール権力の新たな形態をつくりあげます。

①目標の転換：来世での救済ではなく現世での救済。そして救済の意味も、健康、福利、安全、事故から守る、という世俗的な目標となってきます。医学などは典型です。

②管理の強化 renforcement de l'administration：国家装置 appareil d'État によってポリスとしての公的制度

においてこの権力は行使される。都市の物質供給、保健、衛生、手工業・商業の発展に必要な基礎が確保され、また私的企業や慈善家などによっても行使される。家族もパストラール機能をはたすように組織される。市場経済原理に基づいた私的サービスの販売、病院のような公的機関での医療など、複雑な構造がつくられました。

③人間に関する知の発展：人口に関わるグローバルで量的なもの、そして個人に関する分析の二つが、パストラール権力の代行為者たちの目標の多角化においてなされます。

これが「諸社会体の総体 ensemble du corps social」へと広がったのです。多在的諸権力 povoirs multiples の系として、個人化する戦術 tactique individualisante が、家族、医療、精神分析、教育、雇用において発展させられました。

ここには、明らかにアルチュセールのイデオロギー的国家装置とイリイチの社会サービス諸制度批判とが、重ねられて、フーコー独自の「パストラール権力」の国家的・制度的な拡散として言述されています。そして近代権力諸構造が、個人化と全体化とから構成されていることが示され、国家とその諸制度から個人を解放することではなく、国家とそれに結合した個人化のタイプとから「われわれ」を解放することが、政治的・倫理的[14]・社会的・哲学的な課題であるとフーコーは言います。個人性タイプ type

14 <ethique/ethic>です、邦訳はエスニックとミスして「民族的」と訳しています。誤訳というよりミスですが、もうこういうミスは訳者というより、監修者たちのずさんさです。論稿総体において、訳者たちの考えや捉え方が違う、それは検証に値する意味あることです、それをなさずに放り出している無策さです、考えさせるためのものともなっていません。いつまでもフーコーがしっかり把捉されない根拠です。

d'individualité を拒否して、新たな主体性の諸形式 nouvelles formes de subjectivité を促進することだと言うのです。(p.232)

個人性 individualité とは、個人を他から分割しかつ個人自身を分割しそれを内部に込める様式といえるでしょう、そして主体性 subjectivité とはパワー関係におかれる自己技術ということを意味しているとおもいます。[15] 自発的に従属していく自己技術を働かす主体です。

パストラール権力は、三つの様態で識別的に考えられねばならないということです。もともとのパストラールのあり方、キリスト教的な制度化、そして近代国家のサービス制度に取り込まれた様態です。その詳細は、2章で再確認します。そして、主体化の問題は、自己技術論としてまったく異なる土俵で再吟味されていくことになりますが、権力論から主体論へ切り替わったということではありません、知・権力・主体のなかの比重が変わっただけのことで、権力関係論はさらに吟味されていくということです。

権力関係に関しては、実に多くのことが論じられてきましたが、この「主体と権力」がもっともよくまとまった統括となっている論述です。ポール・ラビノウが英語圏での論文集として、英訳でまとめた『権力』には30本の論稿がおさめられています。便利なまとめです。

「主体と権力」の邦訳において、「統治 gouvernement」が「支配 domination」と混同されていたところに、

15 <individual> は西欧思想のなかで根源的に問われているものですが、「個体的所有」を社会主義的展望だと提示した市民社会派平田清明の概念は、西欧思想へのあまりの無智さからきています。神にたいしてそこから分割された <individual> をフーコーはキリスト教的パストラールから検証し、批判対象としたのです。個人化と主体化とを区別していますが、主体性自体もわたしたちは疑っていかねばならないのも「主語」言語構造の権力関係からの規制であるからです。

権力関係論が不十分にしか把捉されておらず、「統治」の問題構成の意味がまったく把捉されていなかったことが露呈しています。そこを、「講義録」からしっかりと鮮明につかみとっていくことです。

以上の基本的な理論常識をもって、フーコーの講義集を読み解いていくことが、ぶれずに深みへとむかって可能になるかとおもいます。権力関係論は、最後まで、何度も何度も吟味検証されつづけてきました。非常に洗練されていきますが、初期からすべて意味ある考察です。その主要軸を、わたしなりに再確認してきました。「権力」を「国家」と同様に「冷たい怪物」とみなして、人間を不自由に搾取し、支配し、排除する「〜させない」ものなどと表層で、所有されている実体とみていてはならない。そして、統治性・国家さらに主体化＝従属化の自己技術において、さらに真理において、権力関係を読み解いていかねばならない。わたしの権力関係を地盤にした浦半考察の論述をみていると窮屈でならない、という人たちがいるようですが、そうした「権力嫌悪」の知性の軟弱さにいたままなら、認識は国家に収奪されたまま、いつまでも自由プラチックは自由の幻想に囚われたままで、実際の自己技術とはなっていかないのです。フーコー論は、知・真理、権力、主体のトリアーデにおいて常に考察されねばならない。初期マルクスは疎外論、後期マルクスは物象化論だなどと思想言説を初期・後期に識別して思考が転じられたなどという考察の仕方はただの主知主義です。

そのまえに、もうひとつ「言説プラチック」について述べておきます、フーコー理解が根柢からぶれてしまう根拠になっていることが、そこにある、それについてです。

(5) 言説プラチック pratiques discursives とプラチック理論：「真理陳述」の系譜学

フーコーが歴史的に考証対象にしているのは、ある織りなしをなしている文献・テクストです。ときに触れたりする史実の、正鵠な実際の出来事ではありません（ですから多くの歴史家たちは文献反映論述でしかないですからフーコーを認めない。かすかにセルトーやペロー女史、シャルチエら理論的歴史家たちが認めていますし、アレット・ファルジュのように協働している歴史家もいます）。しかし、歴史学も資料は所詮文献ですから、文献をどう扱うかの扱い方、歴史化ではない「歴史性化」の仕方、断片的出来事を連続させるのか非連続にするのか、それをフーコーは「一度に巨大な量をまず呑み込んで」、そこに兆しや変容や切断をみつけるかあるいは強引に「製造する fabriqué」。ミレールの言い方だと「狡猾的 artificieux」に位置画定的選択 choix des repères をし、「自分の目、自分の希望」で動機づけている（n°206, p.314）。まさに（邦訳がなしているように）「狡猾に」「好き勝手に」やっている、それをフーコー自身認めつつ、だが偽りを種蒔いているのではない、それこそが政治的なものにおける論争的目標対象を提示するんだ、と言っています。こういうところが、プラチックを対象にすると言いながらただ言説を対象にしているにすぎないと、ブルデューなどによっても批判されるところですが、その通りで、言説編制の変遷が解析されるだけです。それは言説が実際作用するということが想定されていますが、科学的・理論的言説が現実をつくったり統治者がそれを使って社会へ実践として働きかけるという、客観的・主観的なことではありません。ここにフーコー固有の思考方法・思考技術が作用しており、多くのフーコー論者たちの誤認というか理解のずれを巻き起こしてしまっているところです。「言説的プラチック pratiques discursives」の概念空間（その歴史変容）とそのプラチックな働きが見落とされているからです。またどうして〈歴史〉を対象からはずさないかということですが、歴史段階において作用の仕方が変容していくからです。それが「歴史性化」の次元です。

言説の出現なしに実際的なことはなされません。あるいはなされていたとしても言説なしには認識不可能です。そういった意味でも、言説の変遷・変様は、歴史的に大きな意味をもちます。しかし、ほとんどのフーコー論は——日本のみならず欧米でも——、言説をとりあげていながら、「言説プラチック pratiques discursives」を概念的かつ理論的に把捉しえていないものが多い。フーコーは「言説プラチック」を対象にしているのであって、言説（科学や理論や学説）を対象にしているのではない。つまり学説史・理論史ではない。言説の実際的な働きを、言説が指示して語っていることではない、意図していない語られえていないが実際になしている、言説のもとでのその実際作用を、「言表 énoncé」体系および言表化 énonciation を手段に、言表（述べられたこと）がプラチックするさまが出現するように、対象化しているのです。また「言説実践」などと訳されていますが、言説は実践などしません、実際的に作用し働いているだけです。社会的な働きかけをなし、人々の生活や振る舞いに作用している言説のあり様です。そこにプラチック pratiques における「振る舞い conduite」への考察がなされているのです。[16] ミレールは、シニフィアンの位置だと指摘しますが——わたしは賛成します——、フーコーは頑として論理の布置だ、問

16 たとえば、学校で廊下を歩くというプラチック＝実際行為は、静かに迷惑をかけずに歩くようにという「振る舞い」へ領導されて、統治されていますが、教育学・心理学、さらに犯罪学や医学やさまざまな真理言説の体系に支えられてです。

題として立てられたものだ、真理として立てられたものの歴史なんだと、あまりにも「うまくつくって bien fait」しまうのです。しかし、ミレールのつっこみに、「冗談に（ふざけて）rogoler」言っているんだ（同、p.316）と衒いますが、仕事作業自体は大真面目だと思います。まったくのフーコー自身による理論的な組み立てでしかない、つまりフーコー固有の言説プラチックの創出でしかないのですが、あまりにもの歴史的言表群が明示されますから、「真実」だと受け入れるほかない、といったところです。デリダならただ「痕跡」があるだけだとするほかないところを、歴史化ではなく、歴史状態・様態へと真理、技術、処置を「歴史化」してしまうフーコーです。真理の産出が主体にたいする諸効果をになっているんだと。ミレールは、長大な歴史を、望遠鏡を逆さまにして「巨大な諸概念 concepts énormes」で見ているから、近くのものは溶解 se dissoudre してしまうと、適確に指摘しています。フーコーは、一般概念の定義によって、溶解するようにできているんだ（同、p.318）——それがプラチックなんだ——と切り返す。ミレールにとっては、知・知ることは無意識も含め言語の意味作用のやりとりとして言語的にシニフィアンないしシニフィアンスとして設定されているが、フーコーにはあくまでも言説的な「プラチック」の関係でしかない。わたしたちが継承して理論化していくべきは、まさにこの両者が領有しているものの「裂け目」です。つまり、「フーコー／ラカン」問題であるのですが、ここで「言説プラチック」を布置しないと、しかも述語的に配置しないと、ジジェクのようにマルクス主義的にぶれていくことになり、それが欧米で流行している。ミレールが、フーコーには本質がない、そして起源へともどってしまう、と断言している「境い目」があるのです。

わたしは自分はフーコー論者であるとおもっていますが、フーコー主義ではない。ラカンと吉本本質論とを領有してのフーコーディアンですから、フーコーに解決をまったくみてはいません。吉本思想とともにすべての思考の新たな出発界だとみています。近代思考体系の転移が、そこに始まっているからです。

「統治プラチック」とは、統治理性の真理体制が、その言説として実際に「統治する」技術において作用していることを意味します。統治実践ではありません、統治者が何をなしているかなどを解析していません。国家理性と政治経済――政治経済学ではありません、政治経済の言説プラチックのことです――とが接続して何を作用させているかが解析されるのです。訳書のSTPもNBもここをまったく把捉しえていませんから、フーコーの真髄にはとどきえていない訳述になってしまうのです。誤訳とはいいませんが、誤認へと不可避にずれます。わたしからすれば、訳書の概念空間とフーコー自身の概念空間はまったく異なるものになっています。訳文を引用できないのです。言説プラチックがちがってしまっているからです。

言説に示されているものは思考です。考える仕方ですが、語られてはいても考えられえていないものがあります。思考は「振る舞い」に住みついて意味を与えるものではなく、そのような為すことや反応の仕方から距離をとって、思考の対象とし、その意味・条件・目標を問うことを可能にするものであり、為すことに対して自由であり、身を離し、対象として構成し、問題として熟考する運動です (n°342, P.597)、それを言説プラチックとしてつかみとるのです。所与を問題へと練り上げることで、問題構成された一般形式をそこにみつけることです。ある一つのプラチックがかかえた困難や窮地を、多様な実際的解決が提案される一般問題へと変形させるのを可能にしたものをみつけるのです (同)。当事者は自らが実際になしていることを知っているがゆえに言動し、しかし対象的認識として知らないで為している。それがプラチックでありかつ言説プラチックに規制されているものです。しかも、意味されたシニフィエにならないシニフィアンスが働いている、それが「共同幻想＝国家」の位置でありパワーの作用です。フーコーが、「権力は実在しない Le pouvoir, ça n'existe pas.」、「国家は実在しない」、とした場所になります。ラカンが、「性関連はない Il n'y a pas de rapport sexuel」、とした閾に対応する、本質の場所です。存在しないものがシニフィアン存在する閾です。そこへ通道をかけるのが国家論になります。権力関係論はその閾の手前にプラチックとして明証に作用してあるのです。国家と権力関係は、上下に構造化されているのではない、閾のこちら側と向こう側に位置画定されてしまっています。その通道の境い目に「社会」が編制されて、国家が上に聳えているかのように構成されたのです（ですからブルデュー国家論は、閾の手前に出現している象徴体系的な問題構成で論述されますから、国家機能論でしかありませんが、マルクス主義が述べ切らなかったところを述べて、非常に重要です）。

『生政治の誕生』で「市場」をとりあげながら、市場が「真理陳述の場所 lieu de véridiction」になっていることが解明されるのですが、それと精神医学制度、監獄・刑罰、セクシュアリテ、などとを同時的に統括して、真理の歴史ではない、錯誤やイデオロギーの歴史ではない、「真理の陳述諸体制の歴史 histoire des régimes de véridiction」、「真理陳述的諸体制の系譜学 généalogie de régimes véridictionnels」（NB, p.37）だと明示しています。<véridiction>は、真理を述べる、真理化すること、といえます。陳述されるだけではない、真理の体制として構成されることです。

市場が真理陳述・真理化の場所におかれるプロセスを明らかにすることとは、現実的なものが可能であったこと自体を示すことであって、それが理解可能になることであり、原因を探ったり、必然性を探ったり、複数の可能性の中の一つとして示すことではない。それはある言説にたいして、そこで真ないし偽として特徴付けられる言表とはいかなるものかを定めうる諸規則の総体を見いだし、その定式化がいかなる条件でいかなる効果をともなっているかを明らかにすることです。たとえば、狂気に関してなら、精神医学が科学・理論・言説として精神科医の頭のなかで形成され、病院の内部で適用・具現の場を見いだしたのだとか、監禁制度がその正当化を精神科医のなかに分泌させたということではない。監禁制度から出発して、それを介して精神医学の発生をさぐり、その真理陳述・真理化のプロセスに支えられて、引き継ぎ変容され、位置をずらしてきたことを明らかにすること。刑罰制度で言えば、刑罰のプラチックが「あなたは何をしたのか」の問いを「あなたは誰なのか」の問いへ置き換えたとき、法陳述から真理陳述への切り替えがなされている。セクシュアリテにおいては、告白プラチック、良心の指導、医学的関連において何が許され何が禁じられているかを定義する性的諸関係の法陳述と、欲望に関する真理陳述との間に、交換と交叉が生じた契機を位置画定しようとすることです。つまり、「法陳述の言説プラチック」と「真理陳述の言説プラチック」の違いと転移において、それは歴史的移行でもあるのですが、「真偽」を定める言説を語るのを可能にした条件がいかに構成されたかを観ていくことにおいて、法陳述にたいしてもなされうるものです。ある科学がいつ真理を語り始めたのかという真理の発生ではない、また医師たちの錯誤を対象にするのでもない、「ある時点に創設された真理陳述・真理化の体制がいったいどういうものか」を明らかにすること、かつてある物事をそれが真であると当時の医師に可能にした真理陳述・真理化の体制を明らかにすることです。それが、歴史分析が政治的射程をもつことになる。(p.33-8)　ここは、明らかにミレールからのつっこみにたいして、対応した闘での論述に深化されています。

狂気も非行も病者も教育も存在していない、なのにそれが存在しているかのように真理陳述＝真理化する言説がプラチックしているということです。「国家」も「社会」もそうです。

ですから、革命実践ではなく、言説プラチックによって実際になされている「振る舞い」への「反」として、実定化と同時的になされている裏面の「反振る舞い contre-conduite」が STP では検証されています。また「クーデタ」が国家のあり方を照射するものとして NB では示されます。それは抵抗・反乱ですが、批判でありまた解体でもあります。しかしながら、そこも言説プラチックとして対象にされますから、非編制、つまり編制されえなかったプラチックにはとどいていかないことになります。つまり、語られえなかったものは対象とならないのです。

〈プラチック理論〉は、語られえていない考えられえていないものに、理論的な解析をくわえていくものですから、そこがフーコーの最大の欠陥・限界となっていることです。「非言説的プラチック」だとして、フーコーは考察対象におきません。ですから、幻想や無意識などは、さらには諸制度さえ問題にされないことになります。フーコーだけ読んでいても仕方が無いということですが、非言説的プラチックの存在様態は、逆射的にフーコーによってはっきりしてくるともいえます。現在世界の考察で、吉本やラカンやブルデュー、イリイチ、ランシエールなどを同時的にわたしが考えている根拠です。異質な、異なる思考体系や思考技術を相互交換したり統合したり、間の隔たり／裂け目をうめたりしていかねば、意味がないことです。しかしながら、わたしはフーコー規準としてフーコーをもっとも基本的な批判規準であると設定して、しかるべき理論作業をなしていますのも、言説プラチックの対象化・客観化としてずばぬけているからです。プラチック自体の対象化・客観化はブルデューが卓越しているのはいうまでもありませんが、ブルデューは理解したならそれで終りですが、フーコーやラカンはそうならないのです。語られえていない〈意味するもの〉のシニフィアン存在があるからです。

フーコー国家論は、まさにそうした布置にあります。語られえていないのですが、国家をシニフィアンするものが多様にあるのです。しかし、シニフィアンスの存在としてですから顕在化していません。権力諸関係にたいしては、フーコーは何度も繰り返しながら、少しずつずらしていきながら、権力作用のシニフィアンス存在をシニフィアン次元へと顕在化させましたが、国家論においてはそれをなしていません。国家理性とポリスを照射したまま、〈生者〉を媒介にして、自己技術／主体の界閾へと比重を移動してしまいました。「生きる人間」を対象にした統制から、生きること自体でなされている「自己の自己への関係」へと、重点を転じてしまいました。

わたしたちは、言説プラチックとして明示された国家理性とポリスとから、国家のシニフィアンス存在を見いだして国家論を構成するほかありません。それは、「社会の自然性」を出現させて〈社会空間〉を実定化させた統治技術をもって、国家と社会空間と権力関係を理論対象化していくことになります。言説がない領域に働いている物事ですので、実証化はなされません。ここに理論生産の意味と限界があります。限界があるからといって、なさずに放置するわけにはいきません。フーコーだけではない、いくつものテクストや理論成果をふまえて理論生産していくことです。

「プラチック＝実際行為」はさまざまな現象として、その行為の振る舞い conduite の仕方として出現しています、そこに言説プラチックとして働きかけているものもあれば、言説化されていないものもあります。理論言説を働かせて浮上してくるものもあります、その把捉からこぼれてしまうものもあります。「プラチック（実際行為）の総体」「実際的なものの総体」としか言い様がないですが、それを対象としているのだということをはずしてはなりません。そのうえで、浮き出して来るもの、理論的射程、プラチック変様を理解していくことになります。問題のあり様、重要性がうきだせればいいことです。

政治理論は、諸制度や諸政策や諸機関や政治行動を分析していただけで、日常的なプラチックを分析・考察していなかった、そこをフーコーやブルデューは——イリイチもアルチュセールも——考察し、理論組上に載せたのです。「政治実践」や「実践」を考察・分析したのではない、「実際行為《プラチック》」そのものを分析したのです。「対象」を転じたのです。

実践とプラチックの違いを、フーコーに即して、例を出しますと、シャルコはヒステリーの発作、円弧状の姿勢を演じさせていただけで、セクシュアリテをみてはいないだろう、というヴァジュマンの指摘にたいして、フーコーは、そこにフロイトは「セクシュアリテ」を観たんだ、それは「すでに」あったんだ、シャルコはすでにそれについて語っていたのだ、フロイトの独創性はそこにはないと言います。ヴァジュマンはシャルコの「実践」をみているだけです。フーコーはシャルコのプラチック＝実際行為を見て、フロイトの言説プラチックをそこではない『夢判断』の方に見ていくのです。ヴァジュマンの言っていることは、べつにまちがっていません、実践として出現しているのはそれだけですから、セクシュアリテなどはそこには見えていない。しかし、セクシュアリテの配備がプラチックしているのです。しかし、「子宮はうろつく動物である」というプラトン次元と、「器官性疾患という機能疾患が器官の機能をおかし、本能に支障をきたす、その本能のなかで性本能は分類可能な仕方でおかされうる」という認識論的なきめこまかさが出現することには、切断や変容があるのをみるのが、「言説」プラチックの次元です。もう一つ避妊の例がありますが、「実践」からみれば子どもが産まれないようにすることです。しかしプラチックからみると出生の問題ではなく、子どもの生存の問題、いったん生まれた子どもが生きられるよう避妊をしていたことが歴史上あったということです。乳母は子どもを育てるだけではない、死なせるためでもあった、とか。フーコーがとりあげたことが、「実践」視点のままだと、フーコーの指摘を受けていつの時代にも性現象はあった、避妊はあったと一般化されたままになり、実在されたものしかみなくなる。言説は、現実の実践にならないことが多々ある、しかし、真理の真実として、たとえただの一点だけだったとしても、プラチックはしているのです。この「実践」概念空間の次元に、日本のフーコー理解のほとんどが滞留したままなのです。プラチック体制が了解されていないのです。実践の次元、言説の次元、プラチックの次元、そして言説プラチックの次元、これらは同じ対象、同じ出来事にたいしてまったく理論考察が違ってきます。

認識 connaissance から知 savoir へ、知から「言説的プラチック」と「真理陳述の諸規則 règles de

véridiction」へ。

規範 norme から「権力諸行使 exercices du pouvoir」へ、権力行使から「統治制の諸処置 procedures de gouvernementallité」へ。

主体から「主体化の諸形式 formes de subjectivation」へ、そして「自己への関連のテクニック／テクノロジー technique/technologies du rapport à soi」へ（GSA, p.6-7）。

かく分析を転移 déplacement してきたフーコーですが、それら総体をこちらは考察せねばなりません。

もう三十年も前に、わたしは pratique(s) は「実践」ではないと提起し、問題を考えるためにそのまま「プラチック」として提示したのであって、[17]訳語としたのではありません。それをまだ無視しつづけて「実践」としている訳総体にたいして、いまはっきりと「すべて誤訳だ！」と宣明します。日本におけるフランス現代思想総体の理解にはびこっている誤認・誤訳である、と――『ブルデュー国家論』にてマルクスのフォイエルバッハ・テーゼとつきあわせて、サルトル、レヴィ＝ストロース、マーシャル・サーリンズとともにあらためて論述してあります。[18]

以上が、わたしの問題設定です。ここから、フーコー国家論への理解がはじまります。これから執拗に、フーコー自体のなかにはいっていきますのも、そこで配置換え disposition されたものをかいくぐっていか

17 拙編『プラチック理論への招待』（三交社、1992）でまとめて論じましたが、八〇年代から指摘しつづけています。
18 論稿「フランス現代思想における根源的〈誤認〉訳の地盤：「実践」概念空間の独占と「国家アクト」」（『流砂』2016年、第11号）にブルデューのプラチック概念にたいする誤訳として論じたものがあります。

ないと、既存の意味された界闘に足をすくわれてしまうだけだからです。訳書では、近づけませんので、自分なりの日本語言表の界闘を指示表出していくほかに道はありません。行論を追っていきますが、訳ではない、意味関係をつかむための作業です。

序章の整理にあたっては、以下のものが大きな助けになりました。

* Thomas Lemke, *Foucault, Governmentality and Critique* (Paradigm Publishers, 2012)
* Thomas Lemke, *Biopolitics: An Advanced Introduction* (New York Unuversity Press, 2011)
* Colin Gordon, 'Governmental rationality: an introduction', in Graham Burchell, Colin Gordon and Peter Miller(eds.), *The Foucault Effect: Studies in Governmentality* (Harvester, 1991)
* Paul Patton, 'Power and Biopower in Foucault', in Vernon W. Cisney and Nicolae Morar(eds.), *Biopower: Foucault and Beyond* (The University of Chicago Press, 2016)
* Stuart Elden, *Foucault' Last Decade* (Polity, 2016)
* Mitchell Dean, *Governmentality: Power and Rule in Modern Society*. second edition (Sage, 2010)
* Mitchell Dean, *The Signature of Power: Sovreignity, Governementality and Biopolitics* (Sage, 2013)

統治性に関しては、これらが明証で、世界線ですぐれたものといえます。フーコー論はフランス語圏よりも英語圏の方がすぐれているのは、トランスファーの格闘が不可避に要されるからだと思います。

II　国家の統治制化の初源——『安全・領土・人口』を読む

1章　安全性のテクノロジーと統治

フーコー国家論の構築へ(1)

　フーコー国家論は、権力関係の次元とはその場を異にするとしたとき、ともすると国家を上部とし権力関係を最低辺の下部であると想定してしまうマルクス主義的枠組みにはいりがちになってしまいます。フーコーは、この上部構造・下部構造の建築的空間比喩をなんとか脱出したいと格闘していたようにみえますが、そこはついに明証化しえなかった。権力関係論は理論化したといえますが、国家に関しては史的に明証化するあまり理論的な生産がなされなかったというのが妥当かもしれません。ですからマルクス主義図式にフーコーを再び組み入れる退行もなされえてしまう。パストラール制から統治制への移行ないし転移が理論的かつ実証史的になされるとき、統治技術と国家理性とポリスとが、さまざまな統治理性・政治理性から軍事、外交、戦争と都市・通商などとからみ、概念空間の場が多彩で多少いりみだれていくため、上部と下部と中間部の空間配置が相互変容・移行して、これだと定めうる事態になっていかないためだとおもいます——そもそも空間図式化すること自体が問題ですけれど、この建築的比喩は物理的実在性に想像的に照応しえていますから現実性があると感じられている。いいかえるとフーコーは国家と社会との関係を混成的に明証化させるにとどまったといえるのではないでしょうか。「社会」の自然性の発生は示されたのですが、それと国家との関係は理論化されているとは言い難い。そこをさらに緻密に理論再構成することなのか、それともまったく異なる理論体系を構築する無謀にでるのかが、そこで分岐しますが、わたしたちは、その双方をにないながら、ここをつき進んでいきます。

すでにだされているフーコーの国家論的な諸概念は、主要には統治制、生権力、生政治、そして国家理性とポリスですが、権力関係の論理は、そこにくみこまれるか、関係づけられていかねばならない。国家論を権力諸関係の理論としてくみあげていくことです。その理論化ツールとして、つねにそれはフーコーの論述のなかに、サブ的な方法諸概念とともに配備されています。そのうえで、概念転換がなされないかぎり、理論転換はなされえません。

「近代国家への系譜学」はフーコーによってある意味、叙述されているとみてよいでしょう。国家構成における知と政治言説が中心的な重要性をもつことの強調、統治の分析が広義のテクノロジー概念によって政治テクノロジーと自己テクノロジーの関係を含む物質的・象徴的なものをも把捉していく可能性へ開かれているということ、そして政治諸戦略の道具手段・効果である国家を、公的なものとプライベートなものの間、国家と市民社会の間における外的境界として定義し、政治諸制度と国家諸装置との内的構造を決定するものとして把捉する、といったことが、統治制において考えられていくことですが、そう簡単にまとめられない多面的なものになっているのがフーコーの思考です。とりあえずそれを目安にして把握していくことにします。中心軸は「**国家の統治制化**」にあるのですが、国家の代行諸機関によって実際にはなされる統治であるため、所与の事実として把捉される統治制化ではなく、不確定な政治過程と歴史的出来事においてしかも問題構成的に探られていくため、非常にとらえがたいものになっています。国家はいかにアクトして凝集した（かのような）政治力となっていくのか？　国家の想像的結合はいかに実際行為的《プラチック》な次元を生産していくのか？　諸制度や諸過程の種別的な複数性がいかにして国家なるものとなっているのか？　国家の自律性というみかけがどうして「社会」の外部・上部に立った分離した実体とみなされていくことになるのか？　といったような問題が構成されています。国家ではないものとして国家を再構成していく手法であるため、とらえがたいのです。国家の制度構造を生産し、国家の知を生産する、「変換行為の現実性 réalité de transaction」として国家はダイナミックに変動しているのです、静態的な構造ではもはやありません。真理体制のなかの非連続・切断として国家は認識図式において出現したということです。存在していない国家が、異なる諸要素や諸プラチックによって歴史的現実で構造的一貫性として実在するかのような国家諸過程が可能になったのは、いかにしてなのかを問うことです。そこに人口と諸個人に関する統治理性／統治技術の知／テクニックが生産されているということです。この問題構成はおって、より鮮明にとらえていくことにしますが、とりあえずこうした、既存の国家にたいする解体構築がなされていることを了解する難しさです。一言で言ってしまえば、こちらが、統治分析を国家理論へと再構成することです。一歩後退、二歩前進です。

考察の軸に方法として主におくのは、『安全・領土・人口』（STP）の講義とすることにしましょう。そこが、権力論領域を国家論次元へと転移させた分岐点になっているからなのですが、そこでの試行錯誤に、意味されたものではなく、〈意味するもの〉の関係――働いているもの、何が問題とされ、その問題をめぐって何が組織され、いかに働いているか、そして語られているが考えられえていないものはいかなるものか――をみいだしていくことです。対象の代わりにプラチック（実際的なもの）、機能の代わりに戦略、制度の代わりにテクノロジーが、取りこまれている、そこへ考察を転移 déplacement し、外へでよう passer à l'extérieur とした、その理論根拠とそれがうみだす効果をつかむことです。これは、軍・病院・学校・監獄における規律＝ディシプリンにたいしてなされてきた手法ですが、それを「国家」についてもなすのだということです。(STP, p.120, 144頁) この非対象的一般性／非機能的一般性／制度外的一般性によって、「**国家の全体化する制度** institution totalisatrice de l'État」の出現をとらえるのだ、ということです。人を閉じ込める enfermement のは、国家的操作 opération étatique の典型であり、国家行為 action de l'État のグロスなのではないか、最終審級において規律メカニズムを一般的・局所的な働きに置いている責任は国家にあるのではないか、という問いをフーコーは捨ててはいませんが、国家をそうみなすことを問い返していくのです。(STP, p.123, 147頁)「近代国家を権力の一般的テクノロジーへと置き直し replacer」て、その変様、発展、機能を画定させるために、国家ならしめる「統治性」を解析していくのだ、ということです。

《統治制》が「統治のプラチック pratique de gouvernement」、統治技術、統治合理性 rationalité de gouvernement、統治性 gouvernementalité、「統治するアート art de gouverner」において歴史考証されました。わたしは、これらの統治をめぐる諸概念を「統治制」として大きく括り、統治の「テクニック／アート／テクノロジー」を「統治技術」と括り、「統治行為《アクション》／統治アクト／統治プラチック」の行為的概念をともに含み考えます。

これらは、四つの歴史的な「統治プラチック」の様態として、講義されました。

1 ギリシャ哲学、初期キリスト教における統治の本性として、「**パストラール**」の形態としての統治のイデア：これはヘブライ人・東方のパストラールのイデアとキリスト教会で制度化されたパストラール制とに識別されます。

2 初期近代ヨーロッパにおける統治教義である「**国家理性・ポリス国家**」の考証

3 十八世紀はじめの「**自由主義**」が「統治するアート」の概念として検証されます。（『生政治の誕生』）

4 大戦後の「**新自由主義**」の思想が、ドイツとアメリカ（とフランス）において「統治合理性」の再考として検証されます。（『生政治の誕生』）

「統治の合理性」とはほぼ「統治するアート」ですが、統治とは活動態 activité・プラチックであり、統治アートとは「何が活動に構成されていかに行使されているか」を知る仕方のことです。「統治の合理性」とは、統治プラチック——誰が統治でき、統治するとは何であり、何が・誰が統治されているのか——の本性についての思考の体系です。行為する者と行為される者との双方に関わる「考えられうる／行為されうる」活動性の形態を作り上げているものです。その多様な形態が考察されたのです。

そのとき、史的検証考察の歴史順序をおっていくかぎり、国家出現、国家形成の過程はつかめますが、理論構成はなされえません。理論生産は帰納的に強引な手法をとらざるをえない。それは、フーコーはそんな論理を言っていないという閾へいくほかなくなります。フーコー叙述を対象にして、そこを理論プラチックすることです。つまり、国家は、近代民族国家として疎外形成され、構造化されたものとして、いまここにあると、どうしても仮定することになりますが、超越的実体対象としてではなく、非対象的一般性のプラチック（=実際的なもの）として対象把捉することです。フーコーが否定したことを転倒させて実定的にみていくことになるのですが、それは国家を嫌悪と愛の場からはずらすこととしてであり、国家を超越的現実へとおしあげることを回避し、国家の実際的なものを西欧的規定制からも切り離して、人間たちのプラチックな場所において把捉すること、つまり「**為す仕方 manière de fair としての国家**」「**考える仕方 manière de penser としての国家**」(STP, p.366)を把捉することへとずらしてのことです。それによって、ミクロ権力とマクロ権力との差異を解消させることです。フーコーの仕方をふまえ、フーコーの仕方を反転させ、そしてフーコーの辿り着いた到達地平を出発点にして、フーコーを遡及的に包摂領有して理論化することです――それはフーコーを対照にして新たになされている国家資本概念やまったく別次元で考察されていた共同幻想概念を、共関係的に対象構成的に考えて、レーニン的国家論の彼岸へいくことになります。

　歴史上で語られたことにたいするたくさんの叙述がフーコーによってなされますが、それはある理論の系の派生として証明存在として使われています。理論系はさほど複雑ではありませんが、使われる概念差異は緻密で微妙です。似たような物事が相互入れ替えのように叙述されるため、捉えたつもりがずれてしまうことが多々おきえます。つまり、国家の多様な実際的な仕方にたいして、その理論次元は一般化しえないのですが、その問題構成はある普遍閾へと配備することが可能であると、こちらは挑戦します。そこを把捉するために、ともかく行論をフォローしながら、冗漫さに見えるなかに要点をおさえていくことです。それは訳書ではどうにも微妙にぶれてしまうものがあり、原書のニュアンスをおさえなおしていくために、訳確定などは不可能なことですから、論点はどこにあるのかを把捉しながら読んでいきます。ですから、改訳をなしているのではありません、論理をつかもうとしているだけです。わたしの訳が正解であるなどというつもりはまったくありませんが、理論筋は正鵠に把捉していくつもりです。

根本的な問題構成は、かならず各年度の講義の最初に箇条書きされ、最後の講義にまとめられるのですが、それがまた初めと最後とでは微妙にずれていきますので、あくまで参考にしかならないまとめです。その解読の仕方を、まず例示してみましょう、STP最後の七八年四月五日の講義をやってみます。

講義解読の仕方の例（1978.4.5講義）

大きく、三つに分かれています。

A：ポリスのプラチックの明示、再確認、

B：穀物ポリスと食料難においてポリス国家への批判が経済学者たちによってなされる、

C：新たな統治制の出現、

です。全体と関連している詳細は3章でのべますので、概要的にみていきます。

Aでポリスは都市問題、都市的規定化である、そこでの通商・市場であるということが再確認されます。

Bでは、重商主義から重農主義への転移で、経済言説が新たに出現し、その言説が四つの特徴において、前時代からの切断としてまとめられています。ポリス・システムからの離脱です。十八世紀のことです。

①商品の流通・循環ではなく、生産側に立つ。

②物事の流れに統制をくわえると悪化するゆえ、流れに応じた規整が働いていればよい。
③人口は資源・状況に応じて自発的に規整されていく。
④諸国家間・諸個人の利の自由を働くままにしておけば、望ましい経済状況になる。

これらの断絶は、価格・資源・自然・事物の流れ・人口・諸外国の規整的調整が自然になされていくという「自然的プロセスの一大領域」となっていくもので、「**社会の自然性**」の出現をもたらしていきます。

Cで以上のことをフーコーは統括的に結論づけていくのですが、そこから浮上するのは、以後の理論的対象化の次元になっていきうる「新たな統治制の出現」の明示となります。

(a) 国家形成の3段階

❶ **宇宙論的神学の世界における国家**：主権者：自然的秩序
❷ **統治するアートの出現、その合理性の国家**：政治家：ポリス、国家理性、ポリス国家。
❸ **経済的理性による統治するアート**：経済学者：国家理性にたいする異端。近代的・現代的統治制の基本線。

これらを明証化していくことが、国家理性の歴史、統治理性の歴史、それへの「反」の歴史を軸にして、フーコーによって意味されたものです。これは、異なる国家の様態であるとしてよいかとおもいますが、そうしたとき、三つの異質な様態を包括するものとしての「国家」の概念空間が設定されてしまいます、それをフーコーは極力排除しようと格闘しているようにみえます。国家一般があるとしてはならないということです。これは、読むわたしたち自身も自らの思い込みにたいして格闘していかねばならない闘です。

(b) そのうえで、❸の段階での本質的修正がなされていきます。国家理性の秩序のなかで、つまりヨーロッ

パの均衡、国内の均衡における国力の増大を目標として、
(i)「社会」の自然性、市民社会
(ii) 認識のテーマ：科学的認識・合理性
(iii) 人口の相対的現実
(iv) 管理、安全メカニズムの設置
(v) 自由の尊重
が配備され、これらによって過剰規制的なポリスが解体し、二重のシステムが設定された。
●経済に属する／人口に属する国力増大を機能とするメカニズム
●混乱、不規則性、不法行為、非行が妨害・抑止されるのを確保できる配備。警察制度。
外交装置、軍事装置に付け加わって、経済、人口経営、自由の尊重、警察装置の四要素が設定される——ここではすべて「装置 appareil」とされています——経済プラチック、人口の経営、自由と諸自由の尊重にたいする「分節化された公的権利 droi public articulé」、そして抑圧機能をもつ警察です (p.362)。これらは一体となった企図ではなく、種別的な制度・メカニズムとなっているものです。

統治理性による「社会・経済・人口・安全・自由」の統治制です。そしてそれらに於ける「知」の編制です。これが、国家論の実際的な内容になるものといえるでしょう。
(c) この統治制にたいする「反・振る舞い」が歴史上なされます。
(i) 国家に対立する市民社会の配置

(ii) 人口は服従するのではなく、万人の利として国家に立ち向かう
(iii) 国民が「真理の保持者」として国家に対立する

この革命的終末論、革命の権利、自分の知を保持する国民が、近代国家の発生内部で同時に働いていた、というのです。

さて、こうした叙述を、理論次元へ構成するにはどうしたならよいでしょうか。

Aから抽出されるのは「規定化 réglementation」概念の布置です。それは、司法、法制定ではない次元でなされているものです。「法」はまだ整備されえていないわけですから。

Bでは「規整化 régulation」の概念空間の働きが抽出されます。「規定化」の条件を受けながら「規整化」が構成されていく状態が考証されるのです。「規整することとしての国家 État comme régulateur」の出現です。この規整には調整の意味合いが入っているようにみえますが、他生成的なものによる作用です。まだ規則化・実定化されえていない閾を規制・規整化して既存のものを配置換えしていくという意味です。

ここから、国家の働き jeu、国家の役割 rôle、国家の機能 fonction、が統治制の変化・変容において考察されることになっています。「規定化」の次元と「規整化」の次元を混同しないように注意する必要があります。

そして、(c)の三つを考慮にいれると、「国家」と「社会・人口・国民」が対比される空間が設定されます。ここをもって、国家を巨大な怪物と設定しないためには、横にならべて、空間布置するという修正的試みをしていくこと、となるでしょうか。そこに、統治制をめぐるいくつかの用語をくみこむと、図のよう

X：構成

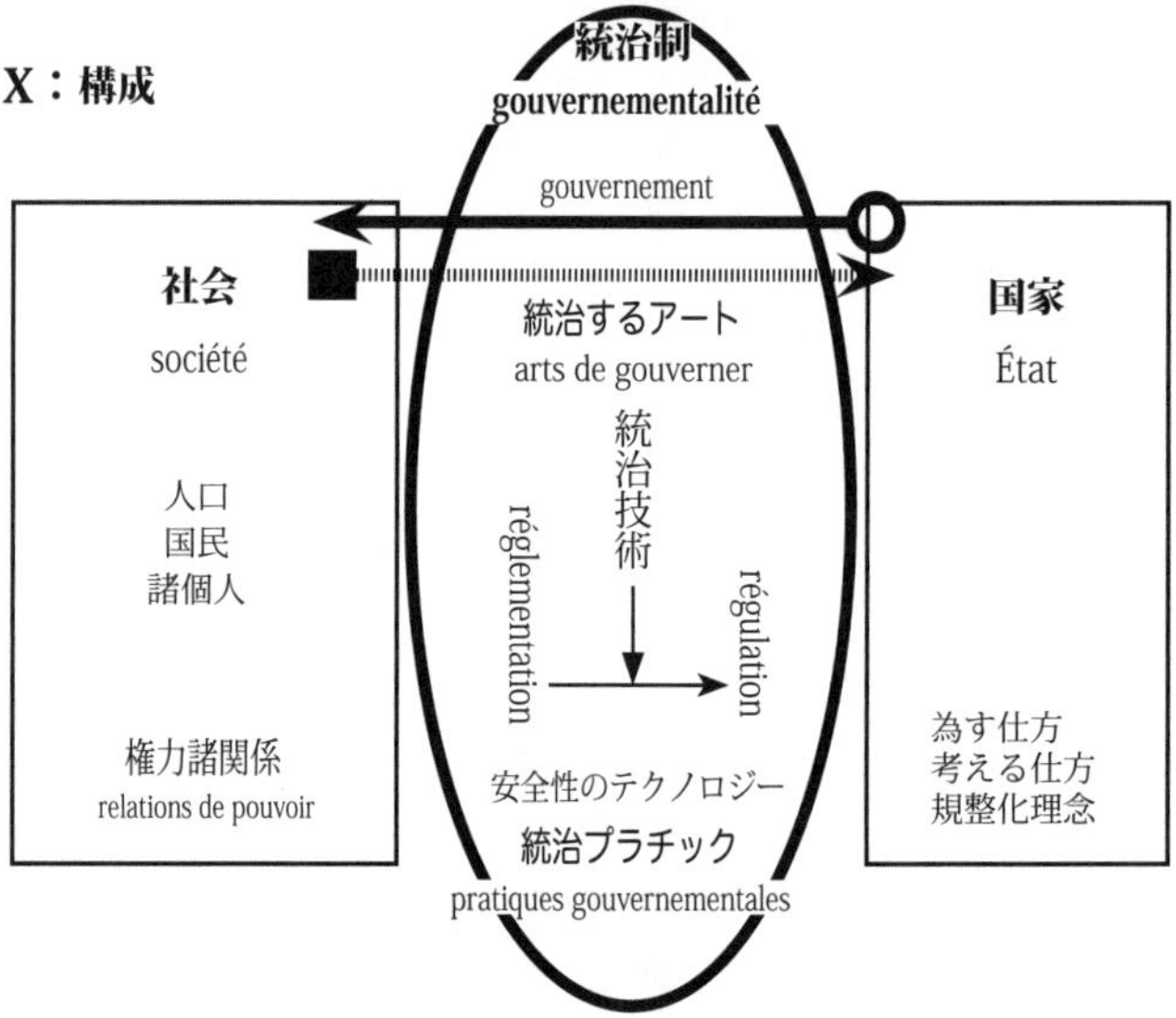
統治制
gouvernementalité
gouvernement
社会
société
人口
国民
諸個人
権力諸関係
relations de pouvoir
統治するアート
arts de gouverner
統治技術
réglementation
régulation
安全性のテクノロジー
統治プラチック
pratiques gouvernementales
国家
État
為す仕方
考える仕方
規整化理念

Y：移行

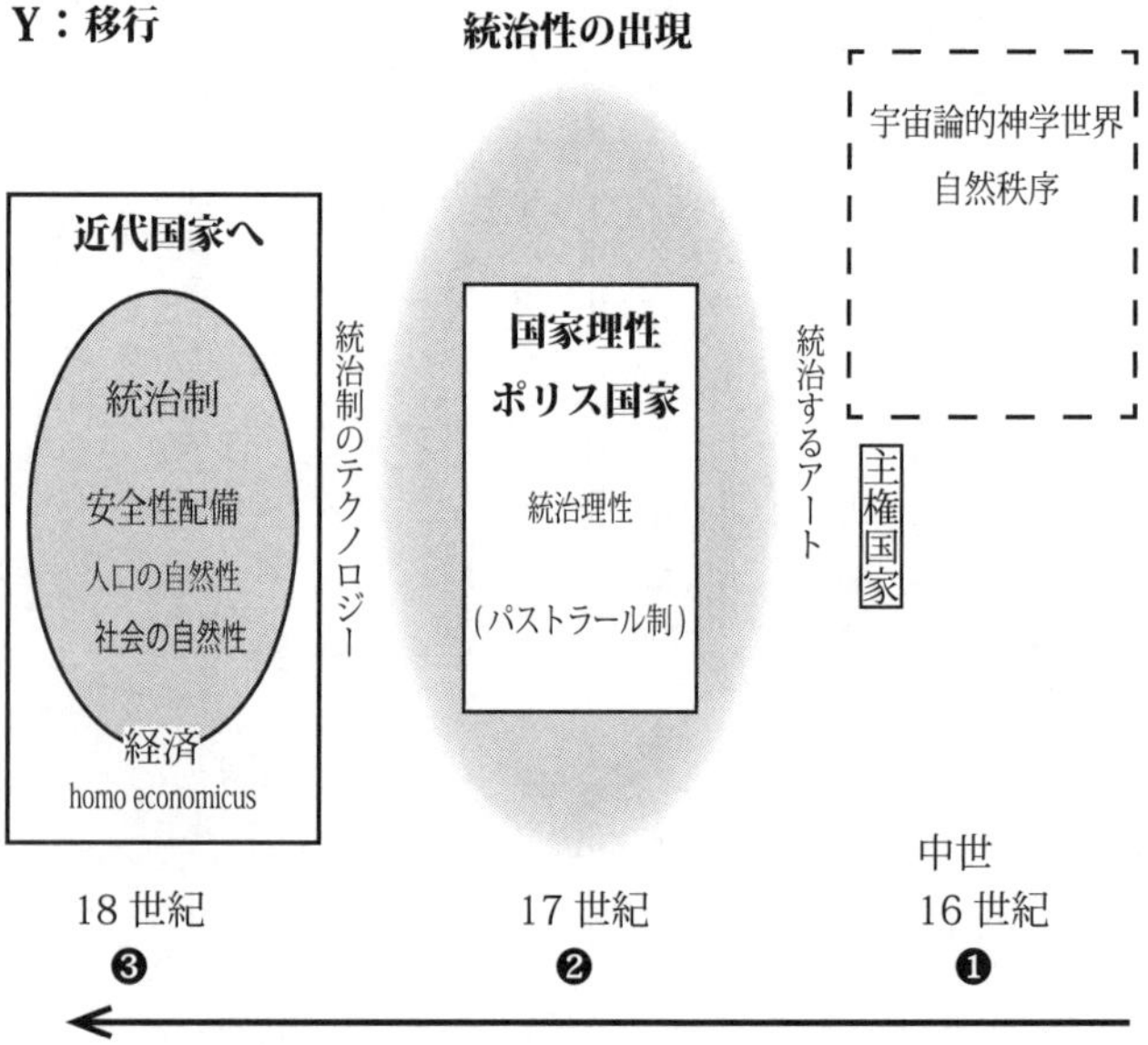
統治性の出現
近代国家へ
統治制
安全性配備
人口の自然性
社会の自然性
経済
homo economicus
統治制のテクノロジー
国家理性
ポリス国家
統治理性
(パストラール制)
統治するアート
宇宙論的神学世界
自然秩序
主権国家
中世
18世紀
17世紀
16世紀
❸
❷
❶

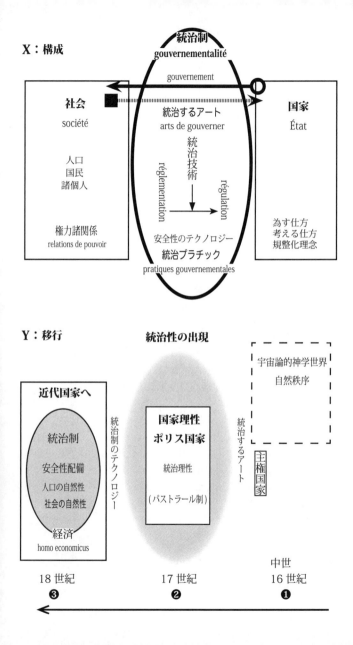

にわたしなりに配置されます。統治性の空間が、主要なものとして配置されるということです。そして、それ以上のことをフーコーの理論地平は語っていません。統治プラチック、統治アートについて、多々関係が語られるだけですが、その対象化・客観化がフーコーならではの微細な把握になっているということです。統治性を実際的なもの＝プラチックの視座からみていかないと、「実践」からみていたのでは見えてこない関係のとり方が明述されています。「統治的実際行為」を訳書のように「統治実践」などと理解釈していると、見逃されること、ずれて歪んでしまうことが多々産出されてしまいます。

　歴史的移行をあえて図でしめすとYのようになっていく。理論的課題は、X図とY・❸図との、相互関係がどうなっていくのかということになります。❸図は、統治制の肥大が、逆転して国家疎外の肥大化が起きているのではないかという観念・幻想がどうしても払拭できない。国家を怪物ととらえることはほんとにまちがいなのでしょうか？　フーコーは❷を明証化しましたが、❸への移行を示すも、❸自体を明証化しているようには見えないのです。Xのようになっているらしいということでしかない（7章で検討）。❸のような思い込みで、❷を歴史的に観てはならぬといっているだけのように思われます。国家の出現と形成は統治制化にあるということは了解しうることですが、それは近代的に変移したとき、新たな国家相として構造化されているのではないか、しかし超越的実体ではない、実際的なものとしてである、ということです。この疑問を課題的にもったまま、「読み」をなしていきましょう。

　フーコーは、新たに考えを開いていこうとするとき、権力テクノロジーにおいて対比的に問題を設定します。**規律化と規整化、規律権力と生政治・生権力、パストラールと統治、**など種別的に位相・水準をかえながら把捉しようとしています。そのとき、「対象 objet」「目標対象 objectif」「道具 instrument」「処置 procédure」「効果 effectif」の違いがつかまれ、「目的 fin」「標的 cible」「水準 niveau」「仕方 manière」の違いがつかまれます、ここが理論的構成の手がかりです。<repérer/disposer/déplacer> の動きがなされます。

この諸々の権力テクノロジーは、歴史的に区別され布置されるのですが、互いに入り込み合いしかも変容しますので、歴史区分としては機能しません。理論的歴史用語、歴史的理論用語となっていますので、了解が混同されがちになるのです。歴史を観ていく概念であり、また理論を観ていく歴史であるため、思考規準が、歴史学とも思想史とも異なるフーコー固有の理論閾にあるものです。歴史時間の問題ではなく、移行や転移の歴史性の問題です。「歴史 histoire」と「歴史性 historicité」とは区別されねばなりません、狂気の歴史に対するデリダによるフーコー批判は、ここを見誤ったのです。歴史性は軌跡・痕跡ではないからです。

「国家は〜ではない」という示唆：国家嫌悪

「国家とは、歴史において、市民社会にたいして脅威を与える組織体のように増大し発展させせられるあの冷たい怪物などではない」(STP, 1978.3.8, p.253、306 頁)

「国家の循環的存在論は、自身肯定し、巨大怪物、自動的機械として増大していく」と考えられているが、そう考えてはならない。(同 p.362、437 頁)

と、「国家であるという物 chose の存在論」を歴史を通じてたてることとの間違いが、あちこちで指摘されています。「国家の誕生・歴史・前進・権力・乱用 abus に人々は執着してきた s'attache」、超価値化 survalorisation してきた。一つに冷たい怪物 monstre froid がいるという直接的・感情的・悲劇的な形式で、もう一つは国家を諸機能に還元する分析である。(STP, 1978.2.1, p.112)

「国家は、その固有なダイナミズムによって発展させられた歴史的・自然的な所与のものではない、種が歴史のなかのある瞬間に投げこまれ徐々に歴史を征服していく「冷たい怪物」のようなものではない、国家は冷たい怪物ではなく、ある統治する仕方 manière de gouverner の共関係的なもの le corrélatif である」「国家を歴史のさまざまな登場人物をうちのめし assommer にやってくる一種の憲兵 gendarme のようにしてはならない」(NB, 1979.1.10. p.7, 8)

一貫して「冷たい怪物」ではない、という主張を繰り返しています。

これは、固定した構造・実体として考えるのではなく、生成・形成として国家を歴史的に考えることだという主張ですが、それが国家を定義づけしがたいものにしているのです。いや、フーコーは、いままで国家それ自体が洗練して考えられてこなかったと、その曖昧さを主張します。たいていの場合、国家は諸個人をないがしろにし、市民のなかの支配階級・支配集団が、全体の利益を追求するかのような正当性をもって政治権力である国家権力を行使すると思念されています。近代国家というものは、個人を超えて、個人が何者であるのかを無視し、個人の存在そのものを無視する実体であるかのようにみなされています。国家の悪癖が、知的なものとして非難されるのです。「国家嫌悪」が跋扈しているのですが、しかし、二十世紀においては政治亡命が、そして二十一世紀の今日では難民が、国家の横暴さの結果であるかのように出現しています。理論的な反国家の思考は、いまだに残滓しており、国家の自然さ、構造、諸機能が、国家が国家たるためにあるとされる考えは、国家をもとに政治世界、その権力支配がつくられているとみなされ、のみならず、国民生活が守られているとされています。国家が経済や計画を統御し、介入しているのだ、ということからの国家嫌悪は、管理国家、福祉国家、官僚国家、ファシスト国家、全体主義国家など、社会主義国家や軍事国家の独裁国家までふくめ、国家という本質的な最悪さによる失格として共通に認知されています。この「国家嫌悪」からは、国家の本来のあり方が把捉されていないというより、国家への誤認が最初からなされているのではないかということです。つまり、国家批判には国家がないということです。ブルデュー的に言うと、国家を否定すれば、客観的に物事をみているかのように偽装しえ、正義の側に立っているかのようにみせかけられる、それゆえ、国家批判のインフレが起きているということです。国家嫌悪には、自己省察がなされていないのです。

現代社会では、国家だけが権力行使の形態や場所を占めているのではないということを、捉えていかねばならないということです。そのとき、権力関係のさまざまなタイプは、国家を参照して観なければならないのですが、それは国家が権力諸関係の継続的な国家化を産み出して、国家的諸制度の形態をとって、洗練され、合理化され、中心化されてきているからです。しかし、「国家は本質ではない」と断言するフーコーは、国家の実際的なものを観ることを放棄はしていませんが、「国家に内部はない」として、国家から秘密をひきだすのではなく、外部性の統治性プラチックから国家の問題を探査する回路を開いていったのです（NB, p.79）。

権力関係論は、身体のミクロな界閾における考察でしたが、そこに「人口」が配置され、全体化と個人化との統合が国家においてなされていることが示され、政治の包括的・全体的な事項として「国家と社会」との関係配置が明証に浮き出されていったのですが、テクニックとプラチックとのテクノロジーを掴む軸は、フーコーにおいてまったくぶれていません。

『安全・領土・人口 Sécurité, Territoire et Population』STP を国家論へむけて読む

STP は大きく三つのテーマで記述されています。

I. まず最初の問題設定で、安全性のメカニズムが問題提起され人口の出現が示されます。

II. パストラールがキリスト教的なものとして制度化された様態が把捉されます。

III. 国家理性とポリスの出現が考証されます。

本書は、1章でI、2章でIIを、3章でIIIをおさえていくことにします。要約的な理論読みをなします。叙述ですが、よく読むと非常によくできた理論構成になっています、その理論構成が把捉できるように、詳細に読んでいきます。なるべくまとめるようにしていきますが、フーコー論述とは意味されたものへ括りえないので、いささか冗漫になってしまうかもしれませんが、理論骨子だけはきちんとつかめるようにしていきます。最初は訳書を照合できるようにしようとしたのですが、あまりに乱暴な訳になっているため、引用しえません。したがって原語を示しながらやっていく作業になってしまいます。わたしの訳解が正しいなどとは主張しません、自らにははっきりさせていくための不可避の作業です。それを割

愛してもいいのですが、せっかくの作業ですので、そのままおみせしていきます。フーコーの思考は繊細です、驚くほど慎重になされています。自分で真に考えたい方は、原書にあたられてください。

I　安全性メカニズムの抽出と設定：最初の問題設定

「安全性」の問題開示

第一に、法（掟）loi[1]のメカニズム（中世から十七、八世紀）①

第二は、監視と矯正の規律 discipline メカニズム（十八世紀から近代）があり②

そこに第三の「安全性 sécurité」の「配備 dispositif」が加わる（現代）③

つまりまずおさえておくべきは、「安全性のテクノロジー」は、現代において前面に出現してきた統治の問題であるということですが、その胚芽要素は過去にもすでにあったことを歴史考証していくのです。

①第一の仕方は、掟を措定し、掟を犯す者を処罰する、許可と禁止の二項分割です。②第二の仕方は、

1 モンテスキューによる三権分立は『法の精神』1748年ですので、立法・行政・司法なる概念がまだ成立しえていない時点での loi ですから、「掟」が「法」となる途上にある布置だとおもいます。judiciaire も「司法」ではなくまだ「裁き」といえる時点でのことです。フーコーは、モンテスキューをとりあげないのも、そうした確定はまだなされえていない事態をいかに捉えるかを考証しようとしていたからではないでしょうか。ホッブズ、ルソー、モンテスキューではないものを検証しているのです（NB. p.312）。日本語の言表をいかにあてるか、とても難しいところです。訳語の専門用語は一般化されたもので、あてはめられません。

「罪人」が登場し、法をつくる立法アクト acte législatif や処罰する司法（裁判）アクト acte judiciaire の他に、警察・医学・心理学のテクニックが登場して諸個人を監視し診断し変容する法（掟）が、「監視と矯正」の規律メカニズムとなっています。♵第三の安全配備は、①当該の現象を一連の起こりうる可能性の出来事の内部に挿入し、②その現象に対する権力対応がコスト計算のなかに挿入され、③許可・禁止ではなく、最適な平均値が求められ、超えてはならない許容範囲が定められる、という仕方です。

そこで、〈technique〉と〈technologie〉とが区別されています。テクニックとは独房テクニックのように、独房の用いられ方、使われ方の（個別な）歴史ですが、テクノロジーとは支配的なシステム、共関係のシステム、そのグローバルでぼんやりしている体系（システム）の歴史で、社会のなかで固有の戦略を内部にもち、法的要素や規律的要素を考慮し機能させ増大させるものだ、とのべています（p.10）。テクニックは「技術」とは訳せません、もっと単一的な小技に近い仕方をいいます。警察・医学もテクノロジー／技術にまでいっていない部分的単一的な小賢しいテクニックだという批判ニュアンスがこめられながら、しかし物事を可能にさせていくテクニックだということです。（フーコー全般の論述において、この二語ははっきり識別されています、「テクニックの歴史」とシステムである「テクノロジーの歴史」との区別です。それを訳書総体は混同させている。目先訳語で識別しているだけになっていますから、あてられた訳語が訳書間で入れ替わったりしていく。アート art もそこに関わるものです。その識別において、pratique ＝実際行為・実際的なものの視座をはずしてはならないのです。）わたしは、この二語はそのままフーコーのものとしてカタカナで使い、自分なりの論述次元へもってきたとき「技術」と用語概念化し——二語を統合的に把握し——、「アート」

と対比的に設定して使います。アートからテクニックとテクノロジーとが分離的に形成され、「技術」へその分離が統合されていくと考えます（これはフーコー立脚しながらも異なる、わたしの設定です）。

「掟（法）♳／規律♴／安全性♵」という三つの異なる次元があり、安全メカニズムに法全体と規律義務とが付加される。安全メカニズムの導入を可能にする（立）法措置・政令・統御・通達の全体が巨大化し、諸個人の監視・診断、心的構造・病理の分類の規律テクニックが安全メカニズムのなかで繁殖しそれを機能させていくのです。IFDで示された規律と規整の二テクノロジーが、別の視座から三つへ分節的に転じられています。「三者の間の共関係システム système de corrélations が変わる」(p.10) 歴史の叙述です。そして権力の一般的エコノミーは「安全」という次元にいまなりつつある、というのです。安全メカニズムのなかで、主権・法・領土というものがいかに変容転移され、規律メカニズムがいかに転移されているかが、把捉されていきます。（「共関係」が設定されたとき、国家の配備があると考えてよいと思います。）

「安全性の諸配備 dispositifs de sécurité」は、

① 空間配置／都市・流通／街路、

② 偶然性のとりあつかい traitement de l'aléatoire ／食糧難・出来事／穀物、

③ 規範化[2]の形態 forme de normalisation ／疫病・感染、

2 <normalisation>を「正常化」と訳しているが、規範化の意味するものを考察しているのであって、その結果意味された「正常」化がなされる（かもしれない）、そこを<normation>と<normalisation>との関係からつかむというのだ。normeの形成のプラチックを探る理論構成を、ただ用語仕分けしているからこういう誤認が不可避に産出される、ほんとに困ったものである。プラチックへの自覚があれば容易に了解へのせることができるのを、「実践」などと概念空間をそのままもちこんでいるからだ。136-8頁参照。

④ 安全性のテクニックと人口との共関係 corrélation、として出現する。これらの考察・考証をへて、統治制の問題構成が浮上していくことになります。

〈dispositif〉は「装置」ではありません。軍装置といえば司令部・兵舎・武器・軍隊などの構成体といえるでしょうが、軍配備とはある戦線において軍隊を配備することで、動いていくものです、設営されたり撤退させたりします。作られたり、移動されたり、関係づけが変えられたり、解消されたりするのです。安全は、あちこちに「配備」されていくのであって、「装置」とはなっていません、誤認訳です。無意識に国家が構造装置化されて概念空間にされてしまっているから、こうした誤認がおきます。訳語用語としてまちがってはいなくとも、理論としてはまちがいを概念空間へ配備してしまっています。フーコー了解において、「安全装置」とされた訳語概念によって全体的に理解されていくことと「安全配備」として全体的に理解されていくことでは、大きなずれがおきていきます。sécurité も「安全」でまちがいではないですがそれは安全がもう実体化されてしまっています、しかし「安全性」とすると実体がない、状態であるニュアンスがこめられるとおもいます、「安心」という心理的な意味も〈sécurité〉にはありますから。しっくりこない用語になりますが当面「安全性」としてやっていくことにしましょう、しっくりした訳語が正しい深い理解にたどりつくとはかぎらないのです。むしろ違ったものになるといってよいでしょう。（しっくりしたようなこなれた日本語の訳になっているとき、とくに理論書は、原書の理論世界とはまったくちがったものになってしまう。これはどうしようもないといえるやっかい不可避のランガージュ間のトランスにおけるズレの問題で、埋めあわせはしえないと思います。訳書が注意深く、そこを自ら「不可能さ」として背負っているかどうかですが、語学力だけでは処置しえない知性の度合いは必然に出現してしまいます。）

【1】安全性の配備 dispositif と人口の出現

ここでの大きなテーマは、規律メカニズムと安全性メカニズムとの対立・区分です、まったく異なる原理の明示化です。それによって、新たな権力エコノミー／権力テクノロジーの出現を把捉しようということになります。「規律と規整」の対比が、「規律と安全性 securité」の対比に転化されています。そのとき何が新たに浮上しているのかということと、規整化と安全性との関係はいかなるものとして理解されうるのかです。

「安全（性）」の意味を示すために刑罰のケースと病気のケースをあげていますが、これは『監視することと処罰すること』と『臨床的なものの誕生』ですでに述べられたことの確認ですので省きます。ただ「安全（性）」の出現とは、盗みとその抑止のコストの最適化の問題になり、排除（癩病）や隔離（ペスト）の問題ではなく統計可能なものに布置された疾病・風土病（天然痘）を食い止める医学キャンペーンの問題になる、「安全性の社会」のことだということです。①主権は領土、②規律は個人身体、③そして安全性は「人口」総体の問題に関わることですが、そこを微細に検証しないといけないというのです。領土（主権）も個人身体（規律）も「人の多様性 multiplicité」にかかわっているためです。主権は領土における「臣民の多様性」をあつかいますし、規律は学校、軍、刑罰などにおいて人の多様性をあつかいます、「規律は、諸多様性における個人化の様式 un mode d'individualisation des multiplicités」であるということです。主権も規律も安全性も「多様性」に関わっていることが、再確認されています。multiplicité を「群れ」と画一化する訳は誤りです。領土や身体における人々さらに物事もからんでのさまざまな複雑さ、多様さを「個人化」や「人口」へとくくりだしていく統治が問題にされているのです。「人口」の新たな出現です。多様性（多在性）にたいしていかに対応していくか、それをいかに経営するか gerer、いかに切断する découper かの仕方 manière が問題なのです。訳書は理論喪失しています。（p.13-4）

まず、都市／偶然性／規範化の三つが考証されます。

(1) 都市（1978.1.11 講義）：空間・街路

都市 villes は、十七、十八世紀初頭では、領土内で司法的・管理的種別性 spécificité として、他の空間から切り離し、軍事的にも囲み、内部に閉じて孤立しており、田園地帯に対する経済的・社会的な他生成性 hétérogénéité をもちえていた。その管理諸国家 États adiministratifs の発展のなかの都市として、十八世紀に、法的に解決困難な問題を起こし、都市人口が増大し、壁の中に閉じ込めておけなくなり、内部の食糧難、外部の通商の経済諸交換の必要性の変化・拡大が軍事とともに、都市の空間的・法的・管理的・経済的な枠を無くす désenclavement 必要がおきてきた。つまり閉じていた「都市を循環空間 space de circulation のなかにおきなおすこと replacer」が要された。

♺ 主権領土・国家の「首都化・資本化 capitalisé」：十七世紀の「首都」の考えで、主権と領土の関係が首都の都市機能を出現させていく。国家は建造物 édifice として比喩され、三つの要素・秩序・状態からなる。土台は大地、堅固さを確保する、そこが農民 paysants で田舎。そして共用・サービス部分に職人 artisans、小都市。高貴で居住の部分に主権者とその取り巻き士官 officiers、ここが首都、主要部分 capital。良い国 pays は円形で中心に首都があり、首都と領土の関係は美的・象徴的で、首都は装飾である、そして道徳的役割として領土の隅々まで振る舞い conduite や為す仕方 manières de faire について人々 gens に課すべきことが広まること、首都は良俗 bonnes mœurs の範を与える。経済的役割として首都に国外から商品が集まり、マニュファクチャーの製造品 produits fabriqués, manufacturés が商業によって再配分されること。こうした「都市―首都 ville-capital」の出現です。経済的・道徳的・管理的な機能が固有の都市的諸機能 fonctions proprement urbaines として出現してきた。さらに、主権の政治的有効性を空間配分 distribution spaciale することとして、良い主権者は領土の内部にうまく位置している bien placé、主権者への服従の水準でよく警護された bien policé 領土は、良き空間的配置変え bonne disposition spaciale の領土とされ、そこでは「循環」の強さが機能し、考えの循環、意志・秩序の循環、商業の循環がなされている。ここには、主権国家・領土国家・商業国家を重ね合わせ、互いを強化することがなされています。主権システムの内部において、通商・商業によって最大の経済発展を確保する、「良く資本化された国家 un État bien capitalisé」を確保する、という「都市―首都（＝資本）」は、領土へ行使される主権に関係して考慮されるということです。――ここで capital とは、首都と資本とが重ねられて意味されている「キャピタル」だということを見逃さないことです。

②陣営の形式 forme du camp と規律化：まったく何も無い所に都市が建設される。規律の基本的道具としての軍制度の内部の応用で、規律化における部隊の演習・区分や集団的・個人的統御をなす陣営形式です。それは国家自体を建築物としてその大宇宙と小宇宙として都市が主権と領土との関係で問題とされていたのとはちがって、都市より小さいものから出発して幾何学的図形 figure から建築的モジュール module として造られた。それが多様な長方形の組合わせで、大きな長方形には住宅が、小さな長方形には商業、職人、店が教会と市場をともなって、こうした空間において循環の問題が考慮され、人工的な多様性の構築にたいする規律的扱いがなされ、階層化、権力諸関係の確かなコミュニケーション、機能上の諸効果の配分という空で閉じた空間 espace vide et ferme における原理によって組織される。それは、領土を資本化する capitaliser ことではなく、空間を建築すること、規律を建物の秩序に構成することであった。(p.17-19)

③都市の現実的整備 aménaglments reels と安全性：ナントを例にして、イギリスとの関係もあるなかで、それはすし詰め状態を解体し défaire entassements、経済的・管理的な新機能のために場所をつくる faire place こと、囲む田舎との関係を規整する régler こと、拡大を予見すること、を含意していた。それはハート形として夢想されていた、つまり都市は血液の循環を確保する心臓でなければならない、良い形は機能の正確な行使を支える、という考えです。具体としてなされたのは、都市を横断する軸と大きめの道路の碁盤割りで、四つの機能を確保する。①衛生・換気で病気のもとになる瘴気の滞留を密集した居住において除く、②都市内部の商業 commerce を確保する、③都市外の道につながる網を節合し、税関検査

を放棄せずに都市外からの商業品 marchandises が配達されること、④都市の壁が取り除かれ、田園地帯から乞食・浮浪者・非行者・犯罪者・泥棒・人殺しなどの流浪人口が流入して、安全性が低下したため「監視 surveillance」を容認すること。これらは、循環を組織する、危険状態を除去する、良い循環と悪い循環を分ける、悪い循環を減少させ良い循環を最大化することであり、都市の消費と外部世界との商業のために、外部へのアクセスを整備することであり、そして根本的な問題は、今後の発展の可能性を現在の案に統合する。これから起こる物事 choses・出来事・要素が考慮された。それはつまり都市自体が発展の状態として知覚された se perçoit ことを意味します。

《循環*》を軸に、都市のあり方が建築的・空間的に配置されてきたことが示されていた以上のことは、

(i) 安全性は、空間を一から構築するのではなく、敷地・水の流れ・島々・空気といった「物質的所与 données matérielles」を扱う。

(ii) 危険・不都合なものを完璧に無くすことではなく、自然所与の「量」としてプラス価値を最大化し、うまく循環させ、危険・不都合を最小化する、「可能性 probabilités」を扱う。

(iii) 道は空気を通す、商品を運ぶ、店が並ぶ、泥棒や暴動者が通る。こうしたプラス／マイナスにたいして諸都市の諸整備 aménagements des villes を多機能性 polyfonctionnalié に設置すること。

(iv) 制御しえない、計測もされえない「未来」を扱う。起こるかもしれないことを考慮にいれる。(p.21)

こうしたことは、置き換えられる se deplacent、生産される se produisent、蓄積される s'acumulent、諸々

* circulation とは、流通や交通の意味もありますが、それを含んで、一方通行的なものでなく＜循環＞していることの整備であり配備です。

の出来事 événements の不定の系 série indéfinie ですが、可能性の見積もり estimation de possibilité によってのみ統御されるもの être contrôlées を経営する gestion ことです。それが安全性のメカニズムの本質的なことです。(p.22)

(都市論研究や都市論者には、こうした理論的な視座からの観方がありません。これからの都市研究に活用されていく視点でしょう。)

安全性のテクノロジーに目をむけていると——その微細化の抽出を正鵠に把捉・了解していかねばならないのであるとしても——、国家の問題閾がほんとに見失われてしまいがちになるのですが、ここで国家にとって都市とはなんであり、首都とは何であり、そして環境とはなんであるのかが、さらに国家にとって(「流通」とされてしまっている)「循環」とはなんであるのかをともなって、指摘されていることです。国家論に焦点をおくわたしたちは、フーコーの思考ベクトルとは逆の方向を搦め手から把捉していかないとなりませんが、要約してフーコーは、歴史的な三つのあり方の差異を、以下のように述べます。

①「主権」は領土を資本化(蓄財)し capitalisé、統治の包囲 siège du gouvernement を主要な問題とする。

②「規律」は、空間を建築し、諸要素の階層的・機能的分配を本質的な問題とする。

③「安全性」は、諸要素、諸要素の系、可能な諸要素の機能において、環境を整備する aménager ことを試みる多価値的・可変的な枠組み cadre multivalent et transformable において、規整化 régulariser されるべき系である。安全性に固有な空間とは、可能な出来事の系を参照し、所与の空間に書き込まれるべき一時的・偶然的なものである。

◆環境 milieu

この一時的・偶然的諸要素が展開される空間では、「環境」とよびうる、都市に「環境」概念のテクニック・スキームといえるようなものがすでにみられる、としてフーコーは「環境」を次のように論じます。

ラマルクの生物学において登場し、ニュートン（派）によってすでに使われていた「環境」ですが、それは「ある身体 une corps の他の身体にたいする隔たりの行為 action を説明するために必要」なもので、「行為の循環 circulation d'une action の支持と要素」であり、「循環と因果性の問題」です。安全配備は、環境概念が形成され分離される以前に、環境にたいして労働し、製造し、組織し、整備している。環境とは、循環がなされるところ、河川・沼地・丘といった自然的所与の総体、個人や家の密集といった人工的所与の総体、住まう塊の効果からもたらされる一群の諸効果、効果と原因の循環を包囲する内的要素、つまり、環境を通して狙われる原因と効果の循環現象です。ですから、環境は介入の界 champ d'intervention として出現し、人口へ到達しようとします。①自発的行為の可能な権利主体の総体である諸個人に到達する場ではなく、②器官の多様さ、遂行の余地ある身体、規律における要求の遂行、という諸個人に到達する場でもない、③自らが内部に存在する物質性に、深層的・本質的・生物学的に結びつくことでのみ存在する諸個人の多様さ multiplicité d'individus です。環境によって到達しようとしていることは、これらの周囲で生産されている自然的タイプの出来事をともなって、個人・人口・集団が生産する出来事の系を相互作用させることです。(p.22-3)

こうした都市が提示したテクニックの問題とともに、人工的環境の内部に「人間種 espèce humaine」という「自然性 naturalité」の問題が介在してきます。領土にたいする権力行使ではなく、地理的・風土的・物理的な環境が人間種にからみつく、物理的諸要素としての自然が人間種の自然性に干渉する、環境が自然に規定力をもつ、環境を変えることが統治に依存している、統治の政治的・経済的介入が物事の流れを変え環境を変える、人間種を変えたいときは環境に働きかける、そうした権力行使が、環境へ向かう政治的テクニックを出現させたということです。(p.23-4)

領土の主権者は、規律化された空間の建築家 architecte de l'espace discipliné となり、同時に、環境の規整者 régulateur d'un milieu となって、その環境においては、境界や辺境を定めたり敷地を画定することではなく、人々・商品・空気などの循環を容認し permettre 保証し確保することになったのです。(p.31)

①領土にしるしをつけ征服する、②臣民を規律化し富を生産する、③人口のために生の環境・生存環境・労働環境を構成する——こういった空間・領土の構造化は、いかなる権力の一般的エコノミーの内部に位置するかだとフーコーは問題をたてますが、わたしたちはこれを歴史査証から切り離して、国家論の問題要素であると考えていくことです。国家における循環の空間配置としての「環境」統治技術の問題であり、そのとき「人間種の自然性化」がなされているという問題構成界です。

(II) 偶然性 (1978.1.18 講義)：食糧難・穀物

ここは、意味されたこととして説明的に簡略にまとめます。(I)の都市では「空間・環境との関係」でしたが、ここ(II)は「統治と出来事との関係」です。出来事とは、「食糧難」です。不足の状態、それが価格上昇をまねく、また回避すべき出来事です。食糧難は都市環境に出現し、高い可能性で反乱が起こる。人口の側では「災禍」、政府の側では「破局」「危機」です。

「避け難い不幸」を表す二つの古くからの政治思想概念がある。「不運」という宇宙論的・政治的な概念と、「人間の悪い本性・堕落した本性」という法的・道徳的概念です。

●食糧難は純然たる不運、天候不順、旱魃、霜、湿度過多など手のうちようのない、主権者にも民衆にたいしても現れる「不運 mauvaise fortune」で、政治上の不幸を哲学的に思考する仕方、政治領域の振る舞いの図式であった。

●人間の「悪い本性 mauvaise nature」にたいする罰として出現する。人間の貪欲さ、儲けたい欲求、もっと儲けたい欲望、利己主義が、商品のストック、専有、売り渋り、をひきおこし、食糧難を激化させる。

(p.32-3)

重商主義から重農主義（物理官僚論者）への転換・移行が、統治テクニックの大変化として把捉されます。

Ⓧ **食糧難にたいする重商主義の法的・規律的システムの限界**：制度的にみた食糧難

十七世紀初頭から十八世紀初頭の、法的 juridique・規律的 disciplinaire システムは、正統性 légitimité のシステム、規定 règlements のシステムで、食糧難が起きたならそれを止め根絶 déraciner しようとし、さらにあらかじめ食糧難が起こりえないようにする prévenir。

価格の制限 limitation、ストックする権利の制限：ストックが禁止されるとすぐ売却せねばならなくなる。

輸出の制限：穀物を海外に送ることの禁止。耕作面積の制限：耕作地が大きいと収穫過多になり価格が暴落し農民は元をとれなくなる。こうした、価格・ストック・輸入・耕作などの制限システムに加えて強制 constraintes のシステムが構成される——決まった最低量は播種せよ、ある作物は禁止（ブドウの木を抜いて穀物にせよ）、商人へは価格上昇前に売却せよ。そこには、最初の収穫から監視 surveillance システムが編制され、ストックの統御がなされ、国から国へ、地方から地方への循環が妨害され、穀物の海上輸送も妨害される。

こうした制限・強制・監視の法的・規律的システムは、穀物が最安価で売却されること、それにより農民の利益が最小になること、都市民が最安価で食糧をえられることが目標であり、その結果、都市民に与える給料が最小になる。穀物売価、農民の利益、人々の買値、賃金を低く抑えるこの規整化は、重商主義の期間展開され組織されシステム化された政治的原理である。重商主義とは、統治のテクニック、経済の経営である。このシステムは本質的に「反食糧難システム système anti-disette」だ。この禁止と妨害のシステムによって、穀物が迅速に市場にだされ、不足は相対的に限定的になり、都市で価格高騰によって反乱が起きることを妨害できる。

反食糧難システムとは、起こりかねない出来事に狙いを定め、その出来事が現実に書き込まれるより前に、あらかじめ妨害する。だが実際にこのシステムは失敗した、豊作のときでさえ価格低下がおき農民の破産を惹き起こし、わずかしか播種ができなくなり、人口を養う必要規準値を下回り、食糧難が出現する。価格をできるだけ低く抑えようとするこの政治は、人々をたえず食糧難へさらす。（p.33-5）

ⓨ 穀物の自由循環の原理へ：重農主義（物理官僚）

これにたいして、経済の新たな構想が、物理官僚論的教義（重農主義）doctrine physiocratique という、経済思想・経済分析の創設的アクト acte fondateur の内部から、穀物の通商・循環の自由 liberté de commerce et de circulation des grains という「経済的統治の根本原理 principe fondamental de gouvernement économique」として提起されてくる。その理論的帰結＝実際的帰結は、一つの国 nation において獲得可能な唯一の生産は、「農民生産物 produit paysan」であるという知である。ここに起きたのは、統治の諸テクニックにおける大変化 grand changement であり、安全性の配備がなりたっていくことだ。穀物の自由循環の原理は、権力テクノロジーにおけるエピソードとして、安全性の配備のテクニックが設置されたエピソードとして読まれることだ。

自由な穀物循環は、①より良い利益の源泉になる、②食糧難に抗する良いメカニズムになる、これをイギリスは物理官僚たちより以前に思いついていた。

⑴豊作で価格暴落がおきかねないが、輸出を自由化すれば、価格は暴落しない、価格維持のための輸出許可は、報奨金システムで助長され、輸出自由にたいする修正・補助物が設けられる、⑵よい時期に過度に麦が輸入されないよう輸入税が課せられ、麦が余って価格下落がおきないようにした。この二つの措置で「良い価格 bon prix」が得られた。一六八九年のモデルである。

フランスでは、三十年間にわたる穀物自由の問題が政治・経済上の重要課題であった。①一七五四年以前。この年、イギリス・モデルが採用され、相対的自由が認められたが、自由は矯正されやわらげられた。②一七五四～六四年まで。物理官僚論者の登場、穀物自由を訴える一大論議が理論的・政治的舞台で展開される。③一七六三年五月の勅令と一七六四年八月の勅令。穀物取引のほぼ全面的自由が打ち立てられた、物理官僚、その支持者たちの勝利。ところが、六四年九月価格が天文学的に高騰、物理官僚論者たちは守勢に回る。

一七六四年前後、大量のテクスト・企画・計画・説明がみられる。その一つをアペイユのテクストにおいてフーコーは権力テクノロジーの系譜学の方向で検証します。(p.35-7)

●アペイユのテクスト：物理官僚論者（重農主義）の穀物自由

回避されるべきとされた不足・高価という悪が、悪ではないとされる。それは自然的現象である、したがって善でも悪でもない。道徳的見地から──回避すべきか否かの見地から──見るのをやめること。分析の標的は「市場」ではなく、穀物の来歴、穀物自体に自然的に起こりうること、それは土地の質、耕作への配慮、気候条件、そして豊作か不作か、市場に出される量、の相互作用のメカニズム・法則である。食糧難という強迫観念に関わるのを止め、穀物という現実が出来事として扱われる。変動の現実自体に接続し、現実に属する他の諸要素と現象を関連づけ、現象から現実を奪わずに、現象へ介入妨害せずに少しづつ補正し、ブレーキをかけ、制限し、最終段階で取り消す。あらかじめ妨害しようとせず、現実に足を踏みしめ、安全性の配備を設置する。もはや、法的・規律的システムではない。

この配備は、現実自体であって、プラスもマイナスも評価されない、自然として認められた現実である。

安価をめざさず、穀物価格が上がるのを認可し、優遇さえする。ストックの禁止を抹消して、望むまま、望む時、望む量の穀物をストックして売り渋ってもいい。輸出の禁止も抹消。市場は身軽になり、穀物で一杯という状態はなくなる、価格は維持される。すると、豊作のときは相対的に高価になる、すると耕地は拡大される、最初の収穫に報酬が与えられ、次の収穫はそれだけ良いものになる。価格上昇の後、翌年に同規模の上昇は起きない、最初の価格上昇によって食糧難のリスクは低減され、価格は下がるか、上昇が遅くなる。

食糧難とは何か？　食糧がゼロになることはありえない、食糧難は空想の産物だ、不作とわかった時点で現象・変動がみられる、すぐ価格上昇が起こる、通商が自由であれば不足分は輸入でおぎなう、価格上昇は早く低下にむかうか頭打ちになる。国外の輸出業者は他国に食糧難があったとすると、そこの価格上昇から利益をえようと、待ちすぎると損するので、輸出にふみきる、不作であるほど大量になる、現象は緩和され補正され、消滅する。食糧難は、それに向かう動きの現実から出発して消滅していく。穀物自由において、食糧難は起きえない。

こうした市場メカニズムの構想は、起こっていることの分析であるだけでなく、起こるべきことのプログラム化でもある。この分析は、生産の側で拡大され最初から最後までの全サイクルが考慮され、取り扱われ、発展するにまかされる。市場の側での拡大は、一つの市場ではなく世界市場を考慮せねばならなくなる。実際に活躍する者たちの側での拡大は、どのように行動するか計算はいかなるものかなどが位置画定、理解、認識されるようになる、ホモ・エコノミクスの具体的な行動である。生産の契機の統合、

世界市場の統合、そして人口・生産者・消費者の経済的行動の統合である。(p.37-43)

ここで、フーコーは、根源的な問題が浮上しているのを指摘します。人々が飢えると人口全体が飢え国民全体が飢えるとされていた一体性が災禍の特徴であったものが消滅する。すると、おのずと展開していく自由を与えられた現実は、その現象こそが自己制御を導くということになって、人口の水準では食糧難という災禍はなくなる。だが、一部の人々や市場において何らかの困難さ飢餓はある。つまり諸個人を死なせる食糧不足は消滅しない、多くの諸個人は苦しむ。ここに、人口と諸個人とを分断するものがはいりこむということです。

●人口と人民の対立

「政治的—経済的」行為のための適切な水準として、人口という水準での分断がなされ、その反対側に諸個人の系、諸個人の多様さ multiplicité des individus の水準が設定された。個人の多様性は適切ではない、人口が適切であるとされ、「知—権力」の内部自体に、テクノロジーと経済経営の内部自体に、人口の適切な水準と適切ではない水準の間に切断 coupure がなされた。最終的目標対象は人口である。諸個人は、人口の水準で獲得される物事の道具、中継ぎ、条件としてのみ適切であるとされた。アペイユは、人口のうちの良い諸要素によって、諸個人は勝手なことをするのではなく、人口の構成員としてきちんと振る舞えば、食糧難などは空想の産物でしかなく、反乱などはおこらない、と考えた。人口を対象にしてなされるこの経営にたいして、自分が人口の集団的「対象—主体」ではないかのように為す者、自分をその外部に身をおいて行動する者が、「人民 peuple」であり、人口であることを拒否してシステムを狂わせる。

この「人口」と「人民」の対立は、服従する主体／非行する主体の対立ではない。社会契約において構成・創造される集団的主体に対して、非行者は契約を破り集団的主体の外部に落ちこぼれる。人民なるものが、一般的に人口の規整化に抵抗する者として現れ、人口が存在するために、維持され、存続し、最適水準に存続するための配置換えから逃れようとする者として現れる。人民は、社会契約の集団的主体と対称的であるかのように見えるが、じつに非対称的である。

法律の思考は、二分割する。自国の法律を受けいれる個人はすべて社会契約に署名し受け入れ、自分の行動を通じてこの契約を各瞬間に更新している。その反対に、法を犯す者は社会契約を破り、自国にあって異国人となり、その結果刑法に属し、処罰・追放され、殺される、とするものだ。(p.44-6)

規律メカニズムと安全性配備との比較

安全諸配備が場におかれた se mettaient en place 時代にも、規律メカニズムが働いています。

① 規律は求心的 centripète、安全性配備は遠心的 centrifuges：規律は空間を孤立させ、切片として決定する、そこに集中させ、中心化し、閉じ込める。規律の最初の身振り geste は、空間の周りに境界線を引き、その中で、その権力と権力メカニズムが限界なしに働くようにする。十八世紀半ばまで存在していた穀物の規律的ポリスは、孤立され、集中され、閉じ込められ、保護主義的に、市場空間に中心を定めて行為

した。それに対して、安全性の配備は、外へ向かって遠心的である傾向をもっている。新しい諸要素がたえず統合され、生産者、購買者、消費者、輸入業者、輸出業者の、生産、心理学、行動、為す仕方が統合され、世界市場が統合される。それは組織され、次第に大きくなる諸回路が発展していくように放置することだ。(p.46)

②規律はあらゆるものを規定する réglemente tout、安全性配備は放任 laisse faire する：規律は逃れるままにはしない、最も小さな物事も捨てない。規律にたいするどんな小さな侵害 infraction も立て直される relevée。反対に、安全性の配備は放任されるが、すべて放任されるのではなく、放任が切り離されえない水準があるということだ。価格が上昇するにまかせ、欠如が起こるにまかせ、人が飢えるにまかせるが、食糧難の一般的災禍が導入されるがままにはしない。規律は細部を妨害するが、安全性は細部に支えられる機能をもっているが、善悪を価値づけないし、必然で不可避の過程である、広い意味で自然の過程であるとうけとられる。ありのままが適切なのではなく、人口の水準に位置されているゆえ適切であるとされるのだ。(p.47)

③法は禁止する interdit、規律は命令する prescrit、安全性は現実に応答する répondre：規律は、正統性の体系は、許されること permis と防衛されること défendu のコードに沿って分割される、この二つの界の内部で、何が許され何が防衛されるか、何が義務的であるか、種別化し、正確に決定される。正統性の体系、法の体系は、物事が禁止 interdites であるだけますます物事を決定するという機能である。これをするな、あれもするな、それ以上するな、と種別化と決定化の運動として、妨害 empêcher と禁止 interdire の事柄

が問題にされる。無秩序の視点を立てて、より繊細な分析をなし、秩序をうち立てる。秩序とは、禁じられているすべてを結果において妨害したときに、残っているものだ。この否定的思考が、法的コードの特徴である。否定的な思考とテクニックである。規律メカニズムも、許可と防衛、あるいはむしろ義務的なものと防衛的なものをコード化し、してはならないことより、すべきことに関わる。良き規律は、あらゆる瞬間にすべきことを言う。確定されていないものは、言われていない、防衛されていないことである。法体系では確定されていないのは許されていること、規律の規定体系では決定されているのは、せねばならないこと、それ以外の残りは決定されず、禁じられている。安全性の配備では、妨害されているという視点も義務的であるという視点も無い。物事が望ましいか否かにかかわりなく、物事が生産されることにポイントがある。物事をその本性=自然 nature の水準で捉えることであり、効果的現実 réalité effective の水準で捉えることだ。この現実から出発し、それを支えとし、働かせ、諸要素を互いに働かせて、安全性のメカニズムは機能する。安全性は、禁止も命令（規定）もせずに、現実に応答して、現実を限界づけブレーキをかけ規則化 régle する。この規整化 régulation こそが安全性配備の根本である。(p.47-8)

④ 法は否定的なものを想像する、規律は現実を補完することにおいて働く、安全性は現実において働こうとする：法は為されるかもしれないこと為されてはならないことすべてを想像することにおいて自らを公式化する。規律は、現実の補完 complémentaire において働く。人間は意地悪であり、悪い、悪い考え、悪い傾向をもっている、命令や義務で規律的空間の内部を、現実の補完として構成しなければならない、現実がありのままで、執拗で打ち負かすのが難しいほど、それは人為的で拘束的なものになる。安全性は、

現実において働く、分析と種別的配置換えの系を通じて、現実の諸要素を互いに働かせる。その到達点は、近代的政治社会の思考・組織すべてが本質的にもっている地点で、人間の行動を再指導する reconduire にはおよばない、という考えである。物理官僚 physiocrates が言う「物理 physique」とは、政治は物理である、経済は物理である、ということであり、「物質性 matérialité」でもヘーゲル以降の「質料 matière」でもない、政治がはたらきかける所与の現実のことだ。十八世紀の政治思想が、物理の秩序にとどまり、政治の秩序において行動するというのは、自然の秩序において行動するということであった。(p.48-9)

自由は権力テクノロジーである

自由主義という「働き=戯れ le jeu」がある。人々をなすがままにする、物事がすぎていく passer ままにする、物事がいたる aller がままにする、為す、通す、運ぶ(至る)がままにする laisser faire, passer, aller、これが本質的・根本的になしていることとは、現実性であるとさせている諸法則・諸原理・諸メカニズムにしたがって、現実性が展開し進行するように為しているということです。つまり自由主義の自由の公準 postulat は、現実自身をともなった「現実性の戯れ」と決して切り離されてはならないという政治テクニックです。

第一に、自由のイデオロギー、つまり自由の権利要求 revendication は、近代的形態、経済の資本主義の発展諸条件の一つであった。第二に、十八世紀において、自由のイデオロギーや政治が配置された mise en place ことを理解するには、自由を強く権利要求した十八世紀が、子ども・兵士・労働者を捉え、自由を考えられるかぎり制限したうえで、この自由の行使自体を保証していった「規律テクニック」を詰め込んで lestées いた——そのように自分は言ったが、それは間違いであった、「自由とは安全性の配備に配置された共関係物である」、自由は人物に付帯した諸特権ではない、人と事物の、動き mouvement、配置換え déplacement、循環 circulation 過程の可能性である。この「循環の自由」「循環の能力」が、自由なる語の広い意味で、安全性の諸配備に配置された諸面 faces の一つ、諸局面 aspects の一つ、諸次元 dimensions の一つとして理解されることだ。つまり、自由とは、統治のイデオロギー・テクニックであり、権力の諸テクノロジーの諸々の変更 mutations・変容 transformations の内部で理解されねばならない、ということです。(p.49-50)

ここでフーコーは、自由とは、規律テクニックとの関係ではない、安全性との関係で把捉してこそ、そのイデオロギーではない権力テクノロジーであることが把捉しうる、それは権力の物理学である、自然の要素のなかにおける物理的行為として考えられる権力、各人の自由を通じてそして依拠してのみ操作される規整化として考えられる権力です。ここは、絶対的に根本的であるとフーコーは言っています。人間たちの悪い本性のことではない、事物の本性を根本的に考える人間たちの統治のイデアである、そこにおける人間たちの自由を考える penserait「諸物事の管理のイデア idée d'une administration des choses」である。為したいと望んでいること、為すことに利があること、為そうと考えていること、これらはすべて共関係的な諸要素である。(p.50)

(iii) 規範化（1978.1.25 講義、前半）：疾病・感染

〈normalisation〉を「正常化」と訳書はあてていますが、これは完全にまちがいです、もうフーコー認識がまったく間違っています。「ノルマ norme」化することは正常化ではありません、むしろ異常を画定していくことが狂気・疾病・犯罪などでなされたことをフーコーは論じてきたのです。「規範化」がまっとうな訳です。しかし訳者がそう誤認してしまった根拠があります。それこそが知の権力作用なのですが、それはここでフーコーが、「法 loi」と「ノルム norme」との関係を規律 disciplinaire とともに捉えなおすなかで、〈normation〉という奇妙な言表をもちこみ〈normalisation〉と区別するという考えを導入したためであるとおもわれます。なにをフーコーは、考えられうるものへ浮上させようとしたのでしょう？

●法・規範性と規範化との区別

法システムは諸規範システム système de normes と関連します。法・掟の命令 impératif de la loi には規範性 normativité なる物事 chose が内在 intrinsèque されています。法に内在して法を基礎づけている fondatrice「規範性 normativité」は、「規範化 normalisation」と混同してはならない。法が規範 norme を法典化／コード化する codifier、法の操作 opération そのものが法の役割・機能です。しかし、諸処置の名 nome de procédures のもとでの、手法 procédés である、規範化の諸テクニックと位置画定される repére、「規範化」とは違う(p.58)。

規範化とは、手続き・処置であるテクニックのことです。

それが以下の「規律」の様態において吟味されます。

●規律的規範化：規律とnormationとnormalisation

規律は規範化するnormalise、「規律的規範化la normalisation disciplinaire」という種別性を構成します。図式的な要約だとフーコーは言っていますが、重要なまとめです。

①規律とは、分析analyse、非構成décompose、諸個人の非構成——場所、時間、身振りgestes、アクトactes、操作operationsといった、十分に部分が知覚しうる諸要素に非構成して他へ改変する。知覚の最小諸要素と十分な改変を編制する碁盤区割りquadrillageです。このdécomposeは、compose/composition＝合成されている諸個人を、可能な諸要素に解析・分割するということでしょう。解体ではない。

②規律は、決定された目標対象の機能fonction d'objectifs déterminésにおいて位置画定されるrepérésように諸要素を分類するclasse。しかるべき結果をもたらす最良の身振り——たとえば銃をあつかう最良の身振り、最良のポジションはいかなるものか、しかるべき任務に最も適した傾向にあるles plus aptes労働者は、しかるべき結果をだすのに最も適した傾向にある子どもは、というように。

③規律は、最適なoptimalesシークエンスséquencesと組み立てcoordinationsを編制する——ある身振りを他の身振りとつなげるにはどうしたならよいか、兵士を機動させるにはどう割り振ればいいか、学校へ入れた子どもたちenfants scolatisésを階層化と分類化の内部とに分配するにはどうしたならよいか。

④規律は、累進的調教dressage progressifと永久的統御contrôle permanentの諸手法procédésを定めて、そこから、不適格・無能力とみなされる者たちと他の者たちとを分割する。そこから、正常と異常との分割をなす。

規律的規範化は、まずモデルを構成する、ある結果を機能させるよう構成される最適のモデル modèle optimal、そして規律的規範化の操作 opération は、人々、身振り、アクトをこのモデルに適うようにすること。正常とはこの規範に適っていること、異常とはそれがなしえないことです。(p.58-9)

これらの仕方は「正常化」などではないでしょう。正常と異常との分割をなすのが「規範化」の位置です。ここで自分で「粗野な語 mot barbare」を使ってすまないと言っていますが、その語とは〈normation〉です。規範 norme が基本的・根本的であることを強調するためだという理由からですが、だからこれを訳者は「規範化」だとしてしまい、〈normalisation〉の方を「正常化」だとしてしまったのです。しかし、理論思考としては、そんな訳語仕分ではすみません。訳者に把捉されていない理論閾がある。

どうして、こんな言表をあえてフーコーは造語したのかです。訳ではなく、解析的な原書フォローをします。規律的規範化においては正常か異常かの結果ではなく、「規範」がまず根本で fondamental、最初に premier あるんだ、その規範は原初的に前もってある性格 caractère primitivement prescriptif のものである、規範が設置される posée から正常・異常が決定され détermination、その正確な位置が画定 repérage され、正常・異常が出現しうる deviennent possible、正常以前に規範があるんだ。そして規律的規範化が最終的に正常・異常の分割 partage をなしうる。これをフーコーは、規律的テクニックにおいて行われている se passe のは、規範化 normalisation というよりむしろ規範設定ともいえる「normation」がなされているんだ、と言ったのです。この微差を訳者はまったくはきちがえる——だいたいフーコーにたいしてはほとんどの論者・訳者はこうした類いの微差を既存の思考概念空間においたまま処理してしまうのですが——。つまり、法メカニズムはもちろんですが規律メカニズムとも異なる権力メカニズムを「規範」から観ていくためには、とくに規律メカニズムの規範化――正常と異常の分割にいたる先の四点――とは別の次元での「規範」閾を開削するために、分割以前の「規範規定」「規範設定」の閾をあえて〈normation〉だとしてみたのです。すでに設定されている「規範」と、規範化作用していく規範化とが違うとしたのです。――反論は規律テクニックを〈normation〉だといっているではないかと言うでしょう、それが浅薄というものです。規律テクニックは規律メカニズムだけに作用するんではないということ、働き・作用する「テクニック」と作用されて構成された「メカニズム」との識別がなされないから、そう反論する浅薄さです。それが、以下の疾病をめぐる行論となります。

疾病：天然痘接種の医学的プラチック

天然痘が広がった風土病、高い死亡率、強烈な疫病的爆発であり、接種の医学的プラチックをともなった特権的な例である――そのテクニックは、①完全に予防的、②確実で全面的に成功する、③大きな物質的・経済的困難なしに人口全体に一般化しうる、④当時のいかなる医学的理論とも異質で、当時の医学的合理性からは考えられないものであった。

この天然痘接種は、天然痘を妨害するのではなく、接種された個人に天然痘をひきおこすことで、全面的な疾病を起こさずに罹患を予防してしまうという、「安全性のメカニズム」の典型がなされていたゆえに受容可能でした。偶然と可能性の合理化の内部として、一般化可能・計算可能の統計的・数学的支えをもっており、他の安全性メカニズムに統合されている支えをもっていた――現象に対して現実に属する他の諸要素を働かせて現象がおのずとなくなるようにする。そこには、安全性配備が一般的に拡大していく重要な諸要素が新しい概念として四点みられます。

①事例 cas:「流行病 maladie régnante」と十七世紀に呼ばれていたものは、生存的疾病の空間で、国・都市・気候・人々の集団・地域・生きる仕方をともなった身体が、場所・環境と病気になる人との大量で包括的な関係でしたが、数量的分析がなされ、死や感染の可能性が計算されるようになって、時間・空間の中で境界線を引かれる circonscrite 人口のなかの事例の分配とみなされる。「事例という概念」とは、個人的事例ではなく、疾病の集団的現象を個人化する仕方、合理的・位置画定可能なもの repérable を数量的様式で扱う次元で諸現象を集団化し、個的現象を集団界の内部に統合する仕方である。

②リスク計算:疾病に罹るリスクが、年齢や環境や職業で、死ぬリスクまで含めて数量計算できる。

③危険 danger:リスクには個人において年齢・条件・場所・環境によって程度の差があり、高リスク・低リスクのゾーンが出現する、つまり危険なものが位置画定されうる、天然痘であれば三歳未満が危険、都市に住む方が危険、というように。

④危機 crise:ある時点・場所で感染を通じて疾病が暴走 emballement・加速・増殖 multipulication し他の事例をも増殖させることが、規則的仕方で産み出され規則的仕方で終息する、これが「危機」で循環的暴走現象であって、上位の自然的メカニズムか人工的介入だけが食い止められる。

疫病の諸規定 réglements d'épidémie に適用された規律システムは、すべての主体において疾病をなくす、つまり疾病を病人において治癒可能として扱うこと、さらに疾病に罹っていない人を隔離して感染しないようにすることでしたが、天然痘接種は、疾病・非疾病を区別しない、両方を含む全体＝人口を非連続・断絶無しに扱う。そのとき、人口における可能な罹病率・死亡率を「正常」な normal 状態として統計的に観て定めている。また、そのノルマ性 normalités を、年齢・地方・都市・地区・職業において細分化して分析し、予防医学を働かせる——つまり、互いに異なるいくつものノルマ性をばらばらに扱い、あるノルマ性をしかるべき平均水準のノルマ性にひきつける操作をなすことです。ここの関係のとり方に、規律的規範化とは異なる反転がなされます。規範から正常 normal・異常 anormal を分割するのではなく、最初に正常と異常の区別がなされ、正常カーブが数学統計的に標定されて、不都合なノルマ性を最も都合の良いノルマ性に近づける。ノルマは、異なるノルマ性の内部への働きかけである。つまり正常がまず先にある、そこから規範が定められ、その操作する役割が働かされる。これは〈normation〉がなされることではなく、厳密な意味での normalisatiomn がなされるということです。(p.65)「規範」から正常・異常が分割されるそれが「normation」の位置、次に「規律」が規範化をすすめ正常・異常を個人分割していく「規律的規範化」の位置、そして最初に「正常」があって、そこから正常の人口総体へむけた規範化がなされるこれが「normalisation」だということですが、正常化ではない——そんなことは不可能ですから予防する——、ノルマ性に近づけることです。この三様態が識別されたのです。〔新書注：コロナ禍においては、この三つが混乱の極みでなされています、統治における専門不能化が規範化不能を巻き起こしている。〕

▼都市・街路／食糧難・穀物／疾病・感染の三つに共通していること

①これらは、すべて安全性のメカニズムにかんする「都市」の問題である。食糧難・穀物は都市市場の問題であり、反乱の場としての都市。感染・疾病の問題は疾病の発生地としての都市、瘴気と死の場としての都市。都市は自由都市として、可能性・権利をもち、自己統治の権利が認められ、大権力メカニズムにたいして自律区域を表していた、権力の中心的メカニズムの内部に領土以前の第一問題として統合された、そこに安全メカニズムが都市という事実と主権の正統性とをすりあわせることになった。

②これらは、循環——移動・交換・接触・拡散・配分——の問題である。主権においては領土を征服し確保すること、「動かない」ことで君主・領土の安寧をはかり、脅威にさらされないことでしたが、新たな現象は、循環をなすがままにし、制御し、良い循環と悪い循環を区別し、循環がつねに「動く」ように移動するようにはからって、循環に内在する危険性をなくすこと、人口の安全性、人口を統治する者たちの安全性が問題になる。

③これらは主従関係ではない、禁止ではない。上位の意志と服従する意志との間に従属関係を働かせるのではなく、現実の諸要素を互いに働かせ合う物理的・自然的プロセス。そのとき不都合な現象をなくすべく「してはならない」「起こってはならない」と禁止するのではなく、受容可能な範囲に現象を局限して徐々になくすという形式をとる。

④適切な水準を出現させる。各個人をあらゆる瞬間にあらゆる行為について網羅的に主権者の目から監視するのではなく、個人的現象ではない特有の現象を統治すること。集団的なものと個人的なものと

の関係の仕方、社会体への全体化と要素への断片化との関係がこれまでと違う、別のやり方になる、それが人口への統治である。(p.65-8)

◎人口の登場(1978.1.25講義、後半)

人口は、それまで存在せず、知覚されず、再認されず、切り離されていた、それが十八世紀に登場する。領土に対してでもなく、個人身体に対してでもない、massifでglobaleな「人口」を対象にした統治の出現です。主権ではない、規律でもない、人口を問題にすると「統治」という新たなテクニックが問題になる。統治が規則に対して行使しはじめる特権、もはや主権でも君臨でも帝国性でもない、統治そのものが根本になってくる近代は〈安全性メカニズム―人口―統治〉が政治界の機軸になっていくということです。

◉人口への配慮の変遷◉

人口問題は古くからたてられていた、それが変遷していきます。「人口」とはいかなるものであるのか。

(i)否定的様相での人口

もともとpopulationという語が示していたのは、疫病・戦争・食糧難といった、大量の人間があっというまに死んでしまった劇的大契機の後に、人がいなくなった領土に再び人がいるようになる動きのことを意味していた。つまり人口問題とは、大いなる災いによって生じた無人化に対するものでした。死亡が劇的にふえたとき、死んだのは何人で、どこで何で死んだのかを正確に知りたいことから死亡率表がつくられた。この劇的な死亡率との関係で、人を増やすにはどうしたならよいかの問いが立てられた。

(ii) 主権者における人口

主権者の力の一要因・要素として人口がプラスに考えられた。主権者が強力であるには、①領土の拡大、②そこでの国庫の重要性が計測され、見積もられ、算定された、③人口、の三つが問題であった。多い人口とは、主権者がたくさんの多様性をもっている、都市に人がいる、市場が賑わっている、ことを示し、さらに人口は服従的で、熱心で仕事・活動を好んでいることで、主権者は力があり裕福であることを意味した。主権的意志と個的・集団的に関係をもつ法的主体としての集合である人口です。

(iii) 十七世紀の重商主義：規律的枠付けをもった生産力としての人口

重商主義者たちによって、人口は主権者の力をしるしづけるものではなく、他のすべての要素を条件づける根本的要素とされた。人口が農業のための人手をまかなう、耕作者が多くなり、耕作地が多くなり、豊作を保証し、農業産物の価格が低くなる。また手工業の人手もまかなう、輸入品に頼らない、大金を外国に支払う必要があるものに頼らない。そして、人口が可能な労働力間の競合を国内で確保し、低賃金が確保され、生産商品の価格がさがり、輸出する可能性が増し、そして「諸国家の権能 puissance des États」が確保される。国家の権能に影響を与える「人口」です。官房主義 caméralisme と重商主義。

この国家の権能と富の基礎となる人口は、「規定する装置 appareil réglementaire」によって枠付けられて encadrée いなければならない、外国移住を妨げ、国内移民を呼び寄せ、出生を奨励し、さらに有用で輸出可能な生産を定義づけ、生産する諸対象、生産する諸手段、賃金を定め、怠惰や浮浪を禁止する。この装置は、人口を原理として、国家の力と富の根幹とし、しかるべき仕方で働くのを確保する。生産力としての人口と十七世紀に重商主義者が考えた仕方は十八、九世紀には消えていきます。人口は規律メカニズムに従って調教され dresée、割当られ répartie、分配され distribuée、固定されて fixée いたからです。「人口―富の原理―生産力―規律的枠付け encadrement disciplinaire」は重商主義者たちの思考・企図・政治的プラチックの内部で体をなしていたのです（p.71）。したがって人口は、まだ主権者の臣民の集まりでしかなかったのです。ですから上からの意志で、何をどこでいかになすべきか規定した、主権者の意志と服従させられた意志との関係でしかなかった。（p.72）

ⅳ 十八世紀の <physiocrates>

「自然支配論者（物理官僚）physiocrates」[3] は反人口主義ではない、人口拡大に価値があるかないかの違

---

3 <physiocrates> は「重農主義者」と一般に訳されて学問用語になっていますが、重商主義に対抗させられているものの、重商主義でも農業を重視しているのであって、この訳語は適切とはおもえません。<physio-> は「自然」「物理」の意味です、<-crate> は <rurer/ruling body> のメンバー、ルールの特別な形態の主唱者、という意味で、<aristocrat/democrat/aristocracy/democracy> のように使われます。「～官僚」の意味が出現します。「支配する者」「主唱する者」、その官僚的な出現です。つまり「自然支配」「自然支配者」です。自然主義 naturalism とは言えない。農業ではない、人口の自然性、穀物の物理性を対象にした。フーコーの考察をみて、

いではなく、人口の取り扱いの仕方 manière de traiter la population が重商主義・官房主義とは違う。十八世紀の経済学者たちとともに、人口は権利主体の集合、諸規定・法・勅令を介在して主権者の意志に従う服従者の意志 volontés soumises の集合とはみなされなくなり、人口は「プロセスの総体 ensemble de processus」として考えられ、自然的であり、自然的なものから出発して管理される gérer べき ものとなる。ここに「人口の自然性 naturalité」という考えが登場します。

◆人口の自然性◆

人口概念が、主体の「司法的 - 政治的 juridico-politique」概念ではなく、管理・統治の「技術的 - 政治的」対象 objet techno-politique として見なされる。自然性は三つの仕方で示される。

① 人口ははじめからある所与ではない（領土に住んでいる諸個人の総和ではない、再生産される意志の結果ではない、主権者の意志に対置されるものではない）、「一連の変数の系 série de variables」に依存して変化している所与であると、十八世紀の統治プラチックにおいて考えられる問題となる。

気候によって、物質的囲みによって、商業循環の活動によって、税・結婚など人口が服する法によって、習慣によって、道徳的・宗教的な諸価値によって、食糧状態によって、変化する。

かかる変数があることは、もはや主権者に服従か拒否・反乱かという問題関係ではなくなり、人口が

たんなる「重農」主義などではないことが明らかになっていますので、その言表通りに最初は「物理官僚（論者）」としてきましたが、「自然支配論者」ともしておきます、ケネーが代表です。「物理＝自然」となっている次元でのことです。

それをする・できるという保証はなにもない自然性にあることから、しかるべき物事にたいして働きかける、変容の代行者・テクニックの条件として説明され、考察され、分析され計算された、アクセス可能な問題に転じられる。人口を優遇し、国家の資源や可能性と正しい関係にある状態の獲得は、多くの要因・要素に働きかけねばならない、しかしそれは人口自体やその直接行動や繁殖力、再生産（生殖）の意志、からは遠いゆえ、これら隔たった要因すべてに「人口の入り込める自然性 naturalité pénétrable de la population」として働きかける、それが権力方法の組織化・合理化に重要になってきた。(p.73-4)

つまり人口は複合的かつ可変的な変数の系に依存する自然性としてあるが、それは計算可能、分析可能なものとして、そこへ入り込める自然性とみなされたということです。

② 人口を構成する諸個人の行動を正確には予測できないが、そこには欲望がある、その欲望が全体としての普遍の利益になるという自然性。欲望が働くままにすれば、欲望の自発的働きは調整され、集団的な利が生産される。欲望の自然性が人口をしるしづけ、統治テクニックが直接触れうるものになる。

人口の経営は人口の欲望の自然性から出発することは、主権者が個人の欲望へ否と言う、その正当性のいかにどこまで言えるかではなく、いかに欲望にたいして然りと言うか、自己愛・欲望を刺激し優遇して、それが有利な諸効果を必然的に成案できるようにはからうこと、功利主義哲学の母型です。

③ 不規則であるはずの諸現象に規則性をみいだす、事故はさまざまで多様であるが、死亡率は一定の割合になっていることが発見される。偶発的事故にまで定数や規則性が認められ、万人の利益を規則的に生産し、欲望の普遍的なものを位置画定し、依存する変数を位置画定できる。

自然の内部で、自然の助けによって、自然に関して、熟考された統治の諸処置をなしうるということになります。人口が他の生きものの間に布置され、人間種 l'espèce humaine という原初的な生物学的な組み込みのなかに姿を現し、他方で、意見・為す仕方・行動・習慣・恐れ・偏見・要求といった観点からとらえられた「公衆 le public」が新たな概念に転じられて登場します、教育・キャンペーン・信念が働きかけるものです。かくして人口は、種から公衆にまでいたる新たな現実の界となり、権力メカニズムにとっての適切な要素・空間が設定されます。人はこの空間の内部で空間について行動 agir しなければならなくなる。

こうした「人口の自然性」は、主権や法や意志などから切り離された、分析可能な自然性であり、新たな統治が手をつけていける自然性です。

⦿知の転移における人口⦿

『言葉と物』における「働き・生き・語る」三つの知の編制が、「人口」から規定されなおされます。(p.78-80)

❶ 富の分析から政治経済へ：財政にとっては、富の数量化、循環の計算、通貨の役割、通貨の平価の切り下げ・切り上げ、対外的商業の流れの維持、が「富の分析」として重要であった。そこに「人口」が理論界にも経済的実際行為にも、人口学的に、生産者・消費者、所有者・非所有者、利潤を産みだす者と天引きする者、といった役割において導入され、変動の効果が惹き起こされると、富の分析はなくなりかわって政治経済の知の界が開かれた。ケネーは真の経済統治は人口の統治だと言った。そしてリ

カードを基底にして、マルサスは人口を、マルクスは階級をたてるという分断が起き、政治経済は分断された。

❷博物学から生物学へ：博物学は升目に役割・機能の生きものの分類を定めるものであった。十八、九世紀に、ラマルクとキュヴィエによって、分類上の性格の位置画定から有機体の内的分析への移行passage、そして、解剖学的・機能的な一貫性にある有機体から、有機体と生命環境との構成的・規整的régulatrices な関係へ移行した。さらに、ダーウィンにおいて、それは人口へと転移し、それが環境と有機体を媒介する境位だとされた。ここに環境と有機体との関係の三通りがみられる。ラマルクは、直接行為 action directe のようなもの、環境による有機体の成型 modelage のようなものを想像していた。キュヴィエは、さらに神話的ではあるが、合理性の界をしつらえ、大災害、天地創造 la Création といった神のさまざまな創造アクト les différents actes créateurs とみなした。ダーウィンは、人口こそが変異・淘汰の固有効果であることを見いだす。この生きる存在の分析の内部に人口がおかれたことで、博物学から生物学への移行をもたらした。

❸一般文法から歴史文献学へ：一般文法は、言語上の記号と任意の語る主体による諸表象の間の関係を分析した。文献学は、世界の諸国の一連の調査が人口と言語の関係を位置画定し、集団的主体としての人口が言語に固有の規則性にしたがって話している言語を変化させることを問題にした。この移行passer をなしたのも人口である。

こういうように、人口による知・言説の転移——ここでは「移行 passer/passage」と言っていますが

──を説明しました。権力の諸テクニックとその対象とのたえまない働き jeu incessant があって、現実的なものにおいて、人口および人口特有の現象を現実界 champ として徐々に切断し découpé、人口が権力の諸テクニックの共関物 corrélatif として構成され、可能な知の対象領域 domaines の系が開かれ、転移した新たな知がたえず新たな諸対象を切断して、人口は権力の近代メカニズムの特権的な共関物として自らを構成・継続・維持したというのです。(p.79-80)

「人間」という主題設定は、権力の共関物として、知の対象としての「人口」から出発して理解せねばならない。「人間」は人口の一形象にほかならないものとして出現した。主権においては人間は存在せず、ただ権利主体が法概念として存在しただけであった。それに対して統治・統治アートに向き合って「人口」が出現した。「権利主体と主権者」との関係は、「人間と人口」の関係に置き換えられたということです。

以上が、安全性の配備として問題設定されたことからの行論ですが、都市・食糧難・規律化(疫病)にたいしては詳細に述べられていましたが、安全性そのものにたいしてはあまり述べられていません。「統治」という概念が不可避に登場してくる過程の歴史変遷が語られてきたといえます。ここで、「人口」が人口として設定されたことは、「国家の権能」に布置されていたことから「人口」が分離されたとはいえ、その国家の作用や効果が切捨てられたということではないとおもいます。国家が人口から疎外された、距離をとらされたことで、人口への統治介入がより可能になったということではないでしょうか。そこが、統治の問題閾となるわけです。国家的なものから物事が切り離されていくほど、国家の配備が整い、国家疎外において国家が永続化していくように統治制化される、それが国家の本質であるというようにおもわれます。

ここで統治そのものの検証がなされていきます。

【2】統治制（1978.2.1 講義，第五講）

統治が国家の問題構成にあることが、明示された箇所です。ここが国家論であることを見失っているのが、世界的にほとんどのフーコー論です、国家を主権にはおいて観てはいますが、統治性が主軸にたてられたままで、新たな国家論への途であると理解されているようにみえません、きちんと読み解いていきましょう。

十六世紀半ばから十八世紀末の全期間にわたって、君主への忠告と政治科学概論 traite de science politique とのあいだに、「統治するアート arts de gouverner」なるものが出現した。「統治」は十六世紀に突如出現し、自己自身の統治、魂の統治、振る舞い conduite の統治、子どもの統治など多様に出現し、その最後に、君主による「諸国家の統治 gouvernement des États」が登場する。「いかに自身を統治するか、いかに統治された存在であるか、いかに他者たちを統治するか、誰によって統治される存在を受け入れるべきか、最良の統治者であるにはいかにすべきか」といったことが集中的・多角的に問題にされた。

これは、二つの運動・プロセスの交点に出現する。第一は、封建的諸構造を解体し領土的・管理的・植民的な「大きな諸国家 grands États」を整備し aménager、場所に置く mettre en place という国家的集中化 concentration étatique。第二は宗教改革、反宗教改革による、救済へ向けた地上にあって精神的存在へ導かれたい人々の仕方を問い直すという、離散 dispersion、宗教的離脱 dissidence religieuse の動きです。この二つの交点で「誰によって、どの点まで、何の目標で、いかなる方法によって、いかに統治されるか」が特有の強烈さで、「統治の一般的問題」が特殊ではなく実に「一般的に」問われた、ということです。(p.92)

批判の対象になるマキャベリの『君主』

マキャベリは十六世紀に栄誉を与えられ、十九世紀初頭に再登場する、その間には膨大な反マキャベリ文献が出現する。統治アートは、そこで練られたということです。

マキャベリの言う「君主 la Prince」とは、①公国 principauté の外部にある、公国の一部ではない。公国への関係は、単一性・外部性・超越性の関係にあり、君主と公国との間に根本的・本質的・自然的・法的な関係はない。②外部的なものである以上脆弱であり、外部からも内部からも脅かされる。臣民たちには君主を受け入れる自明なア・プリオリな直接的理由などはない。③従って、権力行使の目標は自分の公国を維持・強化・保護することにあり、臣民・領土の保護ではない。公国とは、自分の所有するもの、自分が継承・獲得した領土、服従した臣民との関係であって、君主と臣民・領土との間にある関係が公国。

ここから君主の統治するアートとは、君主が公国との間にもっている脆弱な結びつき lien fragile を目標

対象 objectif にすることになる。(p.95)

　ここには分析様式が二局面をもっている。第一に、諸危険を位置画定すること repérer les dangers——危険はどこから来るか、どのようなものか、互いに比較するといかなる強弱があるか、最も大きな危険は何か、最も小さな危険は何か。第二は力諸関連を操作するアート art de manipuler les rapports de force で公国を保護することです。つまり、マキャベリの君主論は、本質的に「自分の公国を保守する君主の巧妙さ habileté に関する概論」だということが、反マキャベリから照らし出され、それは「統治するアートを所有している」ことになっていない、新たな別の「統治するアート」が打ち立てられていきます。

ラ・ペリエール Guillaum de La Perrière のテキスト

　一五五五年に書かれた『政治的鑑 Le Miroir politique』はマキャベリに比べて落胆させられる内容であるが、そこから、統治の特徴がよく見られるとしてフーコーはそれを抽出検証していきます。

　統治者 gouverneur とは、帝王、皇帝、王、君主、領主、行政官、高位聖職者、判事、その類似。

　統治する gouverner アートを扱う人とは、「家を統治する」「魂を統治する」「子どもを統治する」「プロバンスを統治する」「修道院・修道会を統治する」「家族を統治する」という言い方になっていく。

　❶マキャベリの君主とは違って、「統治者」「統治する人々 les gens qui gouverment」「統治のプラチック la pratique du gouverment」というのは「多様な実際行為 pratiques multiples」である、多くの人々がおこな

う、多くの統治があるということです。また、すべて社会自体・国家の内部にある。統治形式は複数あり、統治プラチックは国家にたいし内在的であるゆえ、マキャベリの君主の超越的単一性とは根源的に対立する。(p.96)

別のテキストは、自己自身の統治は道徳的、家族の統治アートは経済的、国家をよく統治する科学は政治的であるとして、政治は経済・道徳とは違うとしているが、それらは上から下へ下から上へと「連続性 continuité」にあると位置画定しています。国家を統治する権力となるには、自身を統治し、家族・財産・領地を統治し、最後に国家を統治するという連続性です。また国家がよく統治されているなら、一家の父は家族・富・財産・所有物をよく統治し、諸個人も自己を導く。諸個人の振る舞い、家族の経営、国家の良き統治、これは「ポリス」と呼ばれ始めるものです。君主の教授法は下から上への連続性の統治形式、ポリスは上から下への連続性である。この連続性の本質的部分、中心的要素は「家族の統治 gouvernement de la famille」である、それは「経済 économie」である。(p.97-8)

この家族の統治を国家の経営の内部に導入すること、政治的行使の内部に経済を導入すること、それが統治の本質的働き enjeu essentiel du gouvernement である。ルソーも経済とは、「家族全体の共通善のための家の賢明な統治」であると言い、いかにそれを国家の一般的経営の内部に導入するかだと言っている。つまり、国家を統治することは、国家全体の水準で経済を作動させること、住民・富、すべての振る舞いにたいして監視と統御を行使することです。ケネーは「経済的統治 gouvernement économique」と同語反復を言っているが、統治するアートとは経済の形式・モデルで権力行使するアートのことである。経済という語は十六世紀では統治の一形式であった、それが十八世紀に現実性の水準を示すようになった。以上が統治する gouverner、統治されること être gouverné は何かということです。

❷ 統治は「物事」を統治する：物事の正しい配置換え la droite disposition des choses：主権権力の対象である物事は、領土と臣民ですが、「統治」は領土を参照しない、「物事 choses」という人間と物の複合体 complexe を統治する。物は国境をもち、質・気候・旱魃・豊饒を備えた領土であり、人間は風習 coutumes・習慣 habitudes・為す仕方 manières de faire・考える penser 仕方、が他の物事と関わりをもっていることであり、飢饉・疫病・死といった事故・不幸とも関わりをもっている。全般的経営 gestion のすべてが統治を特徴付け、人間と物事の複合体に関わることが主要原理であって、領土や財産は変数でしかない。(p.99-100)

❸ 統治の目的性 finalité：「主権」者の目的は、共通善、万人の救済をもって公益を維持すること、それは法への服従 obéissance à la loi でなされる、主権の目的は主権の行使自体へと循環する。だが、「統治」は物事をふさわしい目的 fin convenable へ導く dirige こと、異なる目的に達するために物事を配置換えする disposer ことです。主権の目的は主権自体であり、法を道具にしてなすが、「統治の諸目的 fins du gouvernement」は統治が導く dirige 物事の中にあるプロセスの完成・最適化・強化であり、統治の諸道具 instruments du gouvernement は多様な戦術 tactiques diverses であって、法ではない。

＊ここで disposer は重要な語であるとフーコーは言っています (p.102)。訳書は「処置」としています――ブルデューの訳書では disposition は「性向」などと誤訳されていますが――、本書の訳者は説明で「別々に立てる」

ことが本来の意味だとして「別々に立てられた問題への個別的対処」としています。そうでしょうか？ poser/position を dis- することです、disposer des choses とは、物事を配置換えすることです、日常でたとえば disposer les couverts sur la table というのは「食卓に食器を並べる」ことですが、それは結果そうなるのであって、行為からみれば「食器の配置換えをしている」ということです。そこに配置された同じ物事を配置換えするのです、別の物と入れ替えるのではない、同じそこにある物事の配置換えです。異なる目的に達するために物事を配置換えするのです、それは「戦術」だとフーコーは言っています。法を戦術として最大限に使用して、諸手段によって目的を達成することだと。この言表も、déplacement と並んでいつになったらちゃんと了解されることやら、少し注意深く考えればすぐに分かることですが、辞書訳と結果をみているだけで、理論的脈絡から了解できないでいるのです。プラチック視座がないからです、実践で観ているためです。

❹良く統治する、良い統治者は「忍耐 patience・智恵 sagesse・勤勉 diligence」をもっている者、真の統治者は針・怒りより忍耐をもっていなければならない。その内容は、物事の認識、到達可能な諸目標対象の認識、目標対象に達すべく用いる「配置換え disposition」、そうした「智恵 sagesse」であり、自分は統治される者たちに奉仕 service すべく熟慮し行動する agir「勤勉 diligence」であること。(p.103)

　まだおおざっぱであった統治・統治するアートは、実際の局面で、統治諸装置 appareils の出現（領土的君主制の管理装置の発展）、統治中継 relais の出現が、国家の認識 connaissance de l'État（＝国家の科学 science de l'État としての統計学 statistique）である分析と知の総体と結びつき、重商主義・官房学と結びついていった。しかし、まだ十七世紀において規模・一貫性がなかったのも三十年戦争による荒廃・崩壊、農民・都市民の大暴動、財政・食糧の危機、という統治するアートの障害があったからで、さらに「主権」の制度的・精神的構造 structures institutionnelles et mentales の内部において、それが抽象的に膠着してまだ働いていたためである。重商主義は、統治プラチックの権力行使の合理化、国家の知の構成 constituer un savoir de l'État をはかったが、国が富むにはどうすべきかではなく、主権者の権能 puissance を目標にし、法・王令・規定が道具のままであったため、統治するアートは主権理論との折り合いをつけようとしていたにとどまった。一方に国家と主権が、他方に家族という脆弱なモデルがあったにすぎないため、統治するアートは固有の次元を見いだせないでいた。

統治するアートの障害の解除 déblocage

人口が拡大して人口問題が登場し、統治の発展によって、主権内部で機能していた統計学を人口問題としてその外部に布置し、経済がその枠の外で問題にされていく。人口の固有の現象を数量化した統計学は、統治モデルとしての家族を消滅させ、経済の中心の位置を移動させた、ということです。

❶ **人口は家族モデルを排除し人口の内部要素へ移動させた**：家族は、セクシュアリテの振る舞い、人口数、子どもの数、消費として人口に関わっているが、モデルから道具へと水準を移動し、人口の下位に置かれた。（フーコーは自覚していませんが、対的なものが身体／人口への関係に作用していることをおさえておいてください。）

❷ **人口が統治の最終目標 but dernier となる**：人口の境遇を改善する、つまり人口の富・寿命・健康を増大させる、人口の界の内部にある目標を獲得するため、統治が与える道具が人口である。キャンペーンやテクニックによって、出生率を刺激したり、人口の流れを地方や活動へ導く。人口は主権者の強さ

を示すものから、統治の目的 fin と道具となった、つまり欲求 besoins・願望 aspirations の主体でありかつ統治の諸々の手中 mains の間の対象 objet でもある、人口は統治に面して、意識として現れ、無意識としても現れる。諸個人に意識される利 intérêt、人口の利としての利、それが人口の統治の根本的な標的 cible・道具となる。人口は統治の目的でありかつ手段であるということです。

❸人口が統治の対象になる：富の諸要素の間に人口が登場したとき、政治経済 économie politique が構成された、人口・領土・富の関係からなる連続的で多様な網 réseau を捉えて構成されるのが政治経済であり、統治の特徴的な、経済と人口の界に対する介入のタイプである。統治するアートから政治経済への移行、主権の諸構造による支配された体制 régime dominé から統治の諸テクニックによる支配された体制への移行が、十八世紀に、人口と政治経済をめぐってなされた。(p.108-9)

統治するアートが存在して展開されているゆえ、国家の主権にいかなる法形式・制度形式・法的基礎を与えられるかが問題になってきた。もはや主権から統治するアートを演繹することではなくなった、統治が先にあるということです。「主権」が消滅したのではありません、かえって先鋭化された。それがルソーにみられる。ルソーは、経済・政治経済がもはや家族モデルからは離れ、まったく新しい意味をもっていると統治するアートの定義にとりくんでおり、自然・契約・一般意志の概念で統治の一般原理——主権の法的原理と統治するアートの諸要素の双方に場を与える原理——を説いた。(p.110)

「規律」も消滅はしていない、人口を経営する gérer ことは、集団的集積物や包括的結果の水準でなすことではなく、人口を深く繊細に細部において経営することです。(同)

つまり、主権社会 société de souveraineté から規律社会 société de discipline そして統治社会 société de gouvernement へ変わってきたというのではなく、主権・規律・統治的経営という三角形における三つの運動を結びつけて考えることだとフーコーは強調します。①主権の定数だったものが統治に関する良い選択の背後においていく動き、②人口を所与で介入の界とし統治の目的にする動き、③経済を現実に関わる特有界としてとりだし、政治経済を学として統治が使う介入のテクニックとする動き、この「統治・人口・政治経済」が十八世紀以降堅固なまとまりをなし、今日に続いているということです。(p.111-2)

そして「統治性」がのべられています、それは序章で示した通りです。

国家と統治性

わたしたちが生きているのは、十八世紀に発見された統治性 gouvernementalité の時代である。国家の統治性化というひねくれた現象は、統治性の諸問題や統治諸テクニックが現実の政治懸案となり、政治闘争・戦闘の現実空間になったにせよ、国家の統治性化は国家の延命を可能にしているものだからです。国家が今日のような形で存在するのは統治性のおかげであろう、なぜなら統治に関する諸戦術が、国家に属するもの属さないもの、公的・私的、国家的・非国家的とを瞬間ごとに決めているからだ。延命中の、限界にいたっている国家、つまり現在の国家ですが、それを理解するには「統治性の一般的諸戦術 tactques générales de gouvernementalité を出発点」(p.113) にするしかないと述べています。この指摘は極めて重要であるとおもいます。

そして西欧における三つの権力の大いなる諸形式・諸エコノミーである国家形態を簡略に指摘します。

a 裁判国家 État de justice[4]：封建的タイプの領土性 territorialité において誕生、慣習法・成文法の「法 loi」からなる国家で、諸契約（誓約）engagements と諸係争 litiges のあらゆる働きをともなっている。

b 管理国家 État administratif[5]：国境を旨とするタイプの領土性から誕生。もはや封建的ではない十五、六世紀の国家で、諸規定 règlements と諸規律 disciplines とからなる社会に対応する。

c 統治国家 État de gouvernement：領土性や占拠している地表によって定義されない、人口の塊 masse de la population、その量と濃度、そして、経済的な知を道具にして安全配備によって統御されている。

国家論的厳密化をフーコーはなそうとしていないので、統治の機能的な仕方から、識別して名称化されているだけですが、国家の統治制化の違いの変遷として、目安においておくことでしょう。

ここから、統治性の誕生——国家の統治性化——を三つの過程から示していこうというのです。

(i)キリスト教的パストラール
(ii)外交的・軍事的モデル
(iii)ポリス

です。それを2章、3章でおっていくことになりますが、その前にまだ統治性についての研究の意味が二

4「司法国家」ともいえますが、慣習法・成文法があったといえ、司法体制が確定しえていたわけではない、裁判がなされていたことの意味が大きかったと思うので、正義 justice を下す「裁判国家」としておきます。そのまま「正義の国家」でいいのかもしれません。

5 これも「行政国家」ともいえますが、「行政」体制がまだ確立はされていない、文字通りの「管理的国家」としておきます。

月八日の講義前半で語られます。

以上が、第五講ですが、「国家論」で締めくくっていることに留意してください。そして、国家を国家の外にでて国家をいかに把捉していくかがさらに問題設定されていきます。監獄や病院の外にでて規律の権力テクノロジーをつかんだことに、監獄論・病院論・学校論が把捉されたのに、国家の外に出ると国家ではない「統治性」が探究されているのだ、というように思い込まれているのではないでしょうか。「統治国家」が「統治制」から解読されていっているのです。

統治の研究へ（1978.2.8 講義　前半）

ここで前講義で「gouvernementalité」という〈vilain mot〉を使ってしまった、と言っていますが、vlain とは「醜い、汚い、不愉快、下劣、破廉恥、危険な」と、ネガティブないろんな意味合いをもった語です。要するに、通常使われえない、かなり無理な造語をしてしまったということですが、〈gouvernement〉という見えるテクニックではない、〈gouvernement〉をはみだしてしまっている見えない権力作用・権力関係の別の様態を掴もうとしているのです。統治性は、権力関係とは異なる概念ですが、問題視角は統治を権力関係（およびその理論的手法）から観るということです。後段で、なぜこんな問題提起的で人為的な概念を使うのかというと、それは「国家と人口」の問題を把捉するためだ、だが「国家」も「人口」もその概念はだいたい知れ渡っている、「水面下に隠れた不明瞭な immergée ou obscure 部分」があるにせよ見える visible 部分がある、しかも強い fort 濃厚な dense ものだ、それに立ち向かうのに、全体的に不明瞭な弱い faible 散漫で diffus 欠陥のある lacunaire 概念を使うのはどうしてなのか？ と言っています。つまり、「国家」「人口」の見えない闘をつかもうということです。

「統治する gouverner」は、君臨する régner ではない、命令する commander でも掟・法を為す（作る）faire la loi でもない、また主権者、領主、判事、教師などといった主体の行為ではない、権力関係として分析せねばならない、それは、

①十六世紀に「統治するアート」として目ざされた visées 権力諸関係 relations de pouvoir
②十七世紀の重商主義の理論と実際行為において目ざされた権力諸関係
③「経済的統治 gouvernement économique」として自然支配論的 physiocratique 教義において目ざされた権力諸関係——ここにおいて政治能力 compétence politique のある水準が到達された——

を考察することだと、統治が権力関係から問題設定されたものです。そこをはみだすというか、作用している「統治性」を抽出したのです。③を〈science〉だと言ってしまった、まずい言い方でカタストロフィーだったといっています。（「学」で間違いではないですが、「科学」とそのまま訳しておけばいいことでしょう。）

三つの転移：国家の外に出る

ここでまた、軍・病院・学校・監獄の制度を、「転移 déplacement」の点から見直そうとします。権力諸

関係の問題はかならずのように、この規律制度を批判規準にして考察を広げたり転移したりします。

＊déplacement は、placement を dé- することです、フーコーのキイ概念ですが、対象や言説が置かれた場所、位置づけられたものを、さらにはその地盤を転じる事です、「転移」です。その結果「移動」したとはいえますが、ここもまたプラチック視座が欠落しているから実践概念空間に暗黙に囚われて、意味されたものとして訳解してしまうのです。「移す」という仕方をどうみなすかです。場所換え(場所を移すこと)なのです。この概念もフーコー訳総体で混乱し曖昧になってしまっています、明証には『知の意志』の序で自身の思考総体を総括して、この概念を使って説明していますが、そこも誤認された訳になっています。次の論述された内容を観れば分かることですが、理解の概念空間がフーコーの言説上にない、既存のところにあるままだから把捉できないのです。

ⓐ **制度の外にでる**：制度の背後にある制度よりおおきな「権力テクノロジー」という包括的視点を立てること：①精神病院の制度を内的構造、部品の論理的必然性、医学権力の組織、精神医学的知において観ることができる。②精神医学的秩序として、社会全体に狙いを定め公衆衛生において包括的企図がなされているのだから、外的・一般的なものから出発して、少数派化された諸個人との非契約的体制がなされている秩序を示す。③精神医学的秩序が、子どもの教育、貧民の救助、労働者の援助制度等様々なテクニックの総体からなっている、制度の背後にまわって権力テクノロジーを系譜学的に分析すること。系譜とは、発生や系統ではない、さまざまな同盟関係・交流・支点からなる一大網を復元する系譜学的分析である。

ⓑ **機能の外にでる**：監獄の機能の行使をつかみ、機能の目標とされたことと結果との収支表を作成できる。こうした内部的な機能的視点の外にでて、監獄を権力の一般的エコノミーのなかにおきなおし、戦略・

戦術という外部的支点を立てること。

ⓒ所与の対象の外へ：規律の視点をとることは、すでに所与となっている対象を規準にして制度・プラチック・知を計るのではなく、真理の界が動的テクノロジーを通じて構成される運動をとらえること。

制度ではなくテクノロジー、機能ではなく戦略、所与の対象ではなく知の界・対象の構成、という転移です。「外へ出る passer à l'extérieur」こととは、制度・機能・対象それ自体にとどまらないで、そこに働いている権力テクノロジー、権力エコノミーを見いだして、関係の総体をとらえることです。外在性をかつてから主張していたフーコーです。これを「国家への関連によって今から探究したい explorer」というフーコーです（p.122）。国家の外部に出れるか？ です。制度は局所的であったが、規律の視点は包括的だった、そのように包括的観点が国家について存在するか？ です。国家を考えないということでは、まったくない、国家をよりしっかりと考え把捉するためです。しかし、そこは、どうも権力テクノロジー／エコノミーとは違うものがある、そこを「統治性」で位置づけたのです。

「権力」概念をもってくると一般に人々は、権力テクノロジーは国家に包括されたものだ、制度は国家のなかの個々の制度だ、人を閉じ込めるのは国家的操作 opération étatique の典型であって国家の行為 action に属する事だ、規律メカニズムは最終審級 dernière instance において一般的・局所的 locale な仕事であるとおいたのは国家だ、というように、国家を包括的・全体的な制度においたまま、そう感知してしまう。そこから脱出すべく、国家の外にでていけば――既存の国家認識の外へだけではない国家そのものの外へでて――、ⓐ制度外的一般性 généralité extra-institutionnelle、ⓑ非機能的一般性 généralité non fonctionnelle、

❸非対象的一般性 généralité non objective によって、「**国家の全体化する制度** institution totalisatrice de l'État」を新たに出現させうるのではないか、ということです。(p.123)

狂気の関係を検討すべく精神病院・治療法・分類の背後にまわって収容・隔離の処置を問うた、監獄の制度の背後にまわって権力の一般エコノミーを見いだした、それと同じような仕方を、国家にたいしてなしうるか、外へでれるか、近代国家を一般的な権力テクノロジーのなかにおきなおし、それこそが近代国家の変異・発展・機能を確保できるか、精神医学にとっての隔離技術、刑罰システムにとっての規律テクニック、医学制度にとっての生政治となしたように、国家にとっての「統治性」ということが設定しうるか、という「国家」論として問題がたてられています。

国家から統治制を分離して、統治が主要なのだとしていますが、統治制を問題にすることは国家を問題にしていること自体であるのです。ここを見失ってはなりません。権力関係を問題にしたことは、学校や病院や刑罰などを問題にしたことであるように、統治性・統治制を問題にしたことは国家を問題化したことなのです。

統治の対象は人間たち

統治の概念が検討されます。これが政治的、国家的な意味をもったのは十六、七世紀です。十三、四、五世紀では「統治する」という語は広い意味をもっていた。

①物質的・物理的・空間的な意味：道をたどる、たどらせるという、道にそって導く、前進させる、

自分で前進するという意味。食糧を提供して養う意味。何かから糧をひきだすという意味。

②道徳的な意味：誰かを領導する意味、魂の統治、病人に療法を課す、食餌療法を課す。統治が悪かった娘とは「振る舞いが悪かった娘」。諸個人の関係で、指揮・支配する関係、指導する、処遇する、話しをする、会談するという意味にもなる。性的交渉を指す意味。

こうした位置画定から分かることは、空間における移動・運動、食糧調達、一個人の治療や救済の確保、指揮・命令の行使、自分、他者、他者の身体・魂・行動にたいする支配、交流や循環のプロセス、一個人から他者へ移行する交換プロセスを指している。国家が統治されるとか、領土や政治構造が統治されるということはまったくない、「統治の対象は人々」だということです。「毛織物によって自らを統治する都市」とは、毛織物から自分たちの食糧・資財・富をひきだすということであって、政治構造としての都市を統治するということではない、統治の対象は人間たちであるということです。ギリシャのポリスで、船の操縦者の隠喩があるが、そこでの統治の対象は、諸個人・船員ではなく、船という実体的現実・一体性をもったポリス自体であって、人間たちではなかった。それが十六世紀に変わった、ということです。

統治 gouvernement/government とは「振る舞いの振る舞い the conduct of conduct」、つまり、ある者（たち）の振る舞いを形づくり shape、導き guide、影響をおよぼす affect ことに目的づけられた活動性の形態 form of activity です。conduite/conduct とは、自らの行動、行為、活動でありその自己領導、自己規整化であり、また導く、指導する、ガイドする「領導」でもあります。〈coduite de conduite/conduct of conduct〉は、したがって、文字通りには「振る舞いの振る舞い」ですが、その意味は「振る舞いの領導」「領導の振る舞い」また「領導の領導」ともいえる、これらのいりまじった意味構成になっています。それを集約すれば「自己と他者の統治」です。活動性としての「統治」は、自己と自己の間の関係、統御controlと指導guidanceの形態を含むプライベートな個人相互関係、社会諸制度と諸共同体の内部の諸関係、政治的主権の行使に関わる諸関係です(Gordon, p.2-3)。つまり、統治の異なるレベルがあるということです。

統治とは人間たちを統治すること、という規準がたてられました、それを軸に以後の考証がなされていきます。

なんと、ここまでが問題設定なのです、安全配備と統治に関してなされた全六講にわたっての、実に長大な問題構成です。新たな問題閾を開くには、このぐらいのことをせねばならないのかというお手本ですが、続く行論が本論になるかというと、それもまた、問題提起的に考証の裏付けのように語られていきます。国家論の探究の仕方、その問題設定の仕方が、延々と述べられていくという状態です。

「意味されたもの」として整理統括したなら、こんなにくだくだと述べる必要が無いものとして処置できます。「安全性のテクノロジーとして人口を対象に規整化する統治技術が、国家の統治制化をなしたんだ」、以上。しかしそういうフーコー論からは、何も学べない、味気ないというより意味ない。わたしは自分が自分へはっきりさせるべく、要点・軸となるものを細かく追ってきました。訳書ではずれてしまい、つかめないからです。最初は訳書が明解のようにみえたので、それで対処しようとしたなら、いやはや全然違う、そこで確認をはじめたなら、とても引用文でつかえないと、原書にもどるほかなかった、そしてかくのごとく長くなってしまいました。では、わたしは訳せるかといわれたなら、「いえまったく不可能です、解読することしかできない」と毅然と言えます。つまり、自分へ概念転移をかねての領有しかしえない、外在化して客観的な訳であるとはとてもしえないフーコー言説です。またそれは無意味でさえあると確信しています。深い思想とはそういうものです。語学優等生が処理できる事ではないのです。

❖ conduite de conduite ❖

後に、「反振る舞い」「反領導」としても吟味されていく概念ですが、実際の行動が裁定されるうえでの「振る舞い／領導」の標準やノルムのセットが措定され、また個人・集団が努力して向かう理想的なものとしてのアクトでもあります。行動の合理性を規整したり統御したりすることであり、代行為者の責任として規整化が生じていくようにすることでもあります。(Dean, 2010. p.17-8)

<acte/comportemente/agir/action>といった複数の諸行為の相互関係を規整し統轄していく、つまり「統治する」ことにおいてなされているのが<conduite de conduite>です。行動が統治され、ノルム・規範が喚起され、目的が探究され、効果・支出・結果が探られる。ディーンは、統治とは、多かれ少なかれ、計算された合理的な活動性であり、諸権威と諸代行為者の複数性によってなされる、知の諸テクニックと諸形態の多様性をもって、多様な行為者たちの欲望・願望・利益を通して働かされることで振る舞いが形成されるようにし、相対的に予期できない結果・効果・産出の多様なセットをもった、変更する目的を決定づけるものだ、と述べていますが、定義づけはしえないあいまいながら非常に重要な、客観化され

た概念の布置にあります。要するに、人々を命令したり物事を動かしたりすることではなく、「人間の振る舞い」を思慮深く領導することです。ある「振る舞い」があってその振る舞いにたいしていかに振る舞うかを統治することです。振る舞いが、規整され、統御され、形づくられ、ある目的へと方向転換される。そこに他生成的に、経済、人口、産業、魂、病、建築物、さらには都市といったものが関わっているということです。もちろん、歴史的な諸要素の系譜もかかわり、合理的な人間的振る舞いが形成されていくわけです。この「合理的」なという意味は、いかに統治するかが計算されえていくことを意味します。クリアな体系的な明白な外部性・内部性の存在が、いかにあるべきか「理性」「根拠」として、合理性の多様性・複数性として定められていく、その歴史的な出現の諸形態です。したがって、それは道徳的な問題となって自己規整化へむけた主体化の振る舞いとなり、統治の道徳性として、諸個人・諸集団の良き、徳ある、適切な、責任ある「振る舞い」を構成し、個人が社会的便益をうけとれるようにしていきます。そこに、それぞれの専門職に応じた振る舞いのコードが配備されます。医者として、教師として、しかるべき振る舞いが要請されますし、政治家、企業人としてもです。フェアな責任ある判断がなされるようにです。さらにそこに、「自己統治」が設定されてきました。日本でも陽明学など江戸期の思想は、〈conduite de conduite〉のある典型を固有に表象していると再考しうるとおもいます、己を心・身体・振る舞いにおいていかに統治するかです。西欧特有の問題ではない、統治プラチックと自己プラチックとの関係が、身体、自己、他者、個人、集団、生活の領野に関わる政治・管理としてあるのです。政治の倫理への関係でもあります。

現在でも、食の仕方、食べ方、健康、作法、栄養、食材などに関わることであり、性的振る舞いにおいても問われることです。それは、〈conduite〉だけではない、〈conduite de conduite〉の次元において考慮されるべきだということです。他者への統治、自己への統治、それは、いかなる変容をなしてきたのか、それを規定する「人間種への統治」「国家の統治」がいかに関与してきたのか、それを以降、フーコーにしたがって探っていくことになります。また「反振る舞い」は単純な反抗実践でも反権力でもない、「振る舞いの異なる形態」の表象的ともいえる表出です。他の指導者、他の対象、他の目的、他の処置・方法の提示です。自己の自己への配慮も自由の問題も関わってきます。

統治制の考察においては、この〈conduite de conduite〉の視座は、つねにもっていないと、表層理解にしかなりません。

*この邦訳書は、誤訳本とは申しませんが、安易なミスが多すぎます。訳書をそのまま「引用」として使うことができない訳書になっているゆえ、原書頁を記して叙述するほかない実情です。訳者に潜んでいる再認コードがどうしてもあるわけで、文脈が狂うほどではないにしても、乱暴すぎます、乱暴でもすまされるとしている再認が認識をずらしてしまうのです。もったいないです、訳業はたいへんな苦労ですから。〈conduite〉を「操行」、〈conduction〉を「操導」としたのは一考に値しますが、どうもすっきりしません。「操る」というより、導くleadという意味合いがどうしても主です。英語圏は'lead'として解釈しています。「振る舞いconduite」の意味の二重性において、その振る舞いの可能性が導かれていく、他者にたいしては導いていく、というようなことです。「操る」には、暗黙に「実践」概念空間、「〜させる」という支配概念空間が忍び込んでいます。実際行為pratiqueそれ自体が、「振る舞い」へと導かれていくのです。しかし、〈con-〉には「共に」という意味合いがあるわけで、相互的なのですが、〈duct〉は〈ducere/lead〉の意味合いになりますから、'pratique'と'conduite'の双方の水準は違っている。英語で〈conductor〉

とは指揮者ですが、指揮者は奏者を操るのではなく、奏者の能力・技術をひきだし導いてしかも作曲者の曲の可能性を表出していくわけです、ですから指揮者によって曲の色調はかわってしまいます、音符の規制性はあるが違うものになります、これが〈conduite〉の次元です。統治によって「振る舞い」が導かれて（しかし主体的に）変わっていくのです。また英語で〈conduct〉は「導管」です。ほんとに訳作業は難しいです。フーコーは、あきらかに、〈conduite〉を、種別的・種差的に、〈actes/action/agir/exercer〉などと識別して、固有に使っています、〈acte〉まではいたっていない状態にあるキイ概念です。性行為・性交ではなく、性への性における「振る舞い」方です。それが「行為に対する行為」とされていることですが、「行為に対する行為action」と「振る舞いに対する振る舞いconduite」とはまた次元が異なります。そこに、言説・知・技術が介入しているのです。名詞とか動詞とか、文法概念の問題ではありません、理論の問題です。この訳者はよく同じ内容のことだからとして異なる語を一つの訳語で渾融処理していますが、語は言表に配置されているものであって、言表が違えば意味関係は違ってくる。「言表」を重視したのがフーコー思想・理論の根幹です。紛擾な訳になっていると言わざるをえない根拠です。

ちなみに、ブルデューは「指揮者のいないオーケストラ」に「プラチック」のあり方を見ていきます。ブルデューは、フーコーに非常に対応しているものを、またときにフーコーもブルデューに対応しているものを考察しているのですが、異なります。その間を埋めていくのがこちらの理論作業です。相同性をつかむのではなく、裂け目をみつけることです、双方の限界閾を探しあてることです。

もうひとつ非常に気になったのが、〈repérer〉という用語です。概念ではない。これがあちこちでとても意味作用を働かせています。「標定」と造語的訳が与えられていますが、誤訳ではない、しかし、意味がやはり微妙にずれるというか理論文脈がそれではつかめない。種差的に、しかし分類まではいかない、切り離して、しかも位置を正確に定めていくことの意味です。「位置画定」とわたしは意味用語として処理しておきました。本書ではあきらかにキイ用語になっています。フーコー用語で強調される「切断」や「ずらし」よりも重要な用語です。対象とされている文献言説が、意識せずになしているそこを〈repérer/repérage〉としてフーコーは対象化把捉して、そこに開かれているものをキャッチするのです。客観化はしていません。思考技術用語です。

2章 パストラールの制度化

——フーコー国家論の構築へ(2)——

パストラール自体の理論的水準は、もうすでにわたし自身では了解しえて明示してきたことなので(『フーコー権力論入門』『ミシェル・フーコーの思考体系』)、ここでは要点の流れだけを再確認をかねて述べておきますが、問題が置かれている場が、統治や人口や安全性配備におけるパストラール、つまり新たな国家論として考証されています。そういう再布置になっていますから、そこをつかむようにしていきます。

それは統治性の歴史の背景となっているパストラール制で、キリスト教のなかで制度化されてきたものです。キリスト教的パストラール制は、もともとのパストラールを新たに一大エコノミー/テクニックとして編制転移します、それが近代国家誕生の背景になっていくのです。学校が子どもをケアし、医療が病人をケアするということが、いかなる起源をもっているか、そして国家が国民・市民を世話する＝ケアする福祉国家的なものは、いかなる働きをなしているのかです。西欧的にそれは東方の「羊飼い」からやってきたものです。

実際の羊飼いの「羊飼いの権力 pouvoir du berger」と、それがメタファー化された「牧人権力(パストラール権力）pouvoir pastoral」、そしてキリスト教において制度化された「パストラール制 pastrat」が、人間の統治において、いかにその構成が変遷していったのかをつかむことです。諸個人と人口への福祉／福利厚生は、キリスト教における統治のパストラール・テクニックの発展上にみいだされますが、フーコーはそれをヘブライ人・東方に起源があるとしました。

さらに、わたしたち東洋においても、そのパストラールが学校や医療などの近代制度装置のなかで機能している実際を観ていますと、どこにその普遍的作用があるのかを見届けていかねばなりません。つまり、神と信者との西欧的特殊の問題系閾をこえていくものがあるということです。そこに、特殊歴史をこえた理論的な閾があるといえます。貧しい者、病いにある者、弱き者、そして子どもや若者の教育にたいする営みの歴史的変遷と、そこに形成され作用してきた普遍化の理論的構成を把捉することです。

それは、福祉国家的な現在の編制が、実際的機能をまっとうしきれない、その根拠を批判的に探ることに対応しますし——政治権力とパストラール権力との違いにたいするトリッキーな結合——、教育や医療において作用している権力諸関係を批判的に把捉することにも関わります。「他者のため」になされるサービスの本質を批判的に検証することにも関与します。商品サービス経済の増長に解決はないのです。

パストラールは、規律世界の界閾において考察されたものですが、ここでは統治するアートの変遷において捉え返されます。つまり、諸個人へ働いていたものにくわえて、人口へ働いていく仕方です。それが、相互にいかに関連しあっていくかです。個人の主体化・個人化にくわえて、人口の科学的知に関わる規範化、生政治に関係し、さらに統治の心性に関わります。

II パストラール権力の変遷

統治の対象となるのは人間である、「人間たちの統治」がある、「人間たちは統治されるものだ」ということで、そこには二つの形態がみられる。

① パストラール・タイプの権力のイデア／組織の形態
② 良心《コンシアンス》の指導／魂の指導の形態

です (p.127-8)。つまり、ヘブライ人／東方でのパストラールの元型ともいえるテーマが出現したこと、そしてキリスト教がそれをまったく異なるパストラール制として制度確立した。それが近代国家を出現させる統治制——実際に計算されたよく考えられた政治プラチックになったもの——の背後にあるんだという考証がなされます。第六講（1978.2.8 講義）の後半から、十講（1978.3.8）の前半までです。

〔1〕羊飼い berger と羊の群れとの関係：牧人 pasteur の出現

[A] パストラール権力の特徴：元型（1978.2.8 講義）

「羊飼い」の様態から、パストラール権力の三つの特徴が示されます。「羊飼いの権力」の元型が示され、それを基盤にした「パストラール権力」の設定です。羊飼い berger 権力を内蔵したパストラール pastoral

権力と言ってよいでしょう。

(i) 羊飼いの権力 pouvoir de berger と神

王・神・首長が「羊飼い berger」であり、人間たちの群れ troupeau があるというテーマは地中海東方地域で見られたものだ。また神々は人間たちの「羊飼い」だという。すると王は神の下請けの羊飼いだとなる。神は下請けの羊飼いに人間たちを委ね、王は一日の終り＝君臨の終りにその群れを神へ返す。これが「pastorat」であり、神と人間との根本的関連のタイプであり、王はその間に介在する。

＊「羊飼い berger」と「牧人 pasteur」[6]を区別しておかねばなりません。後者はプロテスタントのなかで「牧師」とされていきますが、「羊飼い」は実際に羊たちとの関係におかれていますが、「牧人」は神と人間との関係におかれているものです。「羊飼い—羊たちの群れ」が「神—人間たちの群れ」に比喩されたものです。⊲pastorat⊳は、その職のことであり、⊲pastoral(e)⊳はその形容詞です、「la pastoral＝パストラール的なもの」として名詞化されます。カトリックとプロテスタントで階職や職務の名称が異なり、一般的に⊲priest⊳＝司祭（カトリック）、⊲pastor⊳＝主任司祭（カトリック）／牧師（プロテスタント）ですが、フーコーはキリスト教的な制度化がなされていく原基に⊲pastorat/pasteur/pastoral⊳があるという次元を考察し、すでに観ました⊲pouvoir pastoral⊳が主なる概念ですので、「パストラール」を規準の名称用語にして、⊲pastorat⊳は「パストラ」ですけれど、「パストラール制」としま

6 日本語で「〜人」とは、料理人、職人、仕事人というように自らの技術をもって一人でいる様態です。「〜者」というのは忍者・易者・医者というように利害の関係をこえた第三者の位置で技術を求められた方を助ける者です。「牧者」ではなく「牧人」としておいた方がいいでしょう。⊲pastorat⊳を「牧人制」とするのも何かなじまないので「パストラール制」としておきます。訳語にしがたいやっかいな語です。

す、「pastorat chrétien キリスト教的パストラール制」という使い方をされます。「司牧」というのはカトリックの職務ですから、制度ではありませんのでわたしは使うには抵抗があります（「神父 Father」は呼称）。

■ヘブライ人では、〈牧人―群れ〉関連 rapport pasteur-troupeau は、宗教的関連 rapport religieux で、神とその民たちとの諸関係 relations であり、王は牧人ではなかった。パストラール関連は、その充ちた形式、実定的形式において、本質的に神の人間たちへの関連であり、この宗教的タイプの権力は、その原理、その根本、その完成として、神がその民に行使する権力のなかにある。

▲ギリシャ人には、牧人のように神々が人間たちを領導する conduire という考えはまったくない。神はシテ cité を設立し、その置かれる場所を示し emplacement、城壁の建設を助け、堅固さを保証し、その名を都市 ville に与え、神託を下し助言を与えた。人は神に請い、神は守り、介入し、怒りそして和解するが、シテの人間たちを連れていく mène ということはしなかった。ギリシャ人にとってパストラール権力は異邦なもの étranger でしかなかった。

◉牧人の権力は、（領土にたいして行使される権力ではない）、群れにたいして行使される権力、しかも場所換えにおいて dans son déplacement、ある点から他の点へ行かせる動きにおいて dans le mouvement、群れに対して行使される権力である、本質的に、動きにおける多様性 une multiplicité en mouvement にたいして行使される。

■ヘブライの神は、歩く神、場所換えされる神、彷徨う神である。民が場所換えさせられ se déplace、彷徨うとき、その場所換えにおいて、民が都市・草原 prairies・牧草地 pâturages を離れさせられる動きにおいて、目に見えるものとなり、民の先頭に立ち、従うべき方向を示す。人が都市を離れるとき、城壁を出たところに、草原へ続く道をたどりはじめたときに現れる。

▲ギリシャの神は領土的な神、城壁の内側の神であり、都市や神殿の特権的な場所をもっている。その都市を防衛するために城壁の上に現れる。

◉動きの多様性への関連によって神が確保するこの領導において、領土への関与があったにしても、肥沃な草原、領導していくための良い道、ふさわしい休息地がどこにあるかを、「神―牧人」は知っているということです。領土の統一 unité d'un territoire にたいして行使される権力に対立して、動きの多様性にたいして行使されるパストラール権力です。(p.128-130)

(ii) 善為権力 pouvoir bienfaisant

▲ギリシャ思考においては、権力が、善を為すこと faire le bien は、他の多くの特徴の中の一つでしかない。権力は、その善為(善遂行) bienfaisant、全能 toute-puissance、富、象徴の輝きによって特徴づけられ、また敵に勝利する能力によって、打ち負かし、奴隷にし、征服する可能性による領土や富の全体によって定義された。

◉パストラール権力は、その全体が善為 bien-faisance によって定義され、善を為すこと faire le bien 以外に存在理由がない。目標対象 objectif の本質は、群れの救済 salut du troupeau です。(主権者の目標対象は祖国の救済、それが権力行使の最高の法であるべきことでした。）救済は、本質的に、「生存 subsistance」です、豊富な生存必需品、確保された栄養、良き牧草地です。牧人は、動物たちを草原に領導し、食べさせ、養うことです。パストラール権力は、世話の権力 pouvoir de soin[7] です。群れを世話し soigne、群れの個々を世話し、羊たちが苦しまないよう見守り、はぐれたものは探しにいき、傷ついたなら世話する。

つまり、「牧人の権力 pouvoir du pasteur」は、扶養の義務・任務 devoir, tâche d'entretien で示威されます。力や優位の輝く顕示ではない。熱心 zèle、献身 dévouement、無限定の専念 application indéfine です。「牧人 pasteur」とは「見守る veille[8]」者です。悪いことがなされないよう監視すること surveillance ですが、あらゆることが不幸なことにならないよう用心・警戒すること vigilance です。牧人は群れを見守り、最も小さな群れの動物を脅かす不幸を遠ざけるのです。動物の群れの各々のためにどんな小さな物事をも見守るのです。牧人の配慮 souci は、他者へ向けられるもので自分へ向けられるものではない、負っているものは名誉の側ではなく、重荷 fardeau・苦痛 peine の側で定義されます。悪い牧人は、放牧で自分の利益しか考えず、群れを売るべく肥え太らせることしか考えない。良き牧人は、群れだけのことを考え、他のことは考えない、群れの良き状態からえられる自分の利益さえ考えない。これは、本質的に、献身的

7 <soin/soigner> を訳書は「気配り」としていますが、care です、実際に面倒をみる、世話をすることです、気持のことではありません。souci は、心配、気がかり、配慮という気持のことを指します。後、自己への配慮として考察されることです。しっかり識別せねばなりません。

8 <veiller> は眠らずに注意をはらって見張ることです。<vigillance> は警戒・用心することであり、<surveillance> は監視することです。これらの用語は、パストラール権力の基本語ですので注意を。

oblatif で移行的 transitionnel です。牧人は群れに奉仕し、自分と放牧の間の媒介として栄養と救済をなす、それはつまりパストラール権力はつねに「良い」ものだということです。恐怖や力、恐ろしい暴力、王や神々の権力から由来し人間たちを震えあがらせる不安を与える権力、といったものはすべて、牧人が行動するとなると消え去ってしまう。(p.130-132)

「牧人の権力 pouvoir du pasteur」＝「パストラール権力 pouvoir pastoral」と解してよいと思います。行為者を消して、その権力様態を示す概念です。「羊飼いの権力」→「牧人の権力」→「パストラール権力」と概念化されていったのです。

ⅲ 個人化権力 pouvoir individualisant

牧人はあらゆることを群れ全体のために行うと同時に、一頭ずつ面倒をみる soigne。群れから逃げる羊が一頭もいないから群れは守られている。全体にかつ個別に。そして、群れの救済のために牧人が自身を犠牲にする。全体のために一つを犠牲にする、一つのために全体を犠牲にする、この牧人の道徳的・宗教的な挑発・逆説、牧人の逆説が、キリスト教におけるパストラールの核心である。(p.132-3)

全体が形成する上位の単位を目的にはしないが、個人化権力は全体のためになるということです。

〈羊―群れ〉の関連とは、①「神―羊飼い」の群れへの関係、②羊飼いの活動によって群れは構成される、それは羊たちを集め、導き、群れが動きの多様性となるようにする、③羊飼いの個的な親切によって各羊および群れ全体を救済して、善遂行されるようにする、④休むことなく面倒をみ、群れを全体としてかつ細部にわたって個人化し良く知ることが義務であり、群れのために羊飼いは犠牲になり、そして全体のための一つを、一つのために全体を犠牲にする、というものです。動く群れを目標対象にし、「動く」という仕方そのものへの働きをなしたことが、大きな変化です。

このようにみていくとpouvoirを「権力」とする用語はふさわしくないことが感知されます。pouvoir/powerは、物事を可能にするパワーです、「可能力」というべきものです。そもそも、この訳語が、政治学やマルクス主義のなかで訳にあてられたものでしかない。一面で恐ろしい権力、暴力をふるう権力があるのは事実ですが、反面では「良い」パワーがあるということです。これはもう、フーコー権力論として何度も論述したことですが、どうもまだしっかり了解されているようにみえません。それは、負の事態への批判ではなく、可能なポジティブとされている事態への批判を展開しきれないことに如実にみられます。悪しきことへの批判は当然であって、本質は「良きこと」への批判にこそある。フーコー論者たちの多くがまだその次元にいたらずにとどまっているように思えます。善為の機能・働きを批判的に見抜くことです——イリイチは「慈善の裏面」を暴露しました。善いことが為されることで、何がほんとには為されているかです。最善は最悪だとも。

この「パストラール権力pouvoir pastoral」を西洋世界monde occidentalに導入し、自律的に現実組織し、明確な諸メカニズムへ、定まった諸制度へ凝固させたのはキリスト教会Église chrétienneです。

キリスト教的西洋文明は、もっとも創造的であり、もっとも征服欲が強く、もっとも傲慢な文明であり、

もっとも血なまぐさい文明だった。そしてもっとも大きな暴力をくりひろげてきたが、西洋の人間は何千年もの間、

「自分が羊たちのなかにいる一頭の羊だとみなすことを学んできた」

「自分のためにわが身を犠牲にする牧人に救済をもとめることを学んできた」

のです。このもっとも大きくもっとも持続的な運命 fortune へ召集される appelée 特有な権力形式は、草原や都市で誕生したのでも、自然のままの人間の側や最初の帝国の側で誕生したのでもない、牧羊の側 côté de la bergerie、牧羊の事柄として考えられる政治の側で誕生したのです。(p.133-4)

B パストラールへの批判（1978.2.15 講義）

ギリシャにも見られるパストラール

①ホメロス：王を民の牧人とよぶケースがみられる、インド・ヨーロッパ語族にみられる主権者の儀礼上の名称である。②ピタゴラス派の伝承：群れに対して法をなす牧人の機能、行政官は人を愛する者だとされ、熱心さ zèle と心遣い sollicitude があるとされた。③政治学：ピュタゴラス派に限られたものだという説と、ありふれたものだという説があるが、似た機能があっても牧人のメタファーは使われていないとフーコーは言う。(p.140-1)

プラトン

牧人と群れの関係において、神が牧人だ、法をなす者が牧人だ、行政官が牧人だ、王は牧人だ、政治家は牧人である、といった考え方があるが、ピュタゴラス派のようにポリス全体規模で価値をもたせることは誤りだとプラトンは批判し、パストラールは宗教的・教育的な小共同体において機能するものであって、政治家が、医師や教育家や体操教師のように市民ひとりひとりのそばによりそって助言を与え、食糧を与え、面倒を見るなどはありえないと論証します。つまり政治・政治家の本性にパストラールはないということです。東方の人々やヘブライ人にはあったが、ギリシャにはない、政治思想にも、ポリスの運営にも無い、「牧人と群れの関係を出発点とする権力の実定的分析が本当にみいだされるのは、偉大な政治思想の側にではない」、それがしかし「キリスト教」のなかでとりあげられていくことになる、ということです。

フーコーのプラトン論は、個別にとりあげるに値するものとおもいます。ここではまとめません、直接よまれてください。(173-184頁)

教会のなかでの人類全体の救済をなす権力

紀元後二、三世紀から十八世紀にいたるまで十五世紀間にわたって展開・洗練されたパストラール権力についてては、もうこれまでのフーコーによって明らかに示されてきたことですが、ここで、おさえておかねばならない点は「教会」の再布置です。

ある一宗教が教会として構成された、その「教会」とは来世における永遠の生へ導くという口実で、日常生活において人間たちの統治を行うと主張する制度です、集団やシテや国家という規模ではなく、「人類全体」の規模を主張する、救済を口実に現実の生において人間たちの日常的統治をなし、それを人類規模でなす。諸社会の歴史上例のないものです。そこに他のどこにも見当たらない「権力配備 dispositif de pouvoir」が形づくられ se forme ました。(p.151-2、183頁)　紀元後二、三世紀から十八世紀に至るまで、展開され洗練されてきた制度です。この権力は、場所換えされたり déplacé、はずされたり disloqué、変形 transformé されたことはなかった。このパストラール権力は十八世紀に終りをつげたといえるが、しかし、その類型・組織・機能様態は、依然として乗り越えられてはいない。

しかしながら、このパストラール権力は、騒乱 agitations、反乱 révoltes、不満 mécontentements、闘争 luttes、戦闘 batailles、血みどろの戦争 guerres sanglantes の数の多さにおかれたし、厖大な論争もなされた。人間たちを統治する権利を効果的にもっているのは誰か、日常生活において人間たちを、かれらが存在できる物質性や細部において、統治するのは誰か、誰がその権力を持ち、誰からそれを継承し、いかに行使するのか、各人の自律性の幅はどれくらいか、この権力を行使する資格はいかなるものか、その裁判権 juridication の限界はどこにあるか、彼らに抗して使える上訴 recours はいかなるものか、ある者が他の者におよぼす統御 contrôle はいかなるものか、が十三世紀から十八世紀まで西洋を貫いた。(p.152-3)

だがこれらの争乱・反乱は、パストラールを強化するものであり、宗教改革はパストラール権力の行使のされかたをめぐる戦闘であったし、プロテスタントもカトリックもパストラールを再組織化した。封建制にたいする革命は起きたが、パストラールに反対する革命はおきなかった（p.153）。

パストラールが、十五世紀ものあいだ、科学 science の中の科学、アート art の中のアート、知 savoir の中の知として考察されていた（p.154）。その歴史は描かれていないとしてフーコーは、歴史自体を描くのではなく、その問題の主要さをうきだたせたということです。

■ヘブライでは、牧人のテーマは、宗教生活や歴史認識に結びつき、すべてがパストラールとして展開していた。神は牧人であり、彷徨うユダヤの民は草原を求める群れの彷徨であった。しかし、①牧人と群れとの関連は、神と人間たちとの多様で複合的な関連の一つでしかない、神は牧人であり、立法者であり、また怒りをもって群れに背を向け放置することもあった。牧人と群れの関連は、神と民との諸関連を感じとる唯一の次元ではなかった。②パストラール制度はなかった、他の人たちにたいして牧人である者はだれもいなかった、王もダビデ以外は牧人ではなかった。ただ悪しき牧人であるときに示されたが、プラスの価値では示されなかった。神以外に牧人はいない。

★キリスト教会では、牧人のテーマは根本的・本質的な関連になって、他の関連をすべて包むものになり、法、規則・テクニック・処置をもった関連において制度化された関連のタイプである。つまり、パストラールは、自律的で、包括的で、種別的なものとなる。キリストは牧人になる、モーゼでは一テーマでしかなかったものが教会組織全体の要石になる、使徒たちも牧人である、司教たちも飼育係の牧人である。教会の組織全体が、キリストから教区司祭や司教にいたるまで、パストラールとしてあり、教会が保持する権力は、群れにたいする牧人の権力として与えられ、組織され正当化されている。秘蹟の権力、洗礼の権力とは、羊を群れへ呼ぶことであり、聖体拝領の権力は、精神的な糧を与えるということ、群れを離れた羊を悔悛によって連れ戻す権力である。教会の裁判権も、群れ全体を汚染する可能性のある者を、群れから追放することだ。宗教権力とはパストラール権力であるということです。(p.154-7)

パストラール権力が諸個人の魂をひきうけるのは、魂の振る舞いが或る介入をなしていること、日常的な振る舞いや生の経営、財産・富・物事にたいして永続的に介入すること。そのとき諸個人だけでなく集団も対象にし、シテ全体を、さらに世界全体をひきうける、現世の権力です。しかし、政治権力とは判然と分かれています。

●政治権力とパストラール権力

パストラール権力(生きる諸個人へ行使される)は政治権力(法的・政治的主体へ行使される)と相互交通しあってはいたが、その形式、機能、内的テクノロジーにおいては、まったく特有の別の権力であるということです。同じようには機能しない、同じ人物が行使したにしても、教会と国家とが同盟を結んでいても、それぞれ絶対的な特徴のまま残った。

王は王であるにとどまり、牧人は牧人であるにとどまった、牧人は権力を神秘的な仕方で行使する者にとどまった。キリスト教的パストラール制と皇帝的主権とのあいだの区別、異質性(他生成性)は、西洋の特徴の一つである、東方には同じものはみあたらない、とフーコーは強調します。

しかしながら、このパストラール権力は社会空間のなかで世界普遍的に機能していき、さらにはっきりと国家の政治権力の機能とは異質のものとして区分されて、政治的に機能しえている実際は、このパストラール権力と政治権力の区分／結合が人類の近代性において本質的なものになったことを、どう考えるかです。そして、より深い本質的な差異は、どこに布置されることであるのかです。それが、フーコーの先にある問題です。学校や医療の産業サービス制度のなかで、パストラール的なものは機能していきますが、その実際様態は変様を被っていきます。

〔2〕キリスト教的パストラール制への制度化（1978.2.22 講義）

「救済／法／真理」の三つにおけるギリシャのあり方に対比してキリスト教的な新たなあり方が示されます。これを対比的に把捉することが肝要です。そして、パストラールが諸技術と諸処置からなる「総体」を構成している、その根本的な諸要素が示されます。この三つが、その後出現する「統治」においていかに変容されるかが解明されることの指標になります。その基本規準が《ギリシャ↓パストラール制↓統治》において変容していくということです。

問題の立て方として、ギリシャには牧人もパストラール制もない、東方・ヘブライにはパストラール権力があってキリスト教へ受け継がれた、そしてキリスト教はユダヤの神権制を出発点にするパストラール権力をギリシャ・ローマ世界へおしつけた、というようなことではない。フーコーが示したかったのは、ギリシャ思考は、政治権力分析で牧人モデルをつかわなかった。牧人テーマは古典期以前のテクストで儀礼上使われたか、行使されている局地的・局限的形式の権力で使われたぐらいで、シテ全体水準での行政官が行使する権力ではなく、個人が宗教共同体にたいして、あるいは教育的関連や身体の手当において行使した権力でしかない、ということです。

そこから、キリスト教的パストラール制が、まったく異質で、パストラールの膨大な制度的網をもたらしたのです。それは、人間たちを領導し、指導し、引き連れ、導き、手を取り、操作する大いなるテクニックをうんだ。人間たちの後を追い、一歩一歩前進させ、一生にわたって集団的かつ個人的に引き受ける機能をもったテクニックです。古代世界の終りから近代世界の誕生にいたるまで、キリスト教社会ほどパストラール的であった文明・社会はない。統治性の歴史的背景でそれは重要かつ決定的であった。

パストラール権力は、以下の仕方とはちがう、

・人間たちを法や主権者に服従させるための手法：政治

・子ども・少年・若者を育成するための手法：教育

・人間たちを言い負かし、説得し、意に染まらない方向へ誘い込む手法：レトリック

これらとまったく違う、「人間たちを統治するテクニック」である。

統治性が、十六世紀末〜十八世紀に、政治に入り込んできて、近代国家の閾をしるした。その統治性の起源、統治性が形成されるポイント、結晶化するポイント、萌芽が生じる点、を探すことだ。**統治性が実際に計算された熟考された政治プラチックになったとき、近代国家は誕生する。**キリスト教的パス

トラール制は、その過程の背景になっている。諸個人・諸共同体にたいする統治＝パストラール的指導と、政治的介入の場を限定する統治テクニックの発展とのあいだの隔たりをしっかりつかむことだ。それは、キリスト教的パストラール制の形成・制度化の発展が政治権力と混同されなかったことを研究するのではない、パストラール制の歴史自体の研究でもない。ただ、パストラール的実際行為《プラチック》とともにあって抹消されることがなかった省察、実際行為《プラチック》において当初から描かれていた道筋 traits をしるしづける marquer だけである、とフーコーは限定づけます。

使用するテキストを列記し、フーコーはパストラールが再定義された様態を示します。ギリシャの行政官職 magistrature grecque ともヘブライの良い羊飼い bon berger のテーマからも区別しうる特徴です。

(I) パストラール制 la pastorat は救済 salut に関連する rapport：パストラールは、諸個人と共同体を救済の道 voie へと導く guide。

(II) パストラール制は掟(法)loi に関連する：諸個人・共同体が救済に至るように、彼らが秩序 order、命令(戒律) commandement、神の意志 volonté に効果的に従っているかどうかを見守る veiller。

(III) パストラール制は真理 vérité に関連する：人が救済され掟・法へ従うには、ある真理を受け入れ accepter、信じ croire、表述する professer 条件があってこそである。

牧人は、救済へ導き guide、法を定め prescrit、真理を教える enseigne。

しかしながら、導くこと／定めること／教えること、救済すること sauver ／厳命すること enjoindre ／教育すること éduquer、つまり共通の目標 but を固定し fixer、一般的法を定式化し formuler、精神にしるすこと marquer、はどんな権力もなしていることであって、キリスト教的パストラール制を規定定義するものではない。つまり、救済・法・真理に関連しているがその水準ではないところでの種別さを示していかねばならない、ということで以上の三つの要素に関連する物事の考証にはいります。

A キリスト教的パストラール制の三特徴：救済／法／真理をめぐって

(1) 救済

キリスト教的パストラール制は、いかに諸個人を救済の道 voie へと連れて行くのかが、旧いギリシャ、ヘブライと対比されて、新たな仕方で示されます。

▲シテの不幸の原理自体は、王・首長・羊飼いのことであり、群れの先頭に悪い王がいるのは、運・運命・神・ヤーヴェが民の忘恩やシテの不正を罰したいとおもったからだ。悪い王・羊飼いとは、シテや共同体の罪・過ちの理由であり正当化であるという、共同体とそれを担う者との間に、全体的関係、運命共同体、互酬的責任性がある。

★キリスト教的パストラール制と羊たちは、極端な繊細さと複雑性の責任関係にある。①非全体的であって、統合的（同化的）intégralement で、逆説的に分配的 paradoxalement distributifs である。統合的（同化的）とは、牧人は万人を救済せねばならない。その万人の救済は全体を救済し、かつ各人を一人も見失わないように救済すること。そこで、「逆説的に分配的」だということは、一頭が全体を危険にさらすかもしれないとき、その躓きになる羊は遺棄される必要がある、排除されたり追い払われたりする、とされます。全体の救済と一頭の救済／遺棄、その同時の配慮は、牧人の逆説をもたらす、その実際は「背教者」にたいしてどうするかでした。

ここに四つの原理が追加されます。図式的で恣意的なものだと言っていますが。

●キリスト教の四つの原理

❶分析的責任 responsabilité analytique：それぞれの羊のすべての行為、その身におこりえたあらゆることを、各瞬間において良いこと悪いことすべてについて、勘定だてて説明しなければならない。質的・事実的な分配によって定義される責任で、それを牧人がなしえたかどうか、牧人の方が問いただされ調べられる。

❷網羅的・瞬間的変換 transfert exhaustif et instatané：自分の羊に置きている善は自分の個人的な喜びであり、羊に非のある悪も自分におきていることであり、遺憾におもい悔悟しなければならない。羊のメリットとデメリットが牧人へ網羅的・瞬間的に変換されるということです。

❸犠牲の反転 inversion du sacrifice：羊たちを救済するために牧人は死ぬことを受け入れねばならない。牧人は他者の魂のために自分の魂を危険にさらし、羊たちの罪を背負うことを引き受けねばならない。他の者の良心《コンシアンス》を導く者は、悪をみてとり、確認し、発見するよう要請されており、誘惑にさらされている、牧人が救済されるのは、他の者のために自分が死ぬことを受け入れたとき。

❹代替的対応 correspondance alternée：牧人が完璧で立派だと、傲慢になってしまうのではないか、牧人が未完成で弱さがあれば、へりくだり、それを悔悟し謙遜し、偽善的に隠したりせず、信徒たちに自分の弱さを隠すとそれが躓きになってしまう教訓になる。羊たちの弱さがメリットとなって牧人の救済を確保するように、牧人の過ち・弱さが羊たちを救済へ導く動き、過程の要素となる。

つまり、牧人自体が問われていることです。これらは際限なく分析を続けられるが、フーコーが示したかったのは、メリットとデメリットの精妙なエコノミーがそこには働いていて、点的な諸要素の分析、転移メカニズムや反転処理や相反する要素間の支えあいの分析が前提にされており、牧人は最終的な確実さもないままにメリット／デメリットの過程・循環・逆転を経営しなければならない。そこには牧人の救済も羊たちの救済も確保されていない、それは神の手に委ねられている、群れ全体を約束の地に導くものではない、救済の生産自体は逃れさってしまっている、というエコノミーである、ということです。

(II) 法の問題：服従の形式

▲ギリシャ市民は、法 loi と説得 persuation によってしか導かれていない。つまりシテ[9]の命令 injonction

9 cité を訳書は「ポリス」としていますが、妥当ではない。他の箇所では、「都市」としたり、他方 polce は「内政」とし、総体でずれています。この訳者は全般的に、結果されるものを実体化して理解しているのですが、フーコーの思考方法とは逆ですので誤訳とはいいがたくとも、多分にずれますので、訳文を「引用」できないのです。

か人間のレトリック rhétorique des hommes によってかです。「服従 obéissance」の一般範疇は、ギリシャ人には存在しない。法の尊重 respect、議会決定 décision de l'assemblée の尊重、判事の判決 sentences des magistrats の尊重、つまり諸秩序の総量 somme des ordres の尊重という、「尊重のゾーン」です。もう一つは、ある者が他の者を引き連れ、説得し、誘惑する諸手法 procédés の総体、狡猾な insidieux 行為とその効果である、「策略 ruse のゾーン」です。演説家が聴衆を説得、医者が患者に処方 traitement に従うよう説得、哲学者が相談に来た者に真理に達するよう説得するようなことです。師 maître が、結果に達する重要さや達するために用いるべき諸手段の重要さを、納得できるにいたるよう物事を理解させる諸処置のことです。法を尊重すること、説得されるにまかせること laisser persuader、の二つです。

★キリスト教的パストラール制は、ギリシャ・プラチックとはまったく異なるものとして、「純粋な服従 obéissance pure」の審級 instance を組織した。単一の振る舞い conduite unitaire、高く価値づけられる valorisée 振る舞い、のタイプとしての服従で、それ自体に存在理由の本質があるものです。

キリスト教 christianisme は、ユダヤ教のような法の宗教ではない、神の意志の宗教、個別の各人のための神の意志の宗教である、牧人は法の人間でもその代表者でもない、牧人の行為は状況に応じた個人的なもの conjoncturelle et individuelle である、同じ一つの方法をすべての者に適用しない、一つの一般的測定でもって背教者 lapsi を断罪してはならない、個別の事例に照らして扱うべきだ。牧人は判事ではない、医者 médecin である、それぞれの魂を引き受け世話をするべき者である。

しかもそれは「全面的（統合的）依存 dépendance intégrale の関連 rapport」となるものです。

●全面的（統合的）依存の三つ（あるいは四つ＋2）

(i) 従属の関連

「従属の関連 rapport de soumission」だと言っています。法や秩序原理への従属ではない、合理的命令、理性によってひきだされる何らかの原理や結論への服従でもないと述べています。これは rapport 論です、関係 relation 論ではありません。「服従」といういくつかの様態、<obéissance/soumission/assujettissement> とに関わる、フーコーが服従形式を慎重に識別して考証している、非常に注意すべきところです。

＊ soumission には自らが屈服・降伏するという従順さをふくんでの服従です、「従属」とします。obéissance は他者が屈服・服従させている状態という意味になります、「服従」とします、神の意志への服従です。assujettissement は強制的に奴隷的に「服属」させることです。「下位への従属(従順)subordination」「隷従 servitude」「隷属」と多様です。

ここは、依存と従属との「関連」のあり様をめぐった論述です。なにげないようですが、きちんと論理化された叙述になっています。<rapport de soumission> というのは、ある個人が自ら他の個人にたいして「従属に関連する」ということであり、その厳格な個人的関連 rapport strictement individuel が、「導く個人」を「導かれる個人」との共関係 corrélation に置く、ということです。これがキリスト教的服従 obéissance chrétienne（教会への服従）の条件であり原理なのです。それは導かれる者は、「個人的関連」（という仕方）の「内部」で受容せねばならない doit accepter、服従せねばならない doit obéir、なぜなら「個人的関連」だから、となります（p.178）。

▲ギリシャでは、法に従うこと、原理に従うこと、合理的要素に即して従うこと。
★キリスト教徒は、精神的な物事のために、また物資的な物事のためや日常的生活のために、牧人の手の間に身をおく。何者かであることの何者かの依存の下に、全面的に身を置くということです。

＊つまり、ある者であるということは、その関連としてある者に依存して、はじめて「ある者」であることができるということです——たとえば、生徒であるということは、教師や学校へ依存してはじめて生徒であることになる、という関連づけです、それによって「生徒—教師」という共関係の「関係」が成立するのです。逆にその生徒が教師への関連づけを拒否したなら個人関連としてその教師の生徒とはならない、しかし外在的に生徒・教師の関係はあるということです。これは背教者の問題として非常に論議されたことになります。そういう微細を論じているのです、「関係」で処理している訳書は乱暴です。従属／服従の重層的依存の〈関連〉と〈関係〉とがあるのです。

この「ある者への関連によるある者の依存 dépendance de quelqu'un par rapport à quelqu'un」が修道生活において制度化されて institutionnalisée いきます。師となる者は、修道共同体に入るすべての個人を、全面的にひきうけて、おのおのの瞬間になすべきことを言うのですが、明白な命令なしに自分が行うあらゆることは過ちであるとみなして、生の全体が、何者かによって指揮・命令されたものでなければならないということにコード化されている必要がある、そういう良い服従の試練、思考停止・即時性の試練がなされます。命令がばかげているから従うということにまでいきます。命令が理にかなっているから従うとか、託された務めが重要だから従うのではない、「莫迦げたことの試練」です。服従は功徳に値する。

法に反することでも従わねばならない、法との断絶です。息子を溺死させる試練の話までであります。キリスト教的服従は、ある個人の別の個人への統合的服従です。命令に従属するということは、別の者に捧げられ与えられている者、全面的＝統合的に、その別の者の配置換えのままになる、意志のままになる者です。それは「全面的（統合的）隷従の関連 rapport de servitude intégrale」です。(p.178-180)

(ii) 最終目的 finalisé のない関連

▲ギリシャ人が医師や体操教師や修辞学の専門家、哲学者などに相談するのは、何らかの結果 résultat に到達するため、職の認識 connaissance、何らかの完成 perfection、回復 guérison であり、服従はそこへの必要な通過 passage である。ギリシャ的服従には、対象（健康・美徳・真理）があり、終点 fin がある。つまり服従の関連が中断され、自身がひっくり返される瞬間がある——哲学教授に従うのは、自己の師たる存在が与えられる瞬間に達することができるためである。つまり服従の関連をひっくりかえし、自ら固有の師となることであった。

★キリスト教的服従では、服従のみがある、終点はない。服従する存在でありうるため、服従の状態 état に到達するため、服従する。「服従状態 état d'obeissance」という概念も新しいものだ。服従のプラチックは「謙遜 humilité」——あるいは「謙虚」ないし「卑下」——である、人間の最後を感じること、誰の秩序もうけとめること、服従の関連を際限なく <reconduire> すること——「再領導する」と解したい——、自分の固有意志を諦めること。（多くの罪を犯したと知っていることでもないし、誰もの命令を受け入れ従うということでもない）、結局のところ au fond なによりも surtout、すべての固有意志 toute volonté propre は悪い意志であると知っている savoir ことである。服従に終点があるとすれば、すべての固有意志の決定的放棄 renonciation である、放棄によって定義される服従である。自らの意志を殺すこと、固有意志としての意志は死んだものとすること、意志をもたないという意志の他にはないとすること。(p.180-1)

ⅲ アパテイア apatheia

▲ギリシャにおいては、弟子が哲学教師に会いにきて、教師の指導 direction・統治 gouverne のもとに身を置くのは、アパテイア、情熱の不在 absence de passions、に達するためだ。情熱をもたない、つまり受動性 passivité をもたない、ということです。人が統御できない動き・力・激情、自分自身を排除することです。そうでないと、自分のなかで起こること、自分の身体において起こること、ときに世界において起きることとの奴隷になる危険にさらされるからです。ギリシャ的アパテイアは自己統御を保証するものです。自己統御の裏面です。人は服従し、物事を放棄する、それによってアパテイアが確保される。人は放棄することで師となれる。

★身体の快楽、性的快楽、肉の欲望を放棄することが、キリスト教においては他の効果をもつ。〈pathé〉ではない、つまり〈passions〉ではない、とは本質的に言って、その利己主義、私のものである単一の意志 volonté singulière qui est la mienne を放棄することです。肉の快楽が非難されるのは、ストア派やエピクロス派のテーマであった受動的にしてしまうからではなく、反対に、個人的 individuelle・人格的 personnelle・

利己的な活動性 activité である活動性が展開されてしまうからです。私が私自身であり、私が直接に関心をもち、熱烈な仕方 façon forcenée で維持し、自分を在るものとし、本質的で根本的で、最も価値あるものと肯定する活動性、その放棄です。服従の諸プラチックによって懇請される conjurer べきパトスとは、情熱（をどうするか）ではなく意志（をどうするか）です。アパテイアとは、自分自身を放棄する意志、自身を放棄することをやめない意志です。(p.181-2)

ここは、混乱しがちなところです。つまり、自分を確定してしまう意志ではない、自分を放棄する意志をもてということで、意志を放棄しろとは言っていない。情熱をなくせ＝アパテイアとは、ギリシャでは自己統御しろということ、しかしキリスト教では自分を放棄しろということです。肉の快楽は、自身を確定させてしまう、だからだめだと非難されるという意味です。conjurer の意味を訳書は「追い払う」とはきちがえています。しかし、それでも、自分を確定する意志は追い払え、としている訳書であるともいえる。前につながるか、うしろにつながるかの違いともいえますが、こういうやっかいさがフーコーにはときたま浮上しますのも、キリスト教的な徹底さのなかに巧妙に構成されている両義性の不可避の相反性を、いったりきたりするからです。しかし意味されたものではなく、「意味するもの」の作用をしっかりつかむことで、そこを切り抜けることが肝要です。

ⅳ 命令する者のあり方

命令する牧人は、自分が命令したいから命令するのではなく、他から命令せよと命令されたから命令する。牧人の資格化試練は、になわされたパストラール制を拒否すること、自分で命令したいわけではないので牧人となることを拒否することになる、しかし、その拒否自体が個人的意志の肯定ですから、その拒否自体を諦めねばならない、つまり命令に従って命令する立場に立つ必要があるとなります。これが、服従の一般化された界であり、パストラール諸関連を展開させることにおける空間の特徴であることです。

パストラール制は、法の界の外で、一般性をまったくもたない、いかなる自由も保証しない、いかなる抑制（自制）maîtrise も領導しない、依存において、個人にたいする個人の従属のプラチックを出現させたのです。この一般化された服従の界は、きわめて個人化され、つねに瞬間的・限定的で、抑制の諸点自体が服従の効果になるものです。(p.182)

●「隷従―奉仕 servitude-service」の問題が組織されている。導かれる羊は、統合的従属の関連として牧人へ関連する。また逆に、牧人は、奉仕することとして comme étan un service 牧人をになわされている試練をなし、自らを羊たちに奉仕する serviteur べき奉仕 service とせねばならない。サービスは牧人・羊の双方において隷従であるということでしょう。

●パストラール権力における個人化の様式は、「わたしの肯定 affirmation de moi」を通じてなされるだけでなく、その反対の「わたしの破壊 destruction」をも含意するのです。

〔以上の服従・従属の複雑な――凄まじい！――関係性は、西欧が主体化において背負っている根源的な問題であり、フーコー主体論を理解する上でも非常に重要な基本になります。〕

(III) 真理の問題

(a) 教えること enseignement

▲牧人は、自分自身の生によって範を示し、共同体にたいして教えなければならない。言葉・教説だけではだめだ。また包括的・一般的な仕方ではなく、諸個人によって異なるものであるべきだ。

★教えることは、日常的な振る舞い conduite quotidienne の指導 direction である。羊たちの全面的・統合的な振る舞い conduite intégrale, total にたいする、各瞬間のたえまない仕方で、観察・監視・指導によってなされること、そして牧人は日常生活を引きうけ観察することで、人々の行動と振る舞いの永続的知を形成せねばならない。全面的（統合的）な教える enseignement intégral ことであり、羊たち brebis の生にたいする牧人の徹底的な眼差し regard exhaustif です。

(b) 良心の指導 direction de conscience

▲本人の意志で、指導してくれる人をみつけ金を払う必要があり、それは人生の一時期のその場限りであり、慰撫を旨としていた。自分の一日をふりかえり自己試験をして、自己統御できるようにすることであった。

★良心《コンシアンス》の指導は本人の意志ではなく、①誰でもがうけねばならない義務的なものであり、指導者をもたないことはできない、②また永続的にあらゆることについて一生にわたって指導を受ける必要があり、③個人に自己統御の機能はない、他の者に依存しつなぎとめるための自己試験がなされる。

人はコンシアンスの試験 examen de conscience によって、自分について各瞬間に真理に関する言説をひきだし生産し形成せねばならない、真理が、コンシアンスを指導する者に結びつけられるために用いられた。(p.183-6)

まとめ

つまり、キリスト教的パストラール制を根本的・本質的に特徴づけて caractérise いるものは、救済への関連でも、法への関連でも、真理への関連でもない。その反対である。

❶救済の問題を一般的テーマにおいて捉え、その包括的関連 ce rapport global の内部に、一大エコノミー toute une économie、諸メリットの循環 circulation・変換 transfert・反転 inversion の一大テクニック、を忍びこませる glisser 権力形式である。

❷法への関連にバイアス biais をかけ、服従関係 relation d'obéissance のタイプを注入した instaurer。個人的 individuelle、網羅的 exhaustive、全体的 total、永続的 permanente な服従関係である。

❸権力／調査／自己・他者の試験を一度になす構造・テクニックが配置され、牧人権力が行使されることによって、秘密の真理、内面性の真理、隠れた魂の真理が要素存在になり、服従が行使されることによって統合的服従の関連が確保され、メリット／デメリットのエコノミーがそこを通過できる。

こうした、メリット／デメリットの新たな関連、絶対的服従、隠れた真理の生産、これがキリスト教の本質で独自性 originalité で種別性 spécificité を構成するものである。

●個人化の種差的な絶対的様態 modes absolument spécifiques d'individualisation

個人化は、個人の地位、誕生、行為の輝きによって定義されない、新たな様態で実行される s'effectuer。

❶身分に関わる個人化ではなく、全ての瞬間におけるバランス、メリット／デメリットの循環の分析的同一化、分解 décomposition の働きに関わる個人化。

❷個人の階層的場所の表示によって、自己の自己への抑制の肯定によって働くものではない、他者への絶対的隷従をふくんだ自己・エゴの排除、隷従 servitudes の網によって働く、服属による個人化。

❸真理と再認されているものとの関係で獲得されるのではなく、内面の秘密の隠された真理の生産によって獲得される。

分析的同一化 identification analytique ／服属化 assujettissement ／主体化 subjectivation、これが個人化の諸処置 procédures d'individualisation を特徴づける、キリスト教的パストラール制とその制度とによって働かされてきたものだ。パストラール制の歴史によって、西欧における「人間的個人化の諸処置」の全歴史がある、これが「主体の歴史」だ。

主体化を構成するパストラール制は、「統治性」へのプレリュードだ、とフーコーは位置づけます。

(i) 法・救済・真理より下のタイプの関係を導入する固有の諸処置 procédures である、

(ii) 主体の種別的な構成 constitution spécifique において、❶分析的仕方に同一化されるメリットからなる主体、❷服従の継続的網において服属される主体、❸自分に課される真理の抽出によって主体化される主体、こうした近代西欧的な主体の典型的構成において、権力の歴史において、パストラール制は決定的な契機になったというのです。つまり、主体化の構成を、パストラール制は基盤化してきた、それが統治制に関係していくということです。(p.186-8)

以上の、キリスト教的パストラール制の新たな構成は、非常にこみいった複雑な仕方です。わたしたちの思考の概念世界には、ギリシャ的なものとキリスト教的なものとが渾融して、自らに都合よきものとして行使されますから、近代主体の自己技術としては、自ら認識しえている／認識しえていない関連と関係が作用しているのに自覚がなくなりますが、実際にはなされているということです。これが、「自発的服従の主体化様式」の本質だということです。現代人の制度的な関係のなかで作用し続けているものです。主体化＝主語化するとどうして脆弱な自己喪失へとなってしまうかの根拠が明示されてもいます。

B 「反振る舞い」と統治性：振る舞いに対する抵抗・反乱 (1978.3.1 講義)

ギリシャ人における「オイコノミア」は、日本語で「家政」にあたるといえる、「家族の経済」のことでしたが、キリスト教的パストラール制では、「魂のオイコノミア」は人類全体の規模となり、参照対象が変更され、「すべての魂の救済」とされます。そこに「振る舞い conduite」の概念が布置されているとフーコーは考えます。それが、パストラールに「統治性」の閾を配置させることに関わるのですが、パストラールの特異性に対応して、「振る舞い」の領導に対する拒否・反乱・抵抗の諸形式、つまり「反振る舞い」のいくつもの動きがあったことが強調されます。ここでフーコーは、「政治的主権を行使する権力に対する抵抗」、「経済的搾取をなす権力に対する抵抗」があるのとおなじように、「振る舞いの権力に対する抵抗」があるのだ、と並存させ、かつ形式も目標対象も違うと種別性を区別明示していきます。

フーコーの考え方には、「反」・無秩序があって同時にその「正」・秩序系とされていく物事が創設的に形成されていくのであって、正が確立されてから反や抵抗がへこみのようにおきていくのではない、と徹底されています。抵抗は権力に対してけっして外的布置にはなく、権力関係における反対の終着点、相棒であるということです（『知の意志』p.125-7）。「反振る舞い contre-conduite」の実際が多様になされていたがゆえに、振る舞いの権力が形成されていくという指摘です。二律背反の形式主義とも弁証法の論理主義とも異なる、この観方、思考の仕方は、フーコーを特徴付けているものですが、時間的に以前のものとして「反振る舞い」が起きており、そこから新たな正系の「振る舞い」が同時形成され、双方が異なる目標対象へ向けておなじ振る舞いの対象・プラチック・思考・分析をなしていく、ととりあえずその関係性を簡素化しておきます――ではその最初の「反振る舞い」はどこから発生したのかも同じ関係で、フーコーがどんどん時代を遡っていく根拠です。正反ともに概念的に構成されていくものは同じであり、同時に差異が出現するという「同一なるもの」と「差異なるもの」の対抗関係の関係構成的な設定です。ミレールが指摘したように、「起源」へ遡る思考形式がフーコーには不可避にあるのです。

●「conduite（振る舞い）」のあり方：パストラールと統治性との関係

「魂のオイコノミア oikonomia psuchôn」はラテン語・フランス語で regimen animarum/régime des âmes（魂の体制）と翻訳されたが、むしろ「conduite des âmes 魂の振る舞い」と訳した方がいい。この「振る舞い

conduite」という概念 notion は、キリスト教的パストラール制によって西洋社会に導入された根本的要素の一つであると、フーコーは「conduite」の概念を設定します。

conduite は二つの物事 chose に言及される。領導する conduire ことを構成する活動態 activité で、もしあなたたちがのぞむなら領導 conduction するということだが、しかし同時に、領導される se conduit という仕方でもある。領導されるにまかせる仕方、振る舞いさせられている仕方、したがって、「振る舞い」ないし「領導」のアクト acte de conduite ou de conduction である「振る舞いの効果」のもとで、行動させられる se comporter 状態にあることだ（p.196-7）。ややこしい言い方になっていますが、どういうことでしょうか。人がある振る舞いをするのは、領導されてそう振る舞うようにさせられている、それが振る舞いの効果であって、そのもとで「行動させられる」状態になって「行動する」となっているということです。受身的なのですが能動的になって行動している、しかも自らがなす行為にたいして振る舞いが領導されていくという二重性です。能動的なのだが実はそうさせられているから能動的なのだ、そういう両義性が「振る舞い conduite」だということです。[10] そこに統治制がはいりこんでいる。

パストラール制が分散して統治性に転じていく、受容されると同時にそこに外的な障害が起きる。告

10 例えば、子どもが、学校で良き「生徒」であるように領導され、自ら生徒であるように振る舞うことで、教育を受け学習する生徒としての行動をなしうる、ということです。自ら学習を学校でなすと振る舞うことには、教師の言う事＝領導に従順にしかるべく振る舞うことによって、良き生徒となり諸行動がなされうる。生徒としての「振る舞い」がなされないと、生徒になることができないゆえ、子どもたちは生徒となるべく反振る舞いとの相互関係のなかで、しかるべき振る舞いを戦術的に領有していきます。そこに、教師のパストラールが、ギリシャ的なものとキリスト教的なものとを相互変容させながら作用しているのです。

解のプラチック・義務が素直に従われなかった受動的抵抗、正面から衝突した能動的抵抗、異端の席捲、そして政治的権力との関連、経済構造の発展との遭遇、などがなされていきます。

●パストラール制への抵抗

しかしフーコーが指摘していくのは、パストラール制自体の界において産み出された、抵抗の諸点、攻撃・反撃の形態の諸点です。パストラール制は、人間たちの振る舞いを対象objetにしている非常に種別的な権力タイプである。人間たちを領導するのを許す諸方法を道具にし、人間たちが領導され、そして行動する（させられる）仕方を標的cibleにする。人間の振る舞いを目標対象objectifにしているとすると、共関係的に、パストラール権力と同じ種別的な諸運動mouvementsが出現している、それは抵抗résistancesや非従属insoumissions、「振る舞いの種別的諸反乱révoltes spécifiques de conduite」とよべるものです。別の振る舞いを目標対象にしている運動です。つまり、別の仕方で領導されたい、別の領導者によって、別の牧人によって、別の目標対象に向けて、別の救済形式にむけて、別の諸処置・別の諸方法を通じて、領導されたいということです。それは他者の領導から逃れようとすること、領導される各々の仕方を（自らで）定義しようという運動でもある。振る舞いの拒否・反乱・抵抗の種別的なものが、パストラール制の歴史的特異性に対応してあった。政治権力への抵抗、経済権力への抵抗があったように、「振る舞い権力への抵抗」があったということです。(p.197-8)

それが三点、指摘されます。「反」という仕方の本質的な関係のあり方が省察されていきます。歴史過程をとらえるうえでも、現在の「反体制」「反対運動」なるものを見直すうえでも重要な考察です。

（i）パストラール制自体、最初からすでに、ある種の宗教的行動 comportements の陶酔 ivresse に抗して、その何ごとかにたいする反作用 réaction、対決 affrontement・敵対 hostilité・戦争 guerre として形成されたが、振る舞いの反乱とは言いがたい。それはグノーシス諸宗派の、物質と悪との同一化で、物質が絶対的な悪として知覚・再認・質化される qualifiée というもので、いくつかの帰結を産んだ。めまいの秩序 ordre du vertige や、自殺にまでいたる際限ない禁欲主義の魅惑 enchantement、それは、すばやく物質を遠のけるということ。また、物質のなかにある悪を枯渇させ epuisement 物質を破壊するという考え／テーマは、あらゆる罪を犯し、物質によって開かれている悪の領域 domaine 全体のはてまでいけば、物質を破壊できるというもので、無限に罪を犯そうというもの。また、法の世界を無くしてしまおう annulation というものは、まず法を破壊し、世界が提示しているあらゆる法に背反し contrevenir、世界を創造した者の君臨を逆倒 renversement させようとする。キリスト教的パストラール制は、こうした東方・西方の無秩序 désordre のすべてに抗して発達した。振る舞いと反振る舞いの間には、直接的で創設的な fondatrice 共関係があったと言える。

（ii）「振る舞いの反乱」はその種別性 spécificité にある。主権性を行使する権力に抗する政治的反乱とも、搾取を確保し保証する権力に抗する経済的反乱とも、形態において、目標対象 objectif において識別される、「振る舞いの反乱」がある。その最大の反乱はルターであった。それは、ブルジョワジーと封建制との間の闘争にむすびつき、都市部の経済と田園地帯の経済の間の断絶にも結びついていた。また、女性の地位という重大問題と結びついていた、女性修道院、女性預言者など。また、文化的な上下差の現象に結びついていた、博士と牧人の対立・衝突である。十七世紀のイギリス革命は、制度的衝突、階級間衝突、経済的問題といった複雑さにあるが、振る舞いの反乱の次元として徹頭徹尾あったものである。それは、誰に領導されるのを受容できるか？　どのように領導されたいか？　何に向かって領導されたいか？　ということで、抵抗の自律性ではない、振る舞いの反乱の種別性というものである。

(iii) 振る舞いの反乱は、宗教的形態において、十、十一世紀から十七世紀末まで、パストラール制に結びついていた。以後、十七世紀末から十八世紀初頭にかけて、それはまったく別の形態となり、パストラール制の多くが統治の行使にひきつがれ、統治も「人間たちの振る舞い」をひきうけようとし、振る舞いの諸衝突 conflits は宗教的制度の側ではなく政治的制度の側で多くおこるようになる。

三つの例が示される。

① 戦争：戦争をする人間は一身分をのぞけば、本人の意志による職であったため、徴兵には抵抗・拒否・脱走の余地があり、脱走は十七、八世紀にはよくある実際行為であった。しかし、戦争をすることが、一国の市民全員にとって、職業でも法でもなく、「良い市民の行動 comportement de bon citoyen」の倫理 éthique となった、兵士であることは政治的振る舞い・道徳的振る舞いとなり、公的良心・公的権威の指導のもとでの、明確な規律の枠内で共通の大義・救済のためになされる犠牲・献身となった。つまり兵士であることは、運命・専門ではなく「振る舞い」となった。そこから、戦争に携わることの拒否と

しての「脱走・非従属 désertion-insoumission」という、戦争という専門や活動に携わることの拒否が「道徳的振る舞い／道徳的反振る舞い」として出現する。それは、市民教育 education civique の拒否、社会が提示する諸価値の拒否、国 nation および国の救済への義務的とみなされる関連の拒否、その国で効果ある政治システムにたいする拒否、他者の死や自身の死への関連の拒否とみなされる。

②秘密結社 sociétés secrètes と党：十八世紀以降、秘密結社が発達する。それぞれ教義 dogmes・儀礼 rites・位階 hiérarchie・姿勢 postures・儀式 ceremonies、共同体形態をもっている、代表はフリー・メイソンである。十九世紀になると、秘密結社は、政治的諸要素で構成され、明確な政治的目標対象 objectifs politiques をもつようになった——陰謀、革命、政治革命、社会革命——が、しかし、別の振る舞いを求める側面をもっていた、つまり別の領導のされ方 être coduit、別の人間たちによって、社会の示す公的統治性が支持する目標とは別な目標対象へ領導されることである。非公然性 clandestinité は政治的行為に必要な次元ではあるが、その非公然性は、別な振る舞いの形態のもとで——知られていない首長、種別的な服従形態——、統治的振る舞いにたいして分水嶺の可能性を提供した、

今日のわれわれの社会には依然と二つのタイプの政党がある。機能・責任へ接近する権力行使へ向かう階梯 échelons である政党。他方の政党は、非公然的でなくなって久しいが、古い企図の後光を帯びつづけている、その企図を放棄したが、党の運命と名は以前の企図に結びつけられている。新たな社会秩序を誕生させ、新たな人間を出現させる susciter 企図で、ある程度は反社会として機能し、その首長・規則・道徳・服従原理をもった、別のパストラール制また別の統治性として姿を現し、それが内的に機能

している。そのかぎり、別な社会、別な振る舞いの形態として表示される大きな力を保持し、振る舞いの反乱に定まった場所を与え、掌握しようとする。

③ 医療 medicine：医療はパストラール制を相続した大きな力です、医療的な知・制度・プラチックを通じて、パストラール制は近代形式において大部分が展開された。そこに振る舞いの反乱の系がひきおこされる、医療的不同意 dissent medical とよべるもので、十八世紀から今日までみられる、医療化の拒否、種痘のような予防の拒否から医療的合理性のタイプにたいする拒否です。電気・磁気・薬草といった伝統的医療を使う医療化プラチックをめぐる医療的異端の類いを構成する努力であったり、宗教集団に頻繁に見られる医療の端的な拒否です。宗教的異端の運動が、医療的振る舞いへの抵抗にむすびついたものをみてとれます。

●「反振る舞い contre-conduite」の語とその意味

「振る舞いの反乱 révolte de conduite」と言ってきたが、「反乱 révolte」という語は、それよりはるかに散漫で diffuses 柔らかな douces 抵抗 résistance 形態を表すには明確すぎ強すぎる、「不服従 désobéissance」では弱すぎる。自分が示してきたこれらの動きは、それぞれ生産性 productivité・存在諸形態 formes d'existence・組織 organisation・一貫性 consistance・堅固さ solidité がある。「非従属 insoumission」というのも局地的すぎる。

ついで、《dissidence》――分離派・異端派・（反逆派）という意味で、離脱・脱退・分裂・（反逆）などの意をもつ、邦訳で「反体制」とは訳せない[11]——という語をフーコーは検証する。抵抗の諸形態に適した語であるが、その意味は、目標対象に集中して狙う抵抗であり、生 vie、日常的存在 existence quotidienne において、人間たちを領導する conduire 任を負った権力に敵対する抵抗である。歴史的に、パストラール組織に対する抵抗の宗教的運動を示すべく用いられてきたこと、また今日での使われ方として、東欧諸国やソ連における政治的拒否の行動、抵抗・拒否を示している。国の主権構造や経済を定義する政治的権威の政党が同時に、日常生活での諸個人の領導にたずさわっている、一般化された服従の作用 jeu で「恐怖」形態をとっている。恐怖とは、ある者が他の者に命令して震え上がらせることではなく、命令する者自身がふるえあがっているところにある。というのも、権力を行使される側と同時に自分たちも服従の一般システムに包まれていることを権力行使側は知っているからだ。党は官僚化 bureaucratisation をなしていると同時にパストラール化 pastoralisation もなしている。「振る舞いの拒否」といえる本質的で根本的な次元での、「dissidence」(不同意) の名できりとられる政治的諸闘争がある。「わたしたちはその救済を望んでいない、わたしたちはその人たちによる、その手段によって救われるのを望んでいない」というのは、救済のパストラールそのものだ。それはソルジェーニツィンだ。命令する者たちでさえ恐怖に従うほかないこのシステムなど望まない ne voulons、服従のこのパストラールを望まない、この真理を望ま

11「反体制」とは支配体制内部での「反」の動きであるが、妙な日本語である。仏英と<dissidence>であるが、辞書訳でさえ「反体制」などとはしていない、意見が異なる不同意のことだ。訳注でいろいろのべているが、なぜこんな訳語を選択したのか、フーコーを了解しえていない典型と言えよう。自分での闘争経験がないことから不可避にもたらされてもいると言えようか。

ない、この真理のシステムに捕らわれるのを望まない、この観察のシステム、永久に判断する永続的試験、健康か病気か、狂気かそうでないかなど自分が何であるのかを語るシステムに捕らわれるのを望まない、ということです。パストラール諸効果に抗する闘争を、この dissidence なる語は、よくおさえているとは思うが、実際的に局限化されているとフーコーは言います。

そこでフーコーは、この語も放棄して、《contre-conduite》という語を使いたいと提起します。conduite の活動的な意味 sens actif に言及しえ、他の者たちを領導する作業におかれる諸処置に抗する闘争の意味がもたせられる。《inconduite》では行動の受動的な意味しかもたず、しかるべく領導されない、となってしまう。そして dissidence（離脱／不同意）は dissident（分離派）という実体化 substantification をもってしまう、その実体化を避けることもできる。つまり、狂人 fou や非行者 delinquant は分離派だとはいえないからだ。「反振る舞い」と言えば、神聖化も英雄化もせずに、政治や権力の非常に一般的な界において効果的に行動する agit 仕方の諸構成素 composantes を分析できる。非行者、狂人、病者など膨大な族を分析できる、と言うのです。(p.204-5)

中世の状況

パストラール制の内的危機が、中世において反振る舞いからいかに問われ、働かされ、精錬され、腐食されていったのか、パストラール制はプラチック／テクニックにおいて制度化され、その制度化のなかに「聖職者 clercs と一般信徒 läïcs」という二項対立の構造の差別化が起き、そこで司祭 prêtres が「秘蹟の権力 pouvoir sacramentaire」――自分の身振り geste や言葉 paroles による直接効果 efficace direct、羊たちの救済における直接効果――を手にした。そしてさらに、内的な宗教的な進化と外的な政治的・経済的な進化の果て confins で、裁判モデルが導入され、悔悛、告解の実際行為が発展し、それが義務になるという事態です。煉獄があるという信仰――緩和された罪や暫定的な罪に関するシステム――、それは免罪 indulgence のシステム――牧人や教会の可能性として予定されていた罪をある程度までやわらげられる――です。これらは、反パストラール闘争の大きな根拠です。反パストラール闘争は、教会の理論、個人的行動、新たな宗教的行動の態度など、多様に展開された。(これらの詳細な内容は、『自己と他者の統治』などで論じられます。)

パストラール的振る舞いにたいする「反振る舞い」の関連の歴史は、救済・服従・真理のエコノミーにおける介入として、次の五つの仕方で、パストラール権力を再分配・反転・解消・失格させようとします。

●パストラール的振る舞いと「反振る舞い」の五テーマ

中世には「反振る舞い」の五つの主題がみられる。(p.208-219)

(i) **禁欲主義** ascétisme **のテーマ**：禁欲主義がキリスト教の本質のようにみられているが、フーコーは禁欲主義の裏返しを読み解きます。

修道院で一大位階が組織され、全員に同じに課される規則が出現し、上位の命令には絶対的に服従せねばならないとされた。その真の放棄は、身体・肉の放棄ではなく、意志の放棄である、その窮極の犠牲は服従である。そこで問題になっていたのは、無限たりうるもののすべてを、この組織によって制限すること。

禁欲主義において服従と相容れないものは何か？　その五点が示されます。禁欲は、

①自分が自分についてなす訓練：自分が自身と行うとっくみあいであって、他者の権威・存在・まなざしは必要ない。

②しだいに困難さを増して行く階梯をたどる道行き＝訓練：より困難なものへ向かう、その困難の規準とは、次の段階に移行して実際に感じる困難であって、自分で苦痛を感じている、自分で拒否している、自分から罪悪感を感じている、自分にはできないと感じている、自分の限界を認めている瞬間、この障害・限界を無媒介的・直接的に感じとる経験を通じて、それを乗り越えるよう背中をおされる。

③ある種の挑発：内的挑発、他者への挑発。困難な訓練をある者がしていると別の者はそれ以上の困難を課して行く。

④ある平穏・静穏の状態へ向かう、アパテイアの状態：自分の身体・苦痛にたいして行使する統御。苦痛をもはや感じない段階へ、自分に課されるすべてが動揺・混乱・情念、いかなる強い感覚も引き起こさない段階へ到達する。自分に打ち勝つ、世界に打ち勝つ、身体に、物質に打ち勝つ、悪魔や悪魔の誘惑に打ち勝つこと。誘惑を消しさらねばならない、誘惑をたえず統御せねばならない。誘惑がないのではなく、あらゆる誘惑にわれ関せずと統御すること。

⑤身体の拒否、身体とキリストの同一視へ向かう。苦痛を受け入れ、食べることを拒み、自分に鞭打ち

し、灼けた鉄を自分の身体・肉に押し当てるとは、自分の身体がキリストの身体のようになること。（この①〜④は、学校の中の子どもの段階的学年過程そのものではないでしょうか。⑤が不在であることで究極の救済はない。）パストラールの構造は、永続的な服従、意志のみの放棄、個人の振る舞いを世界へ拡張すること、そこに世界の拒否はまったくない。至福の状態もキリストとの同一化状態に到達する入り口はない。完全な統御という終末的状態もなく、最初から獲得されている状態、他者からの命令への服従という決定状態があるだけ。他者との自分との競い合いはなく、永続的な謙虚があるだけである。

服従の構造と禁欲主義の構造は、根柢から異なっている。それゆえ、中世において、パストラール制に対する「反振る舞い」として禁欲主義は支点となった。キリスト教の全歴史において禁欲主義は闘争の要素として活性化され、とくに十一、十二世紀以降強烈に再活性化された。キリスト教の権力構造はパストラール制であるゆえ、キリスト教は禁欲的宗教ではない。禁欲主義は激昂して裏返った服従、利己主義的な自己統御となった一種の服従である。禁欲主義には特有の過剰、外的権力が手出しできない余剰がある。

法に関わるユダヤ的原理、ギリシャ・ローマ的原理にたいしてキリスト教的パストラール制はある人間が他の人間にたいして行う連続的・無際限の服従という過剰を付け加えた。それにたいして禁欲主義は、さらに誇張的な常軌を逸した、個人が自分にたいして投げる指令・挑発の過剰による服従を窒息するように付け加えた。（学校に服従する子どもは、服従と禁欲とを心身化し、自死の反振る舞いにまで至る。）つまり、法の水準があり、パストラール制はそこに他の者への服従の原理を付け加え、そして禁欲主義はその関連を自分が自分についてなす訓練の挑発として裏返した。反パストラール制、パストラールに対する反振る舞いの第一要素は、禁欲主義である。

(ii) 共同体 communauté **のテーマ：**パストラール権力に服従しない、禁欲主義とも異なる仕方は、「共同体」を形成することであった。中世の共同体は、牧人の権威を拒否、神学的・教会論的な正当化の拒否。それは教会自体を偽キリストとみなし、牧人は致命的な罪を犯した状態にあるだけで、信徒たちにたいする権力は宙づりにされる、罪をおかした状態にある者に服従し、服従の原理にたいして自分自身に忠実でない牧人に服従すると、自分も異端になってしまう「服従の異端」とよばれた。

司祭は、秘蹟の権力でもって、洗礼をほどこし、ある者を共同体へ入らせることができる、現世の告解において赦すことを天において赦すことができる、聖体の秘蹟によってキリストの身体を与えることができる。これがさまざまに問われます。意志の無い子どもへの洗礼は拒否され、大人の洗礼がなされる、それは意志にもとづく洗礼、個人を受け入れる共同体の意志にもとづく洗礼である。告解は、信徒間の実際行為であったが、それが司祭のみになる、そこへの不信が、告解拒否となっていく。聖体の秘蹟は、神の実際の現前に関する問題で、反振る舞いの共同体において発達した実際行為のすべてがある。聖体拝領はパンとワインを飲食する共同体の食事の形態をとるが、そこには神が現前するという教義は見られない。

これらは司祭と一般信徒との二項対立を抹消させている。牧人が選挙でえらばれ一時的な責任者になる場合、また、選ばれた者には救済にたいする司祭権力は無になっている、すでに救済の途上にある選ばれない者は、牧人の有効性を必要とはしない。そこにパストラール権力の有効性は排除されている。さらに、共同体構成員全体に絶対的な平等があるとするもので、誰もが司祭であり、誰もが牧人である、それは、誰も司祭でも牧人でもないということになる。そこには財産の個人的所有はなく、獲得されたものはすべて共同体に属し、富は平等に分配される。

さらに、神は物質自体で、個性は幻想にすぎない、善悪の二分割は存在しない、あらゆる欲求が正当とされ、あらゆる服従が排除され、振る舞いの正当性が断言される例もある。位階が反転され、最も無知で貧しい者、評判や栄養を失っている者、最も放蕩な者が選ばれ責任者・牧人になった場合もある。反社会の諸関係の転倒がなされた。

(iii) **神秘主義** mystique **のテーマ**：パストラール権力を逃れる経験に特権が付与され、魂は魂自体を見るのだから試験されることはない、真理として教えられ伝達されることもない。闇と光の両義性の交替の働きであり、無知は知、知は無知であり、神と魂との直接交流である、パストラールの媒介などは必要ないということ。

(iv) **聖書** Écriture **のテーマ**：パストラール制は牧人の現前・教え・介入・言葉ですから聖書が後景におかれてしまった。そこで聖書への回帰が反振る舞いとして、直接的に神の言葉を読む精神行為にもどるべきだということ。

(v) **終末論** eschatologique **のテーマ**：時代は完了してしまった、神が群れをあらためて集めるためにやがてやってくると断言するもの。今いる牧人たち、現世の歴史・時代の牧人たちは解雇され、神こそが、分配をなし、群れに食糧を与え、群れを導く。別の形式のものは第三の時代の出現を断言する。第一の時代は、三位一体の位格が預言者アブラハムに受肉した時代、ユダヤの民は牧人を必要としたがそれはアブラハム以外の預言者であった。第二の時代は、第二の位格が受肉した時代、第一の位格は牧人を一人派遣したが、第二の位格は自分自身が牧人に受肉した、キリストである。だがキリストは天に戻ってしまい、自分の群れを自分の代わりである牧人へゆだねてしまった。だが第三の時代が到来し、聖霊が現世に降りてくる、その聖霊は預言者にも一人の人格にも受肉しない、全員に広がる、各信徒は聖霊のかけら・断片・煌めきを自分の肉にもつ。したがって牧人はもはや必要ない。

つまり、キリスト教は現実のパストラール組織において、禁欲的宗教ではない、共同体の宗教ではない、神秘主義の宗教ではない、聖書の宗教ではない、終末論の宗教ではないということだ。

①キリスト教のパストラール組織は、これらのテーマの宗教ではないということを示したものですが、②また外的なものでもなく絶えず周辺で取り上げられていたゆえ、カトリックとプロテスタントとの大きな分裂をうみだし「反パストラール闘争」の戦術的要素の恒常的使用となったものであり、③そして政治的・経済的な諸問題が宗教的形式・関心へと変容されていく背景には、パストラール権力が「互いに外的である諸要素間の認識可能な諸関係を評定する」ものとして作用したのであって、イデオロギーでも階級でもないということです。

しかしながら、フーコーは述べてはいませんが、この五つの反振る舞いは、神を革命=共産党とした社会主義革命の運動そのものに内在化されている様態といえるのではないでしょうか。救済・服従・真理が同時にそこへ包含されていきますが、社会主義革命は、ただ終末論的テーマだけのものではないともいます。反体制の政治行動にも内化されている心的様態と言えます。(わたしが、大学闘争のなかでどうにもなじめなかった党派的政治行動には、こうしたものを直観的に感知していたからであり、自らはそうならぬように無党派の活動をなしていきました。)

〔3〕魂のパストラールから「人口」の政治的統治へ(1978.3.8 講義)

かくして、次にパストラールが「統治性」へと転じられていくことの問題構成がなされます。

(i) とくに十六世紀に、パストラール的反乱 révoltes pastrales、振る舞いの蜂起 insurrection de conduite が起きるのですが、宗教改革だけでなく、イギリス革命、フランス革命、ロシア革命においても振る舞い上の蜂起はおきて広まったとみていくべきだ、というのがフーコーの主張です。魂のパストラールから人間たちの政治的統制への移行 passage は、振る舞いの諸抵抗、諸反乱、諸蜂起の大いなる一般的風土 climat のなかに置き直されるべきだというのです(p.234)。

(ii) 宗教的パストラールの再組織化はプロテスタントとカトリックの二大タイプでなされましたが、それぞれの内部でおきた「反振る舞い」の再統合であり、それは精神性、信心の強烈な形式、聖書への回帰、禁欲主義の再評価として共通になされており、そこに活気を与えた社会的諸闘争（農民戦争）があり、封建的諸構造とその権力形式がもはやそれに対処できず、新たな経済的諸関係も出現し、救済・統一性unité・時間成就 achèvement du temp を約束していた二極——帝国と教会——が消滅していきます。

(iii) しかし、この移行は、パストラール諸機能が教会・対・国家へと包括的に変換されたということではなく、宗教的パストラールは精神的生活において統御 contrôle され、諸個人の物質的生活・日常生活・時間的生活にたいしてこれほど関与したことがなかったほどにさらに介入し、清潔や子どもの教育もともなって、強化 intensification されたということです。

(iv) 他方、教会の外で、私的形式において、「いかに振る舞うか」という振る舞い化（領導化）conduction の問題が展開され、いかに自身を導く conduire か、子ども・家族をいかに導くか、そのとき、哲学機能として、自己、他者、日常生活、権威、にたいして自身としていかなる諸規則を与えねばならないか、という問いをたてる哲学上の大変様が起きたというのです。それがデカルトです。

(v) さらに公的領域において、「公・私」の対立はまだ起きてはいないのですが、主権者の権力行使は振る舞い化＝領導化 conduction をどの程度まで引き受けるかという「魂の領導」のタスクがうまれました。振る舞いに関する問いやテクニックの強化・減速・一般増殖が起き、十六世紀は諸振る舞い conduites の時代 âge、諸指導 directions の時代、諸統治 gouvernements の時代となったのです。

そして、自己／家族／宗教の領導 conduire、公的領導——統治の配慮・統御——の交点に「子どもの制度 institution des enfants」の問題が強調されます——「子どもの教育」ではありません、誤訳です——、シテ cité にたいして有用になるまでの領導、自らを救済できるようになるまでの領導、自身を領導できるようになるまでの領導、という教授学的問題 problème pédagogique です。(p.237)(教授学的知が機能しはじめ、また「児童期」とか「子どもへのケア」とか、子どもをめぐる制度が配備されていくことです。フーコーは、フィリップ・アリエスと親交があり、イリイチとフーコーとを会わせたのはアリエスです。イリイチ同様、フーコーはアリエスの考証をあきらかにふまえています。)

かくして主権者は

①合理性のタイプに関する問題：いかなる合理性・計算・思考にもとづいて人間たちを統治しなければならないか、

②領域 domaine と対象 objets の問題：教会の統治でも宗教的パストラールの統治でも私的秩序の統治でもない、「人間の統治」として、

に応えねばならなくなります。これが、「パストラール理性 ratio pastoralis」とは異なる「統治理性 ratio gubernatoria」です。パストラール制は統治制という異なる水準へと転じられていくのです。

●トマス・アクィナスによる統治の考え

トマス・アクィナスは、王とは「公的善のためにポリスや地方の人民を統治する者」とさだめ、君主の統治と主権の統治を区別しませんでした。そこには三つの統治のアナロジーがモデルとして連続されています。①神の統治との類似、②生きている自然・生体の生命力との類似、③牧者や一家の父との類

似です。

①アートが素晴らしいのは自然を模倣しているからだ、自然は神が支配している、神は自然を創造し、日々統治し続けている。王が、自然を模倣するに応じてそのテクニックは素晴らしくなる、神が自然を創造したように、王は国家・ポリスを創設する者になり、神が自然を統治したように、王は国家・ポリス・地方を統治する。

②この世界に生きている動物があり、その身体が喪失・解体・腐敗にさらされずにいるのは、身体のなかに指導的力／生命力があり、それが生きた身体を構成する諸要素を維持し、そのすべてを共通善へ整序するからだ。王国において各個人は自身の善へ向かおうとする、それが人間の本質的特徴であり、それは共通善を看過してしまう。したがって王国には、生体における生命力／指導的力に相当するものが要される、自身の善と共通善を重ねるものだ、それが法である。

③人間が最終的に向かうのは、富裕者でも幸福でも健康でもない、永遠の至福、神の享楽である。王の機能は、人の群れに天上の至福を獲得させる方法に従って、彼らに公的善を手に入れさせることだ。その王の機能は、牧人が羊たちに、一家の父が家族にたいしてなす機能と同じである。王は現世で行う決定において、個人の永遠の救済が危険にさらされないようはからい、救済が可能になるようにせねばならない。

そして、こうした「王による人間の統治」とは異なる統治形式が出現してくるのですが、神はパストラール世界を統治していない、神は主権的に諸原理 principles を通じてのみ世界に君臨する règne (p.240) のであって、もし神がそれを統治するとしたなら、パストラール統治の形式とはいかなるものになるのか、再確認します。

パストラール統治とは、

❶第一に、「**救済**」**エコノミー**において、救済を得る人間のために世界はつくられている、この世界に生きる為ではなく、別の世界へ移行するために人間はつくられているということ。

❷第二に、「**服従**」**エコノミー**において、神自身の意志は奇蹟・脅威・しるしに充ちた自然となっていること。

❸第三に、「**真理**」**エコノミー**において、教えられる真理と隠されたひきだされる真理とがあり、真理が類似・類比の形式で自らを教えた、他方、隠れることで自らを与え自らを与えることで隠れる暗号にみちた世界。

このパストラール統治が、一五八〇年から一六五〇年の古典主義エピステーメが創設されていくなかで消滅したのです。認識可能な自然のなかで、最終諸原因が消し去られ、人類中心主義が問われ、奇蹟・脅威・しるしが除去され、類比・暗号を経由しない数学的・分類的な叡智形式にしたがう世界が出現します。それを「宇宙の非統治性化 dégouvernementalisation du cosmos」とフーコーは呼びます。[12] (p.242)

12 訳書は「非統治性化」を「統治性化」と反対に誤訳しています、大きなミスです。「dé-」は、統治性から引き抜くということでしょう。

統治アートの出現：国家理性と自然原理

この時期に、<res publica>という「公的な物事 la chose publique」の「統治性化の過程 processus de gouvernementation」という、まったく別のテーマが出現してきます。主権を行使すること以上のことが求められる、パストラールでもない、行為 action、それが「統治 gouvernement」です、「統治するアート art de gouverner」という、神が自然にたいして、牧者が羊たちにたいして、一家の父が子どもたちにたいしておこなうのとは違う、主権でもパストラールでもない合理性です。統治の水準や形式の種別性が出現してきたのです。(p.242) 統治するアートとは何か？

「自然」が統治テーマから切断され、理性の君臨だけが容認される自然となります。その理性が、全体のために一度定めたものが「諸法 lois」ですが、まだ当時はそう呼ばれずに「自然的原理 principia naturae」と呼ばれていたにしても「法」の出現です。他方、人間たちにたいして行使される主権において、主権とは別モデル、別タイプの合理性が付加される、それが「統治」ですが、その統治が自らもとめる理性が「国家理性」とされたものです。それは、一方に自然的原理があり、他方に統治の理性があるということです。領土 territoire や地方 province や王国 royaume ではなく、「人民 peuples」と「強固な支配 ferme domination」が問題とされていきます。国家が人民への支配を創設し保守し拡大する手段に関する認識ですが、しかし、国家理性とは、国家の創設や拡張よりも、「国家の維持と保守の永続化」を日常的機能においてなすことです。ここに「自然的諸原理」と「国家理性」という知とテクニックの二大言及 référentiels がなされたのです。

ここに「自然」と「国家」という、「自然の不統治性 agouvernementalité de la nature」[13]と「国家の統治性」という対立、二元性が設定されています。その途方も無い過程は、凝結 coagulation、支持 appui、互酬的強化 renforcement réciproque、凝集化 mise en cohésion、統合化 intégration といった現象を示していくことだ、それをフーコーは理解可能性＝叡智性の手法としてとっていくことで、その二つの交錯 chiasme・交叉 croisement と包括的効果 effet global とをさぐりあてたいというのですが、それがいかにして二元性になってきたのかを自分は説明しきれない、ただ因果性の歴史論ではなされえない、複雑な網、多様な過程を考証して、その包括的・全体的な効果を構成していくほかない、自分はその素描程度をなしただけだと言っています。(p.244-5)

わたしは、この自然と国家の対立の設定にたいして、吉本隆明の「共同幻想」をもってくるほかないと考えていますが、「自然と国家」にたいして「幻想と統治制」との関係を理論的に問題構成していくことです。幻想そのものは統治しえない「不統治制」に配分され、他方、幻想が「統治制」を規制していきます。その対立と交叉によって歴史がいかに織りなされたのか、その歴史的表象を探り直すことですが、理論設定されないと論じえないことです。それはポール・ヴェーヌがフーコーを知っていたならと述懐したことに対応します。歴史を把捉する理論は不可避なのです。

ここから、国家理性の検証へと入りますが、それはこの「自然と国家」の問題構成をうけての考証になっ

---

13 <agouvernementalité>の「a-」は、否定、欠如の意です、統治性が不在だということでしょう。「自然」には統治性はない、国家には統治性がある、という対立・二元性です。

ています。そして、国家理性という国家疎外を経て、ポリス国家に「人口」がいかに政治統治として配備されていくかです。

国家理性が、「突然」の発明とみなされます。そこには、まったく新しい現実が在ると知覚されたのです。それとともに、いや国家理性はすでにあった、とくにタキトゥスに、全中世を通じて忘却され埋もれていた秘密があった、それを回復することだと歴史への回帰もなされた。そこから、すでにあった星が発見されたように、新たな知的道具によって発見されたのだとみなされます。国家の経営が要されていた時代であったからです。国家に理性などはない、それは悪魔の理性だという膨大な文献も登場していく。その攻撃文書のなかで、マキャベリ／政治／国家という三つの言葉が、検討されていきます（次章へ）。(p.245-8)

❖統治制とパストラール制の関係：服従の論理と統治の論理❖

フーコ全体の考察の中で、非常に何度もパストラールが検証され、クリテリアにすえられていますが、それほど西欧社会（のみならず世界化した）の基盤に作用している権力関係であるからですが、それが国家といかにかかわるかにはまだいたっていません。ようやく統治性が出現してきたという段階です。つまり、キリスト教教義において洗練され制度化されてきたパストラールは、世俗の規則とはまったく別物であり、パストラールの世俗的形態は政治形態のメンバーを個人化し全体化する試みの過程で形成され、そこに国家理性がからんでくることになります。「分別ある市民」が政治的振る舞いのテクニックと教義として政治思想の標準となっていくのです。分別ある賢明な統治は、人間的、自然的、神聖な法を尊重していく、そこに国家理性と「市民的分別 prudentia civilis」とが関係していきます。

〈pastorale〉を「司牧制」と訳さずに「パストラール」のまま使っているのは、日本に司牧制なる歴史はなかったからで、日本的パストラールなるものは、近代において社会サービスのなかでの教師や医師に要求されてきたものであるにすぎないからです――無いところにいかにしてそれが構成されて構造化されてきたのかを近代史として考証することでしょうが、理論的には現在構成されているものとしてほとんどそのまま活用できる普遍化されてしまった特徴・本性です。仏教の僧侶たちや神道の神官たちがパストラールといえるような自己犠牲をはらって信者や民衆を救済するなどということをしてきたとはいえません――中には献身的・自己犠牲的な固有の者がいたにしても制度としてはそうなっていません、関与の仕方がまったく違います。浄土へいくことは救済ではない。記紀においても、古代的なパストラール的なものは見当たりません。他者に奉仕するということは、日本的にはいかなる形式や仕方で機能してきたのか、いずれ機会があったなら考察してみますが、近代化のなかで教師や医師に要求されてきた西欧的パストラールが、世俗の社会空間における産業サービス制度において制度化されてきた様態は確実に構成されており、権力関係の編制としてわたしなりにすでに論述してありますが、その理論的対象化と歴史過程とは、そう簡単に対応しえることではない次元が作用しているようにおもわれます。

キリスト教的パストラール制、支配の世俗的パストラール形態、そして現代産業サービス制度で機能するパストラール的な様式、これらと統治制にある国家/国家理性はいかにからんでいくのかです。次元の移行がいかに編成・構成されるかです。牧人と羊の群れとの直接的で個別の関係が、「教会」という制度／機関に配備されて、画一化・均質化された規範的関係になって統御されていったという転移です。理論的には「機関」の構制が国家配備されていく構造化です。制度と装置の関係の配備です。

パストラール制は、人間への統治を、個人的な「振る舞い」の仕方から、極限的構成をなしえていく技術になっていきます。「人間を統治する」ことと「人間たちの振る舞い」を領導することが、重なり合っていきます。そこに服従の巧妙な構成がなされます。それが統治制の下支えになっています。服従することだけがあり、自己放棄において生存しえ、全面的依存においてメリットになる、その主体化＝振る舞いの仕方が構成されたということです。振る舞いの受容と反振る舞いの関係は、権力関係であるとみていい「振る舞いの権力」です。それは魂のエコノミー、魂の統治となっています。いいかえると心性の統治ですが、それは自然性として自然に非分離関係している共同幻想と人為的な統治理性にある国家配備とが、一体化されていく構成です。しかも、現代国家において、その配備は国家においてではなく、社会に配備され、そこでのサービス諸制度において合理化されます。そこには諸個人の服従の形式と禁欲の形式が、社会規範への従属において構成されている。それが、「社会人間・社会人」という人口にたいしてなされる統治のなかで個人化されているものです。パストラールのサービス隷属への転化です。学習における全面的依存、治療における全面的依存、移動における全面的依存ですが、それらに同意し受容していることで、利益・メリットをえられるのです。自らで「支払い」をさえしています。「思考体系の歴史家」フーコーは、歴史考証にこうした編制を読み解くような仕方をとりませんが、彼はしかし、「現在」をアクチュアルに観ています。そこを観ての史的界閾の現出をなす理論構成がなされているのです。

家父長の家族モデルが、牧人・パストラールに重ねられて、人口の統治へと転移されていく。それは、家族が諸個人の形成の場であるとともに人口の中の場へと編制され、その人口は「社会」へ配備されて、統治されていきます。すると諸個人は、家族のなかでの振る舞いと社会＝人口のなかでの振る舞いとを、社会人間のエコノミーの振る舞いとしてなしていく領導へと進んで入っていくのです。メリットとデメリットの過程・循環を自己経営していきます。現世での自己救済へむけて、個人化の服従を、真理を道具手段にしてなしていきます。他方、振る舞いを領導する専門家たちが、分析的責任、網羅的・瞬間的変換、犠牲の反転、代替的対応をもって、誰でもがなさねばならない良心の領導を規則・規範従属へ合致させてサービス経済活動としてなしていくのです――それをしえない専門家は告発されます。分析にもとづいた、また個人の内的な告白言明にもとづいた、隷従化＝主体化が、社会編制されています。

パストラール制は、過去の出来事ではない。世界的に普遍化された様式になって、世俗普及して、しかも政治編制だけではない、経済編制されて、「社会」のなかに国家配備されている統治制の巧妙な技術であるということです。その簡略な、問題化を提起しておきましたが、この章の論述は、すべて現在的に書き直しが可能な言述となっているのです。フーコーが、単なる歴史家ではないということですが、彼自身は慎重です。インタビューなどで幾分かは言明されますが、わたしたちが活用していくべきことです。

＊パストラールからキリスト教的パストラール制への転移は、日本でなされた報告「〈性〉と権力」（n°233）に簡明にまとめられています。

3章　国家理性とポリス国家

——フーコー国家論の構築へ(3)——

国家理性の発明は、先立つ地動説、後の物体落下法則の発見に比する、際立った発見だとフーコーは主張します。何かまったく新しい現実があると、当時の人たちに知覚されたというのです。古代、中世にも国家の機能としてあったが隠されていた、それを新たな知的道具によって発見した、同時代においていることとして分析することだ、とされたのです。実際には在ったが、知の道具によって発見されていなかった、それが「国家理性」によってうきあがった〈国家〉であるということです。地球は動いていた、それは古来からそうであった、地動説がそれを知として表明した。それと同じように国家（ないしは国家らしきもの）は古来から在った、しかし国家理性によるまでそれは発見されなかった。

いま、同じことが、フーコーの考え方にたいしておきているのではないでしょうか。フーコーはスキャンダルなのです、発見なのです。いまやわたしたちは、マルクスではなくフーコーを通じて国家やエコノミーを考えることです。国家論を追求するフーコーは、ここでもまた、国家ではない国家の界閾へとはいっていきますが、そこに逆射されていくものは〈国家〉です。新たな国家論への基礎が描き出されます。

Ⅲ　国家理性とポリス国家

〔Ⅲ・1〕国家理性の発明

0．統治と国家理性（1978.3.8 講義、後半）

国家が人間たちの実際行為と思考のなかにはいってきたとき、①マキャベリ、②政治なるもの la politique、③国家、がまずは問題とされました。

マキャベリには統治するアートがない。かれが救済・救出しようとしたのは、国家ではなく、君主自身が獲得し保護する君主制であって、領土・人口にたいする君主の権力関係であったが、マキャベリが議論の中心にいて、それを通じて統治するアートとは何であるのかが探求された。他方、国家理性への批判者たちは、神の外、自然モデルの外に何があるというのか、神や自然原理とは別の「統治するアート」が統治できるのは君主の気まぐれだけだ、それはマキャベリでしかない、また国家理性は悪魔の理性 ratio diaboli だ、と批判します。国家理性の擁護者たちも、マキャベリには統治するアートがもともとない、マキャベリなどは関係ないとします。マキャベリを軸にして、そこに欠落しているものとして、政治なるものが見直され、〈統治するアート〉としての国家理性の発見がなされたのです。

異端をかすめているに過ぎなかった政治家にかわって、「政治（なるもの）la politique」が十七世紀なかばにセクトとして登場する。領域 domaine でも、対象総体でも、専門でも職業でもない政治であって、考える仕方、分析し、根拠づけ、計算する仕方において結びついた人々を指すものであり、統治がすべきことを認識する仕方、統治を助ける合理性の形式を「概念化する仕方 manière de concevoir」です。「政治家 le politique」「政府」ではなく、「政治なるもの」の仕方のことを意味しています。諸々の制度・プラチック・為す仕方の水準で、「主権 - 統治」の縫合 couture souveraineté-gouvernement がなされ、ルイ十四世がそれを「国家とは私である」と体現する。それは国家理性によって指図された commandée 政治であった。

国家という諸制度総体が一五八〇年から一六五〇年にかけて誕生したなどと不条理なことを言っているのではない、軍、税制、裁判はすでに装置としてあったものだ、それでは何が出現してきたのか、それは「国家が人間たち hommes の実際行為 pratique と思考 pensée の界 champ のなかに入ってきた」、「国家という何ものかが入ってきたとき、人間たちの熟考プラチックのなかに実際に入ってきた」ものがある、「**いかなるモメントで、いかなる条件で、いかなる形式で、国家が人々 gens の意識的プラチックの内部で企図されプログラムされ発展させられ、いつから認識と分析の対象となり、熟考された戦略のなかに入ったのか**」、を明らかにしたいということです。「いつから国家は人間たちによって呼びかけられ appelé、欲望され desiré、野心をいだかれ convoité、恐れられ redouté、拒絶され repoussé、愛され aimé、嫌悪される haï 存在になったのか」です。(p.252-3)

国家は統治性の一タイプであって、国家が統治の歴史の内部に、権力諸プラチックの界において、根本的な政治的働き enjeu politique として出現したことを位置づけ直すのがフーコーの考察です。「統治制化された社会 société gouvernementalisée」——それは市民社会——が、国家とよばれるものを十六世紀以来いかに設置してきたかが考証されます。統治は国家の道具手段ではないのですが、多分にそう誤認されがちです。統治することが、新たな国家を出現させた、というのがフーコー国家論の機軸です。

(1) 国家理性の出現における「国家」の出現（1978.3.15 講義）

国家理性においては、国家自体があるのみで、そこには神的なものも自然秩序も世界秩序もありません。国家以外の何ものも参照・言及されなくなったということです。これは一般に宗教から国家の世俗化がなされたなどと歴史学では言われていましたが、そんな表層の単純な話しではないということです。

「理性 raison」とは、物事 chose の本質全体のこと、結合 union の構成、すべての部分の再結合 reunion、それを構成するさまざまな要素の間での必要な連結 lien である。他方、レゾン raison とは、主観的に、物事の真理——物事を構成する諸部分の連結・完全さ——を認識するのを許す魂の権能 puissance de l'âme、認識の手段ではあるが、認識することに従う（模範とする）se régler sur 意志 volonté を許す、つまり、物の本質自体に従う se régler（規整される）ということだ。つまり、レゾンとは、物の本質、物のレゾンの認識、物の本質自体にある点まで拘束されて oblige 従う意志を許す力の類い espèce de force、である。(p.261-2)

●国家の四要素

〈état〉とは、①ドメイン（領地）。②裁判権管轄 juridiction：諸法・諸規則 règles・諸慣習 coutumes の総体／諸制度総体。③生の条件 condition de vie：個人的地位 statut individuel・専門、④物の質、です。それらは動き mouvement に対立するもの、物事がそのままにとどまる質のことです。

〈republique〉とはこうした〈état〉です、この四つの意味をもっています。領地・領土 territoire、裁判管轄の環境 milieu：諸々の法・規則・慣習の総体、規定された地位・身分によって定義される諸個人のその〈état〉総体、そしてそれら三つの物事の質の「安定性 stabilité」です。

この二つは言表が違います、次元が違う、つまり対象が同じようで微妙に違う物です。（それを État までいっぱそうからげで「国家」と訳されているのは、ひどすぎます（328-9頁）。同じような意味だからと訳者は註解していますが、国家のことを論述しているんですからあたりまえで、それを分節化した叙述を同一化するのは誤認・誤謬でしかない。粗雑すぎます。「実践」概念空間を無意識でひきずっているということが派生します。対象識別が同じ意味・方向・目標へむけてなされているのだから同じことだと同一化されるのです。ルビをふってではすまされない、差異を解消させる一般化する暗黙さが現出しているのです。）

ここから国家理性とは、この四つの完全性（統合性）intégrité――同化・保全・積分を含意しているといえるでしょう――を正確に保つために必要で充分なものを指すこととなります。そして、リパブリックの完全性（統合性）・静穏・平和を獲得するための諸手段を認知する規則 règle・アート art だということです。「公的な事柄 affaires publiques すべて、会議 conseils・計画 desseins すべてにおいて持たれるべき政治的考慮

égarde politique、国家の保守・増強 augmentation・幸福 felicité のみに向かうべき政治的考慮」であって、そのために最も容易で迅速な手段が用いられること、とされます。(p.262-3)

●国家自体の設定

この国家理性において、国家なるものがそれ自体として出現し、国家理性は国家の本質自体であり、プラチック（実際的）側面と認識側面をもつアートであり、国家の変容とか発展の原理ではなく、ただ国家を保守するものでしかないということ、国家以前も以後も無いということです。王国的統治の最終目標は、現世の地位から逃れ、人間的リパブリックから解放され、永遠の幸福、神の享楽に至れるようにすること、この現世外・国家外の目標へ秩序づけられたものであり、〈res publica〉は、この秩序化された最終の場所、最終審級、つまりリパブリックの外に向けられたものであったのです。しかし、国家理性にはこうした最終点はない、目的は国家自体でしかないということになります。この国家的な布置は、国家が国家であるとされた非常に重要な構成の仕方であるといえるでしょう。

ここから、逆に、国家外の目的も個人的目的もない統治なら、なぜ人間はそれに従う義務があるのか、国家理性の目的が内部にしかないなら、欠陥の修正や危機回避のときだけ介入すれば十分ではないか、という問いがなされることにたいして、国家はたえず考慮・維持されなければ一瞬たりとも存続しえない、統治を具体的にかつ反省的省察することを保証しなければ国家は何にも維持されえない、という状態に国家がなっているということです。統治はつねになければならず、統治はリパブリックの連続的創造のアクトであるということです。

国家理性には、

①起源も正当性も必要ない、

②最終目的も必要ない、諸個人を救済する必要もない。それゆえ歴史の時間は無限であり、統治性の無限である、それは開かれた歴史性におかれている、ということになります。国家が永続化されている根拠といえるでしょう。歴史時間がはずされたのです。

③そして、恒久平和、世界平和は帝国のなかにあるのではなく、諸国家間の均衡ある複数性において安定させられるとされます。これも国家の永久化の根拠となっています。

④ただ国家理性には、「人口の概念」の不在がなされている、とフーコーは指摘しています。

◉国家の新たな様相

ここでパストラールの分析でなされた、「救済、服従、真理」の問題が国家のこととして考察されていきます。国家理性のもとでの「人間たちの統治」が、いかなる特徴にあるのかです。

(i) 国家の救済

クーデタが検証されます。十七世紀、クーデタは国家保持者から国家を押収・没収することではなかった。それは法・合法性を宙づりにし停止させ、普遍法を超出することでした。普遍法に反する特別な行動、いかなる秩序も司法（裁判）形式も守らない行動です。

国家理性とは、合法性・正当性のシステムではない、法に従って命ずるのではない、法自体に命ずるもの、いかなる法をも破ることができるものですから、クーデタは国家理性の一般的地平・形式に書き込まれている要素・出来事・仕方であるということです。

●国家理性と法との関係：クーデタ

国家理性は、法に屈する必要が無い、公的・特有的・根本的な法にたいしてつねに特例的な位置にある。ということは、通常は法を尊重している、法にたいして根本的なものであるゆえ通常の働きにおいて法が必要・有用であるから使用する。しかし、国家理性が法を使えなくなる瞬間、差し迫った緊急の出来事、しかるべき必要のせいで、法を乗り越えざるをえなくなる、それは「国家の救済」の名においてである。国家自体の必要性・緊急性・救済の必要が、市民的・道徳的・自然的な法の働きを排除し、必要性と救済のしるしのもとで、国家と国家自体との直接的関係化を産み出さねばならない、国家は自分について、迅速かつ直接に規則無しに劇的に行動せねばならない、これがクーデタである。クーデタとは国家自体の自己表明である、国家理性が行う肯定である、国家理性は、国家を救済するためにいかなる形式を用いようとも、国家を救済せねばならない。そこには三つの概念がある。

① **必要性の概念**：法よりも上位に国家の必要性がある。国家理性の理性の法は国家の救済である。この法では

ない根本的な法は、あらゆる自然法・実定法や神の命令の法を超越する。クーデタは、自然的・普遍的・高貴・哲学的な正義に従わず、人工的・特有的・政治的な正義である。したがって政治は合法性や法システムの内部に書き込まれる必要は無い。政治は必要性と関わりをもつ、十七世紀初頭では必要性が大讃辞をうけていた。必要性は法を黙らせる、あらゆる特権を辞めさせ、あらゆる者を服従させる、つまり合法性と関係する統治ではなく、必要性と関係する国家理性である。

② **暴力の概念**：国家理性は法を自らの意志で手にしているゆえ、習慣的行使では暴力的ではないが、必要の要請によってクーデタとなり、暴力的になる。国家理性は、犠牲を捧げ、末端を切断し、害を余儀なくされ、不正を犯し、人殺しになる。これは、万人の救済が各人の救済だとするパストラールとまったく対立し、国家理性のパストラール性は、選択的なパストラール、排除をなし全体のために幾人かを犠牲にし、国家のために幾人かを犠牲にする、「大きな物事において正義を守る場合、ときに小さな物事には目を向けない必要がある」、現在でもよく聞くことです。ここでカール大帝への考え方が「国家犯罪」として示されます。公的な平穏や国家を乱す者たちを、理由もいわず殺す暗殺者をおくことです。暴力的なクーデタは、国家理性の表明であり、国家に関して暴力と理性との間には二律背反はまったくない、国家の暴力は国家自体の理性の闖入的表明にほかならない。暴力と凶暴性は区別されねばならないという、十七世紀のテクストでは、個人のきまぐれのみからなされる凶暴性は、賢者たちの協力によってなされる暴力とは区別されたものですが、それを現在、ジュネは逆にして国家の暴力性を凶暴性とした。

この「国家の暴力」という問題は、国家の本性とそれへの対抗の意味づけにおいて、非常に重要だとおもいます。抵抗・抗議する民衆へ、どうして警察・機動隊・軍隊は公然と暴力を振いうるのかです。単純な暴力概念でもってそれは考えられえません。

③ **演劇的なものの概念**：クーデタはその正統化する必要性を称揚し、法の宙づりが否定的に勘定されないように、本物であることを示す特徴によって即座に認められる必要がある。クーデタは、手法・進展は隠さねばならないが、効果、支持する理由は荘厳に姿を現し、国家理性を出現させねばならない。クーデタを演出する必要がある。それは、政治における国家理性における演劇的プラチックの問題である、国家と国家権力の受託者としての主権者の表明の様式である。古典演劇は本質的にクーデタをめぐって組織されている。政治においては、国家理性が演劇性において自己表明し、演劇はクーデタの劇的・強烈な暴力的国家理性の表象をめぐって自己組織する。ルイ十四世が組織した宮廷は、国家理性が策謀・失寵 disgrâces・選択・排除・追放と自己演劇する場、演劇が国家自体を表象する場であった。国家理性の誕生と同時に歴史に関する悲劇が登場した。政治的プラチックと結びついた歴史の悲劇的なもので、クーデタは悲劇的なものを現実的なものの舞台に上げる演出であった。

フーコーの演劇的比喩は、文化主義者・記号主義者たちをよろこばし、安易浮薄な隠喩で政治を論じえたかのような流行を一時うみだしましたが、ここで大事な歴史の観方は、「新たな歴史視点」が開けたことです。それは、「**目的も終局も無い諸国家が永続する**」という視点です。そして終局が無いゆえ希望も無い歴史を定めとする非連続な諸国家の集合が登場したということです。その諸国家は、理性へ整序されてはいるが、理性の法は正統性 légitimité ではなく、偶然的な打撃において法が直面すべき必要性 nécesité の法です。国家、国家理性、必要性、リスクあるクーデタ、これらすべてが政治と歴史の新たな悲劇的地平を構成することになったのです。「国家にたいする国家」の場が明示されたと言えるでしょう。

あらゆる悲惨を堪えさせたパストラールの次に、国家の演劇的・悲劇的な苛酷さがやってきて、国家は国家の救済の名のもとに、理性と国家理性のもっとも純粋な形式としての暴力を受け入れるよう要求してくる。それを十七世紀の言説はナポレオンやヒットラーをおもわせるような言い方で述べている。「クーデタにおいては、雲のなかで雷の鳴るのが聞こえるより先に雷が落ちるのが見える」「打撃を加えようとおもっていた当人が打撃を受け、自分は安寧だとおもっていた者が死に、考えもしていなかった者が打撃を受ける。あらゆることが、夜、ものが不明瞭なとき、霧と暗闇のなかでおこなわれる」と。国家、権力形式、政治の規制性のなかで、演劇的比喩は、きちんと政治関係の実際行為として論じられるべきで、気の効いたお喋りで分かったつもりになることとは隔絶しています。(p.268-271)

(ii) 服従：謀反への政治プラチック

反乱・謀反 sédition が検証されます。謀反に対する警戒です。ベーコンがマキャベリと対比されます。ベーコンは、謀反は自然的な内在的現象としてとらえねばならない、嵐のようなものだとみなします。したがって、そこには兆候がみられる、国家・統治者に対する誹謗文書・攻撃文書など騒音が言説で現れる、政府が称賛に値することをなすたびに不満な人々がそれを悪くとる価値転倒が現れる、そして命令が流通しなくなる（口調が臆病になり受取る側が厚かましく語る、受取った命令とそれに従うべき服従との間に解釈が挿入され、実行されなくなる）、これらが下方から現れる。上方からは、取り巻きが自分の利で動き始める、対立・闘争しあっている異なる党派の上位に君主がたてずにどちらかに加担してしまう。

そこには二つの原因がある、物質的原因 causes matérielles としての貧困と不満、空腹と意見、腹と頭が不可欠にある。また偶発的原因 causes occasionnelles が様々な状態でおき、それら異なるばらばらであった不満が一つに結びついてしまったときだ。

対処は、偶発的原因にたいしてではなく、物質的原因にたいしてなされねばならない。貧困をなくすため、贅沢を抑止し、怠惰・無精・浮浪・物乞いをさせないようにし、国内商業を優遇し、金銭の循環を増加させ、利率を下げ過剰な所有は回避し、生活水準を引き上げる、つまり「少ない人が多く消費するよりも、多い人が少なく消費するほうがいい」ということだ。国外との通商も優遇し、原料の価値を労働によって増し、国外に対して輸送便を確保、資源と人口の均衡をはかり、国家がもっている資源に対して人口が多くなりすぎないようにする。生産的人口と不生産的人口の比率を均衡させる。

不満にたいしては、緩慢な人民と脆弱な貴族とを結びつけないこと、つねに切断し対立関係をうちたてておくこと。貴族は買収できるなら買収すればいい、さもなければ斬首すればいい。人民は多少の希望を与えておいて、人民が貴族の中から首長を見いださないようにしなければならない。

ベーコンはマキャベリを讃え参照しているが、本質的な違いがある。

① 王が権力を奪われるとか追放されるという問題ではない、国家の内部に日常生活の可能性として内属している潜在性、謀反・暴動が起こるかもしれない潜在性。統治とは、暴動・謀反の可能性を引き受けること。

② マキャベリにとって、人民と大貴族は互いに強化しあわないよう区別され、人民は受動的・純朴であるゆえ、君主の敵は大貴族から来るもの、問題は君主とその内外の対抗者との間の争いであった。ベー

コンにとって、問題は人民の方にあった、人民こそが国家統治の対象であり、人民は現実的に困難であり、危険であるからだ。

③ マキャベリにおいて計算すべきは、君主のただしさとか外見を保つこととか隠すこととか、つねに見かけの付加的形容詞みたいなものであったが、ベーコンにとっては現実に現れる計算つまり経済であり、富、その循環、税という、経済の計算であり、人々の頭のなかでおこっている意見の計算、つまり経済と意見が統治の操作すべき二大要素であった。

こうしたベーコンにすけて見える当時の政治的プラチックがある、それは、

(a) 重商主義による経済計算の出現という政治プラチック

(b) 意見にたいする最初の大キャンペーン、経済学者と広告業者の誕生

です。エコノミーと意見、それが統治の共関係物としての現実界の二要素です。(p.273-8)

(iii) 国家理性における「真理」の政治

▼パストラールの知は、教えられる真理、自分の共同体に起こっていることを知る、自分の内に真理を発見し、白日のもとにさらし、恒常的承認である、真理のサイクル全体であった。

■主権者の知は、法を知ること――賢明さで法を認識し、慎重さで法を取り扱うこと――であった。

●それらとちがって統治者に必要な知とは、

① 国家を知ること、国家を構成し維持する諸要素を知ること、国家の現実自体である物事に関する認

識、それが「統計学 statistique」＝「国家の認識 connaissance de l'État」になる。国家を特徴づける力 force・資源に関する認識、人口、人口数・死亡率・出生率の計量、諸範疇の諸個人の算定、富の算定、国家が使える潜在的富の算定、生産されている・循環している富の算定、商業のバランスの算定、税効果の計量、といった国家自体の現実の特徴への技術的認識総体が、主権者の知となる。国内で瞬間に起きていることをそのつど正確に知る、連続的な調査・報告の、「知の装置 appareil de savoir」「管理装置 appareil administratif」が、権力行使にとって本質的次元となっていく。(p.279-280)

②秘密：すべて知られてしまったなら効果や帰結がなされえなくなる。とくに国家の敵や対抗者が、国家の人間や富など現実の資源を知ってしまってはならない。公にしてよいものとしてならないものをコード化すること。諸統計は遅漏してはならない「帝国の秘密」であった。

③パブリック public：真理のプラチックとして国家理性は「人々のコンシアンス conscience de gens」に介入していく、人々の為す仕方 manière de faire de gens、行う仕方 manière d'agir、経済主体としての行動 comportement、政治主体としての行動を、公衆の意見 opinion du public とともに変更するためだ、国家理性における真理の政治 la politique de la vérité の諸局面です。(p.281)

こうして「国家理性」から〈国家〉の本質相、その歴史的本性の様相が描写されました。ここには、国家が国家自体として国家以外になにもないこととして表象されている疎外態が鮮明に描かれたといえます。クーデタから、反乱・謀反から、そして秘密から、と「反振る舞い」と言われるものからの照射です。「反射プリズム」だと言っていますが、疎外態の把捉の仕方といえるのではないでしょうか。これらは、現在、国家が普遍で外在的にあるかのようにさせている「考え方」の基盤にほかなりません。過去の言説の出来事ですが、過去のことでおしまい、というものではありません、非常に現在的です。

パストラールを基準軸にしてそれとはまったく異なる新たな統治性の出現として国家が描き出されていますが、いかに人口へのパストラール的ケアが諸国家内部での近代市民性に焦点をあてられることになったのかが、国家理性からポリスへの移行において明示されていきます。

物としての国家、「国家 - 物」l'État-chose は、一つの実際行為 pratique です、実際行為の総体です。(p.282)

ここの(1)で述べられたものが、フーコー国家論の第二規準といえるものです。しかし、そこには「人口」が欠如していました、「国家の至福」と言ったとき、それは幸福・繁栄すべき、富むべきは国家自体であって人間ではない。これが重商主義的政治の根本である、国家の富が問題であって、人口の富は問題にされていない。この「人口」を出現させ練り上げていくのに設置された装置が「ポリス」となりますが、その前にもう一つの国家理性の第三規準が提示されれます。

(2) 統治理性：政治と統治（1978.3.22 講義）

理論的帰結

統治的理性 ratio gouvernementale の原理 principe であり、その目標対象 objectif は「国家」です。

●国家とは

国家とは、あらゆる所与の現実性 une réalité toute donnée、すでに編制されている déjà établi 制度的総体 un ensemble institutionnel の、叡智性の原理 principe d'intelligibilité[14] としてあるもの、とフーコーはくります。つまり、**国家とは叡智性の原理である、戦略の図式 shème stratégique である、規整化する理念 idée régulatrice である、「統治的理性の規整化理念」**だというのです。これは、国家は実体ではない、理性としての原理でありイデーであるということです。この指摘はきわめて重要です。統治するアートの合理性を探る思考、政治思考 pensée politique です。現実的なものがあって、それを理解しうるものにしている原理が国家なのです。現実は理論的であるということでしょう。

すでに所与となっている、いくつかの諸要素、諸制度があり、その固有の本性 nature propre、その結びつき liens、その関連 rapports において、そこでなされている「思考する仕方 manière de penser」が、国家だというのです。それは、王とは何か？　主権者とは何か？　役人 magistrat とは何か？　諸機関 corps constitué とは何か？　領土とは何か？　領土の住民とは何か？　君主の富とは何か？　主権者の富とは何か？　という問いで答えられていくすべてが、国家の諸要素として理解される存在 être conçu になってきた、ということです。**所与のこれらすべての要素の本性と諸関連を、理解し concevoir、分析し**

14 ここで、intelligibilité という語がでてきます。国家を理解しうるものにした叡智ということでしょう。「知解可能性」と訳されていますが、なじめません、哲学的な「叡智」としておいていいのではないでしょうか。

analyser、定義していく définir 仕方 manière が、国家なのです。つまり、すでに編制された諸制度総体のすべて、所与の現実性の総体のすべて、に関する叡智の図式のことである。ですから、王は特有の役割をもった人物として定義され、神に関連するのでも、人間の救済に関連するのでもない、国家に関連するものなのだ、と人々が気づく s'aperçoit ことになります。(p.294)

さらに国家は、目標としての政治的理性において機能します。能動的介入、その理性、合理性、の終局に獲得されるべきもの、統治するアートの「合理化の操作 opération de rationalisation」の果てにあるものが、国家です。現実において国家を存在させていかねば、国家を理解することにはならない。国家の完全性・達成 achèvement・強化 renforcement が国家理性の介入によって獲得されるべきことであり、国家が危険にさらされ革命が国家を転覆したり、一時的に国家の力・効果が宙づりされたなら、国家を再建(回復)すること rétablissement です。国家理性という統治的理性を枠づけるのは、叡智性の原理と戦略的目標対象 objectif stratégique です。

国家とは、本質的に、政治とよばれる思考・省察・計算・介入の形式に関する規整化理念です。マテシスとしての政治、統治するアートの合理的形式としての政治です。**「統治的理性は、現実性 réalité の読解 lecture の原理として国家をおき pose、目標対象 objectif として、命令 impératif として国家をおく」**のです。国家は統治的理性に命令し、諸必要性に従って合理的に統治することができるようにする。つまり、現実的なものに関連することによる「国家の叡智性の機能」であり、合理的になされ、統治する必要なものになる。国家があるから合理的に統治する、国家があるために合理的に統治する、ということです。(p.295)

統治するべく国家を設定したということが、国家が統治理性に命令するという事態をうみだしていったと理解することかとおもいます。国家が統治をうみだしたのではないことに注意して、そう解することです。

●国家理性とは

国家理性とは、国家の完全性 intégrité を確保すべきことです。（それは平和の本質自体、平穏に生きる規則 règle de vivre en repos、物事の完成です。）国家が効果的に国家である状態に適うこと（平穏な状態にとどまり、その本質の近くにある）、国家の現実性が、理想的必要性の水準に適っているようにすること、つまり国家の現実性を国家の永久的本質 essence éternelle に適合させる ajustement こと、国家をしかるべき状態 en état に維持する maintenir ことです。（status なる語は、「国家」の意味であり、同時に物事 chose の不動性 immmobilité 自体の意味です。）

この国家の維持 maintenir と、もう1つは国家の増強 augmentation/augmenter です。諸国家が自らを形成・維持・強化 se fortifient・増強する s'augmentent 諸手段に関する完璧な認識 connaissance parfaire、また物事の平和 paix・平穏 repos・完成 perfection を可能にする規則 règle、平和の獲得・保守 conservation・増幅 amplification が、国家理性です。回避すべきは、国家を衰退へ入らせるプロセスです。

国家を誕生・増強・完成、そして衰退させるサイクルは「革命」と呼ばれていた、この衰退へ循環する運命的な脅威である革命に抗して国家を維持すること、それは法・政体ではなく、統治するアート、統治するための諸手段の合理性によってです。革命を回避し、完成された永続的状態 état permanent に国家を維持することが、目標です。(p.295-7)

これらは理論的で思弁的ですが、政治プラチックの局面でなされていたのが「競合関係」です。

●競合関係

政治の現実的プラチック、国家理性を作動させる œuvre ことにおいて、諸国家の増強を支えるものは、競合の空間 espace de concurrence において諸国家が互いに位置づけられて恒常化 constatation されていることです。

競合関係が置かれている理論的な局面は、国家は国家自体を目標とし外的な目的はいっさいない、主権者の救済も人間たちの永遠の救済も向かうべき達成も終末も無い、国家理性において、われわれは無際限の歴史性 historicité indéfinie の世界、開かれた、終局のない時間にいる。つまり、国家の複数性が永遠にあるという必然的・運命的世界にある。開かれた永遠に維持された歴史の必然性自体です。開かれた時間 temps ouvert、複数の空間性 spatialité multiple、これが国家理性の理論に含意されていることです。(p.297-8)

●歴史的現実

この理論的帰結が歴史現実に即して明確化されえたから、政治テクノロジーを結晶化させることになった。

複数の国家からなる空間という、時間的に開かれた歴史という考え方は、「帝国」の消滅(一六四八年)によってしるされます。帝国は諸国家の最終目的ではない、諸国家が一つになると希望され夢見られた形式ではなくなった。もう一つは、同時代に、ウェストファリア条約によって確認された事実ですが、宗教改革による教会の切断が獲得・

制度化・認識され、諸国家がもはや政策・選択・同盟において宗教的帰属によって集まることをやめたことです。「帝国」と「教会」の普遍形式が意味をなくした、しかし、依然と集中・魅惑の権力、歴史的・政治的な叡智性 intelligibilité の権力は保持されていた。さらに、経済的交換の空間において、商業（通商）の競合関係・支配の空間、通貨循環の空間、植民地征服の空間、海洋統御の空間において自己肯定しようとする、多様化し広がりをもち強化された経済空間が出現した。自己目的の形式にくわえて競合／競合関係という新しい形式がもたらされた。自己肯定は政治的・経済的な競合空間でのみなされ、競合空間における国家の力の増強によってのみ国家を保守できる国家理性の出現がなされたということです。

スペインの帝国化と衰弱をへて、国家は

①　自分のために他の諸国家にたいして支配的な位置を占めようとする。他の諸国家にたいする事実上の支配の主張。

②　しかし支配の行使の仕方は、つねに脅かされる。富んだことで貧困に、国力があることで疲弊に、また何ものかの犠牲にもなる、革命です。

スペインの敵・対抗者として発展した、フランス、ドイツ、イギリス。ここには、一つになろうとする時間、本質的革命——諸国民の富・力を確保するメカニズムの水準にある革命——によって区切られ脅かされている時間から、現実の革命を導く競合関係の現象によって開かれ横切られている時間へ移行した。

●君主間の対抗関係 rivalité から国家間の競合関係 concurrence へ：「力」の概念の登場

対立・対抗関係は昔からあることだが、諸国家間の無際限な時間における競合関係として知覚されるようになった、戦略への組織化が可能になった、新たな出現である。対抗関係から競合関係への移行が、十六、七世紀以降におきた。
　そこに「国家の強力」としての「力の概識 notion de force」が登場する。領土の増大ではなく国力の増大が、所有物の拡張や婚姻による同盟関係ではなく政治的・暫定的な同盟関係における国家間の力の構成が、政治的理性の必須条件・対象・叡智の原理になる。新たな理論的・分析的な層、政治的理性の要素が「力」「国家の力 force」であり、力の使用・計算を主要な対象にする政治となる。アメリカの発見、植民地帝国の構成、帝国の消滅、教会の普遍主義機能の後退・消滅には、政治思想の一つの変異 mutation として、「諸力の戦略・力学 dynamique」たろうとする政治思想の出現をみる。しかもそれは、自然科学の物理学の力学とほぼ同時代、その二つの力学の理論家がライプニッツだ、とフーコーは言います。(p.303-4)〔<notion>という曖昧な言表は、知識・観念を含んでいます。〕
　かくして統治的合理性は、一般次元での国家の保守ではなく、何らかの力関係の保守、力の力学の保守・維持・発展となる。この政治的理性から、二つの力の合理性として二つの大きな集合が設置される、それが「外交的・軍事的装置」と「ポリス」である。力関係の維持を確保、全体の断絶無しに力の増強を確保する、力関係を維持しながら、諸要素の内的力を発展させ、それらを結合する、これが「安全性のメカニズム」とよばれるものである。

(i) **外交・軍事の新たなテクニック：ヨーロッパの均衡**

　諸国家が競合関係において併置されるなら、自国が敵国を挑発することなしに増強を最大化し、他国の機動性・野心・増強・強化を可能な限り制限できるシステムにせねばならない、となります。この安全性システムは、帝国の夢と教会の普遍主義を消滅させた三十年戦争の終りに素描され設置されました。宗教的・政治的闘争の終りであり、固有の政治の自己目的・自己肯定を主張しうる諸国家の並存です。その目標は「ヨーロッパの均衡」です。
　①ヨーロッパとは何か?：ⓐ普遍主義的な召命をもたない、地理的な区分け、はっきり制限された、普遍性の

ない地理上の切り分け。ⓑある国家に他の国家が従属して帝国の最終的単独形式になる階層的形式ではなく、複数からなる。ⓒ諸国家は単一とはならず、小国も大国もある諸国家の水準差の違いがある。ⓓ世界との関係を地理上の地域として特有にもち、経済的支配・植民地化の関係、通商における利用の関係をもつ。十六世紀末から十七世紀初頭における一群の条約においてこの考えは結晶化していった。現在もいまだに、この状態にある。

② バランスとは何か?:ⓐ最強の国家であっても、他の国家に自分の法を押しつけられない、それで均衡ははかれる。最強の国家と他の国家とのあいだの隔たりに制限がなされる。ⓑ互いの平等が維持され、どの国家も他の国家が先行き優位に立つのを防げる、諸国家からなる平等主義的な貴族制。ⓒ小さな勢力の連合が上位の力とつり合う。つまり、最強の者たちの力を絶対的に制限する/最強の者たちを等しくする/最強の者たちに抗して脆弱の者たちは結びつく可能性がある。これがヨーロッパの均衡の構成です。

絶対的終末論に代わる相対的終末論といいうるような「不安定で脆弱な終末論」は「世界平和」であるが、もはや帝国の平和や教会の平和のような最終的に単一になる平和ではなく、相対的な普遍的平和・決定的平和――普遍性は相対的そして決定的であるが決定性は相対的――で、期待されているのは平和の複数性で、支配の単独効果をもたないもの、国家の複数性から平和が期待され、実際に力を増強し、増強が他国の破滅にならない、安全を確保する目標となった。(p.305-8)

(ii) 外交の道具

① 戦争の新形式 forme・新概念 conception:中世の戦争・戦いとは、誰かが不正、法の違反など他の者が法において異を主張しうるものがなされたときに起きた。つまり権利世界と戦争世界の間は連続し、私法世界と権利世界も連続していた。戦争は法的枠組みにおいて展開された、公的戦争=私的戦争であった。そして勝利は神の裁き、

負けたのは権利がないことを意味した。戦いと勝利と神の裁きは同質性にあり、戦争は裁判的機能であったのだ。

だが、戦争の機能・形式・正統化、戦争に関する法思想、戦争の目的は一変する。法にもとづいた戦争ではなく、国家の戦争、国家理性の戦争となる。均衡が危うい、均衡を再建せねばならない、一方が過剰になっている、これらは法的口実・理由づけから離れている。諸国家間の均衡を維持・確保する政治と戦争に連続性がある。この均衡がヨーロッパの安全性システムであり、政治外交においてなされることになった。(p.308-9)

②外交：複数の人の間の訴訟が精算されることではなく、諸国家からなる全体によって諸国家間の問題・紛争が、均衡の必要性において規整される。それは物理的原理において、安定的なものとして立てられる原理においてなされる諸国家の物理学である。交渉を行う永続的組織の存在、国家の力の状態に関する情報を集めるシステムの組織がつくられ、つねに交渉しており、意識的で、よく考えられた、永続的組織がこのとき登場した。諸国家間の諸関係配備 dispositif de relations である。

ここにヨーロッパは一つの「社会」だという考えが産まれている。諸国家は諸個人のようなもので、そこに万民法が発展し、新たな空間で共存する諸国家の法的関係であり、ある場所において共通の利によって結びついた互いに独立した構成員が秩序と自由を維持すべく、つねに常駐外交官によって交渉・調整をおこなう、という考えだ。外交的・政治的な安全性のシステムがヨーロッパである。

ヨーロッパとは、ドイツに帝国を忘れさせるやり方であったとフーコーは言います。だから、ドイツがわたしはヨーロッパだ、それをお前たちが欲したからだ、という逆転がおきると。(p.310-2)

③永続的軍事配備の設置：これは、軍人の専門化・軍職の構成、永続的軍備の構造——戦時の例外的徴兵にたいして幹部に役立ちうるもの——、要塞・輸送の装備、知・戦術的省察、機動のタイプ、攻撃と防衛の図式、つまり、軍事的な物事、可能な戦争の固有で自律的なすべての省察である。戦争プラチックにおいて使い尽くされるには

遠い、軍事的次元の出現です。永続的で費用のかかる重要で賢明な軍事配備の存在が、平和システムの内部にあることが、ヨーロッパの均衡の構成に不可欠な道具であった。軍事配備が、他国と同じ水準であることで、平和における戦争の存在ではなく、政治・経済の外交の存在である軍事配備の構成、永続的軍事配備の存在が、均衡の計算によって、また戦争の力の維持によって指揮される政治の本質となった。自分に有利になる力関係を反転させようとしながら、競合関係自体によってすべての国家が全体として維持されることになった。戦争は継続された政治であるとして、制度的支えと軍事的制度化は機能したのです。戦争は、政治によって定義された手段を作動させることになり、軍事的なものがその根本的・構成的な次元となった。政治と軍事の複合体は安全性メカニズムとしてヨーロッパ均衡の構成に絶対に必要なものとなり、永続的に作動させられ、戦争は一つの機能にすぎなくなった。(p.312-3)

④ 情報装置 appareil informatif：草稿で第四の道具として、自国の力を知り、他国の力を知る、またそれを知っていることを隠すことが記述されていた。(p.313)

以上は、軍事・安全性・外交の国家間統治といえるもので、それは同時に国内統治を不可欠にします。内的かつ外的な国家を強化する関係構成です。そこに「ポリス」が出現します。フーコーにも、かつて滝村隆一が想定した、国家間国家と国家内国家の二重性が想定されていた。これは国家規定の本質的な二重性であるといえるのではないでしょうか。国家理性の原理は、「市民」社会の出現を活性化させるものでした。政治態の内部と間における相対的で耐えられうる平和が、社会強制が自己強制として内部化されていくことにおいて洗練化されていく。十八世紀の大きな領土諸国家の諸装置がまだ機能しているなかで、国家理性の内的構成と市民的分別さのテクニックが「ポリス」として編制されていきます。

〔Ⅲ・2〕ポリス国家の構成

(1) ポリスの登場（1978.3.29 講義）

近代における「統治するアート」は、もはや統治の定式に忠実に従うことではなく、競争的増強を含意する競合 concurrence 空間における、力関連と力諸関係との操作・維持・配分・再建を構成することにおかれる、それが大きな閾 seuil であるということです。この力の関係界には、①ヨーロッパのバランス――永続的・多角的外交と軍隊組織――、②ポリス、の二つの政治的テクノロジーの総体が設置されていました。その第二の大いなるテクノロジー的総体である「ポリス」が考証されます。「ポリス」の問題構成は、現代人にとっては遠く目立たないものであり、現在では犯罪にたいする「警察」に限定されたものになってしまっており、それにたいして統治性の現代形態の系譜学において、国家論・統治性論として合理性の形成、統治のテクニックにとって非常に重要なものであったことが、フーコーによって前面へとひきだされました。ヨーロッパにおいて、イギリス、フランス、ドイツなどで、異なる相を表象していますが、そこにある普遍閾を見いだしていこうとする考証です。フーコーは、その歴史推移にまず三つの類似する意味を見いだし、それが大きく変化していく様態を説きます。公的権威による経営から、十七世紀以降、「国家の諸力の増強」へと意味が代わっていきます。国家の活動性の固有の形態となっていくものです。

●ポリスの一般的目標

まず「ポリス」という語の意味です。十五、六世紀に、公的権威 autorité publique によって経営 regir されている共同体 communauté、結合体 association の形態 forme で、政治権力、公的権威が行使されている人間社会 société humaine のことです。「社会」が出現してきていることが重要です。<les états/les principautés/les villes/les polices> というように列挙されていたと、フーコーは指摘しています。都市や公国などと並存していて、まだ空間編成が階層的に構造化されていない段階ですが、家族や修道院は、ポリスとはいわれなかった。<les republiques> と <les polices> とが結びつけられてもいた。しかし、これらは相対的な社会として定義されていただけで、「公的な物事 une chose publique」ではあったということです。それが十七世紀まで続く。第二に、公的権威のもとで共同体を経営する「諸アクトの総体 ensemble des actes」もポリスと呼ばれていた。<police et régiment> という表現がみられる。<régiment> とはポリスに結びつけられた経営する仕方 manière de regir、統治する仕方 manière de gouverner という意味です。共同体的なもの、経営の手段・仕方。そして第三の意味は、良い統治のポジティブな「結果」、価値化です。

しかし十七世紀以降、意味は大きく変わります。国家の良き秩序を維持しながら「国家の諸力を増強させる faire croître 諸手段 moyens の総体」という意味になります。つまり国家の内部秩序とその諸力の増強との間に、動的な関係 relation mobile——とはいえ安定的で stable 統御可能な contrôlable——を編制しうる計算 calcul とテクニックのことです。これは、「国家の <splendeur>」と言われた、輝き、栄光、繁栄、壮麗さ、ということで、どの訳語をあてたならよいか迷います。秩序の目に見える美、示威され放

射される力の輝き éclat、見える秩序と輝く力の「国家の栄光のアート」がポリスであるというのです。一六一一年には「シテ cité に装飾、形式、栄光を与えられるすべて」がポリスの携わるものだとされています。一七七六年では「国家 État 全体の栄光と市民全体の幸福 bonheur に奉仕する諸手段の総体がポリスである」とされます。ここに、〈cité〉と〈État〉の違いがあることに注意しましょう。一六〇年以上の隔たりがそこにあります。そして十八世紀なかば、ポリスとは「国家の内部に関わる諸法 lois と諸規定 règlements」の総体であり、国家の権能 puissance を強固にし affermir 増大する augmenter ことに関わり、その諸力の良き使用 bon emploi をなすこと」とされたのです、「国家の諸力の良き使用 le bon emploi des forces de l'État」が、ポリスの対象であると。この〈emploi〉は、「雇い入れる」含意もあって、ただの使用ではないですが、「善用」とも言いがたいとおもいます。諸力を囲い込んで国家に有用になるように活用することです。

（以上はポリスの定義づけに関わることゆえ、語は丁寧におさえておくべきです。こういう箇所は、訳の正当化などに意味はありません、当時の意味のあり方をつかまえておけばいいことです。それを把捉すれば、「内政」などとは訳せないことだけはわかるはずです。国家の内部は、ただ内部のことであって、ポリスの一部が内政的であったというか、内政になるものを創っていったという事態ではないでしょうか。）

①各国固有の発展にしたがって国力を制御的に増強しながらヨーロッパの均衡を維持し、ポリスにおいては良い国家秩序を維持しつつ最大限に国力を増強させる、というポリスとヨーロッパ均衡との関係が、第一の目標です。

②「conditionnement の関係」と言っていますが、どう訳せばいいでしょうか？　諸国家間の調整ということです

から、「条件調整の関係」とでもしておきましょう、「条件づけ」ではどうも意味がとおりません。つまり国家間競争の空間 espace de compétion interétatique、競合空間 espace de concurrence において、ある国が他国よりも強力にならないように、自国の国力増強をはかって、均衡し合う、どこかが悪しきポリスにならぬよう監視 veiller して不均衡がおきないよう、ヨーロッパのバランスを保ち合うということです。

③「instrumentation の関係」と言っています、「道具化の関係」としておきましょう。ヨーロッパの均衡とポリスとの間には、共通した道具 instrument commun があるということです。それは統計学です。自国の国力を認識し、他国の国力も見積もり、ヨーロッパの均衡を維持する、その国家の構成力を解読する原理、それが統計学です。ポリスに必要であり、ポリスによって可能になる、この処方の総体が、諸力を増長し結合し発展させる適切さを定めうるのです。統計学は国家に関する国家の知、国家自体に関する知であり、他国に関する知です。

④通商：ポリスと均衡との間の第四の根本的な本質的関係は、「通商 commerce」の問題であろうが、それは次回で述べると言っています。

ポリスは国によって事情が非常に違う、同じ形式や制度化はみられないとフーコーは強調しています。イタリアには国家理性や均衡の問題はあったが、国力増強のポリスは見当たらない、統一がなされていないためだといえるが、「ポリスの国家」ではなく「外交の国家」であった。ドイツでは、領土の分割があったものの、ポリスの超問題化がなされ、小国家的実験の場になった、大学では管理者の育成と国力増強の諸テクニックが考察され、「Polizeiwessenschaft ポリス学 la science de la police」が発展しヨーロッパ全土へひろがった。フランスでは、領土の統一、君主制の中央集権化、管理が早期に発達していたため、ドイツのような思弁的・理論的な仕方ではなく、管理プラチックの内部自体で理論・体系・概念なしで構想された。このように、フーコーは、近代国家形成が種差的であることにきちんと留意して、考察しています。（明治近代国家は、国家理性的に「天皇制」を配備し、国力を増強するポリス国家的な編制を中央集権的になし、人間の活動性を新統御したものという指標が仮定的にたてられうるのかもしれません。単純にドイツ・モデルを適用したとは言いがたい、もっと総体的に固有の仕方を辿ったと考えられます。）

●国力の構成要素としての人間の活動性

ポリスが現実にたずさわるものが問題とされます。それは「人間が何をしているか」、その活動性・職業です。もはや、人間は何であるか、身分、美徳、服従、勤勉という「質のよさ」ではない。国家の良き質は国家の諸要素の良き質に依存していた、存在の関係、存在の質の関係、美徳の関係でした。

しかし、新しい概念は、国家の関心として、裁判国家の係争でも、税制国家の金銭でもない、人間が何をしているかにある。貴族と庶民の違いではなく、職業 occupations の違いがポリスには重要である。何かをする人間、何かをできる人間、一生その何かをしようとする人間、そうした人間たち自体に関する統御・決定・拘束からなる総体です。自分が専心する何ものかへ向かう人間の完璧さが国家の完璧さを可能にする、それが真の人民（＝主体）vrai sujet だということです。

ポリスの目標対象は、国家の諸力の発展における差異要素を構成しうる人間の活動性を統御し引き受けることです。国力の構成的要素としての人間の活動性です。（p.328-330）

●ポリスの対象

ポリスは、人間の活動性 activité de l'homme を国家的有用性 utilité étatique の創造へとなすこと、公的有用性 utilité publique を創造することです。

①人間たちの数：国家の諸力が住民の数によって決まるという考えは、十七世紀になると、国力が最大に、安寧に増強されるには人間たちは実際にどれだけ必要なのか、人口と国力の関係が、領土の広さ、天然資源、富、通商との総体から計測されるようになりました。人口が占める領土が有する資源・能力にたいする人口の数量的発展、市民の数がポリスの対象となったのです。

②生活の必需品 nécessités de la vie：人間たちは生きられねばならない、人々が生命を実際に維持できるように見張る、食糧、つまり農業政治 politique agricole です。租税負担、民兵の縮小、で田園の人々を多角化する、土地の耕作化、食糧・循環の商業化の適切なコントロール、食糧難に備えた備蓄、「穀物のポリス police des grains」です。暮らし vivres・食糧 denrées の商業化 commercialisation が監視され、その良き質が監視されることです。(p.331-2)

③健康 santé と都市：生き延びる諸個人が、労働し、活動し、仕事できるような必要条件がポリスの対象となる。もはや疫病にたいするものだけではなく、日常的健康がポリスのための配慮と介入の永久的対象となります。健康に関する原理、配慮に向けて新たな設備、都市空間が政治となります、都市での空気・換気・風通し、道の広さ、肉屋・屠殺所・墓場の配置（瘴気が一カ所に集まっていないか）など、都市空間の政治が健康の政治となります。

④活動性 activité の監視 veiller：人間たちが何もしないでいることがないように、労働できる者をすべて労働につかせる、健常な貧民を見張る政治、活動の異なるタイプの監視、国家が必要とするさまざまな職仕事 métiers が効果的に実際行為されているか、利益になるモデルに従って生産物の生産がなされているかを監視することです。職仕事の規定化 réglementation des métiers がポリスの対象とされます。

⑤循環 circulation：人間の活動性から生じる商品、生産物の循環です。(<circulation>は通常「流通」と訳されていますが、それでは右から左へと流れて通過していくイメージで、マルクス経済論もふくめて誤認を招いています、「循環」です、ぐるりと回って再生産されていくことです。) それは物質的道具と関わります。道路、河川、運河、橋、

広場など、循環空間はポリスの特権的対象なのです。商品・人間の循環だけでなく、循環そのもの、人間・物の循環を可能にする諸規定、諸強制・諸限界の総体です。そこからポリスは典型的諸規定 règlements として、浮浪を抑止し、熟練工が労働現場から離れるのを防ぐのです。循環の界は、健康、一次的必要の暮し・対象、人口自体のポリスの後にやってくるものです。

　これらはつまるところ、ポリスが経営 regir すべきもの、その根本的対象は、人間たちの共存諸形式 formes de coexistence des hommes の全体です。総体として生き、生殖（再生産）され se reproduisent、しかるべき栄養の質を必要とし、呼吸し生き生存する空気を必要とし、さまざまな職について労働し、循環空間のなかにいる、こうした類いの「社会性 socialité」――「社会状態」といえる、社会空間がつくられていく根拠ですが――こそ、ポリスが引き受けるべきことでした（p.333）。十八世紀の理論家たちは、ポリスがひきうけるべきものは「社会」であると語ります。そこでは、一人が他者たちとともにあるという人間の共存とコミュニケーションが、ポリスの対象になっていることです。

　ここでポリスの非常に重要な点が指摘されます。それは、死なないとか生き延びるとかいう直接問題ではなく、「少しましに生きる faire peu mieux que vivre」ことが国家の諸力 forces de l'État に転換可能となることを確保するテクニックの総体だということです。ポリスは強大な領域をかかえ、人間たちが生きること、多数で生きることを確保し、死なないだけの食糧を確保している、そして活動性において生産され分配され再開され、国家がその力をひきだせる仕方の循環が確保されることです。この経済的、社会的なシステムは十六世紀から十七世紀において作られた「新たな人類学的システム système anthropologique nouveau」である、生き、共存し coexister、コミュニケートする少しばかりよく生きられることが、国家の諸力を構成し最大化するのに有用であることが、効果的に確保される介入と手段の総体である、それがポリスだということです。諸個人にたいする合理的で計算された介入権力としての国家から出発して、増強される力の総体としての国家へもどってくる「循環」であり、それが諸個人の生を通過してなされている。ポリスは国家の力と諸個人の至福 felicité とを結合して、少しましに生きることを国家的有用性 utilité étatique と構成する、つまり人間の幸福 bonheur を「国家の有用性 utilité de l'État」に為すのです。リパブリックの栄光（繁栄）と個々人の外的な至福を確保する諸手段の総体がポリスです。国家の権能を強固にし増大し、国家の諸力を良く使用し、臣民（=主体）の幸福をもたらすこと、これがポリスの種別的である節合だということです。(p.333-5)
<agrément（愉しみ）／commodité（便宜）／félicité（至福）>にたいして「良き存在 bien-être」という語を当てたいとフーコーは言います。そして、「諸個人の良き存在」を国家の諸力にするために、存在 être を超えた「良き存在 bien-être」を生産する、それが「ポリスの目標対象 objectif de la police」だ、とまとめました。(p.335)

訳書は<police>を「内政」としていますが、あながちまちがいとはいえないですが——しかし「ポリス」と「ポリス国家」を同一化しているのは誤りです——、そこには監視・統制するというニュアンスが欠落してしまいます。つまり国力をあげるために、ポジティブな統治を働かせると同時に、そこに制御や統率、従属をなすということ、そこへ介入するということが道徳的機能をたずさえて同時的にあります。それが警察までも含意しての「ポリス」です。警察も内政といえば内政ですが、安全と監視という両義性を見失わないためにも「ポリス」として、西欧的特質ですから、パストラール同様、語をそのままにして考え了解しておく仕方をわたしは選択します。日本語に実定化できる閾にそれはないとおもいます。参照できるものでしかないですから。こういう隔たりへの自覚は、もっておくことです。（わたしは時期的にも明治以前に対応する「武士制」の統治技術として、その出現・変遷・編制をフーコーを参考参照にしながら、近代国家へ転移される過程を対比させながら、とくに日本語の言表・言説の概念空間を規準にして、諸々の他生成的なものを考証しようと準備しつづけています。安直に同一化はしません。「統治」という一般性概念をも疑ったうえでです。）

(2) 政治経済の誕生と人口：ポリスへの批判と離脱（1978.4.5 講義）

ポリスの実際行為が、ドゥラマールのテクストからまとめ的に確認しなおされています。

まず、ポリスが引き受ける十三の領域。宗教、良俗 moeurs、健康・生活資（食糧）subsistances、公的静穏、建造物・広場・道の配慮 soin、諸学 sciences とリベラルアーツ、通商、手工業と機械工芸、家内使用人 domestiques・日雇い人 manouvriers、演劇と遊戯、「公的善の考慮部分」を占める貧民への配慮・規律、です。これらは、

「生の良さ bonté de la vie」を確保するものとしての宗教と良俗、

「生の保守 conservation de la vie」として健康と食糧・生活資、

「生の便宜 commodité de la vie」として、公的な静穏、建造物・公的広場・道路の手入れ、諸学と自由七学科、通商、手工業と工芸、使用人・日雇い人、

「生の楽しみ agréments de la vie」として演劇と遊戯、

「公的善の考慮部分 une partie considérable du bien public」として貧民への配慮と規律：貧民の一掃・統御、労働できない者の排除、労働できる者への労働の義務化。(p.342)

つまり、生きるということと、生きる以上のこと、少しましな生き方、を確保することであり、社会における生の良さ、保守、便宜、楽しみが確保されるための一般条件が問題にされています。

こうした、ポリスのプラチック・介入・考察は、第一に、「都市的 urbain」と呼ばれていくものである

ということ、都市villeにおいてのみ存在し、都市があってはじめて存在する、都市の問題、高密度での共存の問題です。

第二に、市場・売買・交換に関する問題――物を売る仕方、いかなる価格で、どの時点で売るかに関する仕方の規定化réglementation de la manière、生産物・機械アート・手仕事に関する規定化です。交換・循環・製造と商品の循環におかれる問題ですが、人間たちの共存と商業品marchandisesの循環の関係、互いの循環です。それは浮浪者の問題にも関わります。

ポリスは、都市的urbaine・商業的marchandeであり、広い意味での市場marchéの制度であるということです。(p.342-3)

中世以来の都市的規定化réglementation urbaine――人間の共住、商業品の製造、食料品の販売に関する規定化――がとりあげてきた前提条件をあらためて拡張してとりあげているのですが、それとは別に役立った制度が、近衛騎兵隊で、戦争に続く帰結・混乱を回避すべく流通させた軍事力ですが、軍務からのがれた兵士たちが浮動して暴力・非行・犯罪・盗み・殺人などの不法行為をおかさぬように制御・抑止したことです。(内政確立への基盤になったのがポリスであると、わたしは配置します。)

(i) ポリスと都市

ポリスと通商、ポリスと都市の発達、ポリスと市場活動の発達が、十七世紀から十八世紀初頭まで本質的なものとされ、十六世紀以降の市場経済の発達、交換の増加・強化、通貨流通の活発化といったすべてが、人間存在を商品や交換価値の抽象的で純粋に表象的な世界へと入らせていきます。国家理性と都市の特権的サイクル、ポリスと商品優位との結びつきがあって、諸個人の生きることとまた生きること以上のことが、統治の介入によって適切なものになっていった。

そこに認識可能・分析可能な諸関係の一束がつくられ、ポリス誕生の特徴を示していきます。

・国家理性の原理に従って整序された統治するアートが形成された。

・人口と商業品生産の間の諸関係を組織するのを本質目標とするポリスによって国家の諸力を増強する技術が探究された。

・国家理性の原理にしたがった良い統治のなす警戒に属した共住・循環の問題とともに、都市市場ville-marchéが出現し、人間の生に対する国家介入のモデルになった。

かくして、国家の統治性が、人間の実存と共存の微細な物質性、交通と循環の微細な物質性に、はじめて関心をもつことになり、都市を通じて、つまり健康・道・市場・穀物・街道の問題を通じて、人間の存在と楽しみを考慮にいれていくのは、国力の主要な道具として「通商commerce」が考えられていたからです。(p.343-6)

(ii) ポリス権力の種別性

ポリスは司法・裁判ではない、はっきり分離されている、ポリスの法的権利と裁判の法的権利に共通点はない、ポリスはそのつどの些細な細部の物事に迅速・即座に関わるが、裁判は決定的・恒常的で重要な物事に関わっている。ポリスは主権としての主権者がおこなう臣民への直接的な統治性であって、国家の固有な合理性の原則のもとでなされる恒常的クーデタである。

裁判を経由しない王権力から直接になされる永久的 permanent クーデタの道具は、規定・勅令・禁止令・指令です、規定する様式 mode réglementaire でもって介入します。つまりポリスは、「法 loi」よりも「諸規定 règlements」を必要とする、無際限の規定世界、永続的規定世界、たえず更新される規定世界、次第に詳細になっていく規定世界ですが、一種の法的形式ではあるのです。そして、工房・学校・軍で十六世紀末から十八世紀にみられた局地的・地方的な規律の大増殖が、その諸個人・領土に対する一般的規律化 disciplinarisation générale・一般的規定化 réglementation générale から離れて、都市的モデルをもつポリスへと形をかえた、都市を一種の準修道院とし、王国を一種の準都市とする、それがポリスの背景にある大いなる規律の夢だ、というのです。(p.348)

つまり、通商・都市・統制化・規律化が、十七世紀から十八世紀前半の、ポリスのプラチックの特徴的要素だということです。

そして、十八世紀前半に、穀物と食糧難の問題を通じて、「ポリス国家は批判を受け解体していくのです。それをなしたのは経済学者たちでした。

◉「経済」の出現：ポリスへの批判

ここは、「規定化 réglementation」から「規整化 régulation」が構成されていく転移をしっかりと把捉する理論視点が要されます。訳書は後者を「調整」としてしまっていますから、この理論閾がかすんでしまっています。経済の出現においては、レギュラシオンが非常に重要であって、レギュラシオン学派が出現したほどなのですから――しかしその経済学も日本では「調整」と誤認されている始末です。フーコー、ブルデューの理論閾が分かっていないからです。それは、規則・規制と実際との間に、非規定・非決定なゆるぎの空隙があるということの認識です、規制化がないのではない、決定づけていないということです。ここは、フーコーとブルデューとが微妙に対応しながらずれるところで、理論的にしっかりと把捉せねばならない閾です。フーコーが、エコノミーの登場としてここをいかに掴んでいるかをしっかりとらえていくことです。重商主義から、自然支配論者（物理官僚）への転移です。

❶食糧難を回避するには、穀物に対する対価がきちんと支払われねばならない

重商主義の考えは、労働低賃金のために穀物を安価にする政策で、多くの穀物があるためには穀物は安価にし、賃金を低くし、商品原価が安くなり、国外へ売ることができ、金を輸入できるということでした。しかし自然支配論者は、食糧難の回避には穀物にたいする対価がきちんと支払われねばならないとして、穀物の豊富さと良価の関係を強調し、分析のなかに、政治的介入の目標対象に農業自体を導入し、農業の利益、農業投資の資力、農民の安楽、農民人口の生きること以上の構成を設定した。それによって都市の特権が打撃を受け、ポリス・システムの暗黙の限界が破裂し、農業が合理的統治の根本要素として導入され、大地が統治に考慮され、生産物の売買・循環の市場ではなく、生産に中心を定めるべきとされた。安価に売ることではなく、生産物の価値が農民・農業従事者たちに見返りとして戻されること。都市・循環・売却ではなく、大地・生産・見返りが統治性の本質対象となり、農

業中心主義による脱都市化がなされ、ポリス・システムに裂け目をもたらす〔重農主義と訳される所以〕。(p.349-351)

❷ 穀物価格の上昇は放置しておけば正しい価格に定まってくるという考え方

穀物価格が高いと農民は可能な限り多くの種を播き、多くの利益を期待し、収穫はより良くなり、穀物不足のときを待って穀物を蓄えておく誘惑はなくなり、すべて商品化される。外国人もその良価から利益をあげようと穀物を送り込む、すると価格が高いほど価格は定まり、安定する傾向になる。

そこで経済学者たちが(批判的に)問いただしたのは、都市的対象ではなく、ポリス・システムの主要な道具化である「規定化 réglementation」です。このポリス的規定化 réglementation policière の公準 postulat とは、物事 choses は無際限的にフレキシブル flexibles で、主権者の意志あるいは合理 ratio への内在的合理性 rationalité immanence、国家理性は、望むものを獲得できるということです。しかし、経済学者たちは、物事はフレキシブルではない、物事の流れは変更 modifier できない、変更修正しようとすると悪化する、結果は正反対になってしまう、ポリス的規定化は望む方向へ向かわない、無益 inutil である、物事の流れには自発的規整 régulation spontanée がある、規定化は有害であり無益だ、ポリスの権威による規定化の代わりに substituer「規整化」をたて、事物自体の流れ cours に応じて規整がなされることだ、主張する。(p.351-2)

ここでは、はっきりと「規定化」に代わる「規整化」が提示された、と明示しています。物事の流れを自発的にしておけば規整が働くというあり方です。穀物が不足しているとき、穀物は高価になるが、それは際限なく上昇せずに正価に規整化される。それを高くならないように「規定」で価格を定めて価格上昇を防ごうとしたなら、人々は自分の穀物を売らなくなって、不足はさらに悪化し、相場は上昇してしまう、という批判です。規整化は、規定を明文化するのではなく、諸関係相互に働く規整にまかせることです。

❸人口自体は富を構成しない、人口の数は自発的に規整されていくという考え方

人口は数として見られた。多くの人手があり、労働に従事する労働者であり、しかも押し付けられる impose 諸規定に効果的に従い従順である条件に労働がついていることが必要であった。数、労働者、従順、つまり従順な十分な労働者たち、その効果的な数を確保する事、これが良いポリスであったが、機械の中へ入れる唯一の自然的所与は「数」であって、人々はできるだけ多く再生産されること、人口を構成する諸個人は、権利主体、ポリス主体であって、諸規定に従う諸主体=臣民であった。統治の対象としての人口は、諸個人の大多数が労働に就いていて、諸規定に適従する appliquant des règlements ことにあった。

しかし、数はそれ自体では価値ではない、農業人口は十分な数の必要があるが、多すぎたなら賃金が低くなってしまう、賃金がよければ労働することに関心=利をいだき、自分に可能な消費によって商品価格を支えることができる。所与の領土にとって最適の人口の数があり、その望ましい数は、資源、可能な労働、価格を維持する必要十分な消費によって、つまり経済によって変わってくる。また人口の数は、人々が置換した資源によって規整される se régler、人口の場所換え déplacement de la population や誕生の規整化 régulation des naissance、つまり人口の自発的規整化 regulation spontanée がある、自然に決定される déterminé、状況の機能（働き）fonction de la situation においてその数は規整されていくもの être réglé であって、ある（意図的な）規定化によって人口に介入する必要は無い、人口は際限なく修正可能な所与などではない。(p.352-3)

ここには、「諸規定 réglements」に従わせる数=人口としての従順な主体から、自然的に「規整される se reglé」ことによる、自発的「規整化 regulation」へ配備換えされた〈人口〉への転換があります。

❹通商の自由を、また諸個人の利を、働くがままに放置する laisser jouer という考え方

ポリス・システムでは、多くの商品を他国に売って自国へ金を取り戻して国力増強をはかることでしたが、新たな統治性の諸テクニックは、諸外国を規整化メカニズム mécanismes de régulation へ統合して intégrer、競合を働くまま放置し、国家間だけではなく特定個人間の競合を放置して、自分の利益を最大にしようとする特定個人の利の働き jeu de l'intérêt des particuliers によってこそ、国家（集団・人口全体）が特定諸個人の振る舞い conduite から諸利益 bénéfices を得るようにする。それが、正価の穀物を手にし、最も望ましい経済情況になると考えたものです。

国家の権威的介入を、ポリス形態で、空間・領土・人口を規定するのではなく、万人の富は各人の行動 comportement によって確保される、国家そして統治は、特定諸個人の利のメカニズムを働くままに放任して、それが兼任化 cumulation と規整化の現象によって万人に役立つことになるのです。国家は各人の善の原理ではもはやない。ここに、国家の転移がなされていきます。

ポリスにとっては各人がよりましに生きられることが国家によって使用され、それが全体性の幸福と良き存在として伝達されるようはからっていた。つまり各人の幸福を万人の幸福へ変換する超越的・統合的な原理としての国家であった。もはやそれは問題ではない。国家は規整するため pour régler にのみ介入する、各人のより良き存在へ規整されるよう放任し、各人の利が自ずと万人へ奉仕する仕方にすることです。「諸利益を規整するものとしての国家 État comme régulateur des intérêts」です。特定諸個人の利益の働き jeu が根本的・自然的働き jeu であって、それにたいして、国家の働き jeu・役割 rôle・機能 fonction はいかなるものであるべきか？　が問題とされていきます。

(p.353-5)

人口を「規定」する国家から、利益を働くがままに放任することとして「規整化」する国家への移行です。

こうした統治性はポリス国家の理念と一字一句対立する、「経済 économie」とよばれる問題において出現した新たな統治理性なのです——規定 réglement/réglementer の世界から規整化 régulation/régler の世界への転移が明示されています。規定従属をなくして「働き放任 lasser jour」へ規整している（規整領域へ放任している）のであって、調整しているのではありません——。出来事性と可能性の自然的機能においてポリス国家の批判をなし、新たな統治するアートの誕生の機能＝働きをなしたのは経済学者たちでした。（p.355）

●経済学者 économistes と政治家 les politiques

法学者たちは、ポリス国家の誕生に批判的なこともあったが、権利や特権の枠のなかでの議論で新たな統治するアートをつかもうとはしていなかった。

そこに二大セクトが一世紀をはさんで併行していきます。政治家たちと経済学者たちです。

十七世紀初頭、政治的なものは、統治するアートを宇宙論的神学の世界秩序・自然への順応としてではなく、統治するアートに内在する理性、特有の合理的原理や計算形式がいかなるものであるべきかを正確に確定しようとして、中世・ルネッサンスの宇宙論的神学における国家を切り離して、そこへの異端として新たな合理性を定義し、その統治性がポリスをもたらした。

その一世紀後、国家理性に対する異端として、国家・ポリス国家への異端として、経済的理性からの統治性を経済学者たちが定義したが、国家理性における新たな形式での国家の合理性を与えるもので、その統治性は近代的・現代的な統治性のいくつかの基本線となっていくものです。

●国家理性への本質的修正

①社会的自然性 naturalité social：神が欲した世界の一大秩序が良い統治でしたが、その自然秩序にたいして国家理性が導入した切断が「国家」です。国家が出現し、国家に固有の合理性が新たな現実を出現させた。それは中世の自然性にたいして、非自然性、絶対的な人工性ですが、国家理性もポリスの統治性も人工主義です。

そこにたいして経済学者たちは、価格の上昇は自ずと停止するというメカニズムの自然性を登場させます。世界の本性という自然自体の過程ではなく、人間同士の関係に特有の自然性、人間たちが共住し、交換し労働し生産するときの自発的自然性で、それまで存在したことのない自然性です、それが政治・国家理性・ポリスの人工性に対峙されて登場した。

これは、人間たちの共通な存在に特有の自然性である「社会」を、経済学者たちの対象領域、可能な分析界、知と介入の界として出現させていきます。これが国家に対して市民社会を出現させたのです。市民社会とは、十八世紀に誕生した新たな統治性が国家の必要な共関係物として出現させたもので、国家が従事すべきもの、携わるべきもの、認識すべきもの、規整すべきもの、自然的諸規整化 régulations naturelles として尊重すべきもの、その対象が、原始的自然でも服従する臣民でもない、「国家が引き受けるのは社会、市民社会」であり、市民社会の経営こそ国家が確保すべきものとなった。(p.356-8)

②科学的認識：「社会的自然性」にたいする認識なるものの主題 le thème d'une connaissance が登場する。科学的合理性の要求は重商主義にはなかった、国家理性が介入した力の計算、外交的計算ではない、処

置自体において科学的認識 connaissance scientifique であること、良き統治は、明証・合理性の規則に反したなら失敗する、統治に不可欠な科学的認識が要される、それは統治するアートの内部にある認識・計算ではない、そこに真っ向から立ち向かう外部にある科学である、理論的純粋性をもった経済学となり、その科学性にしたがって決定を達成する統治に考慮されることになった。

③人口の自然性：人口は固有の変化・移動の法則がある、富のように、形をかえ、増大・増強し、移動する、それは人口に内属する自然性である。諸個人間での相互作用・循環効果・伝播効果がうまれ、諸個人間の結びつきがなされる、それは自発的なもので、利の力学法則にある。「人口の自然性 naturalité de la population」と人口内部での利の構成の法則によって、人口は濃厚で自然的な現実として登場する。国家はその自然性を引き受けねばならない。その科学が社会医学、人口学であり、国家の新たな機能であった。臣民の集合としての人口は、自然的現象の集合としての人口となった。(p.359-60)

④安全性メカニズムの設置：人口・経済過程が自然的過程にあるとすると、指令・命令・禁止といった統制を課すのは利が無いとみなされる。国家の役割は、自然諸過程 processus naturels を考慮にいれ、働かせ、もてあそぶことで尊重するのを根本原理とする。すると、統治性の制限は、ただ否定境界ではない、新たな介入の界が出現することになる、それが「経営」です。必要かつ自然的な規整化が働くようにはかり、自然的規整化が可能になる諸規整化を為す、自然的諸現象を枠付け、不適切な介入が自然的諸現象を逸脱させないようにすることです。その必要が、「安全性の諸メカニズム mécanismes de sécurité」の設置です。経済的過程、人口の内在的過程の自然的現象の安全性の確保が本質的機能である国家介入、それが統治

性の根本目標となった。(p.360-1)

⑤自由：そこから、統治性自体に不可欠な自由が書き込まれます。それは、統治の権力・簒奪・乱用に対して個人がもつ正統な権利としての自由ではない。自由が実際に尊重されていないと統治しえない、自由を統治プラチックの界内部に統合することが、いまや命令となった「諸自由の統合 intégration des libertés」です。(p.361-2)

このように、十七世紀の内容であった過剰統制といえるポリスの全体秩序を尊重しながら国力増強をはかる一体となった企図は解体され、経済・人口経営に属して国力増強を機能するシステム——一連の制度・装置・機構——と、混乱・不規則性・不法行為・非行が抑止される装置ないし道具——警察——が設定されます。ポリスは警察へと移行する。ⓐ自然性にかかわる経済プラチックの界、ⓑ人口の経営、ⓒ直接介入の警察、ⓓ自由、これによってポリス国家は解体というか四つに分散した。外交・軍事にこれらが加わったが、外交・軍事はほとんど修正されなかった。「**社会、経済、人口、安全性、自由**」が新たな統治性の要素で、これらは現在も引き継がれ修正がなされているものです。

ポリス国家の出現の不可避性は、国家理性が内在的に規定化機能をもっていくことですが、移行的にしか布置されていません。それは経済出現による放任という自発的規整化へ転じられてしまいます。しかし、警察という限定づけられた装置へ縮小されながら、しかし社会総体を監視しているものへと転容します。ポリス的機能が、国内的・国外的に編制されないことには、規整化する国家の配備はなされなかったということでしょうか。規定化が規整化状態へ転移されるということが要です。

●反振る舞い

ここでフーコーは、「反振る舞い」の作用を最後に強調します。人間たちにたいするパストラールも統治も、人間たちを領導するアート・企図・制度に対立する「反振る舞い」をひきおこしたということです。その相互の交換や支持が見られる。つまり、近代的統治性に対する「反振る舞い」は統治性と同じ要素を目標対象にしていた、国家に対立する社会、誤り・無理解・盲目に対する経済真理、個人の利に対する万人の利、人口の絶対的価値、安全低下・危険に対立する安全性、統制化に対する自由です。

①革命的終末論：それは、国家理性が無際限の終局の無い時間を設定していたことに対して、時間が終りを告げる到来があるのだと肯定する原理を「反振る舞い」は設定します。国家の無際限の統治性は、社会自体の出現によって停止される、市民社会が国家の制約・後見を乗り越え、国家権力が市民社会に吸収され、政治の時間、国家の時間は終わる、これが十九、二十世紀につねに取り憑いていた革命的終末論です。市民社会が国家より優位にたつ終末論の肯定です。

②革命自体の権利：国家理性が、諸個人の振る舞いの服従を設定していたが、反振る舞いは、人口が服従の結びつきをすべて断ち切り、国家との服従的結びつきを断ち切り、国家に立ち向かう本質的権利を手にするときが来るに違いない、これが自らの法則、自らの要求の法則、人口の本性の法則だ、これが服従の諸法則に取って代わられる、反乱・謀反の形での、服従的結びつきの断絶という革命的権利です。

③国民全体が真理の保有者：国家理性は国家が真理を保有することであった、社会の真理、国家の真理、国家理性の真理は国家自体が保持する。それに対して、国民とは何であり、何を欲し、何をすべきかの真理を国民自

身が持つ、自分の知を保有する国民です。それは、「人口の真理を保有する社会」という考え方です。(p.362-4)

「市民社会/人口/国民」が「国家」に対置されたのです。それが、国家と近代国家の発生の内部で働いていた「反振る舞い」の要素です。国家は、それらを検案して国家を持続させてきた。国家理性の歴史、統治的理性の歴史、反振る舞いの歴史は、ともに作用し合っていたということです。このように、ポリスが誕生・画定されるとともに、批判解体が相反的に進んでいく、そう考えるフーコーです。

統治するアートのなかで、「自発的」と「自然性」が、規整化=レギュラシオンの統治テクニックとして近代的に設定されてきている、そこに統治としての国家の様態を示すフーコーです。目的対象は「人口」で、安全性配備の安全性テクノロジーの出現でした。経済学者たちの考え、そして政治経済の出現、そこに経済の〈laisser jouer〉から〈laisser faire〉への進展が読みとられていくことになります。「働きの放任」から「なすがままの自由放任」です、そこに市場の自由の布置と国家理性によって出現した国家の外在的疎外からの「規整化するものとしての国家」との、まったく異なる原理が、間に「社会」を自然性として産み出したということです。わたしは、そこに非常に、マルクスを観ます。「反振る舞い」のマルクスではなく、「本質の疎外」へ向かったマルクスです。そこが、吉本共同幻想と統治制とが関係してくる「国家論」の場所になってくるのです。それは、生政治の自由主義・新自由主義をへてから、7章にて考察します。

自然性への統治制化

以上のように、フーコーの叙述はシンプルで演繹的です。転移をともなっての近代国家出現・形成の順序・過程が非常に細分的に分析叙述されているのですが――わたしは肝心とおもわれる論点を簡略叙述してきたにすぎません――、しかしすべて、理論構成的に、問題構成的な視座から解析されています。言説されていることの根拠を読みとっていくフーコーの仕方です。言説過程を歴史過程として読み解いているのですが、その歴史過程から、当人は言っていませんが、普遍規準といえるものが抽出されています。

- パストラールのテーマとそこからの離脱、そしてその内在化
- キリスト教的パストラールの制度化とそこからの離脱、そしてその内在化
- 国家理性・ポリス国家の編制とそこからの離脱、そしてその内在化

これが、近代国家出現の規制的な背景にある歴史的移行と構造的領有化です。他律行為者の自己犠牲化、他者のケアから自己のケア・救済へ、羊飼い／群れから都市／共住への移動、人口の登場と移動、特別な市民の排他的状態と人間種の普遍的救済、そして貧者の救済、自然的欠如から生経済への移行、国家の増強、国家の競合関係の均衡などを、フーコーは布置しました。そして、これらの歴史移行と、「法／規律テクノロジー／安全性」との関係がずれながら共時的に問題設定されます。さらに、裁判国家↓管理国家（十五、六世紀）↓統治国家という移行。これらは権力テクノロジーの変節様態と言ってよいでしょう。

そこで、規定化から規整化への移行が、国家を規整化理念に配備する統治制化としてなされたのです。**〈社会・経済・人口〉が「自然性」に配備される統治制化**です。かつてわたしは権力関係論は、パストラー

ル権力とディシプリン権力との二つからなると論じましたが、これは諸個人にたいする権力関係です。そこに「統治テクノロジー」が人口＝全体化への規整化の統治権力技術として加わります。すると国家とこれら三つの権力テクノロジーとの関係はどうなっているのかです。

パストラール権力とディシプリン権力は、政治権力と異なる別個の権力です。権力が作用する場が違う。すると統治権力と政治権力とはいかなる関係にあるかです。そのとき、政治権力とは、人間たちを法・主権者に服従させる権力と限定づけられますが、しかし三つの権力テクノロジーをへて、政治権力は権力諸関係そのものへと入り込んでいくことになります。それが、政治権力への統治制化の配備です。

パストラール権力とは、政治とも教育法とも修辞とも一致しない、「人間を統治する権力」だとされました。諸個人・共同体を救済へと導く（救済）、神の意志・戒律の命令に従っているかを見守る（法）、真理を受け入れ信じ唱えるよう教える（真理）、というどのような権力でも行っていることをなしている権力ですが、これでは定義にならないとフーコーは探究を深め、これらを国家論としての救済・服従化・真理化へと転化しました。パストラールは、十六世紀に展開される統治性のプレリュードを、「固有の諸処置」と「主体の構成」の二つの仕方でなしていた。〈救済・服従・真理〉の原理の下に他の諸関係のタイプを基礎づけている諸種の対角線がある。それは、①メリットが分析手法と同一化される主体、②服従の連続的網の中で服属される assujetti 主体、③自分に押し付けられる真理の引き抜き extraction によって主体化される主体、という近代西欧的主体の典型的な構成がそこになされます(p.187-8)。そして、国家は、必要性・暴力・演劇性において出現し、謀反への対処として計算のエコノミーと意見とを出現させ、「国家を知る」という位置を出現させた。これが、国家理性において、国家のあり方として転移されたことです。国家は、そこから命令するよりも合法性・正統性の外部に聳え立ちますが、もはや君主・主権の超越性ではない、聳えたっているかのように見えるだけだ、国家は統治制がうみだした「配備」にすぎない。そして人民が対象とされ謀反・反乱しないように「計算」する経済への統治がなされます。その経済は、「自然性の規整化」に放置される。けだしそれらを外部で知ることによって意見への介入をなします。こうしたなかに、同時に、〈政治〉が疎外表出され、「経済」も同時に市場の自由へ疎外編制されているということです。

　わたしたちが了解へ領有していくべきことは、国家の配備のなかに領有されている、キリスト教的パストラール／国家理性・ポリス国家／そして自由主義・新自由主義、という種差性の特質ですが、これら種差性の間に転移がなされている。その転移に権力関係の統治制様態の変化をつかみとることです。「物の正しい配置換え」の統治から、「人間を統治する」ことの統治への転移です。そこは同時に概念転移をともなっています。新たに対象を浮き出させた概念もまた消えていく。そうした理論関係の配備が浮上していくように、「読み」をなしてきました。フーコーの思考技術は分散的ですから、まとまりや統合へ凝集されることを嫌っています。しかも西欧的詳細へと入っていきますので、わたしたちはそれを逆向きの思考技術で把捉していかねばなりません。いかにフーコーが否定・拒絶しようと、国家はプーランザスが主張したように強固な凝集体です。転移によって消失はしていかずに、構造的に再構成されて永続化されていく凝集的な構成体です。だが実体ではない、共同幻想の統治制化された国家化の配備です。

構造化されていますがその構造は不可視です。実体をこえて、しかも諸幻想配備をともなって疎外的に構造化配備されているのです。その歴史段階的普遍規準を明示していくためにも、もう一つ、自由主義の統治するアートと新自由主義の「エコノミー」の次元を了解領有していかねばなりません。『生政治の誕生』の講義です。自由主義を基盤にして編制された新自由主義の市場経済が、国家論としていかにかかわるのかです。

ここで、「国家の統治制化」の働きを、再確認しておく必要があります。

◇国家の統治制化：IIの問題構成的まとめ◇

国家とは、すでに編制された諸制度総体、所与の現実総体に関する叡智性の図式にすぎない。国家とは、政治の思考・省察・計算・介入の形式に関する統治理性の規整化理念である。そして統治理性は現実を読解するための原理として国家を置き、目標対象として、命令として国家を置く。国家は統治制の一形式であるにすぎない。そこに示されたのが「国家の統治制化」でした。この驚愕的な定義は、既存の国家論の考え方をひっくり返しました。

そして、国家の完全性を確保すべく、理想的必要性の水準に国家の現実性が適っているように、つまり国家の現実性が国家の永続的本質へと適合するように国家を維持する「国家理性」が発見された、これは歴史上の大発見であるというのです。国家の維持と増強の統治技術です。

統治制の概念は、支配／被支配の双極的な権力所有設定の上下関係を超えるべく、少なくとも三つの異なりながらも関係しあっている閾をひきだしたものです。第一に、規律・主権にたいして統治の優位性が前もってあるのだという主張であり、第二に、「配備 dispositif」の方法的なアプローチの展開であり、第三に、主権批判を並走させて国家を統治自身のアートの姿で描き上げることです。それは「自由主義」でさらに鮮明になっていきます。国家主権の「主権」概念は、しかしながら国家との形態において「超越性」を要求しつづけて、残滓し作用し続けていくのですが、聳え立つ君主のようなものでなく、法の配備の内在性におけるドメスチックな主権性としてです。統治の自由アートの「配備」においてそこをみないと、混乱します。国家は、いまだに構築されており、統治制の諸テクニックのなかへ溶解されているからです。

主に、Mitchell Dean のまとめ的な考察を脇に参照しながら、整理していきます。ディーンの考察は、統治性にたいしてもっとも大局的に明解におさえたものであるためですが、しかし、その論旨には従いません、あくまで参考的に参照してのことです。欧米的実証の脈絡だけが国家論の普遍ではないからで、そこから照らしだされる理論閾をさぐりながらおさえていきますのも、非西欧のわたしたちがいかにがんばろうともその実証的領域へはとどきえないということと、その欧米での実証規準さえ学者によって違い定まっていない、さらにフーコー的なずらしさえ入っているからです。

主権が、裁判形態・司法形態として、法的・政治的主体の諸権利へと錨を降ろし民主主義化されていった。規律が、身体訓練の実際的なテクニックとして、従順で有用な主体を生産するための、規則・規範に従う規整的メカニズムへと一般化されていった。

統治が、国家理性とポリスにおける配置換え的な問題示威として、人口レベルで打ち立てられた労働と生活の諸過程の統治、「社会」の統治となっていって、主体は社会的・生物的・経済的形態において露出していった。

この〈主権―規律―統治〉の三角形における変移からうきだす、身体／人口の個別的なものと全体的なものとの相互関係において、「国家の統治制化」を再把捉しておきたいと思います。主権国家論（さらに国家権力論／権力所有論）は国家論とはなりえない。主権から統治が分離されて、統治から国家を把捉することとの再確認です。そして、主権も規律も国家理性も無くなりはしないのですが、統治的に変容しているということです。

i 主権からの統治の分離化

主権概念は、マルクス的な思考による政治理論からは、すでになじみないものとなっていたため、はっきりしたものになっていないのですが、したがって、フーコーが歴史的な国家変容の起点的規準に「主権」をおき、それからの変容・転移を「統治」の出現に設定していることで、フーコー理解において否応なく不可避になっていますが、どこか明証にしえないままおかれています。非常に広く、アクチュアルな権力として封建的君主制において機能していたとされるメカニズムであって、近代的「主権」ではない。要約的解読の作業をはたしてきたのもそこを把捉するためでした。統治の自律的概念が主権に沿って出現してきたことの論じられ方をキャッチするためですが、統治の「先」優位さがさらに示されていきます。

「主権―領土」関係から主権が切り離されることと、主権者の人格・活動から主権が切り離されること、そこから「国家主権」が自律性をもつとされました。そこに国家の近代概念が構成されます。非人格的な概念になったのです。それは同時に、諸個人や集団としての市民の諸権利には還元されえない国家の権利・所有があるということです。それが「国家の統治」であり、君主に負わされた主権の概念からの自律的な分離です。臣民を死なせる権利から、人口を生かしめる統治への移行です。そこに、主権と統治との分離をフーコーは示しましたが、それは完全な配置換え移行ではなく、相互に関係しあいながら他方への条件となっていく移行であるため、分かりにくくなっています。というより、意味されたものとしてはっきりと識別し難い諸要素の関係がまとわりつくからです。つまり、主権と統治の分離とは、主権が消滅したのではなく、新たな統治性として主権が再配置された。そこでは国家の統治制化がなされて「統治」主軸の編制がなされたということです。名目上の独立した国家主権の存在は、地理的空間を開いてその上に人口を統治するアートが操作しうることになっており、国家への人口のナショナルなものをこえた合意と譲渡のセットが、主権国家による居住世界の、必要条件であるからです。いわば、統治制化は、国家を超えたものを国家として構成・構築することを可能にしているのです。なぜなら、国家は無いものであるのに在るからであり、在るのに無いからです。統治技術のみが実際にあって作用しているということです。国家主権そのものに実体は無い、あるのは人口への統治です。ディーンは「国際的統治性 international governmentality」があるのだと示しますが、統治制は国家内かつ国家間において作用します。

主権者・支配者の人格による限定された領土のなかの臣民と物事への「差し引いていく」統治から、国家の富・強さ・偉大さを増強し、その居住者たちの幸福や財産を増大させてその多様化をはかる、生産的な統治、生命・人口に焦点をおいた「生政治」の統治するアートへの移行です。そこに主権行使と統治行使との違いが、出現したのです。わたしは国家論には主権概念はいらない、「主権」は法学の問題だと切り離します。「主権」という国家認識が作用しているとは考えますが、別次元のものです。

国家の統治制化とは、国家がすでにあってそれが統治制化されたということではない、統治制化によって国家が出現・形成・疎外されていったということです。それは、国家化 étatisation を内在的に構成していくとも言えますが、国家の実体化ではない、**統治制化** gouvernementalisation です。

ii　統治の洗練化

すると統治自体が洗練されていくことになります。統治の合理性とテクニックの成長・増殖がなされるのですが、貿易バランスから人口の成長と産業的編制へ移動していくうえで、商業主義＝重商主義とマキャベリを国家理性とポリスの編制をへることからのりこえていくことが、家族統治からエコノミーの新たな編制への移動としてなされました。つまり、家庭維持の家父長的モデルからの移行をなしうる、「理性化」の道具と仕方の発見です。主権支配からの脱皮をそれは意味します。つまり、本質的に、対幻想から共同幻想への転化における統治対象の移動が、共同幻想の統治支配の仕方自体の転移を伴ったということです――あるいは共同幻想が「統治支配する」という機能をもたされた。人口が統治の対象、目標対象となったことが、その移動の基軸ですが、家庭統治という狭く弱いものと主権という極端に大きくて抽象的で厳格なものとのへだたりが、転化される軸になったのです。統治は、家政的モデルからの転化であるとされますが、それは次元が違うことであって、本質論と歴史過程との相互性からそこは把捉されねばなりません。人口と個人を媒介する家族の布置が、統治の軸と対象になっているのですが、家庭維持は、対関係の統治です、それが個人への統治と人口への統治の蝶番になっているのです。統治自体のアプリオリな存在であった家族から、統治の目標対象としての家族へと転化されています。婚姻数、その年齢、子どもの数などが測定されるとともに、家族が「社会」に配備されます。つまり、社会人間の育成＝生産と維持＝再生産の場に、家族が再配備されたのです。家族は、性主体（対幻想）と労働主体（社会共同幻想）を合致した場に転移されています。

人口概念は、統治される者の概念を変えた。主権者に従うことを強いられた領土に束縛された主体＝臣民ではもはやなく、生活し労働し社会的存在であることに慣習・習慣・歴史、そして労働とレジャーの形態とがともなっている者とされました。つまり、生死、健康・病気、の事態におかれている生者で、統計的、人口動態的、病理的な道具・知において定められる存在となり、諸規範の周りの変異とされたのです。つまり人口とはただ生きている人間の集合体ではなく、歴史や発展とともにある生者実体である「人間種」の種差的存在とされたことです。知の対象となる、特別な客観的現実性とされたのです。それはフォーマルな政治的権威の諸制度の外部で、「社会」を通じて統治されることであり、「社会」自体が分離された実体性であるかのようになっていった。人口なる集合体の中の諸個人の病理学的な設定が統計的測定をともなって、個人と共同次元とを連接させる媒介になっています。人間種は社会のなかで正常な「社会人」「社会人間」として、そこにおいて個人化されます。家族は、自らの内の異常者・非行者を管理し監視する場へと組込まれていきます。家族内に閉じ込め、社会へ影響がないよう配慮し、手におえなくなったとき、病院・施設・警察へ依託転移するのですが、個人を人口のマターへと委託する役割を負わされています。性関係も生殖の人口へと重ねられています。

「社会の自然性」と「人口の自然性」とが科学認識され、安全性のテクノロジーへと構成される理性＝知を生み出して、反振る舞いをも可能にする自由の尊重が配備されていく「規整化」です。共同幻想の規範が統治制化へと規整化配備されたと、考えます。

人口は、生政治の生活管理権力と統治を限界づける批判的合理性をもった自由主義とを、提供し、公的衛生の視座から、非行・犯罪・退廃を一掃する仕方を探りながら、労働人口の働き生き家庭維持する問題に直面することを、生活管理の緊急さへの内的限界づけなしの処置として出現させたのです。生存ぎりぎりよりもちょっとましな生活への統治です。生活を支える諸資源を生産する諸過程の危険を限界づけることを見いだすのです。国家の統治制化は、人口＝生者への統治するアートの洗練化です。そして、社会の諸機関・諸制度へ機能分割して、統治します。

iii 主権行使の変容化

主権の変容として、安全性の自由問題の出現が、経済的、生物的、社会的な過程に安全性を供することとして、自由を通してなされます。これは、国家の統治を、自由人間がなす統治の形態から守ることとして、統治の破壊を守ることになります。安全性と自由との相反的可能性の出現を、安全性として確保することです。

主権は、主権行使を法、権利の概念、法的主体と結びつけて、裁判形態で、君主的管理を構成してきましたが、「契約」はその裏返しの仕方です。法は、君主権威を規範秩序の道具へとコード化していた裁判システムから、国家諸装置（医療や行政）の連続体のなかへと規範と司法制度とを浸透させていきます。つまり、法の布置が転移し、社会のなかの規範への外部でありながらしかし規整化しているものとして、主権の民主主義化において編制変えされます。主権は、法のなかへ閉じ込められたのです。自由は、国民主権の民主主義的な形態として、最小限の支配において倫理的に実際行為されますが、それはすでに規律化された主体です。主権よりも、規範への従属化の方が優先的に機能しています。主権・権利は、国家への抵抗とはなりません、反振る舞いを含み国家の法へ配備されるだけです。

iv 非政治的なものの社会空間化

統治の自由的・社会的形態の出現のために必要とされたのは、政治的なものと非政治的なものとの領域識別によって、政治的なものが非政治的なものからある意味生起してくると同時に、そこへ関与していくということです。この非政治的なものは「社会」の概念でくくられていったものです。社会は、相対的な全体性として、内的・外的な条件において出現していきます。

外的には、軍事的・外交的な配備として、外部からの干渉を防ぐ自律的国家の存在を守るもので、帝国にならずに国家間の均衡をはかるものとして、世界の各状況に応じて編制されたといえますが、その状況の違いがあるにしても、国家の自律性を均衡させる規準は、国家力の不均衡にあろうとも、構成的に追及され編制されたものといえます。諸国家の多元性・複数性です。それは、宗教的目的ではなく、政治的な終極目的としてなされたことです。領土のみならず、人口としての「国民」が守られます。

この人口の概念は、主権者や代表者の意志には還元されない、諸過程によって構成される擬似自律的な自然的現実性として、非政治的なものにおいて構成されます。人口概念を通じての統治することは、統治の外部にたいする非政治的なものの領域を積極的に形づくるのです。経済が、この現実性に、統治の外部として関わり、経済交換ではない経済的な関係編制を構成し、他方、市民社会、コミュニティ、文化などの諸事項が、この「社会」へもりこまれ配備されます。統治は、領土や領域やその主体＝臣民（国民／市民）だけではなく、法律だけでない規則・規範をもった、かつ「乱れ（矛盾・葛藤）」のメカニズムをもった、複雑で独立した現実性に関わるのですが、その現実性が「社会」です。

居住者、物事、家庭維持（ハウスホールド）の統治から、諸傾向、諸法律、諸必要性、諸過程を通じた統治への移行、そこに、経済・安全性・人口・法・社会の諸々に関係していく自由主義が出現していくのですが、統治のその変容において、国家のメンバー、ハウスホールドの統治が変更されていったということです。「社会の形成」が、人口の出現と経済の発見によって、その敷居になっています。つまり、統治の対象は実体的な物事ではなく、傾向や必要や過程となっていったのです（n°239）。そこに「統治性」

が出現したということですが、「社会の自然性」の出現において、そこを把捉することです。そして、自由主義・新自由主義をへて、社会に囲い込まれた「非政治的なもの」にたいする規範化が、それを政治的なものへと間接的に包摂していくことになります。非政治的なものは、幻想関係とプラチックとの関係に配備されます（拙書『吉本隆明と「共同幻想論」：共同幻想国家論の構築へ』晶文社）。

共同幻想は、人口という共同的な塊をもって、そこへの統治制化を、「社会」の場においてなすようになったとわたしは考えます。「社会の自然性」は、「社会」の永続化を可能にしていくとき、幻想の実際的プラチックとして社会統治技術を多彩に可能にしていく、ということです。

国家の統治制化は、主権と統治の分離、人口への統治、そして法と規範の識別化、さらに非政治的なものの政治的な包括において、「社会」の出現とそこでの統治技術としてなされていくということです。ここは、権利の表象をともなっていますが、国民主権とは、まったく異なる場での権力諸関係の編制がなされていくのです。（ここは史的変移として明証化されえない、理論プラチックの次元に布置されることだと、わたしは考えます。メタ批判理論が必要なのです。）

「主権─国家─法」ではない、人間・男女・個人身体への幻想・心性・規範、そして「振る舞い」の統治性である。ここに、ずっと残り続けている問いは、それでも、「なぜ国家なのか？」です。

国家の統治制化は、国家配備において「社会の自然性」を社会空間として構成し、その社会界の種別的分割（制度分割配備）において、社会を統治することのなかに転移配備していることで成立します。つまり、国家次元に配備はされない。社会を統治することによって、また社会の統治制化によって、社会が統治することによって、国家が維持され増強され永久化されるように「配備」したということです。そして、経済を出現させ、政治経済へと練り上げ、市場経済には統治をしないという関係構造を配備しました。本来経済範疇ではない市場を「市場調整」として規整化して行ったのです(ポランニー、ブローデルを参照)。経済と人口は「規整化」に放任しておくということです。国家の規整化理念は、国家を実体化せずに、あちこちに国家配備をビジョンとディビジョンの設計原理で分散配備していきながら、自らの疎外表出を国家認識として、物事を完成させる規則の理念として、「叡智性の戦略図式」において構築しつづけているのです。統治の自由アートが、ここをさらに洗練化していきます。

統治性は権力の一般テクノロジーが国家レベルで想定されたものであり、生政治は中世装置に適応した権力の一般テクノロジーであり、規律は刑罰システムに適合したものでした。つまり統治は、支配状態や自由間の戦略ゲームに配置はされるのですが、支配以上に権力関係へ配置されたものです。規律、規範化、生権力いったものが権力諸関係として考えられていく、それが統治性のタームで分析されていくことになります。そして、統治は、国家へだけではなく、集団・諸個人の「振る舞い」にも関与します。生政治、規律(パストラール権力)、さらに生権力は、現在でも機能しているがゆえ、多くの論者たちがそれを活用して考察しているといえます。

「振る舞い」は、交換やコミュニケーションとはちがって、ある者が自分自身の振る舞いを統治し、統治は他者の振る舞いを領導する、というように権力諸関係の種別性を概念化したものです。そして統治とは「conduite de conduite」なのだ、そして他者の諸行為の可能な領野を構造化するのが「統治する」ことである。つまり統治とは、権力への固有な関係性であり、権力の関係性とは「行為にたいする行為」である、他者への直接行為ではない、ということです。統治性としての権力諸関係は、倫理への権力諸関係の考察へと赴き、自己統治、自分自身への権力行使、の考察がなされ、そこから他者の支配／自己の支配のテクノロジーとしての統治性へと言及されていきますが、それはもはや国家の配備ではないものとしてです。

パストラール制を含んだポリス・モデルが、競合にある国力の増強と個人への配慮を集団・人口への配慮に重ねるものとして、現代国家の統治アートにしていくのです。そのとき、「社会の自然性」化、そして「経済の自然性化」がなされて、規整化のテクノロジーに配備されている。国家は、それを規整化する理念として外部化されている。ここを、権力関係とは別の閾で考察されはじめた統治性が、権力諸関係といかに関係していくかを見失わないようにフーコーをフォローしていくことです。

III 生政治と自由の統治アート——『生政治の誕生』を読む

4章　生政治の誕生と国家（上）：自由主義の出現と自由の統治アート

一九七八、九年度の講義『生政治の誕生』[1]も、あつかわれたのは「自由主義」の問題、新自由主義の政治の問題だと主に理解されて、国家論としての了解は背後に回されてしまいました。国家と市民社会の対立という問題は、派生的にしか指摘されなくなってしまったのです。つまり、自由主義・新自由主義として意味されたことの解釈が主で、〈自由〉が意味することのその作用が国家論の次元としてはほとんど問題にされていないように見えます。ブルデューは、フーコーのこの問題に対応するかのように〈自由―交換〉の問題閾へ考察をすすめましたが、自由の政治と経済との関係が新たな問題構成として明証にされていったのです。わたしたちは、ここでも国家論の視座から、フーコーを了解します。ここは、もう現代の次元の歴史相です。国家の現存的な構成が、フーコーから照射されています。統治プラチック

1 邦訳書はよくこなれています、よくできていると思いますが、それゆえ、フーコーの精密な理論閾は説明解釈されてしまい、はっきりいって理論軸はすっとばされてしまいます。理論的結びつきという理論生産閾が説明訳になってしまっているからです、大きなまちがいではありませんがずれます。規制の諸プラチックを把捉する「規整化」の次元などはあとかたもなく消えて「調整」へと転じられて意味がずれます。だいたい理論的言説の書において分かりやすい訳は、原書からは遠のくとみなしていいです。実証的な箇所はそのままでほぼよいといえますが、理論的言述になっているところは、かなりずれます、把捉されていないのではなく、把捉されたうえで了解水準が別につくられて大事な素面が消失させられてしまっているのです、注意して読まれてください。

の根本的な断裂が、法である状態から政治経済へのシフトとして示されます。

法と秩序、国家と市民社会の対立、生の政治、この三つが、十八世紀半ばに出現した自由主義的統治性の二〇〇年の歴史において考証されます。そしてその先に、とくに大戦後のドイツの新自由主義とアメリカの新自由主義の二つのタイプが主軸に対比的に検証されました、加えてフランスが、イギリスも含めて考察されています。大戦後の思想が、現在の「福祉国家のシステム」への根源的挑戦としてなされたものとして、これは「新自由主義の政治」「統治の自由主義形態」として欧米では主に論議されてしまっているのですが、フーコーの「自由主義」は「経済的自由主義」であって政治理念としての自由主義ではありません。政治の場が違うのです。わたしたちは国家論としてこれを把捉していくことです。歴史実証的なことはフーコーの本文を読めば明証にわかることゆえ、できる限り捨象します。

生政治においては、主体化と国家形成の過程とが言及されています。自由主義とは、経済学的な理論でも政治イデオロギーでもなく、これまで問題とされてきた「人間を統治するアート」であることが探究されますが、政治経済と統治との関係が、社会政治と異なった次元において論じられていながら、新自由主義における「社会政治」のあり様も再検証されます。〈人口〉の認識論的出現にターゲットがおかれ、エコノミーの変容としての「政治経済」の知の形式の出現が吟味されます。自由主義は中世の支配概念とも近代初期の国家理性とも異なる「統治の合理性」を出現させましたが、統治プラチックの基盤・境界線に「社会の自然性」の観念が出現します。それは政治思想・統治制において、「自然」概念が歴史的切断を被ったものと説明されます。

自由主義と新自由主義との変移と差異で、国家論的になにがおきていったのかをわたしたちは把捉することです。自由主義や新自由主義の厳密な把捉は、欧米社会ではないわたしたちの課題ではありません。[2]

第一に、国家と経済との間の関係に新たな定義がうみだされます。市場の自由を定義し国家が監視することに代わって、市場自体が国家を組織化し規整原理となることだ。つまり市場は統治の自己制限の原理ではもはやなく、市場は永久的な経済的裁決に立ち向かう統治となります。国家の監視下にある市場ではなく、市場の監視下にある国家です――経済的物質関係によって国家＝上部構造が決定されるということではありませんが、市場が監視している実際が、そのように理解されてしまったともいえます。

第二に統治の実態ですが、統治行為の合理性の原理が、統治された諸個人の合理性に絡んでいた――市場において財・サービスを交換する諸個人の利害と行為に結びつけられている諸個人の合理性は、市場の選択的機能が全ての人の厚生と国家の強度をもたらすとされていた――、つまり個人の自由の概念は合理的統治の技術的条件であったことから、新自由主義では統治的合理性が個人の合理的行為と結びつけられてはいますが、尊重されてきた自然的自由における統治原理ではもはやなく、また市場原理は交換ではなく「競争」の形式的特性である、その人為的にアレンジされた自由に焦点がおかれ、それは諸個人の行動の間の作用ではない、経済的・合理的諸個人の「企業的振る舞い」であるとされ、統制経

2 日本の近代化過程の考察は、フーコーの自由主義考証を参考にはすれども、規準にそれを置くことはしえない、全く異なる考証・アプローチをしていくべきことです。自由主義・新自由主義の根源に作用している国家・社会・経済の歴史本質的形態を理論指標的に把捉することです。日本を新自由主義として考察するフランス人研究者がいますが粗雑です、フーコーの基礎も把握できていない。十八世紀半ばは、吉宗から家重、家治への時代、享保の改革から老中の統治制。賀茂真淵、安藤昌益のころです。

済なしの能動的政治として、市場のために統治すべきだ、市場とは統治のなかで産出されるべきだとされます。

他にもいくつかの転移がありますが、それは順次のべていくこととして、この二点が大きな基本的転移であって、市場の経済過程が自由であることと、そこへの「介入」の仕方がいかに変節していくかを正鵠に把捉することによって、政治と社会とに形式を与える市場経済の力がどこまで拡張されうるかを知るのが新自由主義の主要問題であるということです。国家はそこにいかに布置されうるかとして関わります。新自由主義における自由主義の継承と転移は、論理がややこしくなっていますので、なるべく簡明に把捉していくようにこころがけます。本来なら、1〜3章でなしたような詳細な解読を通じて、「意味するもの」の働きを正鵠にキャッチしていかねばならないのですが、それは省略しますので、結果的に「意味されたもの」を把捉する大学人の言説の仕方に近くなり、幾分かのズレをまきおこします。というのも、わたしはこの自由主義／新自由主義の考証を、さほど重要であるとは考えていませんので、問題構成されたものの重要な理論的論点を領有すればいいと思っているからです。ただ、最初と最後は、重要ですのでそこは少し綿密にします。

生政治と自由主義、そして新自由主義の後の現在的な「先進的自由主義」との関わりをふくめて、基本問題の理論閾をつかんでいきたいとおもいます。

わたしたちは多分にマルクス主義の見解を大学知として領有してしまっているため、経済過程は下部構造・土台であってそれにたいする上部構造＝国家という図式をどこかで暗黙に作用させてしまいますが、フーコーは経済の自由が国家化の機能・役割にいかに作用したのかを掴むことで、マルクス主義的な経済規定をずらしていくのです。わたしたちは自らの手持ちのコードにたいして解体構築する不可避性をフーコー理解においては常に負わされますが、同時にフーコーの理論的限界もここでは浮上してきます。フーコーの盟友ドゥフェールは、このフーコーによる国家批判はリベラルであるよりアナーキーであると述べたといいますが[3]、そこをなるべくポジティブに把捉していくようにおさえていきたいと思います。

〔1〕政治経済の出現へ：最初の問題構成（1979.1.10 講義）

政治経済と自由放任と自由主義とが，新たな統治理性の合理性として問題提起されます。「平穏なるものに触れてはならない」という仕方です。

そのとき、国家、社会、市民社会、主権者、臣民などの物事は脇において、与えられたままのプラチックから出発して、それらがいかに構成されるかをみていくことだとフーコーは言います。そして、人間の統治を、子ども・家庭・家・魂・共同体の統治としてではなく、それらは脇において、政治主権の行使の意味に限定して考察する、「統治のプラチック la pratique de gouvernement」における dans ／対する sur 省察 réflexion の審級を把握する、統治 gouvernement の内部・外部において統治プラチックの最も近くに

3 Elden, p.103

おいて、「統治する gouverner ことを構成したプラチック」を概念化する仕方を把握する、統治プラチックの領域 domaine、諸対象 objects、一般諸規則 régles generales、総体の諸目標対象 objectifs d'ensemble が編制された établi 仕方を決定する。これはつまり政治的主権の行使における「統治制的プラチックの合理化 rationalisation de la pratique gouvernementale」の研究である、と主張しています。(p.4)

統治/統治(の)プラチック/統治する/統治制的プラチックが言表識別されていることに注意。

国家の種別性と複数性

中世の主権者は、臣民が彼岸において救済されるよう生きるのを手助けせねばならなかった、父親のように厚情をもって子ども=臣民を気にかけねばならなかった。だが十六世紀からの国家理性における統治の合理性は、そのようなことをする必要はなく、家でも、教会でも、帝国でもなく、一つの種別的 spécifique で自律的な autonome 現実として、自身のために、自身との関連においてしか存在しない。帝国へ統合されることなく、「複数の国家」として存在することになる。

国家の種別性 spécificité と複数性 pluralité ということです。

① 経済に関して、貨幣の蓄積によって富み、人口の増大によって強力になり、列強との絶え間ない競争状態にとどまる、という重商主義であり、

② 緻密な都市的組織化 organisation urbaine モデルに従って、内部の経営 gestion intérieure を際限なく規定化 réglementation indéfinie するポリスであり、

③帝国タイプの統一化 unification がおきないように永続的な「軍―外交」の組織化をもって、諸国家間の均衡 équilibre がなされるよう国家の複数性によってヨーロッパのバランスをはかることであった。

この三つの連動が、新たな統治するアートの具体的姿であったとされました。そこから、国家は「冷たい怪物」などではない、統治が、新たなプラチックを発明し、形成し、発展させているものだとされていきます。そして、国家というより、国家理性に従った統治が、限定づけられた目標対象 objectif limité を自らへ与えていくということでした。

国家理性の機能の仕方：統治の二重性と権利による制限

(i) 国家理性に従った統治は、国際的には、他の諸権能から独立した権能として、限定づけられた目標対象 objectifs limités をもち、国内では臣民の行動 comportement des sujets を規則づける règle 公的権能 puissance publique の経営 gérer として無制限の目標対象 objectif illimité をもつ。つまり、各国家は、自らに固有の諸目標対象において自律限定づけ s'autolimiter を行い、自らの独立と諸力 forces の状態を確保して、他の国々の総体ないし隣国にたいし、他の最強国にたいし、自らが決して劣らないようにする外的自動限定づけ autolimitation externe が、十七世紀外交・軍事の諸装置 appareils diplomatico-militaires 形成において示威された国家理性の特徴であり、他方、内的政治 la politique intérieure の次元で、諸集団の活動とともに個々人の活動を細部に至るまで無制限に引きうけ、臣民たちの生、その経済活動、その生産、商品販売・購入の価格を規定する réglement 統治をなして、他の諸国家との競合 concurrence 状態に入るのを可能にし、常に不均衡な（ものへの）均衡状態 état d'équilibre、他国家との競合的均衡状態を維持する maintenir ことであった。国際的諸関連における限界づけとポリス国家の行使における限界づけなしとの「共関係 corrélatif」である。(p.8-9)

＊〈limitation/limité〉は、眼界づけ、限定づけの意味するものとしてその結果意味されたものとしての「制限」となるかといえます。限界は枠組・境界に関わり、制限は内的な量に関わる。そして〈illimité/illimitation〉は、限界・限定づけをしない「無限・無制限」なものということでしょう。限界づけなく臣民の細部へ関与していくということです。

(ii) しかしながら、国家理性によるポリス国家へ命じられる無制限の目標対象にたいして、国家理性の眼界づけの原理が「権利 droit」として検討された。基本的掟（法）、や自然権、契約、合意理論、歴史的―裁判的省察、などですが、「公的権利 droit public」と呼ばれているもので、国家理性を限界づける理性の原理で、裁判理性 raison juridique の側にあるものです、国家理性に対立する、国家・国家理性にたいする外的権利による限界づけです。国家理性が権利の限界を超え出たとき、権利は統治を非正統的であると規定し、その侵害に反対し、服従の義務から臣民を解き放つ délier ことさえします。

そこに近代的統治理性と言いうるものが登場し、統治するアートが、十七世紀の権利のような外在的原理ではなく、内在的原理によって限定づけられる、「統治制的合理性の内的規整化 régulation interne de la rationalité gouvernementale」です。

この統治合理性の内的限界づけは、序章ですでにまとめました。なすべきことを分割していく統治です。統治制的理性 raison gouvernementale が自動限定 autolimitation するのは、統治の諸操作自体に内在して、無際限の変行為 transaction の対象となりうる「自動規整化 autoregulation」としてですが、自動限定される s'autolimiter 統治制的理性を可能にする permet、計算と合理性の形態をもった知的道具 instrument intellectuel である「政治経済 économie politique」である (p.15) ——（法）権利ではない——、というのです。政治経済とは、知的道具、計算のタイプ、合理性の形式です。

＊auto- というのは、自動である、それは自発である、そこから「自己～」となっていきますが、「自動～」「自律～」と当てておきます。おのずからそうなっていくという意です。transaction は、「取り引き」、「商取引」を一般に指しますが、「和解」という意味もあります、action が「trans-」されることです、わたしは、一貫してこの語の根柢的な意味作用として「変行為」「変換行為」と当てています。ある行為が移動、変移することです、その結果「取引」や「和解」が成り立つということです。

統治における「政治経済」の登場

「政治経済」[4]とは、富の生産と循環に限定された厳密な分析であり、より広義には、国 nation の繁栄 prospérité を確保できる統治の方法 méthode であり、ルソーが述べた、社会における権力の組織化・分配化・限定化に関する一般的省察である、と言っています。一七五〇年～一八二〇年頃の間揺れ動いた表現です。

❶国家理性の内部で形成された：政治経済は、国家理性が統治するアートにたいして定めた目標対象の枠組にお

4 <economie politique> は、「政治経済学」ではない、真理の体制はもっていますが、「学問」「学説」ではない、統治として実際になされた合理性の形式、その言説プラチックです。一八二〇年までにスミス『国富論』1776、マルサス『人口論』1798、リカードが出現しますが。（カント『純粋理性批判』は 1781 年、ルソー（1712-1778）『人間不平等起源論』『政治経済論』1755 年です。）

いて形成された、国家を豊かにする、人口と物資 subsistances を同時に適切に増大させることを目標対象とし、それが適切に調整され ajustée 常に勝利する仕方で、国家間の競合を可能にし保証する、諸国家間の均衡を維持する。政治経済は国家理性の目標対象、ポリス国家や重商主義やヨーロッパの均衡を実現させる目標対象を、極めて正確に取り上げ直した。したがって、十六、七世紀に規定された統治理性の内部そのものに宿りえて、それゆえ法思想 pensée juridique がとっていた外部的立場をとることはなかった。(p.16)

❷ **経済統治の絶対的ディスポティズム**：最初の政治経済は自然支配論者（物理官僚）physiocrates によってなされた、経済分析そのものから出発し、政治権力は、外的限界づけがなく、外的歯止めなく、自身以外の他の物事から境界を課せられないと結論した、ディスポティズム[5] despotisme である。自身で定義し、自身で全面的に統御する contrôle 経済以外の、何ものによっても境界のなかに閉じ込められず描かれもしない経済的統治である。この絶対的ディスポティズムであったから、国家理性の傾向を逆転することなく、その一直線上で出現できた。国家理性とその政治的自律性に外から異をとなえたのではない。最初の経済的省察の最初の政治的帰結が、法学者たちが望んでいた帰結とまったく逆であった。その帰結が、全体的なディスポティズムであった。(p.16-7)

❸ **効果についての考察・分析**：政治経済は、統治プラチックそのものを考察し、（起源ではなく）、その諸効果を考察する。人間的自然（本性）nature humaine や所与の社会の歴史 histoire d'une société donnée のなかに、記入されていた以前の権利を分析するのではない。決められた時期に或るカテゴリーの人々・商品にたいして、税が課されると何が起きるのかを問う。権利の正統か否かではなく、どのような効果をもたらすかを知ること。統治性が行使されたその後で、現実にいかなる効果がもたらされるかであって、統治性を基礎づける根源的権利は何かを問

5 <despot.sime> は一概に専制主義とは訳せない、専制政治のことですが、「絶対権力」の意です。多くは、したがって、そのままディスポティズムとしています。

うのではない。それゆえ、前時代に編制された統治プラチックや統治理性の内部そのものに、政治経済は新たな合理性の場をもつことができた。(p.17)

❹ **自然の概念**：政治経済は、統治プラチック自体に固有の自然性 naruralité を発見したのです。統治行為の諸対象に固有の自然があり、統治行為自体に固有の自然がある、それは政治経済を研究することである。

政治経済にとってこの自然とは、(奥底にある自然性、権力行使が影響させてはならぬもの、不当であるからふれてはならんという根源的な区域のことではなく)、統治性の行使そのものの下で、それを貫き流れているもの、必要不可欠な皮下組織、永続的な共関係物としての自然です。統治者自身の行為が一つの下部をもつということではなく、可視的なもので、統治者自身の行為を表面としている、統治性の別の面です。たとえば、人口は給与がより上がる方向へ場所換えする se deplace のは自然法則 loi de nature である、必需品の高い価格が守られるために設定された関税率が不可避に品不足を引き起こすのは自然法則である、というように経済学者 économistes は説明する。つまり、政治経済は、叡智的メカニズム mécanismes intelligible の機能において、必然的に生産される諸現象・諸過程・諸規整性 régularités の存在を現出させるのです。その必然的・叡智的メカニズムは、逆らわれたり、かき混ぜられたり、曇らされたりしても、統治プラチックへはねかってくるのです。(p.17-8)

❺ **正統性から成功の規準へ**：自律限定的統治の新たな理性のなかで政治経済が、第一の形態として自らを提示してきた第五の根拠は、統治性、その諸対象、諸操作に固有の自然（本性）nature があるなら、統治プラチックはその自然(本性)を尊重することでなされてこそ帰結をもたらす。もしその自然(本性)を隠したり、考慮にいれなかったり、自らが操縦する manipule 諸対象に固有の自然性 naturalité によって定められた諸法則 lois に逆らったりしたなら、ネガティブな諸帰結がもたらされてしまう。正統性 légitimité か不正統性 illégitimité かではなく、成功 réussite か失敗 échec かが統治行為 action gouvernemental の批判規準 critère になったということであり、功利主義的哲学の

問題総体に統治性が接続していきます。(p.18-9)

統治が成功を求めているのに、自然=本性を侵害することになるのは何によってか？　暴力、過剰、濫用の根柢には、君主の悪意があるからではない、統治が自然法則を見誤っているからだ、統治が法則の存在、メカニズム、効果を知らず、間違いを犯すことがあり得る、悪い統治をもたらすのは悪い君主ではなく、無知な君主である。

政治経済を通じて、統治するアートのなかに二つのものが同時にはいってくる。

①自律限定化 autolimitation の可能性：自らが行うこと、自らが対象とするものの自然=本性に従って、統治行為が自らに限界づけを課す可能性。

②真理の問い question de la vérité：限界化の可能性 possibilité de limitation と真理の問いが、政治経済を通じて統治理性のなかに導入される。

●真理の体制の問題構成：プラチック系と真理体制の「知・権力」の配備

真理の問題と統治プラチックの自律限定化の問題とは、君主の賢明さの場合としてかつてからあったことだが、自身が扱う対象において企図された自然的帰結を知ろうとする統治プラチックの場合は、まったく異なる。君主の慢心にたいしての助言者たちと、自然的メカニズムの真理を統治にたいして語る経済学者たちとは、まったく関係がない。政治経済とともに新たな一つの時代が始まる。その新しさの原理とは、常に統治しすぎるリスクがあるのを統治は十分に知らない、または、十分なだけ統治するにはいかになせばいいかを統治は決して知りすぎることがない。統治するアートの最大最小の原理が、君主の賢明さを命じていた「公平な均衡 équilibre équitable」「公平な正義」の観念 notion に取ってかわった。それは、真理の原理による自律的限定化の問題を、政治経済がポリス国家の無際限な慢心にたいして導入したことは、とてつもなく重大なことである。この真理の体制は、政治の時代の特徴であり、今日まで同一のままであるが、プラチックの系と言説との連結によって印しづけられ、一方では言説が叡智的仕方でむすびついた総体をなし、他方で、プラチックの系 série de pratiques にたいして真か偽かの観点から法が課されたり可能になったりする。（政治、統治プラチックがその時代の合理性に辿り着くことでも、統治するアートが科学的なものになって認識論閾に到達することでもない。）(p.20)

十六、七世紀、すべての実際行為は、異なる諸出来事、諸合理化の原理から出発して考察されていたが、それに対して、十八世紀半ば以来、さまざまな実際行為の間に、省察され熟慮された一つの整合性が打ち立てられるようになった、この整合性の設定が諸々の叡智的メカニズムである。それによって、実際行為とその効果とが結びつけられ、全ての実際行為が良いか悪いかとして、法や道徳原理からではなく、自身が真と偽の分割に従う命題に基づいて判断できることになった。それによって、統治活動がまるごと新たな真理体制へ置き換えられ、統治するアートが提起しえた次のような問題の位置をずらす効果をもたらしえた。

① 私は、道徳の法、自然の法、神の法に対して適合的仕方で統治しているだろうか、という統治制的適合性 conformité gouvernementale の問題。

② 十六、七世紀の国家理性の時代、十分なだけ統治しているだろうか、国家をあるべき姿とすべく、国家を最大の力とすべく、十分な強度と十分な細部にわたって統治しえているだろうかという問題。

③ 今や、過大と過小のあいだで、私はうまく統治しているだろうか、という統治の自律限定化の原理としての真理体制の出現である。(p.21)

フーコーが、狂気、病い、非行性、セクシュアリテ、そして統治をめぐる政治・経済において企図していたことは、「プラチックの系―真理の体制」との連結 couplage が、実際に現実のなかで存在していないものを効果的に印し marque、それを真と偽とに分割 partage し、正統的に légitiment 従わせようとする、その「知―権力」配備 dispositif de savoir-pouvoir がいかに形成されるかを示すことでした。存在していないものが、依然として存在しないままでありがちなのに、にもかかわらず何ものかとなりえているのは、どのようにしてなのか、を問うことです。それは、錯誤 erreur が生じたのでも、理性の光に照らして消え去るべき醜悪な幻想 illusions でもイデオロギーの産物でもない、プラチックの系 série、現実の実際行為であるのです――狂気や病いが存在しないのに存在しているとされる、それは「実践」ではありません、そうさせている実際行為です、プラチックとはそういうことです、次元がちがうのです――。政治と経済は非対称的両極性 bipolarité dissymétrique にあるとされているものですが、存在しない何かであるものを、真と偽とを分割する真理体制に記入した relevant ものとして、現実のなかに書き込んだ inscrit ということです。(p.21-2)

政治と経済は存在しない、真理体制に書き込まれたものだ、という指摘は考えさせられますが、言説が実際世界をつくっていくというのがフーコーであると思います。政治も経済も言説ではないとして、それでは、統治制においてのみの言説体系、その真理体制をフーコーはつくりえたかというと、それはなしきれてはいませんが、問題は開示されました。自由主義から問われていく鬩は、政治経済が「政治」と「経済」に分割されていく、それを可能にしていったものは何か？　いかにしてか？　です。それを問うているNBであるといえるでしょう。この講義の始まりで、普遍なるものから出発して歴史にそのモジュールや変更や編制をみていく歴史主義的還元 réduction historiciste への批判をこめて、フーコーは、狂気が存在しないと仮定して、狂気であると想定された物事が秩序化される s'ordonnent よう見える諸出来事・諸実際行為についていかなる歴史がつくられうるか、具体的な実際行為＝プラチックから出発して普遍なるものを問い返すのだ、それは歴史批判方法を使って諸々の普遍なるもの les universaux を問いかけるのではなく、普遍なるものは存在しないと決断して歴史をつくっていく方法をとることだ、と宣言していました（p.5）。

●自由放任と自由主義

一七四〇年代の君主の賢明さである「平穏を乱すべからず」から、王にたいして「我々のためにあなたができること、それは我々を自由放任 laissez-nous faire してくれることだ」への変移がある。「自由放任」は、あらゆる統治が経済的事柄 matière économique にたいして尊重し従うべき本質的原理である。それが「統治理性の自律的限界化」で、統治するアートにおける合理性の新たなタイプです。すべてに触れてはならないということを、私は受け入れ、望み、企図し、計算するのだ、と統治に対して語り、かつ統治に語らせる。それが「自由主義」である。(p.22-3)

生政治の分析は、統治理性の一般体制 régime général を理解してこそ成り立つ。それは真理の問題の一般体制、統治理性の内部への経済的真理であり、また、国家理性に対立する自由主義 libéralisme である体制をしることで、生政治は把握される、とフーコーは問題を位置づけました。それをもって自由および自由主義の問題すべてを今日的問題として考えようというのです。(p.24)

以上が、講義の問題設定です。しかし、それはいかにその目的に達しえたかではなく、歴史現実としてほとんどなしえなかったということが要点です。物事を可能な限り放置しておくという新たな合理性の形態は、統治の限界と「統治の自律限定化の原理」となっていきます。

十八世紀に「質素な統治」の時代が始まる、とフーコーは言います。それは、「統治しすぎない」ことによって統治効果を最大にだそうとする逆説的な仕方です。

統治するアートにおいて、政治経済が国家理性の内部に知的道具として出現させられ、統治プラチックが自然性にあるのだ、それは統治制的合理性を自動的に限界づけていくのだがら、自由放任しておかねばならない、という仕方が出現してきたということです。その詳しい様態が、以下述べられていきます。

〔2〕統治する自由アート：十八世紀の自由主義（1979.1.17、1.24 講義）

「統治するアート」がリベラルな新たなアートになった、「統治する自由アート art libéral de gouverner」の種別性が明示されます。「自由主義」の古典的な様態です。この統治する「自由アート」を「自由主義的統治術」などとは訳せません、統治が自由主義的であるのではない、反対です、自由主義が統治において形づけられるのです、「自由主義 libéralisme」とその根源で作用する統治の「自由アート art libéral」とは識別して、そこからその結合が検証されることです。

(a) 経済的真理の問題、市場の真理陳述（真理化）の問題、
(b) 有用性の計算による統治性の眼界づけの問題、
(c) 経済発展をともなう国際的均衡にかかわるヨーロッパの位置づけの問題、

の三つが、自由主義の「統治する自由アート」の根本的特徴として論じられます。フーコーは、何を「自由」と言っているのでしょうか？

「質素な統治／統治の質素さ」が自由主義の問題

国家理性が、国家の力 force・富・権能 puissance[6] を増大させようとするのに対して、新たな統治するアー

6 <pouvoir/puissance/force> は、力の働き方が異なる様態を表象する言表です。<pouvoir> は物事を可能にする力、パワー／権力です。

トは、統治権力の行使を内部から限界づけようとします。そのメカニズム、諸効果、原理はまったく新しいものです。これをフーコーは「**質素な統治** gouvernement frugal」といい、「質素さ frugalité」[7]の問題が、いかに国家が構成されているかという「国家の構成 constitution des État」の「構成の問題」に対して、とって変わって新たに出現したと言うのです。つまり政治的省察において、君主制、貴族制、民主制といった国家がいかなる「構成 constitution」[8]をなしていたかが問題であったことに対して、十八世紀の終り頃から「統治の質素さ（倹約）」が根本問題となってきた。それは、「できる限り少なく統治すること」「最小の側で統治する」ことで、この統治するアートが、国家理性の内的精製 raffinement interne——維持・発展・完全化——であり、組織化する organisateur 原理として「最小国家理性 raison du moindre Éta」を内在化し intérieur、国家理性自体の組織 organisation 原理としての「最小統治理性 raison du moidre gouvernement」となったのです。〔田沼時代から松平定信・寛政の改革に対応させてみると興味深い。〕

<force>は風の力のような自然的な力です。その間に布置する<puissance>は、強制力、押しつける力、支配などをもった意志・能力の力ですが、法的な権利の遂行力をもっています、「権能」としておきます。フーコーはもちろん仕分けて使っています。この訳書では「支配力」としていますが、<domination>ではありません、支配を可能とするように作用している「権能」です、次元が違います。STPの訳書では、めちゃくちゃになっていましたが、社会科学的素養がないからです。

7 <frugal/frugalité>は、エコノミーの倹約、節約、質素であって、その結果たとえば「つましい妻」が出現するという意味合いです。統治が、どのように倹約、節約され、質素な作用としてはたらかされていくのか、しかもその質素さが誇張、拡張・強化されていく、それが以下考証されていきます。「つましい統治」とは言い難いとおもいます。

8 <constitution>は「構成」概念であって、「政体」概念ではない、国家がいかに構成化しているかの問題です。これも意味するものではなく、意味されたものとしての訳言表「政体」に転じられてしまっています（⑧37頁）。

国家の「構成化」の問題ではなく、この「質素な統治」が、外的には拡張され、かつ内的には強化された統治プラチックとなったのです。自らを質素でありたいと願いながら氾濫していく、それに対する抵抗や反抗などのネガティブ諸効果が派生した。そこには、たえず過大と過小の問題が、外部からも内部からもおきたということです。(p.30-1) 最大と最小の関係のとり方が代わってしまったということです。最小、質素にして最大の効果をあげていこうというのです。

この「統治の質素さ frugalité du gouvernement」こそが自由主義の問題である、ということです。この規準が、一貫してとられていきますので、忘れないでください。

自由主義の市場：真理形成の場所

質素な統治は、「規整化する原理 principe régulateur」のことです。すでに、「政治経済の出現 apparition」と「最小統治の問題」とは互いに結びついた物事であったことは語られていました。その国家理性と政治経済との接続 branchement は、「統治のプラチック」と「真理体制 régime de vérité」との接続の原理であって、介入と統治的規整化の特権的対象、統治の警戒と介入の特権的対象の場所 lieu がある、それは経済理論ではない。この場所が、十八世紀から「真理形成 formation de vérité」の場所・メカニズムとなるのです。無際限の規定的統治性 gouvernementalité réglementaire indéfinie の飽和を構成するよりはむしろ、可能な介入が最小限になるようにしておいて、真理を定式表現して formuler、統治制的プラチック pratique gouvernementale へ規則やノルムを提出する。この真理の場所が「市場」であるのです、経済学者たちの頭ではない。(p.31)　ここに、自由主義の市場が、統治にたいする真理の問題であると明示されています。**「市場」とは「真理」の場所、真理化／真理陳述の場所**なのです。

「政治経済」は、経済理論ではない、経済学者たちの頭ではない、とはっきりいっています。「政治経済学」ではないのです。

ⓐ 市場の自然的メカニズムと真理陳述の場所

▼中世、十六、七世紀の市場は、本質的に「正義の場所」であった。

市場は規制で包囲された場所であった。

市場が正義の場所であったとは、分配的正義の特権的場所であった。定められた売価が、正しい価格、公正価格であって、なされた労働、商人の必要、消費者の必要と資力に公正な関係を保つべき価格とされていた。最も貧しい一部の者が最も豊かな者と同様に食料品を購入できるということ。

市場の規制によって保証されていたものは「不正行為の不在」であり、それは「買い手の保護」であった。商品の公正な分配を目的にし、詐取・違法行為の不在が目的とされていた。それは買い手がリスクとして知覚され、粗悪な商品、売り手の不正行為から守られていた。規制公正価格と不正行為への制裁とのシステムによって、市場は正義の場所として、正義が交換において出現し価格において表明される場所であった。つまり、市場は「法陳述の場所 lieu de juridiction」であった。

♣十八世紀中頃、法陳述の場所ではなくなる変化が市場に起き、「真理陳述の場所 lieu de véridiction」となる。

市場は、統治プラチックを真である偽であるとする場所を構成する。良い統治とは、もはや単なる公正な統治ではない、真理にもとづいて機能している市場である、市場は統治プラチックに対して真なることを語らねばならない。市場の問題は、真理体制と統治プラチックとの接続の問題である。

市場は「自然的」メカニズム mécanismes 〈naturels〉 に従うべきもの、自発化されたメカニズム mécanismes spontanés であって、複雑ゆえ把握が不可能であり、その変更 modifier を企図すると、それを変性 altérer させ非自然化 dénaturer させてしまう。そして、自然的メカニズムは、そのままに放っておけば、ある価格の形成をなす、それは「自然」価格とか「良い価格」とかよばれ、その後「正常価格 prix normal」とよばれるが、生産コストと需要の拡大のあいだに適切な関連 rapport adéquat が表示されたことです。市場は、その自然において働くがままに(放任)される laisse jouer とき、望まれる自然真理においてある価格——公正価格 juste prix——が可能になる、そこにもはや正義の共示はまったくなく、生産物の価値をめぐって揺れ動く osciller 価格があるということです。(p.33)

(b) 統治の有用性の計算とその限界づけ

公的権利、公的権能と有用性との関係を掴む問題です。

純粋な国家理性における統治性の無制限、ポリス国家における統合的な管理の統治、こうした統合的統治性、無限定な路線にある統治性においては、同時に、裁判諸制度 institutions judiciaires、司法官 magistrats、法的言説 discours juridiques における歯止め contrepoids がある。

最小国家理性においては内的な限定づけ limitation interne がある、法的な限定づけである、自律限定づける統治理性の体制である。統治が自律限定するとは、統治を麻痺させずに、市場を特権的に尊重する真理の場所を窒息させずに、自律限定づける権利をいかに定式化するかです。それは、政治経済があるならば、公的権利はどうなるのか、ということになります。統治の非介入が絶対的に必要な領域にたいして、公的権能の行使を権利にたいしていかに基礎づけうるか、政治経済と公的権利との連結という問題です。市場の自由である政治経済を思考するとき、公的権利の問題、公的権能の限定づけの問題、が同時に提起される。十九、二十世紀を通じて、経済的法化législation économique、統治 goverement と管理 administration との分離、管理権利 droit administratif の構成、種別的な行政法廷 tribunaux administratifs の存在の必要性、といった諸問題に公的権利の問題はたえず見いだされる。権利の消失ではなく、真理の問題によって政治権力の行使を法的限定づけ limitation juridique せねばならないときの問題です。(p.40)

公的権利の重心が場所転移された déplacement ということです。もはや主権の基礎づけや主権者の正統的存在の問題ではなく、公的権能の行使への法的境界標 bornes juridiques の問題です。しかし、次の二つの異質な仕方の根源には、どちらにも、かつての国家理性の無際限に対する公的権利の省察形式や法的テクノロジーが、遡及的になされているとフーコーは指摘します。

❶公的権能の規整化を権利において構成する二つの道

ⓐ 権利から出発する道:公理 voie axiomatique、「法的—演繹的」な道:あらゆる個人には自然的・起源的な権利があると想定し、次に、いかなる条件・理由で、いかなる理念的・歴史的処置にしたがって権利の制限・交換が受容されたかを規定しうる道である。権利の分割、主権の範囲、主権の権利の諸限界が規定されて、統治の能力の境界が、主権の骨組み枠のなかで演繹される。これは人間の権利から出発して、主権の構成を経由し、統治性の境界画定 délimitation にいたろうとするもので、これが「革命的道」であると、フーコーは言います。社会、国家、主権者、統治、の理念的・現実的な再開 recommencement の働きを通じて、諸権利の正統性や譲渡不可能性を提起する仕方です。

ⓑ統治プラチックそのものから出発する道：統治プラチックを分析するのだが、その分析は統治性にたいする事実の諸限界 limites de fait──歴史・伝統、歴史的に規定された物状態や、国 pays の資源・人口・経済などに関わる統治性の目標対象・対象の機能において編制されている、良き望ましい諸限界として決定される。つまり、統治、プラチック、事実の限界、望ましい限界、の分析です。そこから、何を行い何を行わないか、有用 util か無用 inutil かが分離され、統治の能力 compétence の限界は、統治的介入の有用性の境界によって規定される。有用であるか、何にとって有用か、いかなる限界のもとで有用か、どこから無用となり、どこから有害となるか、まさにイギリス的功利主義のラディカリズムである「有用性 utilité の問題」である。(p.40-1) 功利主義 utilitarisme は統治のテクノロジーである、統治プラチックから出発して、自らの能力範囲を有用性のタームにおいて定義するものです。

ラディカリズム／ラディカルとは、公的権利が歴史的考察のなかで、根本的な権利を位置画定する意味で起源的権利が価値づけられた、その主権者による権力濫用を前にした人々の立場です。そしてイギリス的ラディカリズムとは、統治性一般に対して、有用であるか無用であるかを絶え間なく提起する立場です。

❷法律に関する二つの考え方：

ⓐ「公的権利の伝統的立場に節合された」革命における公理の道においては、法は意志の表現 expression de la volonté となり、「意志─法」のシステムがある。法は諸個人が、いかなる権利の譲渡は受け入れ、いかなる権利は保存しておきたいか、を表明する集団意志の表現となる。

ⓑ他方、「統治する理性の新たな経済に節合された」功利主義的ラディカルな道においては、公的権能の介入範囲と諸個人の独立範囲とを分割する変行為の効果として考えられる。

❸自由に関する二つの考え方：

ⓐ人間の権利から出発して、すべての個人は自ら手元にある自由を保持してその一部が譲渡されたりされなかったりすると法的な考え方で構想された自由、

ⓑ統治者に対する被統治者の独立から出発して知覚された自由、

という絶対的に異質な二つの考え方がある。

この二つは、歴史的に異なる起源をもち、本質的に他律生成性 hétérogénéité にあり、本質的にちぐはぐなもの（不調和）disparate であるゆえ、歴史のなかで見分けねばならないとフーコーは言います。

◉利益 intérêt

市場の側での「交換」、公的権能の側での「有用性」、これをともに思考する一般的カテゴリーが「利益」です。経済諸過程における交換価値と自発的真理陳述、公的権能 puissance publique のアクト actes における有用性の測定と内的法陳述、富のための交換と公的権能のための有用性、そのように統治理性は自律限定づけ autolimitation の根本原理を分節する。「利益」は、交換の原理であり、有用性の判断基準 critère である。十八世紀初頭の統治理性が自律限定づけの原理において、従わねばならない原理としての利益は、個人利益と集団利益の間、社会的有用性 utilité sociale と経済的収益 profit économique との間、市場の均衡と公的権能の体制との間の、複合的働き jeu complexe であり、根本的諸権利と被統治者たちの独立との間の複合的働きである、「諸利益」である。国家理性としての拡大・富・人口・権能を追求する国家の利益ではない。新たな統治理性における統治は、利益を操縦する manipule ことと chose である。

「利益」を通じて統治は個人、アクト、話し言葉、富、資源、財産、権利などすべてに影響力を行使できる。

▼君主 monarque、主権者 sourverain、国家 État が権利を持ち、正統化され légitimé、打ち立てられて fondé 影響力をもっていたのは、諸物 choses、土地 terres にたいしてであった。王は王国・領地の所有者であり、そこに介入し、臣民の権利がいかにあろうともすべてに影響を与えていた。主権者・重臣の形で権力は行使され、統治は、諸物 choses・人々 gens に直接影響力を行使していた。

♣国家理性と最小国家理性とが切り離される décollage 新たな統治理性は、諸物・人々ではなく、ただ利益、諸利益、諸利益の働き、にたいする介入において正統化され打ち立てられる。しかる個人・物 chose・財 bien・富 richsse・過程 processus を、諸個人のため、諸個人の総体のため、個人利益が万人の利益に直面されるため、の利益です。統治は利益のみに関心をもつということです。統治性が物自体に関わらない、なによりも政治なるもの la politique、政治なるものに賭けられているもの les enjeux de la politique である「政治なるものの諸現象 phénomènes de la politique」に関わり affaire ます。

▼刑罰制度における「身体刑」とは、処罰する主権者が個人として、個人身体そのものに物理的に介入できる、体罰をなす権利、公開の体罰をなす権利もっていたということで、犯罪を犯した人物が、幾人かに損害を与えただけでなく、主権者の権能の身体を侵害した、と主権者が表明することを意味します。

♣刑罰の緩和の原理は、犯罪と、それを処罰する権利との間に、「利益」の薄膜がはられ、処罰と損害を被った人々の利益や被害補償に応じて計算されるべきものとなる。処罰は、他の人々、近しい人々、社会の利益の作用のなかに根付くだけになる。処罰で利益が見いだせるか、それはいかなる利益か、社会において利益が見いだせるにはいかなる形態をとるべきか、身体刑か再教育か、どこまでの再教育か、いかほどのコストがかかるか——といった統治の可能な介入の範囲、その唯一の表面を構成するものとして挿入される。統治理性の再整備 réaménagement に関わる諸変異 mutations が説明される。

もはや臣民や諸物に対してではない、「利益」にたいして統治はなされる。そして交換こそが物事の真の価値を決定する社会・体制において、統治の有用性の価値はいかに可能かということが、〈利益〉をめぐる自由主義の根本的な問いである。

(c) 自由主義におけるヨーロッパと国際空間の均衡：「市場の世界化」の出現（1979.1.24講義）

ウェストファリア条約（一六四八年）以後の、帝国的状況を避けてヨーロッパの諸国家間の均衡をはかる「外部へ限定づけられた目標対象 les objectifs limités à l'extérieur」とポリス国家の「内部への無制限の目標対象」――常により執拗で、より強調され、より微細である統治性で、アプリオリに限度を定められていない規定化 réglementation――とが、いかに相互関係しながら、新たな統治する自由アートを出現させ編制したかです。というのも、ポリス国家の無際限な目標をそのままにしたなら、自身のはてしない国家強化が帝国への無際限な増大をうみだしてしまうゆえ、帝国的統一性を再構成しえない程度で他国にたいして優位であること、隣国を支配しないことの均衡が対外的な限界づけとしてはかられた。

重商主義的計算は、世界の一定量の金の存在において、いくつかの国家が他国を犠牲にして富を奪い取って自ら豊かになるマネタリズムであったが、一国のみが勝者となるのを避けるには、外交によってゼロサムゲームを中断し、儲けを相手と分配すること、それによる均衡をはかることが、重商主義には内在していたことである。

十八世紀半ば、市場 marché のなかに真理陳述 véridiction を、有用性 utilité のなかに法陳述 juridiction を見いだす「最小国家理性 raison de moindre État」は、自然支配論者 physiocrates やアダム・スミスの考えのなかに観られます。自然価格 prix naturel、良価格 bons prix が打ち立てられれば、売り手と買い手が同時に利益を得る、それが自然的競合 concurrence naturelle の正統的働き jeu légitime であり、利益諸効果をもたらし、売り手の最大利益、買い手の最小出費、そこに相互の富裕化 enrichissement mutuel のメカニズムが機能し、一個人と同様一つの国 pays が長期にわたって富裕化し維持されうる。わが国が隣国との相互商業 commerce mutuel によって豊かになり、隣国も豊かになる、共関係的帰結 conséquent corrélatif による富裕化、ブロックにおける en bloc 富裕化、地域的 régional 富裕化である。かくして経済のゼロサムゲームから抜け出して、互酬的最小限 moins réciproque の経済的歴史性の時代 âge d'une historicité économique に入る。(p.55-6)

ヨーロッパに関する新たな考えがここからはじまる。集団的富裕化 enrichissement collectif のヨーロッパ、それは諸国家間の競合を通じて、限界なき経済的進歩 progrès économique illimité につながる道を前進する avancer 集団的経済主体 sujet économique collectif としてのヨーロッパである。(p.56)

この「進歩の考え」は自由主義の根本テーマであるが、すべての国々の集団的・互酬的富裕化を保証するには、ヨーロッパを中心にした限界なき富裕化がなされねばならない。その原理と目標対象は「市場の世界化 mondialisation du marché」である、全世界を経済領域とし、限界なき市場とし、自らに固有の競合による永続的・集団的富裕化がなされうる。世界市場 marché mondial が開かれたことで経済的働き jeu économique は有限ではなくなった。ヨーロッパにおけるゲーム・働きであるが、賭けられている enjeu のは世界である。(そこに差異／偏曲化が産まれるのは次の必然となっていくが)、フーコーは植民地化は以前にはじまった、帝国主義は後の二十世紀のことだ、ここは、ヨーロッパの統治プラチックにおいて地球規模をもった合理性の「新たなタイプの計算」が開始されたことだ、と指摘します。

●市場の真理陳述の問題

(i) 海の権利 droit de la mer

国際法の観点から、海を自由な競争、自由な海上交通の空間として、世界市場の組織化にとっての必要条件として考える仕方である。海賊行為の利用、助長、制圧、駆除などが同時になされた仕方を、法権利上の原理にしたがって地球規模の空間を作り上げようとする努力の側面である。市場の組織化の観点から、世界の法制化が思考すべきものとしてあった。

(ii) 永遠平和と国外市場

平和の企図 projets de paix、国際組織 organisation internationale の企図は、各国家の内的諸力の限界づけではなく、国外市場の限界づけの撤廃として、国外市場が大きくなるほど永遠平和が保証されるという考えになった。その典型がカントである。

永遠平和を保証してくれるのは、人間の意志か、人間同士の相互理解か、人間がつくりあげる政治的・外交的な結託であろうか、法権利の組織化であろうか。いやそうではない、それは「自然」なのだ、とカントは言う。太陽にやきつくされたり氷河に凍らされたりするところにも、動物たちだけでない人間たちを生かすことができている、そこに生きている人々がいる、人間が生きれないような場所など世界には全くない。だが、人間が生きるには食物摂取が必要だし、食物生産が必要である、社会を組織し自らの生産物を人々の間で交換せねばならない。自然は、全世界、世界の全表面が、生産と交換の経済行為にゆだねられることを望んだ。そこから自然は、人間にいくつかの義務を命じた。人間にとって法的義務であり、自然が人間にひそかに課した義務であり、自然が、事物・地理・気候などの配置のうちにくぼみとして標した義務である。

その配置とは、第一に、人間は個別に、所有物等の交換関係を互いにもてる、その自然の定め、掟を、人間は法的義務として取り上げなおし、国法となす。

第二に、自然は、人間が世界に互いに異なる地域に分かれ、他の地域の住民たちと結ばれることのない特権的諸関係を地域住民の間で結ばれることを望んだ。この自然の掟を、人間は法権利の観点から取り上げなおし、諸処の国家を、互いに分離され、互いに法的関係を維持するものとして構成した、これが国際法である。さらにそうした諸国家の間に、独立を保証する法的諸関係だけでなく、商業的関係が同様に存在し、それが諸国家の境界を貫いて、その結果、各国家の法的独立がいくつもの交流地点をもつ。かかる商業関係は、世界を踏破し、世界市民、商法を構成する。国法、国際法、世界市民法の総体は、自然の掟を人間が義務のかたちで取りあげなおしたものだ。したがって、法権利は、自然の掟そのものを取りあげなおす限りにおいて、自然が全世界に人々を住みつかせたときの自然の最初の振る舞い以来、すでに永遠平和を素描して約束していたのだ。永遠平和は自然によって保証されている。その保証は、全世界に人々が住みつくことによって、全世界を貫いて商業関係の組織網が張られることで表明される。永遠平和の保証とは、商業の地球規模の拡大なのだ、と。

カントの自然は、自然論者（物理官僚）たちが市場をうまく調整するのを保証していたのは自然であった、というのとまったく同じである。

(iii) ナポレオンの帝国的考え

であるからといって、ヨーロッパの平和の時代、政治が平和的な仕方で地球規模に拡大される時代がきたわけではない。結局十九世紀以降、最悪の戦争の時代がはじまり、関税、保護貿易、国民経済、政治的ナショナリズム、大きな戦争の時代となった。そのとき、省察・分析・計算のある形態が現れる、別のタイプの計算、経済思考、権力プラチックに従う政治諸プラチックにおいて統合される計算と分析です。ナポレオンは、ポリス国家に敵対し、内部から統治プラチックを限界づけ、外交的には旧式の帝国的布置を再構成しようとした。それは、①内部において諸自由を保障する帝国、②無際限の革命的企図のヨーロッパ形態に置かれる帝国、③帝国の古い形態を再構成する帝国、という目標対象です。

ウイーン条約はこうした帝国の無際限を締め出しヨーロッパの均衡をはかろうとしたが、二つの異なる目標対象があった。オーストリアは旧式のポリス国家の形態でのみ諸国家を組織化していたため、管理的統一しか持っておらず、十八世紀的な計算でオーストリアに似せてヨーロッパの均衡をはかろうとした。しかしイギリスは、ヨーロッパと世界市場との経済的仲介の役割を自らに残し、ヨーロッパ経済を世界化しようとして、ヨーロッパを特殊な経済地域とする原理であった。この二つの異なる合理性と政治的計算があった。

自由主義の問題設定の要約

①市場の真理陳述、②統治の有用性の計算による限定づけ、③世界市場との関係における限界なき経済的発展を伴う圏域としてのヨーロッパの位置、これが「自由主義」だとフーコーは言います。

●自由主義は自然主義である

自然支配論者やアダム・スミスによって語られる自由は、自発性 spontanéité である、この自発性とは人間主体のことではありません、物事自体の自発性です。経済過程が自発的である、その内的・固有なメカニックです。カントにおいても永遠平和は権利によってではなく自然によって保証される。十八世紀半ばに示されたのは「統治的自然主義 naturalisme gouvernemental」であった。統治するアートの起源にある自然主義は、経済の自発的メカニズムが実際にあり、あらゆる統治はそれを尊重せねばならない、と自然支配論者たちが発見し結論したものです。それは、統治は経済的諸メカニズムをその複雑さと内的自然において認知せねばならないということ、その尊重すべきこととは、統治が自らの政治を、社会や市場や経済循環において起こることを、正確に、継続的に、明晰に区別的に認識することで武装したことです。したがって、権力の限界づけは、諸個人の自由の尊重ではなく、統治が尊重する経済分析の明証さによって与えられる。その明証さによって限界づけられるのであって、個人の自由によって限界づけられるのではない。

この自然主義を、それでも自由主義だと言うのは、このプラチックの核心に自由があるからだが、権威的統治が、寛容で弛緩した柔和な統治へ移行したというのではない、自由の分量が増大したというのではない、事実上の根拠と方法上の根拠とがあるからだ。

事実上の根拠：ある時代システムと別の時代システムとの間で、どちらに自由があったかとその量を測り比べることは意味が無い。

方法上の根拠：自由とは、統治者と被統治者とのアクチュアルな関連であって、「さらに多く encore plus」によって存在が与えられる自由が、現存では「少なすぎる」と測定される関連であるにすぎない。自由とは普遍的で、時間を通じて、累進的に達成され、量的に変動し、重大な喪失 amputation や重要な掩蔽を提示するという、時間・地理とともに特殊化される普遍的なものでもなければ、あちこちで時に多かったり少なかったりする黒い升目をもった白い表面でもない――と自由を実在ではない関連的なものであるとしています。

●自由は消費され、生産され組織化される

この統治プラチックは、自由を尊重したり保証したりするものではなく、自由を消費するものである。市場の自由、売り手と買い手の自由、所有権の自由な行使、議論の自由、表現の自由が実際にあるその限りで、その統治プラチックが機能しうる。新たな統治理性は自由を必要とし、新たな統治するアートは自由を消費する、それはつまり自由を生産せねばならないことになる。

「自由であるべし」と命令するのではない、「私はあなたが自由であることを生産しよう」「わたしはあなたに自由な存在が自由であるべし sois libre d'être libre ということをなそう」ということです。自由でありうる諸条件の組織化と経営は、問題をはらんだ関連を自由プラチックの核心へもちこみます、それは一方で自由を生産しながら、他方で、自由を破壊するリスクにたいして、限界化、統御、強制、そして脅迫をおしつける義務、を編制する必要があるのです。(p.65)

交易の自由が守られるために保護関税を編制したり、市場を支援し援助によって買い手を作りださねばならなかったり、国内市場の自由のために反独占の法制を必要としたり、労働市場の自由のために圧力を加えない労働者がいなければならない、こうした法制、統治の介入が働いてこそ、統治するために必要とされる自由の生産が保証される。

自由体制において行動の自由は含意されているが、自由主義体制における自由は所与ではない、自由は製造される se fabrique ものである。自由主義は自由を受け入れるものではない、自由主義とは、たえず自由を製造するもの fabriquer、自由を起こさせ susciter 生産しよう produire とするものです。(p.66)

●安全性と自由

自由の製造費用 coût de la fabrication de liberté の計算 calcul とは何か、その計算の原理が「安全性 sécurité」である。

自由主義、統治する自由アートは、さまざまに異なる「個人諸利益」intérêts individuels が、「集団利益 intérêt colectif」にとって危険でないように測定し正確に決定せねばならない。個人諸利益に対して集団利益を保護する、また、集団利益に対して個人利益を保護する、そして、経済過程の自由が企業や労働者に危険とならないようにし、労働者の自由が企業や生産に危険にならないようにする。個々人におこる偶発事、病い、老いなど生に起こりうるすべてが、個人や社会にとって危険を構成しないようにする。諸利益のメカニック mécanique des intérêts が、個人・集団にたいして危険を引き起こさないように見張る veiller べしという命令 impératifs に答えるのが「安全性の諸戦略 stratégies de sécurité」です。それは、自由主義の裏面であり、かつ条件そのものである。「自由と安全性」の働き jeu が新たな統治理性の核心にあり、自由主義にたいする「固有の権力エコノミー économie de pouvoir propre」とよばれるものがもたらす問題が、内部から活気づける animer のです。(p.66-7)

▼主権の政治システムにおいて、主権者に対して臣民を保護するよう促し義務づける法的諸関連 rapports juridiques、経済的諸関連があったが、その保護は外在的なもの extéreure であって、臣民は主権者に外部の敵、内部の敵からの保護をもとめた。

♣自由主義においては、外的保護だけでは十分ではない、個々人の自由と安全を、危険の概念の周囲で、たえず仲裁 arbitrer せねばならない。自由主義は、利益を操縦する manipuler ためには、同時に危険と「安全／自由」の働きのメカニズムを経営して gestionnaire、諸個人と集団とが諸々の危険に晒されないよう保護せねばならない。(p.67)

◉自由主義の帰結 conséquence

自由主義と統治する自由アートとが結びついて conjonction 引き起こした三つの帰結（危険、規律、危機）が示されますが、自由主義の本性として非常に重要な指摘です。〔現在のコロナ禍で露出している。〕

(i) 危険に生きる vivre dangereusement：自由主義は「危険の文化」

諸個人はたえず危険の状況におかれている。むしろ、諸個人が自らの状況、その生、現在、未来を危険をはらんだものとして感じる（試練にかけられる）éprouver ように条件づけられて conditionnés いる。それは自由主義がもたらした帰結であって、十九世紀に「危険の教育 éducation du danger」、「危険の文化 culture du danger」が出現する。これは、ペスト・死・戦争のような黙示録的脅威ではなく、日常的危険 dangers quotidiens の出現・蔓延です。それが「危険の政治的文化[9] culture politique du danger」と呼ばれたも

9 訳書は先の <culture> も「危険の陶冶」「政治的陶冶」と訳していますが、「教育」と「陶冶」の日本における区別は、旧左翼のイデオロギー的識別であって、ロシアマルクス主義（ソ連・東ドイツ）からの影響を受けたものであり、まったく学問的ではない「用語」です。ドイツ語の <Bildung> にあえられたものですが、「教授」「訓育」などと並び、自発的な能力を伸ばす意味合いを「教育」（＝能力を引き出す）に与えるために恣意的・政治的に一九六〇年代なされたものです。なぜ、いまごろこんな訳語をし

のによって活気づけられ animés、再活性化され réactualisés、循環 circulation へ配置されます。下層階級の無思慮にたいする貯蓄銀行、推理小説の出現や犯罪へのジャーナリスティックな関心、病いと衛生、セクシュアリテ、個人・家族・人種・人間種の変質 dégénérescence への怖れ、こういったキャンペーンがいたるところで「危険の怖れ（心配）crainte du danger」として刺激化された。これが自由主義の心理的共関物 corrélatif psychologique であり、内的文化 culture interne であった、「危険の文化」なしに自由主義はない。(p.68)

(ii) 規律と自由主義の結びつき：パノプティズムとなった自由主義

統御、制約、強制の諸処置の恐るべき拡張がなされ、それが自由の代償と歯止めとして構成されます。諸個人の行動を細部にいたるまで毎日規則正しく引き受ける大いなる規律テクニックが、発達し、急成長し、社会を貫いて拡散するのは自由の時代においてです。経済的自由と規律テクニックとが完全に結びついて、パノプティコンを統治タイプの一般的政治定式 formule politique générale としていきます。ベンサムのパノプティコン（一望監視）は、学校・仕事場・監獄等の限られた制度の内部における個人の監視によって収益性や生産性を増大させるものでしたが、晩年、彼はイギリス法制の一般的体系化において、「パノプティコンは、自由主義的統治の定式そのものである」と拡張しました。統治がすべきこ

かも <culture> にあたえるのか、まったく了解し難いですが、亡霊がさまよってきてびっくりしました。「文化」を汚したくなくて「陶冶」というはめ込みだ、としたいのかも知れませんが、フーコーが、<dressage>（調教）のように訓育をネガティブに把捉して教授学の批判をなしたりすることへの、そうした文化批判を回避・誤認する典型訳語ではないでしょうか。両義的・相反的な共存をみていくのがフーコーです。

とは、行為様式および生産の自然メカニズムを許容すべきもので、監視機能にのみ限定づけられていたのに、行為様式や交換や経済的生の一般的メカニズムが望まないことが起きたときに介入すべきだ、と拡張されパノプティズム panoptisme となったのです。(p.68-9)

自由主義は、個人の権利と自由の名における過剰な規律権力への批判でしたが、規律の一般化は自由統治の条件であり、また主権の民主主義化となっていくものです。

(iii)「統治性の危機」の導入を招く自由主義

新たな統治するアートのなかに、自由を生産し、吹き込み、増加させ、またより多くの統御と介入によってより多くの自由を導入することをなす機能をもったメカニズムが出現したということです。ここはもはや自由にたいして歯止めをするパノプティズムではない、原動力原理 principe moteur です。

とくに一九三〇年代、経済危機が進展するなかで、危機の経済的帰結だけではない政治的帰結も知覚され、そこに自由にとっての危機も見いだされた。ルーズヴェルトによる「福祉」の政治は、失業の怖れある状況において、より多くの、労働の自由、消費の自由、政治的自由などを保証し生産する仕方でしたが、その代償は、人為的介入、任意主義的介入、市場への直接経済介入といった介入の系が福祉の根本的諸措置 mesures であった。それは新たなディスポティズムの脅威でしたが、民主主義的自由は、自由にとっての脅威として告発される経済介入主義 interventionisme économique によって、保証されたということです。これは、つまり、「統治する自由アートは、究極的に、統治性の危機とよばれうるものの内部的犠牲を自身に導入する」(p.70) ということです。この危機は、自由行使の経済的コストの増大に起因します。

さらに危機は、自由の補償メカニズムのインフレーションによって引き起こされる。たとえば反独占の法制化 législation antimonopoliste において過度の介入主義、過度の制約・強制が感じられることや、局地的レベルでの反抗や規律的不寛容として出現するものや、自由を生産するメカニズム、自由を保証し製造すべく招き入れたメカニズムが、実際には自由に打ち勝つ破壊的諸効果をうみだすという「詰まってしまう過程 processus d'engorgement」です。自由を生産するものでありながら、それと全く反対なものを生産する「自由派生 libérogènes」の配備です。

共産主義・社会主義・国家社会主義・ファシズムから国家を守ろうとして、より多くの自由を生産すべく、脅威に対抗すべく確立された経済的・政治的定式のメカニズムは、すべて経済的介入に属していた。つまり自由を保証しようとしたメカニズムはすべて、経済プラチックの領域における強制的介入 intervention coercitive であった。それは自由を危うくするのではないか、と問われた。介入主義的経済政治は、自由主義の危機だ、ということです。(p.69-70)

●自由主義の危機

自由主義の危機は、資本主義の危機の純粋な投映ではない。自由主義の危機が表明され、経営され反応を呼び求め、再整備 réaménagements をひきおこす仕方すべてを、資本主義の危機から直接に演繹することはできない。それは「統治性の一般的配備 dispositif général の危機」である。

この統治性の配備の危機が、アクチュアルに体感され éprouvée、生きられ vécue、実際行為され pratiquée、定式化されている formulée 仕方を、新自由主義にみていこうということになります。

以上が「自由主義」と「統治する自由アート」の了解閾です。「自由主義とは真理陳述の体制である」ことが示されました。これを規準にして、「新自由主義」の諸相が、論じられていきますが、この自由主義の「自由」の考えは、わたしたちの常識における自由の裏で、いまだに影を投じているのも、自由の本性=自然がそこにあるからで、フーコーがはじめて明示したものではないでしょうか。自由主義に内在する負の作用でもって自由主義が実定化されている様態の明証化です。

この自由主義の本性、自由アートの危機がコロナ禍における統治制化の強制的強化と自由放任との間で、感染の危険への規律化要請をともなって、迷走的に配備されて露出しています。

「自由」の相反的作用の本性を、実際的に働かせていくのが自由主義となります。邦訳のように「liberale」を「自由主義」と訳していると、論理が反転してしまいます、結果として意味されていくものは、「意味するもの」とはベクトルが逆だからです。フーコー論理がまったくわかっていない訳は使いものになりません、困ったものです。この要約解読をじっくりと読み返してください、あるいは原書そのものへとりくんでください。

❖統治の「装置 appareil」と統治の「配備 dispositif」❖

統治の種別的「装置」の系がある、主権も規律も、その現れであったと位置づけられました。この「装置」とは、具体としては何であるのかはっきりしません。領土の上に立脚した君主制の「統治装置」があるという言い方でしかない。また十七世紀の「外交‐軍事的」装置 appareils、と言表しています。君主制、国家理性において「装置」であったものから、見えない「安全性」とか「政治経済」という知・テクニックが「配備」された、という布置へ転じられていきます。つまり、統治「諸装置」にたいして、それを組織し方向づけ諸限界をおしつけるという政治理性の歴史的な種別的形態が出現してきた、ということです。統治プラチック自体の内部で、合理的言説が発展してきた、それは自由主義が経済のダイナミックな経験知と管理国家の急速に芽を出した政策装置 policy apparatus をともなった「人口」とを結びつけて、市場と社会の自然的成長に支えられた統治権力を効果的に適用させてきたからだ、という論述になっていきます。諸個人と諸集団は、統治的統御へ主体化されていきますが、統治しすぎない線を越えないように、市民社会と経済とを製造していくのです。自由主義の統治的「配備 dispositif」は、「為すこと、通ること、行くこと、を放っておく llaisser faire, passeru, et aller」、自由放任です。つまり、現実は、その自らの仕方で、現実自体の法則や原理やメカニズムに従って発展していく、自由で自然的なものにおかれている、そこに手をつけてはならない、そして「手をつけるな」という統御はなすということです。それを、理解させてくれる「配備」の概念であるのです。経済や市民社会には対象自体の「自然」性があることの発見ですが、そこに働いているロジックは、AであることはAでないことによって画定・確証されていく、というラカン的な、フーコー手法から示されています。

5章　生政治の誕生と国家（中）：新自由主義の統治技術

〔3〕新自由主義と国家

非常に現代史的な出来事からの現在的なものにふれた考証であり、そこでの考え方・論述を検討しているため、欧米では注目されたといえます。ケインズ主義や社会主義の計画化の介入的仕方に対立して、自由主義をふまえた新自由主義の特徴が明示されました。

ドイツのワイマール共和国、一九二九年恐慌、ナチズムの展開、ナチズムへの批判、そして戦後再建の新自由主義と、他方、アメリカのニューディール、ルーズベルトの政治、に対する批判から戦後の連邦主義による介入主義への対抗、トルーマン／ケネディ／ジョンソンなど民主党政府が実施した援助プログラムなどに対抗して発達した新自由主義とを軸にしながら、さらにフランス、イギリスなどヨーロッパの新自由主義の差異が検討されています。ともに、ケインズを敵対者とし、また社会主義国化を回避すべく、統制経済 économie dirigée、計画化、国家介入主義、全体量への介入主義、への対抗がいかになされたか、の考察です。(p.83-4)

問題は、なぜ〈安全配備〉に関する考察の追究のはずが、新自由主義の考察へとむかったのか、その問題構成の関係はいかなるものかですが、他方、「経済の自由がいかにして国家化 étatisation の機能・役割を持ちうることになるのか」(p.96)、という経済の国家への関わりの問いです。国家嫌悪の国家論を排して、「法と秩序」、「国家と市民社会」、「生政治」、これら三つを自由主義の二百年の歴史の中で位置画定してみる、というフーコーです。

国家の側への問いなら、経済にいかなる自由を残しておくかとなりますが、経済へ問うことです。経済的自由が、どのようにして一つの国家を基礎づけ同時に限定づけできるのか、が統治するアートと統治の教義としての自由主義とを定める、ということになります。それは、国家の正統性と経済的パートナーの自由とを節合させるにはどうしたならよいかです。ドイツとアメリカの例が考証されます。

自由主義から新自由主義への移行で、市場経済と国家との関係の仕方が変わります。それは、国家が変わったのではなく、市場経済のあり方、統治の仕方が変わったのです。

マルクス主義が「資本主義」として対象化してきたことに比して、フーコーは「新自由主義」として対象化をなしたとき、社会主義や統制経済が資本主義とともに同じ布置から問われているということなのですが、経済決定論や国家支配論からの離脱の論述です。経済的生産様式やイデオロギーの違いとしてではなく、統治制のあり方から、資本主義/社会主義が等価的に問いただされているということです。イリイチは、産業的生産様式としてサービス制度生産が資本主義も社会主義も同じだとしましたが、フーコーは、統治制から問いをたてて示していきますが、やはり社会主義批判としてです。社会主義批判がしっかりしていない論述は、社会科学的な現在性への力を有しない、基本条件だと言えます。

Ⓐドイツから新自由主義をみる（1979.1.31 2.7 2.14 講義）

ヨーロッパで要請された経済政治

① 再建として、戦争経済から平和経済への再転換、破壊された経済潜勢力の再構成、戦時中に出現したテクノロジーの新たな所与と人口・地政学の新たな所与との統合。

② 再建の主要な道具としての計画化 planification。

③ ファシズム、ナチズムが再び出現しないよう、政治的に不可欠と見なされた社会的諸目標対象によって構成された要請。

こうした要請・再建は、「社会化」であり「社会的目標対象」であるが、資源配分、価格均衡、貯蓄水準、投資選択にたいする介入政治であり、完全雇用政治であって、ケインズ政治の真ただ中にあるものだ。そうした統制経済、ケインズ主義の雰囲気のなかで、ドイツのエアハルトは、価格の自由原理と即自自由化の要求を、①「国家による制約から経済を自由化せねばならない」、②「無政府状態とシロアリ国家」を同時に避けること、そして③「市民の自由と責任を同時に編制する国家」だけが正統だと、国家による介入を限定づける原理を組み入れ、国家化の境界と限度を正確に定め、各人と国家とのあいだの関連を規則づけようとした。つまり、「**国家の正統性** légitimité de l'État」が問題であったのだ。（p.81-3）

●経済的自由と政治的な正統性の生産

それは、権力を濫用するような国家は、権利を侵害し、本質的な自由を侵害し、自身の権利を失う、国家は個々人の自由を侵害したなら正統な仕方で作動しえない、それは国家が代表権を失うということ、市民を代表するものではないとなる。そのとき、エアハルトには、再建すべきドイツが歴史的権利を要求するのは不可能だ、総意、集団意志がない以上、法的正統性を要求するのは不可能だ、という認識がとられているというフーコはさらに、制約ではなくただ自由の空間を創造すること、自由を保証すること、その自由を経済領域において保証すること、また自由が自由に行使されることは、経済的自由を可能にするものを保証するため、経済的自由の制度は、政治的主権を形成するための吸い上げ・糸口として機能せねばならないということが、いまだ現前していない歴史の重みとして述べられていた、と指摘します。(p.83-5)

経済的自由の行使を保証することによって国家を正統なものとして創設しようという考えは、新たな制度萌芽が全体主義国家と同じ危険を提示していないと示すことで、ドイツの統治性の根本的特徴であり、経済、経済発展、経済成長は、なんらかの政治主権を、経済を機能させる制度・制度的作用によって、生産している。つまり、経済は、自らを保証する国家のために、なんらかの正統性を生産しているのだ。つまり、経済が公的権利 droit piblic を創造している、経済制度から国家へ至る回路がある、経済制度から出発しての国家の永続的発生がなされている。経済的自由は、権利の正統化より現実的・具体的・直接的で、永久的な総意 consensus permanent を生産する。投資家、労働者、経営者、組合という経済における取引相手のすべてが、自由の経済的働き jeu économique を受け入れるとき、政治的合意 consensus politique が生産されているのだ。(p.85-6)

ドイツの新自由主義制度は、人々に自由に語らせる laisse dire 自由放任 laisse faire において、自由放任の理性＝根拠をもっていると語らせて、自由主義システムが法的正統性以外に、過剰生産物として、永久的合意を生産するということ。経済制度から国家へ、体制・システムへの人口の包括的支持へと至る回路 circuit を生産する、それが経済成長であり、それによる安寧＝良き状態 bien-être の生産である。(p.86)

●経済国家

ヴェーバーによる十六世紀のプロテスタント・ドイツにおいては、個人の富裕化は神が個人を恣意的に選択し保護を与えた徴、天国へ迎えいれられる救済の確かさを表明した徴、つまり富裕化は徴のシステムに布置された。しかし、二十世紀では、包括的な富裕化が徴になる、個々人が国家を支持していることの日常的な徴、経済は常に徴をうみだす——それは物象化のことではない——、つまり、経済が政治的な徴を生産する。権力構造、そのメカニズム、その正統性を機能させる政治的な徴の生産であり、経済的に自由である自由市場が政治的な絆をつくり表明する。そこに国家は自らの法、法律、現実的基礎を、経済的自由の存在と実際行為のなかに再び見いだした。歴史はドイツ国家にノンを示したが、今後ドイツ国家は経済によって自らを肯定することが可能になった、持続的な経済成長の時間性が設けられた。時間軸の反転、忘却の許可、経済成長、それが経済的・政治的システムの核心にあり、安寧の増大、国家の発展、歴史の忘却の増大によって生産される経済的自由である。

閉じた通商国家とは反対の、国家化をもたらす商業の解放という「経済国家」である。それは、十八世紀以来の統治性の機能、その正統化、プログラムのすべてにおいて、新しいものが出現したことを意味する。存在する国家、正統な国家を想定し、ポリス国家の形態のもとで管理的に完全・十全に機能している国家を想定して、そこに対し、いかにそうした国家を限定づけ、その内部に、必要な経済的自由の場を与えられるか、という問題を解決することであった。だが、ドイツでは、存在しない国家において、国家とは異なる空間としての経済的自由空間から出発して、国家をいかに存在させればいいいかが問題であった。

●新自由主義と生産手段の私的所有：ドイツ社会民主党SPD

エアハルトの、工業生産品価格、食品価格の自由化をふくんだあらゆる価格のゆっくりとした段階的自由化、そして石炭価格、電力価格の自由化、さらに対外貿易の交易の自由化と、一九五二、三年に自由化がほぼなされた。それをアメリカは支持したがイギリスは不信をいだき、国内においても抵抗を招いたのは、価格の上昇を引き起こしたからだ。統制経済への回帰をめざしたゼネストが失敗し、四八年には価格の安定化がなされる。キリスト教民主同盟、組合が賛同し、自由主義的秩序が、資本主義と計画主義に対する有効な代案だとみなされた。新自由主義のなかには、資本主義と社会主義の統合、ないし中間の道、第三の秩序が約束されているとみなされた。

生産手段の社会化を目標としていたSPDは、五九年に、それを放棄し、生産手段の私的所有の正統性、国家の保護・奨励を受ける権利を持つと認めた。つまり、国家の本質的・根本的な任務は、私的所有一般だけでなく、生産手段の私的所有も保護すること、それは「公平な社会秩序と両立可能」としてである。「真の競争の条件が整っている場所」では、市場経済の原理は承認されたのだ。それは、一方では階級闘争の放棄、生産手段の社会的占有の放棄であるが、市場の自由の効力・有用性に関する経済理論ではない、一つのタイプの統治性への賛同であった、とフーコーは言います。なぜ、SPDは賛同したのか？

一方で自由主義的民主主義の体制――国家システム、政体、法的構造を受け入れつつ、資本主義経済体制は拒絶という、本質的自由の根本的作用を価値づける法的枠組みにおいて、既存の体制を遠い目標に向かって修正するのを任務とする仕方は、新しい国家のなかでは場をもちえなかった。法的・歴史的枠組みとして既存の国家、民衆の合意において、その内部で修正すべく経済的努力をなすということに問題があるのではない。問題はまったく反対で、新たな経済的・政治的体制にあって、経済が機能し始め、それが国家、国家の存在、国家の国際的認知の基礎になっているのに、所与が入れ替わっているのに、その反対のことをSPDはなそうとしていた。したがって、新たなドイツの政治的働きに参入するには、新自由主義の統治制的プラチックとしての一般的プラチックに賛同していくほかなかった。それは、社会主義的プログラムの放棄であるというより、統治性の働きのなかに参入していくということであった。そして六三年には、あらゆる計画化は、いかに柔軟であろうと、自由主義経済にとって危険である、という原理がたてられる。

そこには、マルクスには権力論がない、国家論が無いと言われることにかかわるものがあるのかも知れないが、国家の理論を自らに与えることははたして重要なことであろうか、とフーコーは言い、国家理論の最後のものはホッブズだ、その後ロックが現れるが、それはもはや国家理論ではなく、統治の理論である、イギリスは統治の諸原理を自らに与えた、国家理論から出発していない、と述べる。

●社会主義には統治性が無い：フーコーの見解

社会主義に欠けているのは、国家理論ではなく統治理性である、統治の合理性、統治制行為の様式と目標対象の広がりを理性的で解散可能な仕方で測る尺度が、社会主義において定義されていない。歴史的合理性や経済的合理性、さらに健康・社会保険などへの管理的介入をなす合理的テクノロジーを社会主義はもっていたが、自律的な社会主義的統治性 gouvernementaité socialiste autonome、社会主義の統治制理性なるものがない、とフーコーは言います。(p.93)

社会主義は他の統治制に接続されて活用可能になる。自由主義的統治制に接続されると、内部の危険に対する歯止め、緩和、一時しのぎの役割を果たす、その実際が多々見られる。またポリス国家の中で、超管理的な国家において統治性と管理が融解しているため、社会主義は管理機構の内的論理として機能する〔国家のみならず、組織体として、日本企業の本質的な実態といえるもの。日本が社会主義に近づいているということの負の意味を見落としてはならない。経団連が国家を正統性へと支える根拠でもある〕。

社会主義にたいしては、それが真か偽かという問いがなされる。それは社会主義に統治の内在的合理性が欠けているからだ。自由主義にたいしては真偽は問われない、純粋かどうか、ラディカルかどうか、首尾一貫しているかなまぬるいか、そういう問いはたてられる、それは自らにたいしていかなる諸規則を定めているか、自らが統治性の内部に設置した補償メカニズムや測定メカニズムがいかに補償し測定しているかを問いただしている。

社会主義は、その統治性の不在を、適合性の関係によって置き換えるが、そこには統治するアートの不在が構成する欠落への正確な対応でしかない。社会主義を機能させ、その内部においてのみ社会主義が機能できるという必然的に外在的な統治性とは、いかなるものであるかを問うことだ——社会主義にふさわしい統治性はいかなるものとなりうるか、ふさわしい統治性はあるのだろうか、厳密に、内在的に社会主義的でありうるのは、いかなる統治性か。社会主義は自由主義にたいする代案ではない、同じレベルに属していない、並びたたない、だから不幸な共生 symbiose の可能性が生じてしまう、とのべています。(p.95) フーコーの社会主義批判として重要です。〔統治性をもたないがゆえに、安直に社会主義を理念として設定する作用がなされる、ともいえよう。〕

(1) 国家の存在を可能にする経済的自由 (1979.2.7 講義)

国家において市場に自由を与えることはいかにして可能か。その問いへの十八世紀の解答は、自由放任としての市場の自由が、ポリス国家において可能となったのは、ただ単に、そのように自由放任の体制におかれた市場が、国家にとって富裕化の拡大、支配力の原理となるからだ、ということでした。より少ない統治によってより大きな国家へ向かうことでした。

それが、新自由主義では反転します。経済的自由がいかにして、一つの国家を基礎づけ同時に限定化することができるのか、一つの国家を存在させるには、国家の限定化を保証すると同時に国家の存在を可能にする経済的自由を出発点にして考える、ということです。経済理論としての自由主義ではなく、**統治するアートとしての自由主義**です。

国家の正統性と経済的パートナーの自由とを連接させるにはどうしたならよいか、後者が前者を基礎づけ、後者が前者の担保として役立つにはどうしたならよいか。戦後ドイツの問題に関してなされたことはすでに、一九二五〜三〇年に、オイケン、ベーム、レプケといったオルド自由主義が、自由主義の新たな統治するアートの問題にとりくんでいたものからきている。

マルクスは資本の矛盾した論理を定義・分析しようとしたが、ヴェーバーは資本主義社会の非合理的合理性の問題を分析した、そしてフランクフルト学派は、経済的非合理性を解消する仕方で定義される新たな社会的合理性はいかなるものかを定義しようとしたが、フライブルク派は社会的合理性を見いだそうとするのではなく、資本主義の社会的非合理性を解消する経済的合理性を定義・再定義・発見しようとした、とフーコーはまとめます。同一問題への逆向きの道がそれぞれあったということです。

ナチズムへの対峙

ドイツの新自由主義政治においては、ナチスの経験が彼らの考察の核心にあった。そのために、①目標対象を定義し、国家の正統性を経済上のパートナー同士の自由の空間から基礎づけること。②目標対象とその探求とが衝突する一般的システムがいかなるものか定義する、障害物から敵対者までの総体の定義。③みずからの概念的・技術的な諸資源を分配・再分配し、その配置換えをなすこと。

●自由主義にとっての四つの障害物

ナチスの権力奪取以前から自由主義にとって障害となっていた四つの要素がある。

①**保護経済** économie protégée：自由主義とはあらゆる経済政治が採用すべき一般形態ではない、世界の他の国々にたいして、経済的なヘゲモニー的位置、政治的な帝国主義的位置を獲得するため、いくつかの国がもつ戦術的道具、戦略でしかないとみなされていた。自由主義とは、イギリス政治であり、海に囲まれた政治である。ドイツは地理的、その制約 contraintes 総体において、自由経済政治は取り入れられない、必要なのは、保護主義政治だ。

②**ビスマルクの国家社会主義** socialisme d'État：ドイツ国民が統一性のもとで存在するために、保護主義政治で保護されるだけでなく、内部に国民の統一性を危うくする可能性すべてが抑制され maîtrisé 阻止 juglé されねばならなかった。国民的統一性 unité nationale と国家的統一性 unité étatique とにとって脅威であるプロレタリアートが、社会的・政治的総意の内部に再統合される réintégré 必要があった。

③**計画経済** économie planifiée **の発達**：戦争が始まって以来、ドイツに強いられた計画経済の技術、それは経済にたいする管理機構のもとでの中央集権的経済の組織化、希少資源の割り当て、価格水準の固定、完全雇用の確保であり、戦後も社会主義的統治、非社会主義的統治によって継続された。

④**ケインズ・タイプの指導（統制）主義** dirigisme：自由主義への批判として、経済の一般的諸均衡にたいする国家の諸介入が提起された。(p.111-2)

これら四つの障害にたいする自由論者たちの分散した議論を、新自由主義は継承していく。ナチズムが組織した体制のなかで、保護経済、扶助経済、計画経済、ケインズ経済が固く束ねられて一つの全体を形成し、経済政治によって結びつけられた——「保護」「統一」「計画」「指導（管理・統制）」という「統制」の諸形式の差異がありますが、経済に介入するということです——。そこにたいして、新自由主義は、ナチズムとは極限的危機の状態の産物であり、自らの矛盾を乗り越えられなかった、経済・政治が運ばれていった最終地点であり、資本主義の一般史として語ることはできないのだ、とナチズムに怪物性や経済的不調和、最後の手段、を観ることを拒否して、必然的諸関係のシステムを、四つの要素の相互関係においてとらえていこうとします。

オルド自由主義者がナチズムからひきだした教え

❶ナチズムとイギリス議会制、ソ連とニューディールのアメリカ、その互いに大きく異なる政治体制に、互いを関連づける経済的・政治的な変りないもの invariant を位置画定しようとした。つまり本質的差異は、社会主義と資本主義、立憲的構造と他のものとの間の違いにあるのではない、真の問題は、自由政治と他の経済的介入主義との間にあるとしたのだ。反自由の変わりないもの invariant anti-liber の固有の論理と内的な必然性、それをナチズムに見いだした。

❷国家権力の無際限の増大による国家の消滅。国民社会主義ドイツ Allemagne natinale-socialiste〔国家社会主義と安易には言えない〕は、国家の消滅 dépérissement を導こうとする最も体系的な試みであった、ナチズムは国家の消滅であった。

ⓐ 国家は法人格の地位を失った。共同体の組織化における人民、ゲマインシャフトとしての人民、それこそが権利の原理であり、国家を含むあらゆる組織、あらゆる法制度の最終の目標対象である。

ⓑ 国家は内部から質喪失させられる disqualifié。総統支配の原理、領導の原理 principe de conduction が忠実と服従を強いていた、下から上、上から下への縦のコミュニケーションにおいて国家的構造形態は何も保存されてはならないとされた。

ⓒ 管理装置 appareil administratif と政党との諸関連を規則づけていた法制的総体 ensemble législatif が、権威の本質を国家ではなく政党にもたらしていた。国家の体系的な解体 destruction、国家を人民共同体、総統の原理、政党の存在の、純然たる道具にすぎないと縮小した。(p.115-6)

一見すると国家は消滅し、従属的なものとして否認されているが、それは十九世紀国家の伝統形態が第三帝国によって選ばれた経済政治による新たな国家化の要求に対処しえていないからだ。それには超国家的、国家の追加分が必要で、その新たな国家にとって、人が知る諸形態からはみだす、ゲマインシャフトのテーマ、総統への服従の原理、政党の存在、といった国家の強化装置を作り出す必要がある。ナチスは、国家化途上の諸制度を、ブルジョア的・資本主義的な国家の破壊として提示している。

オルド自由主義者たちの結論は、経済的組織化と国家の拡大とのあいだには、必然的な結びつきがある、四要素がからみあい、配備され機能すべく国家権力の拡大を要求する。一方に経済的不変項、他方に古典的国家との関連で国家権力の増大があり、それらは完全に互いに結びついている、とみなした。

❸ゾンバルトの準マルクス主義から準ナチズムへといたるそこにみられるもの。それは、ブルジョア的・資本主義的な経済・国家は、各人が自然共同体から引き離されて「大衆」という平板で匿名な形態のなかで結合されている「社会」である。資本主義は大衆を生産する、資本主義・ブルジョア社会は、各人から互いの直接的・無媒介的コミュニケーションを奪い、管理的・中央集権的な機構の媒介によってのみ成り立つコミュニケーションを編制する、個々人をアトム状態にし、画一化と規範化の機能にある大量消費を課し、その経済は、諸記号と諸スペクタクルの作用によってしかコミュニケートしない状態をつくりだした、大衆社会、一次元的人間の社会、権威主義社会、消費社会、スペクタクル社会への批判がなされた。そして、そのような社会の破壊に対抗すべく、ナチスは自らがしたいと考えたことを提案していったのだ。

しかし、新自由論者たちは、ナチスは、完全な大衆社会であり、ブルジョア資本主義社会のあらゆる特徴を再生産し強化しているにすぎない、自由主義を経済的に受け入れない一つの社会、一つの国家である、市場が自らの役割を果たさず、国家的・擬似国家的管理が、各人の日常生活をひきうけているだけだ、大衆現象、画一化現象、スペクタクル現象は、国家主義、反自由主義に結びついているのであって、商業経済に結びついていない、とした。

以上のことから、敵対者として設定された物事が明示され、それにたいしての自らの戦略が分節化された。

① ナチズムは、資本主義・社会主義の対立や諸国家の立憲的組織体とは無関係で影響をうけていない、一つの経済的不変項 invariant économique に属していた。

② 不変項としての国民社会主義が、国家権力の無際限の拡大に原因・結果として結びついていた。

③ それが、主要で第一義的・可視的な効果として、社会共同体の組織網の破壊をもたらし、その連鎖反応・環状反応によって、保護主義と統制経済と国家権力の拡大とを呼び寄せた。

自由主義に対立するすべて、経済を国家的に経営しようとするすべてが、一つの不変項を構成しているということです。統治する自由アートが、制限のために用いたのが介入のテクニックです。国家的経営 gestion étatique、経済の統御 contrôle de l'économie、さらに経済分析、といったテクニック化 technicisation です。サン＝シモンの統治する自由アートの幻惑 vertige が、自然への固有の合理性図式の、社会への適用のなかに、限定化の原理、組織化の原理を探させて、そこから最終的にナチズムが導かれたと、オルド自由主義者たちは、合理性のサイクルをそこに読みとったのです。ある合理性が諸介入をもたらし、その介入が国家拡大をもたらし、それが管理の場所を置き、その管理が諸タイプの技術的合理性にしたがって機能し、その技術的合理性が、資本主義の歴史全体にナチズムを発生させる、というわけです。

経済自由を国家との関係、正しくは統治制との関係で観ようとすることなしに、こうした解析はありえなかったといえるでしょうが、直観的に多くの人たちが感じていたことの明証化です。統治の自由アートは介入するのです。

現在の新自由主義

現在の自由主義の復活・回帰は、資本主義の無力さ、そこを横断している危機、そして政治的目標対象、局地的で明確な目標対象によって、自由主義経済の古い形態が再活性化されたのだと言われたりするが、実際はそうではないというフーコーは、市場経済が国家に対して役立ちうるのかどうかの問題なのだ、市場経済から出発して国家の諸権力と社会の組織とを一般的な仕方で形式化することができるのか、市場は国家と社会とを形式化する力をもちうるのか、というのが主要な問題なのだと主張します。経済をただ自由にしておくことではない、政治と社会に形式を与える市場経済の力がどこまで拡張されうるか、それを知ることなのだ、と。市場経済は、実際に国家に形式を与え社会を変革する、あるいは、国家を変革して社会に形式を与える、それに答えうるためにオルド自由主義者たちは、伝統的な自由主義に対するずれ・変換・反転をもたらした。

❶ 市場の原理が、「交換」から「競合」へと位置がずらされた。

◓ 旧自由主義：市場は交換から出発して、二つの価値の等価 equivalence をうちたてる二人の取引パートナーの間の自由な交換から出発して、定義されていた。市場モデル・原理は「交換 échange」であり、市場の自由はつまり第三者、権威、国家権威の非介入であり、それが効力をもつべく、等価が等価であることに適用された。国家に要求されたことは、市場が良き市場であることの監視、交換をなす人々の自由が尊重されていること。したがって、国家は市場の内部に介入する必要はなく、生産に介入した、生産される物 choses の個人所有をすべての人たちが尊重するように、国家の権威 autorité de l'État が要求された、しかし、市場は穢れなき場所、自由な場所 place libre でなければならなかった。

◒ 新自由主義：自由主義の原始的・虚構的状況ではなく、市場における本質的なものは「競合 concurrence」のなかにある、つまり等価ではなく不平等性 inégalité こそが本質的であるとする。価値と等価よりも、競争／独占が市場の理論の本質的骨組みだ、経済的合理性を保証するのは競争・競合のみだ、ということです。「競合」は、価格の形成によって経済的合理性を保証する、価格こそが厳密で完全な競争であり、経済規模も選択の規則づけの結果によってえられる。(concurrence は、不平等さを、共に競争し合う競合ということでしょう。)

そこにオルド自由主義が導入した種差性とは、市場が自由で完全な競合によってしか機能しえないなら、国家は存在している競争状態を変更 modifier させてはならない、それを独占 monopole や統御 contrôle の現象によって変更がおこされてはならないということであって、そこには自由放任が帰結されつづけている。

旧・新ともに、市場原理から自由放任の必要性をひきだしている。一方は交換から、他方は競合から。しかしいずれも市場経済の論理的帰結は自由放任である。（p.121-3）

❷ 競合

市場を組織化する形態としての競合原理 principe de la concurrence から自由放任はひきだせない。ひきだせるというのは、市場は自然発生的に生産された自然の所与であり、国家はそれを尊重せねばならないという自然主義的素朴さでしかない。競争は自然の所与ではない、自然現象ではない、願望・本能・行動の自然的はたらきの結果ではない。競合は、一つの形式化の原理であって、内的論理をもち、固有の構造をもち、その諸効果は、そうした論理が尊重される条件においてのみ生産される、諸不平等の間の形式的働きである。諸個人の間や諸行動comportements の間の自然的働き jeu naturel ではない。本質的な経済的論理としての競合は、注意深く人為的に整備された諸条件のもとで出現したのであって、原始的所与ではない、長い努力の結果である。競合は、統治するアートの歴史的目標対象であり、こうした分析は、歴史を経済に連接することであり、その最大効果の位置画定は経済理論がになう。しかし、競合の原理から現実に起こっていることは分析できない、形式的な経済過程の内部において作用し、形成され、変形される、現実の歴史システムを取り上げなおすことによってのみ分析できる。経済学は形式的過程を分析し、歴史学は形式過程が機能するのを可能にしたり不可能にしたりするシステムを分析する。（「競合」は「競争し合う」と理解してください。競争の本質を言っているのではなく、競争をし合うプラチックのことです。）

❸ 市場は統治から産出される

競合経済 economie de concurrence と国家との関係は、

◓もはや、異なる領域の互いに境界限定しあう délimitation réciproque 関連ではない、自由にしておくべき市場の作用も、国家が介入を始める領域もない。

◒市場とは、市場そのものとしての純粋競合は、能動的な統治性によって産出されることによってはじめて出現可能になるのだ。統治は市場経済に端から端まで従わねばならない。市場経済は一般的に指数を指示し、構成し、あらゆる統治制的諸行為を規定する規則をその下におかねばならない。市場故に統治せねばならないではなく、「市場のために」統治せねばならない。市場とは統治のなかで産出されるべきもの。というように、古い自由主義は反転された。(p.124-5)

この旧自由主義から新自由主義への反転は、言説の歴史的な移行はともあれ、理論的＝実際的には、国家と経済との関係において、現在においてもつねに相互変容する構成的構造に配置されているものだと言えるのではないか。実際に、交換と競争・競合とは同時に経済プラチックされ、市場と社会は相互規定しあっています。したがって、現在の統治は、自由主義と新自由主義との間で、相互反転する両義性を同時にもっているということになるのではないか。〔コロナ禍ではそれが統治の混迷として出現した。〕

自由主義と新自由主義の違いは、「交換」と「競合」との主要なるものの移動であり、ただ自由放任であった市場とそこへの自由主義的政治介入に代わって、市場のために統治がなされること、統治のなかで市場が産出されるものであり、「競合」の市場経済が国家・社会に形式を与えるということであり、そのように構成された国家・社会が「交換」と「競合」との間を規整化する働きをなしていくと理解していくことでしょう。自由主義の自然主義は、ビジョンとして強固であるといえます。

(2) 新自由主義「政治」の規定：企業形式をもつ社会 (1979.2.14講義)

新自由主義は、アダム・スミスではない、商業社会（マルクス）ではない、資本主義に見合った隠れた強制収容所／グラーク（ソルジェーニツィン）ではない、と言うフーコーは、それを特異性として把握することだ、既存の批判から解放するのだとして、以下のように要約します。

市場の自由空間を、政治社会の内部において切り取り設定するアダム・スミス的な自由主義ではなく、政治権力の包括的行使を、市場経済の原理に基づいて規則づけ、市場経済の形式的原理を一般的な統治するアートに関連させ、それに投影することだ。市場経済の経済原理と自由放任の政治原理との分離は、純粋競合理論を新自由論者たちが提供したことからなされたのであって、競合・競争とは諸々の形式的属性を備えた構造であり、それが価格メカニズムによる経済の規整化を保証する。自由主義「政治」は、競合の形式的構造が作用可能になる具体的な現実空間を実際に整備すること、自由放任なしの市場経済、統制経済なしの能動的政治であるゆえ、警戒する統治、能動的統治、永続的に介入する統治という徴に置かれてしまう。したがって新自由主義は、それらをいかに受け入れないか、という問題に直面する。

自由主義は、なすべき行動となすべからざる行動、介入できる諸領域と介入できない諸領域、つまり <agenda> と <non-agenda> とを分割することでしたが、新自由主義はどのように触れたならよいかの知、為す仕方manière de fair の問題、統治制スタイル style gouvernemental の問題になります (p.139)。

統治制的行為のスタイルをいかに定義するか、その位置画定のために、自由主義への批判対象として三つの例が取り上げられる。

❶ **独占** monopole の問題：自由主義経済は競争であると同時に独占が競争の一部をなす、と受け入れる。だが新自由主義は独占は経済過程における異物であって自然発生的に形成されるものではない、①経済にたいして公権力が介入し、ある者へ特権を与えたために独占がうみだされた、独占は旧弊な現象、介入の現象である、②国家の保護貿易が効果的になるのは、生産、外国での販売、価格の統御ができるカルテル、独占があってことだ、③集中の最適常態から独占的最大値への移行は、生産力・技術・生産性・新市場などの可変項のなかで、独占へ向かう変化が一つの可変項としておきるにすぎない。こうした独占は、一生産者、一企業ではない、独占が攪乱効果をもつのは、価格にたいして、経済を規整するメカニズムに影響を及ぼすからだ、独占権力を保持したいなら、独占価格ではなく、競争価格と同じか近い価格でないと、不当なものとして反発される。自らの内に備える競争の規整化のおかげで、競合過程の形式的厳密さがあるゆえ、調子を乱すものはなにもない。だが、独占の創出を阻止する制度的枠組みの、外的過程の介入は必要である。

❷ **適合的行為** actions conformes の問題：絶えず警戒し能動的である自由主義統治は、規整化行為、秩序化行為の仕方で介入する。

ⓐ 規整化行為 actions régulatrices。市場の諸条件へ介入する、以下の傾向を促進し限界と充実を定めていく。コスト削減の傾向、企業利潤の減少への傾向、価格の決定的・大規模な低下ないし生産の改善による収益増大への一時的傾向、これらが市場への規整化になる。目標の第一は、インフレ制御としての価格の安定であり、購買力の維持、完全雇用の維持、国際収支の均衡を、第一目標対象にしてはならない。規整化行為の道具は、金融政治による公定歩合の創設、貸越額の割引による対外貿易、税制の変更による貯蓄・投資への働きかけ、の純粋市場の道具をつかってのことで、価格固定、市場部門への支援、雇用の体系的創設、公共投資など計画化の道具はいっさい使っ

てはならない。救うべきものは価格の安定である、それが購買力の維持、高い雇用を結果する。失業者とは移動中の労働者でしかない、経済的障害者でも社会的犠牲者でもない。

ⓑ秩序化行為 actions ordonnatrices。市場の諸条件への介入機能であるが、経済情勢の外で、市場の存在条件へ向けられる「枠組み政治 politique de cadre」であり、農業の問題である。農業は、関税保護が原因で、市場経済に完全に統合されたことがなかった、そこで、良い介入とは、枠組みにたいしてなされることだ。農業人口、技術改良、学習・教育による育成、法体制、土地の使用権、気候、などへの介入は、直接の経済的要素でも市場メカニズムにかかわる要素でもないが、農業を市場で機能させるための条件であり、物質的・文化的・技術的・法的な基盤の手直しが市場経済介入に要され、社会にかかわる所与の総体が統治の介入を大規模にした。市場秩序・競争秩序の組織化であり、経済を規整化する競争秩序の再構成であり、農業政治そのものである。

❸**社会政治** politique social の問題：各人の消費財への接近を相対的に均等化する目標対象を定めること。ⓐ野放しの経済過程は破壊的効果をもたらすゆえそこに歯止めをかける、ⓑ消費構成要素を社会化し、医療的消費、文化的消費といった社会消費・集団消費の出現、家族手当といった所得の移転、ⓒ経済成長が大きい程、社会政治はより能動的・強力にならねばならない。これら三つに対し、オルド自由主義は疑念をもち、歯止めはできない、消費財接近の平等化は目標対象にしえないとし、差異化作用は競争メカニズム固有のもので、そのままにしておくことでのみ機能と規整化は変動を介して編制される。規整化がなされるには、労働する人と労働しない人がいること、高給と薄給とが必要であり、価格の上下が必要である、したがって平等化・均等化をはかる社会政治は反経済的でしかない、社会政治は平等を目標対象にはできない、不平等を作用させておくべきだ——不平等は万人にとって同等である。経済は平等ではないとは、一方から他方への所得の移動ではない、所得移転は所得が投資

ではなく消費へ注がれ危険でさえある、唯一することは、最も高い所得から、過剰消費に割かれる部分を採取して、それを決定的障害や不測事態によって過少消費に置かれた人々に移転すること。最大から最小への移転であって、中庸を目標に規整化することではない。

社会政治の道具とは、消費と所得の社会化 socialisation ではない、反対の、プライベート化 privatisation である。[10] 存在するリスク、生存のリスク、老い・死の宿命にたいして、すべての個人が自身の私的蓄え réserve privée から出発して身を守れること、つまり、所得の一部の移転ではなく、社会階級に対する一般化された資本化、個人保険・相互保険、そして私的所有 propriété privée であること、これが「個人的社会政治 politique social individuelle」であり、社会主義的社会政治に対立させられたものだ。社会政治による個人化 individualisation は、リスクの社会的保護 couverture sociale des risques によって個々人を守るのではなく、個々人に経済空間を割当て、その内部で個々人がリスクを引き受け立ち向かえるようにする。(p.149)

真の社会政治は経済成長のみである、それは経済成長によって気前良くなるものではなく、それだけで、個人すべてが一定水準の所得に達し、その所得が、各人にたいして個人保険、私的所有への接近、個人的・集団的資本化を可能にし、各人がリスクを解消できるようにする、「市場の社会経済 l'économie social de marché」とよばれた。かくして、社会政治の拒絶から出発した、アメリカの無政府資本主義 anarcho-capitalisme américain が発達し、保険メカニズムのプライベート化 privatisation によって、リスクに対し自分を守るのは個人の役目だという、プライベート化された社会政治 politique social privatisée への傾向がみられる。(p.150)

10「プライベート化 privatisation」は「民営化」ではありません、個人のプライベートさに配備されることです。こういうところにも「プライベートなもの」を喪失した社会政治の思い込みが介入してしまっているのです。フーコーの論点では、プライベート化／私的所有と「個人的 individuelle」であることが同定化されてしまっています、それが新自由主義の要になっているものです。

◉「社会の統治」をする:企業社会

統治の介入の適用地点がいかなるものかを見ること。統治は、市場の諸効果に介入する必要は無い、社会に対して市場が及ぼす破壊的諸効果を修正する必要は無い。新自由主義的統治は、社会と経済過程との間に、対立点・遮蔽物を構成する必要がない、ただ社会そのものの骨組みと厚みの中に介入する必要がある。そこにおいて、介入は、社会にたいする一般的市場の規整化するもの régulateur を構成する。社会に介入し、競合の諸メカニズムがいかなる瞬間においても社会のいかなる地点においても、規整化する役割 rôle de régulateur を果たすことができるようにせねばならない。つまり、経済的統治ではなく、「社会の統治 gouvernement de société」であり、「社会の政治 politique de société」である。社会を統治制的プラチックの標的 cible、目標対象 objectif とすることだ。ドイツでは統治制的行為 action gouvernementale の対象は、社会環境 die soziale Umwelt と呼ばれた。(p.151-2)

市場が政治的合理性の原理を一般的に規整化する。市場の規整化を、社会を規整化する原理として導入することとは、市場にしたがって規整化される社会、商品交換よりも競合メカニズムが規整化する原理を構成している社会、商品効果に従属した社会ではなく競合的ダイナミックさに従属した社会、スーパーマーケット社会ではなく企業社会 société d'entreprise であり、ホモ・エコノミクスは交換する人間/消費する人間 homme consommateur ではなく、企業と生産の人間 homme de l'entreprise et de la production である。(p.152)

新自由主義政治が回帰していくのは、企業の社会的倫理である——ヴェーバー、ゾンバルト、シュンペーターがその歴史を政治的・文化的・経済的に研究したもの——。

① 各人が私的所有にできるかぎり接近できるようにすること。

② 都市の巨大化を抑え、郊外拡大政治を都市中規模化政治によって、団地政治・団地経済を独立家屋政治・経済に置き換えることによって、農村での小規模開拓を奨励し、非プロレタリア産業とよばれた家内工業と零細小

売り業とを発達させること。
③居住、生産、経営の場所を非中央化し、労働の種別化・分業による諸効果を修正し、家族や隣人の自然的共同性 communautés naturelles から出発して、社会の有機的再構築をなすこと。
④人々の共住 cohabitation、企業・生産センターの発達、によって生産される環境的効果のすべてを、組織化し、整備し、統御すること。(p.153)

これらは統治制行為の重心を下方へ場所変えする déplacer ことである。

ここにみられる経済的合理化のプログラム、それは「生政治」である。個人と自然が直接触れ合う社会ではない、基本単位が企業形式をもつ社会の構成、企業形式を可能な限り伝搬させ増殖させ一般化すること、私的所有、独立家屋、近隣の小共同体の経営、これらは企業である。この企業形式は、国民的・国際的な規模の大企業形式、国家タイプの大企業へ集中させてはならない。社会体内部で企業形式を波及させること、それが新自由主義政治に賭けられていることだ。市場、競合、企業を、社会の情報化権能 puissance informante de la société――社会に情報・意味を与え形式を与えていくこと――とすることだ。(p.154)

ここで、ゾンバルト的な、商業社会・画一化 uniformisante 社会への批判と、現在の統治政治の目標対象との収斂が起きるが、商品や商品の画一性に基づいた社会ではなく、企業の多在性 multiplicité とその差異化 différenciation に基づく社会を得ること。(p.154-5)

他方、企業の多在化 multipliez、統治制行為にたいして企業を作用させていくことが強いられるほど、企業間の摩擦が多様化し、係争機会が多様化し、司法による仲裁の必要性が多発化する。企業社会と司法社会 société judiciaire は、同じ一つの現象の両面である。(p.155)

(3) 市場経済と社会政治（1979.2.21 講義）

市場経済と社会政治の介入主義

一方に市場経済があり、他方に活動的で強力な介入主義の社会政治がある、その関係は、経済がもたらす破壊的効果を解消するための補償メカニズムではない、市場経済に対抗したり、逆らったりはしない。

競合の形式的メカニズムが作用するために、競争市場によって保証されるべき規制性が正しく行われ、競争の不在によって負的な社会効果が発生しないように、介入がなされます。社会が反競争的メカニズムをおこさないようにするためであって、競争によって反社会的効果がうまれるからではありません。つまり市場経済をなすがままにまかせて、他方で社会的企図を，同時になすという仕方です。（相手を蹴落とす排他的競争ではなく、競争し合うことを協力的になしていくことが「競合 concurrence」メカニズムです、競争の共存です。）

社会政治に内容を与えるべく、オルド自由論者たちは、①企業モデルにもとづく社会の形式化の軸、②市場の競合経済の機能に応じて規整された社会における法規範・法制度の再定義の軸、権利の問題、の二つの大きな軸を強調した。

一九三九年において自由主義体制は、自発的秩序の帰結であるだけではなく、国家の法的介入主義を前提とした法的秩序の帰結でもある。経済的生は法的枠組のなかで展開される。所有・契約・特許・破産体制、職業団体や商社の地位、貨幣・銀行など経済的均衡の法則であって自然の所与ではないもの、立法者による偶発的創造物のようなものを定める。自由主義的であるとは保守主義ではない、進歩主義的である。法律的秩序を科学的発見・経済的組織化、経済的技術の進歩、社会構造の変化、現代的意識の要請にたいして絶えず適応させることである。①市場に提供される財・サービスを自分たちの都合において価格をもとに選び分ける消費者たちによる自発的仲裁、②市場の自由、公明正大、効力を保証する国家によって協議された仲裁、この二重の仲裁にしたがう経済である。(p.166-7)

(i) 経済過程と法的・制度的総体との構成

法的なものは上部構造に属していない。経済が法的秩序を決定するのではなく、法的なものが経済的なものへ形式を与える。ここでは、いわゆるマルクス的・マルクス主義的な観方が批判的に覆されます。

① 理論的意味：オルド自由主義は、ヴェーバーの立場にたち、生産力ではない生産関係のレベルに身を置き、歴史と経済、権利と狭義の経済、これを同じ手によってつかみ、経済的なものは最初から規則づけられた必然的な諸活動の総体であり、互いにまったく異なるレベル・形式・起源・日付・年譜をもつ諸規則を定め、それらは社会的ハビトゥス、宗教上の定め、倫理、同業者団体の規則体系、法律、といったどれかであるかもしれないとして、経済的なものを機械的・自然的な過程とはみない。経済過程を内に含む複合的総体の「システム」だとみなす。経済過程が歴史のなかで現実に存在するのは、制度的枠組みと実定的な諸規則が、システムにたいして可能条件を与えた限りのことである。

② 歴史的意味：資本、資本蓄積の経済的現実が資本主義として、或る時にあって、その固有の必然性によって長子権、封建的権利などの古い法規範を覆し、その固有の論理と要請、さらに下方からの圧力によって、所有権や株式会社の法制・特許権など好都合な法規範を創造した、などと想像してはならない。歴史的にしっかりみととどけよということです。資本主義は下方からの過程ではない。その歴史は、「経済的‐制度的 economico-institutionelle」な歴史でしかない。経済過程と制度的枠組みが相互に呼び合い、支え合い、手直しを加え合い、たえず相互的な仕方で形づくられている、その特異な継承を把捉せよ、ということです。

資本主義へ法制度がはたした役割の、理論的・歴史的な分析は、政治的なものに関わる。

③政治的意味：資本主義を生き延びさせる可能性の問題です。マルクス主義は、資本主義がただ一つしかないとして、その歴史的形象を資本と蓄積の論理に関連づけて、その歴史的袋小路を資本主義の終焉と規定する。他方、もう一つの可能性は、経済的・制度的な一つの形象の歴史的特異性があり、歴史的距離をとって、経済的想像力を働かせれば、さらなる可能性の領野が開けうる。資本主義の歴史をめぐる戦い、権利・規則の制度がはたす歴史的役割の戦いに、政治的な働き enjeu plitique がある。(p.168-171)

資本主義がそれに新たな形態を与えられて生き延びうることの論証は、①競合的市場の論理が可能であり矛盾を含まないと論証すること、②資本主義の具体的・現実的・歴史的形態において法的かつ経済的な総体があり、その個別的な形象に起因する諸効果を、制度を機能させる新たな仕方で乗り切れると示さねばならない。経済理論と経済史・経済社会学とが結びついて、経済過程が制度的総体・法的総体とは分離できない、規則づけられた経済プラチックの総体の内部において制度的・法的総体が一体をなしていることが分析されたのだ。プロテスタント倫理などはその典型である。

(ii) 法的介入主義 interventionnisme juridique

資本主義の続行ではなく、別の新たな資本主義を発明すること、そうした資本主義内部への革新の闖入は市場の法則の側ではない、市場の総体が規整化される仕方で作用すべきことになる。したがって、市場の法則に手を触れずに、市場の法則のみが一般的な経済的規整化の原理となり、その結果、社会の規整化の原理となるよう諸制度を整えよう、その最小限の経済的介入主義と最大限の法的介入主義です、意識的な経済権利への移行です。マルクス主義は歴史学者に経済的分析がないと言い、オイケンは歴史学者に制度的なものがないと言ったが、それはむしろ経済学者たちにおいて無いもので、経済理論、経済学者の分析から逃れてしまっているのが「制度」である。制度と法規範が経済と相互的条件をいかにもつかを示す歴史分析によって、意識的な経済的権利のレベルへ移行し、そこから経済的・法的な複合体のなかに、いかなる諸変容が導入可能であるかを意識化せねばならない。つまり制度的修正と核心の総体をどこから導入すれば、市場経済にたいして経済的に規則づけられた社会秩序の創設が可能になるか、オルド自由論者たち oldolibéraux が言う「経済秩序 wirtschaftsordnung」に到達しうるか、という問題である。それはこれから実際行為せねばならない faut pratiquer 制度的革新、経済に対してそれはドイツでは「法治国家 Rechtsstaat」、イギリスでは「法の規則 Rule of law」とよばれたものの適用である。それはもはや、競争の経済理論と社会学的歴史の路線ではなく、権利の理論の路線であって、国家の権利理論の路線に書き込まれる。(p.172-3)

●法治国家の意味

権利国家（法治国家）l'État de droit は、ディスポティズムとポリス国家とに対立するものとして出現します。資本主義を終焉させないで革新するために出現したのが法治国家です。[11]

◆ディスポティズム despotisme：主権者の個別的・一般的な意志を、公的権能にたいする各人・万人の義務とするシステムで、公的権能による命令の義務的性格・形式を、主権者の意志と同一視するもの。

◆ポリス国家：公的権能による一般的・永続的な定めと、同じ公的権能による情勢に応じた臨時で局地的な個々の決定との間に、本性的・起源的・有効性の差異がない、効果上の差異もない、一つのシステムであり、管理的連続体を編制し、一般法から個別措置 mesure particulière にいたるまで、公的権能と命令を同じタイプの原理として、

11 <État de droit> は「法治国家」と一般に訳されていますが、その実質は「権利の国家」です。

同じタイプの強制的価値 valeur coercitive を付与するもの。

ディスポティズムは、公的権能の命令すべてを主権者の意志のなかに置くが、ポリス国家は公的権能による命令の可能な形態すべてのあいだに連続体を編制する。(p.173-4)

◆法治国家（権利国家）：①公的権能は法律の枠組のなかでしか作動できない、法律の形式によって規定された空間のなかで、公的権能は正統な仕方で強制的なものになりうる、②主権の表現としての法律上の規定・一般的措置と個別の諸決定である管理的措置とが、本性上・効果上・有効性においてはっきり区別される。さらに、法治国家はねりあげられて、各市民に対して公的権能に対抗する訴えを行うための具体的で制度化された効果的可能性が与えられた国家となる。単に法律の枠組内で作動する国家ではなく、権利システムをもった国家、法律を持つと同時に、個々人と公的権能との間の諸関係を仲裁する司法的審級をもった国家です。行政裁判所 tribunaux administratifs だけではなく、通常の裁判において公的権能に対する訴えを市民がなしうる権利国家となっていく。何らかの制度による、市民と公的権能との間の司法的仲裁の可能性を持つ権利国家です。(p.175-6)

●資本主義の改新 rénover

資本主義を改新する仕方は、経済的正統性の中に法治国家の一般諸原理を導入することです、経済秩序への国家の法的介入がありうるのは、形式的諸原理の導入の形をとる場合のみであって、それが経済秩序における法治国家の原理です。その形式的なものとは、ハイエクが明示したように、形式的な経済法制とは、ただ単に計画化への反対物だということです。

その経済計画とは、①明確に規定された経済的目的があること、②その諸目標対象に応じて修正・訂正・中断・代替が適当であると判断されたときに求められる効果が達成されるか否かにしたがって導入される、③公的権能が経済的決定機関の役割をもち、個々人にとって代わって個々人に対して一定水準の報酬を超えてはならないなどの義務を課し、公的事業への投資を決めたりする、④公的権能が経済過程総体を統制する主体となり、国家の決定機関は経済に関する知の普遍的主体となる。(p.177)

したがって、形式的にとどまるとは、①個別の目的を自らに設定してはならない、所得格差の縮小とかあるタイプの消費の増大とかは、国家の役割ではない、②法律は固定した諸規則の形でアプリオリに構想されるべきで、生じた諸効果に応じて修正されては決してならない、③法律は、一つの枠組を定義し、その内部において各経済的代行者 agents économique が完全な自由であることにおいて決定できるようにしなければならない——自分の行為に定められた法的枠組が身動きしないと知ったうえで。④形式的法律は国家をも拘束する法律であり、公的権能が各人へいかに行為するかを正確に知れるようにせねばならない、ということです。(p.178)

上方から過程総体のうえに張り出してその目的を規定し、しかる行為者に代わってしかる決定をくだせるような、経済に関する知の普遍主体などはありえない。実際に、国家は経済過程に盲目でなければならない、国家は経済の現象総体を知っていると想定してはならない。経済は諸個人、国家にとって一つの働き＝ゲームであり、経済は「諸々の規則づけられた活動態の総体 ensemble d'activités réglées」でなければならない、その規則は、誰かによって誰かのために決定されたものであってはならない。

誰もその結末を知らないゲームを、各人がいかになすかを決定する諸規則の総体である。経済は一つの働き＝ゲームであり、経済に枠組を与える法的制度はゲームの規則 régle de jeu として考えられること、法の支配と法治国家によって、統治の行為が経済の働きに規則を与えるものとして形式化される。その経済ゲームをなす現実の経済主体は個々人のみ、あるいは企業のみです。国家によって保証された法的・制度的枠組の内部において規則づけられた企業間のゲーム、それが改新された資本主義における制度的枠組となる一般形式である。経済ゲームの規則であって、意図的な経済的・社会的統御ではない。「法システムの主要な機能は、経済的生の自発的秩序を統治することと。法システムは、生産と分配の競争メカニズム mécanisme compétitif を操作する諸規則を発達させ強化すること」とポランニーは述べた。ゲームの規則としての法システムがあり、ついで経済過程の自発性による具体的秩序が表明される働きがある、ということ、それが「法と秩序 law and order」である。それは国家・公的権能は法律の形でしか経済秩序のなかに介入しない、その法律の内部において、自身の固有な規整化の効果と原理が出現しうる。(p.178-9)

以上で、フーコーが強調したことは、次の二点です。

① その論理・矛盾・袋小路を伴う資本主義なるものは存在しない。存在するのは経済的・制度的な一つの資本主義、経済的・法的な一つの資本主義である。

② 資本主義は異なるもう一つの資本主義を発明しうる。それは本質的に、権利国家の原理 principe de l'État de droit に応じた制度的枠組の再組織化の原理であり、十九世紀の保護主義的経済、二十世紀の計画化された経済において国家が自らに権利を認めてきた管理的 administratif・法的 légal 介入主義の総体が、一掃されうる。(p.179)

ⅲ **裁判請求の増大** croissance de la demande judiciaire

◓ 自由主義の問題は、万人にたいして同じ仕方で課される法律の一般システムにおいて法的枠組みを最大限強化し、その法律優位の考えは、司法的なもの範例的なものの大幅の還元であって、司法制度は原理上ただ法律を適用することとしかしえなかった。

◒ 真の経済主体が、交換する人間でも、消費者でも生産者でもない、企業である自由社会、その企業社会において、法律が個々人にとって自由企業の形で好きなように行為する可能性があるほど、また社会で企業を単位として多数多様なダイナミック形態が発達するほど、異なる単位間での摩擦は多大となり、衝突の機会、訴訟の機会が増大する。経済的規整化は競争の形式的属性によって自発的になされますが、社会的規整化においては社会的介入主義が要求されることになる――衝突、不正行動、被害などにたいして。働きの規則の枠組内の仲裁としての司法による社会的介入です。計画に備わっていた経済的行為が脱官吏化されて、企業のダイナミズムが波及するにつれ、ますます多くの司法的審級、仲裁の審級が必要になってくる。

そこに組織化として、仲裁が既存の司法制度の内部に組み入れられることかあるいは別の制度を作り出さねばならないか、司法的なもの、訴訟手続き、仲裁の必要性が増大する自由諸社会の根本問題の一つになる。法律が形式的なものになるほど司法的介入は増大する。そして公権力の統治介入がさらに形式化され、管理介入が撤退し、裁判が遍在する公的サービスの傾向が強まっていく。(p.180-1)

オルド自由主義は、社会介入主義を伴う競争市場経済を企図する。「企業」単位を根本的経済主体として再評価し、それを中心にした制度的刷新を含意している。そこには統治する自由アートの刷新がなされている。マルクス主義者たちは資本主義社会の合理性と非合理性の排他的で根本的な起源を資本とその蓄積の矛盾した論理に探すことで間違っていると、シュンペーターやオルド自由論者は指摘し、資本とその蓄積の論理の中には内的矛盾はなく、資本主義は完全に生き続けることができると考えます。

●シュンペーター・対・オルド自由主義

シュンペーターの考え：資本主義は矛盾したものではなく、経済的なものはずっと生き続けられる。だが、独占へと向かう傾向とは切り離せない。それは経済過程に起因するのではなく、競合過程の社会的帰結に起因する。独占的となる組織化の現象は社会的現象であって、経済を管理と国家に近い決定の中心に組込む傾向がある。それは矛盾からの断罪ではなく、資本主義の歴史的断罪、歴史的宿命の観点からの断罪である。資本主義とは集中を避けられないもの、自らの発達の内部において一種の社会主義——中央官庁が生産手段と生産を管理するシステム——への移行が避けられない。資本主義経済固有の非論理性・非合理性によるのではない、競合的市場にもたらされる組織上・社会的な必然性が原因である。その移行の政治コストはかかるが可能である。全体主義の代償を避けるべく、高度に監視され練り上げられねばならない、愉快ではないがそれは起こる、大きな注意を払えば想像するよりましなものになろう。

オルド自由論者たち：社会主義体制のもとで支払われるべき政治コストは、自由の喪失という政治コストであり、受け入れられない。計画化の必然的な政治的帰結としての自由の喪失を回避はしえない。計画化に内在的な誤り・非合理性を改めるには、根本的自由を除去することが不可欠になってしまう。ならどうしたならよいか、経済過程の傾向ではなく、経済過程の社会的帰結の傾向、国家内部における経済過程の組織化・中央集権化や吸収の傾向にたいして、社会的介入によって修正できるようにすることだ。社会的介入、社会政治、法的介入主義、法治国家・法支配の法制、こうした厳密に形式的法制によって保護された経済の新たな制度的枠組みを定義して、資本の論理ではない、資本主義社会に実際に内在する中央集権への傾向を消去し、吸い取ることを可能にする。それが資本論理を純粋に維持し、競争市場を機能させ、独占・集中・中央集権の現象のなかで転倒するリスクのない競争市場を機能させる。かくして、競争経済の論理とヴェーバー的な制度プラチックとを互いに調整 ajuster できる。公的権能による介入の形式的性格によって定義された制度界、諸過程が純粋競合を規則づける経済の発展、それがオルド自由論者にとっての歴史的チャンスであった。(p.183-4)　これはポリス国家ではない、法治国家 État de droit である。

資本を経済的理論の範疇に限定化し、資本主義を経済的かつ制度的な総体と見なす、ドイツ自由主義の論理に、資本主義が生き延びうる可能性の根拠をみていく、そこに規制されたフーコーの限界をかいまみる論述であると思いますが、経済を純粋に経済のみとして考えるのは誤りだという指摘は重要であるにしても、これでは、マルクス・対・ヴェーバーの古くさい対比的考察の閾とその派生である経済と制度の対比図式から脱しえていません。経済を総体的に考えるなら、法的資本や国家資本、さらに制度的な種差的資本が多様にあるのであって、「資本」総体から社会・国家の構成を問い直していくことが重要であり、ブルデュー的考察が理論的には要されるところですし、また制度化は経済だけでない非経済的な領域に対してむしろ経済的は編制をなしていきます（イリイチの考察）。フーコー講義の面白さは、フーコーの厳密思考のワザのおもしろさと、それゆえ露出する限界のおもしろさにこそあるということでしょう。それを本人が一番よくわかっているゆえ、新自由主義の考証は、その後いっさい断ち切られていくわけです。しかし、わたしたちは、そこにまだまだこだわって、フーコーを追いかけます。

(4) 新自由主義と国家（1979.3.7 講義）

生政治を論じるとしながらドイツ的形態の新自由主義を論じてきた理由を、フーコーは以下のようにのべます。

権力諸関係の分析に具体的内容を与えること。「権力」は原理自体ではない、説明的価値でもない、全面的に分析すべき諸関係の「領域 domaine」を示すのみであり、「統治性」――「人間たちの振る舞いを領導する conduit la conduite des hommes」仕方――は、権力諸関係のための分析格子である。したがって、この統治性の概念を使ってみること、そして統治性の格子が、狂人・病者・非行者・子どもの「振る舞いを領導する conduit la conduite」仕方の分析に有効であり、かつ経済政治や社会体の経営という全く異なる規模の現象を扱うにも有効である、のはどうしてなのか、つまり、ミクロ権力の分析、統治性の諸処置の分析が、段のセクター secteur de l'échelle である特定領域に限定づけられず、あらゆる段にたいして有効である視点・解読法 méthode de déchiffrement が、どこまで認められうるかを検討することであった。ミクロ権力の分析は、セクター secteur の問題ではなく、視点 point de vue の問題である。(p.192)

そこから、国家論への再検証の視座が明示されていきますが、視点に対する視点の次元から、フーコーの考察はなされていくのです。

国家嫌悪と国家批判の無知

さらに、新自由主義がいだく批判的道徳性にかかわるもので、そこに「国家」のテーマがある。国家とその無際限の増大 croissance、国家とその遍在 ominiprésence、国家とその官僚主義的発展 developpemente bureaucratique 、国家とファシズムの萌芽 germes de fascisme、国家とその庇護的家父長主義 paternalisme providentiel のもとでの内的暴力 violence intrinseque、といった国家批判のテーマ設定のなかに、重要な二つの要素が恒常的にみられる。

①国家は、自身のうちに、その固有のダイナミズムによって、拡大の権能、増大への内的な傾向、内成的な endogène 帝国主義といったものを所持して、表面、広がり、深さ、繊細さにおいて止むことなくそれらを獲得して、最終的に、自らにとっての他者、外部、標的 cible、対象を、つまり知を構成し、「市民社会」として全体的に引き受けるに至るであろう、という考えである。「国家嫌悪 la phobie d'État」の一般

的テーマ設定を貫いている第一の要素は、市民社会という「対象―標的 objet-cible」への関連による「国家の内在的権能 puissance intrinsèque de l'État」があるとみなしているものである。

②「国家嫌悪」の第二の要素は、種々異なる国家形態の間には、近縁性、発生的連続性、進化的な含意があるという考え方。連続性・統一性を保ちつつ伸びゆく国家的大木 grand arbre étatique があって、そこから、管理国家、保護国家、官僚国家、ファシスト国家、全体主義国家といった小枝が生えてくる、と分析する。

この二つは、隣接し支え合っているが、①市民社会という「対象―目的」への関連によって、限界なき拡大力を国家は持つ、②国家諸形態は、国家への種差的ダイナミズムから出発して互いに他から産み出される s'engendrent、という考えは、現在的にしばしばみられる共通批判環境の類いを構成しているもので、ある種の批判的価値・批判的通貨を循環させているインフレ傾向 inflationniste にある。(p.192-3)

●国家批判のインフレ

①国家諸形態の間に近縁性・連続性、恒常的進化のダイナミズムを認めると、諸分析間の相互互換性 interchangeabilité が加速的に増大され、分析を相互に依存させ、互いに他に送り返し、種差性を喪失させる。たとえば社会保障に地滑りがなされ強制収容所へと連接されてしまう。(p.193)

②国家の内在的ダイナミズムの最終形態の名において、常にどんな最小のものも最悪の何かに送り返され、最小のものは最大のものへ、最良のものは最悪なものへと質剥奪 disqualifier されることになる。た

とえば、映画館のガラス窓を割った男が裁判で重い判決をうけたとすると、国家のファッショ化の兆候だという人がでてくる。ファシズム国家以前には、そうした判決はなかったかのように言われる。(p.193-4)

③かかる分析によって、現実的 réel・実際的なもの l'acutuel に関わらずに済ませている。国家ダイナミズムの名のもとで、近縁性・危険さ、パラノイア的・貪欲な国家という大いなる幻想を設定すれば、現実にいかなる影響を及ぼしうるか、現在的現実の実際性 actualité le réel présente はいかなる様相 profil であるか、はどうでもよくなる。疑惑 soupcon や告発 dénonciation で国家の幻影的様相 profil fantasmatique の何かを見いだせば、現実的実際性 actualité の分析は必要ないとする、現実的実際性の消去です。(p.194)

こうした国家批判のインフレ傾向は、自身についての批判も分析もない、反国家的疑惑、国家嫌悪が、現実にどこからやってきたかを知る試みがなされていない。こうした国家に内在的に抑制不可能なダイナミズムがあるかのようにみなす批判は、一九三〇年から一九四五年にかけて定式化されたが、まだ新自由主義の内部に局在化されていたもので循環はしていなかったのだが、それが多形的、遍在的、絶対的権力をもつ国家とみなされて批判されていくのは、ドイツのオルド自由主義がケインズ的批判をなし、ニューディールや人民戦線タイプの統制経済的で介入主義的な政治への批判、ソ連の政治的・経済的選択への批判、つまり社会主義批判が問題となってきたときである。

ベヴァリッジ計画が批判されたとき、権力、国民所得、責任の、国家の手中への強化・集中であり、国家はすべてを包括し、規則づけ、集中させ管理する、中央集権化であり中産階級を破壊する、プロレタリア化と国家化とが社会にたいしてなされる、また、統制経済の実際化、計画化の技術化、社会主義的選択だ、イギリスをナチス化するものだと、レプケやハイエクによって批判された、そういう仕方である。

フーコーによる国家を考えるうえでのテーゼ

❶ナチス国家、ファシズム国家、スターリン主義国家という「全体主義国家 État totalitaire」は、国家を増強したのではなく、逆に、国家の自律性、種差性、固有の機能を限定づけ、弱体化させ、従属的にしたものである。それは政党との関連でなされる。全体主義国家は、国家の内在的発達や強化や拡張ではない、十八世紀的な管理国家でもなく、十九世紀のポリス国家でもない。国家化したり国家化されたりする統治性のなかに探してはならない。国家的ではない統治性、「**政党の統治性** gouvernementalité de parti」のなかに、その原理を探すべきだ。政党の統治性こそが、全体主義体制、ナチズム、ファシズム、スターリン主義、のようなものの歴史的起源にあるのだ。

❷現在、現実でおきていることは、国家／国家理性の拡大ではなく、減退である。①政党の統治性増大による国家統治性の減退、②自由主義的統治性を探求する我々の諸体制において確認できる減退、である。フーコーは、自分は自由主義を価値づけたり、国家嫌悪を正当ではないなどと言っているんではない、国家化、ファッショ化、国家的暴力の創設への告発がなされるとき、自身に関わる現実の現在の過程が記述されていると思い込んでいるのは誤りだ、国家嫌悪をなす人は風向きにしたがっている、実際、いたるところで、国家・国家化の減退、国家化し国家化される統治性の減退の兆しが、ずいぶん以前からあるのを知っておくべきだ。また、国家の長所・短所についての思い違いがあるというんではない、

国家にとって外成的なもの exogène であるファッショ化 fascisation の過程、国家の減退 décroissance・分解 dislocation に属するファッショ化の過程が、国家に帰属していると思い違えてはならない、さらにまた、国家をかくも不寛容 intolérable、問題提起的 problématique としている歴史過程の本性について思い違いをしてはならない、と言っているのだ、と。

そこで、自分は、価値を奪われ、追放され、軽蔑され、嫌悪されてきたヒトラー的国家となるビスマルク国家ではなく、伝搬する、問題となっている、現在性の一部となり、それを構造化し、現実性の輪郭を描き出しているドイツ的モデルを、新自由主義的統治性の可能性として検討したのだ、と。(p.196-8)

以上が、あらためて設定された国家論へのフーコーの考え方・観方です。その視点のもとで、あらためて新自由主義への検証がなされます。

●ドイツ的モデルの伝搬と経済的なもの／社会的なものの関係

ドイツ的モデルのフランスへの伝搬は、①強固に、国家化され、統制経済的で、管理的である統治性から出発してなされた、②最初は限られていたが今は重大になっている経済危機の状況のなかでなされ、その経済危機が導入・活用の根拠とされ、同時にブレーキにもなった、③その伝搬・活用の役目を引き受けるのが、危機状況のなかで国家を経営する人々である。(p.198)

ドイツ的モデルのアメリカへの伝搬においては、①アメリカではニューディールに対する反発として内発的に自由主義は発展してきたようにみえるが、ドイツ的モデルとアメリカ自由主義との間には多くの歴史的関係があろう、②ドイツ的モデルは、政治危機の内部において発達した、連邦政府による統治の影響・行為・介入の問題、政治的信頼性の問題である、③一部の人たちの独占ではなく、大衆的に社会内部に大きく広がった政治的対立の動きをとった。(p.198-200)

根源には、「市場の社会的経済 économie sociale de marché」の問題があり、世界に開かれた効果的市場の経済と、先進的な社会的企図 projet social avancé を、同時に構成する、という問題にある。

一九三〇年代の大恐慌後、統治が考慮せねばならないのは、完全雇用、価格安定、国際収支の均衡、国民総生産の増大、所得・富の再分配、社会財の供給といった経済的諸要素である。ベンサムなら統治の経済的アジェンダと呼んだであろうことへの配慮である。ドイツ自由主義/オルド自由主義は、価格の安定と国際収支の均衡を第一目標にしたが、フランス/イギリスは、完全雇用と社会財の供給を第一目標にして、経済成長を企図していた。イギリスは失敗し、フランスは成功する。フランスは、自由主義タイプの緩和をなしながら、統制経済的目標が本質的に維持され、完全雇用と社会財分配を中心にした統制経済の方法・計画化が維持されていた。完全雇用の維持と平価切下げの影響の回避、それはリスクに対する社会保障政治の実施であり、そのとき、個人に起こることを国民連帯の集団全体で引き受けるという「社会政治」が、所得の絶え間ない再分配によって保証された集団的消費政治となっていきます。人口総体にかかわる再分配と集団消費です。フランスでは出産奨励政治よって家庭が特権化された。「個々人における不測事態を集団全体で保障すべきだ」という考えは、社会政治と経済的諸効果との関係が問題とされ、相互に関係がある、いや関係はない、という議論がなされていくが、近代国家の経済機能は、①所得の層的再分配 redistribution、②公的財の生産形態の下での手当金 allocation、③経済成長と完全雇用とを保障する経済諸過程の規整化 régulation である――この再分配・手当・規整化が国家の三つの経済的機能とされた。(p.206)

しかし、経済はそれ固有の規則を持つべきであり、社会的なものはそれ自身の目標対象を持つべきだ。経済と社会とを切り離して、経済過程が社会メカニズムによって攪乱されたり損害をうけないようにする分離が、新自由主義としてなされることになります。社会メカニズムを限定化し純粋さを保つことです。経済的なものと社会的なものとの非結合 dissociation、その連結解除 décrochage をいかになすか。経済はゲームである、そのゲームが社会全体に貫かれていなければならない、その経済的働き=ゲームの諸規則を定義し、良く適用されることを効果的に保障するのが「本質的機能をもつ国家」となる。その諸規則とは、誰一人としてそこから排除されないようにすること、それが社会の役目、国家によって保障された経済的働きの諸規則である。経済的なものと社会的なものとの交点は、いかなるプレーヤー joueur も排除されない保護規則 régle de sauvegarde です。(p.207)

生産競争と個人保護の規則のあいだの非排除 non-exclusion の規則が、社会的規則 régle social、社会的規定化 réglementation sociale、社会的安全性 sécurité sociale の社会政治である、ということです。

負の所得税：絶対貧困への社会政治

そこに「負の所得税 impôt négatif」というものが構成されます。所得が不十分であるため一定水準の消費が不可能である人々に対する手当です。社会給付金が、社会にとって効果的で、経済にとって攪乱的でないようにする社会政治です。これは、裕福な人々に利益を与えるだけの集団消費 consommation collective の一般形態をとらず、十分な閾にまで至っていない人々をはっきりと区分して、その所得レベルを下回る人々だけに不足分を支給することです。それは一定の閾を保障しながらも、給付金にたよって仕事探しをやめないよう、労働したいと欲するようにすることが目的で、そのために十分な欲求不満も残しておかねばならない。ですから、麻薬中毒者であろうと意図的な失業者であろうとそれはどうでもいい、その理由を官僚的・警察的・糾問主義的に調査もせずに、貧者の良し悪しを識別しない、意図的に労働するかしないかの区別もどうでもいい、一定のレベルを転落した者に援助金を付与すること、そしていずれ労働する気になるようにすること、その「援助を受ける人口」を労働する可能性として設定しておくこと、ある閾で絶対的に貧困 pauvreté absolue であると区分される人に生存保証をする社会政治です。それは、たえず可動的な人口がえられるということ、閾の上方と下方とを浮動する人口がある、そこには完全雇用の目標は放棄されます。落ちる者、落ちたい者は落としておけばいい、ただ貧しい人々とそうでない人々とが、はっきりと分割され、貧しい人にその閾を移動させることです。これは所得落差を是正しようとするような社会主義的政治を絶対的に回避する仕方です。もはや人口総体におきうる不測の事態を考慮することではないし、所得間の格差を是正することでもない、貧困出現の原因をいじくることでもない。

援助を受ける人口がある、非常に自由主義的で、官僚主義的でも規律主義的でもない、労働する可能性は残されて、労働させても得にならない人々を労働させないでおく可能性があるものです。そこに最低限度の生活の可能性が保障されるのみです。(p.208-213)
つまり、社会政治とは、「経済ゲームには何にたいしても手を触れず、社会を一つの企業社会として発達させ、いくつかの介入システムをもってそれを必要とする人々に、必要とするときにのみ、援助を行うようにする」(p.213)、それが新自由主義の機能です。負の所得税は、新自由主義の特性を「社会政治」としてよく示したものであるゆえに、取り上げられたのでしょう。

ここまできますと、「資本主義」なるものがいったい実際にあるのか、それはただ理論化された認識図式でしかないのではないか、実際にあるのは「新自由主義の統治制」ではないのか・・・。統治制において「価格」が主要な機軸に配置されていることは重要です。「社会政治」はある意味描き出されましたが、社会が社会エージェントたちの生存の場に編制される統治制がなされているとき、それは社会経済が機能していることでもある。いかにも社会的なものと経済的なものとが分離されているかのように、機能させる「社会市場」の中の社会経済です。制度も経済化され、社会も経済化される、それが商品経済の力でもあり、統治制において構成されていったことであると思いますが、オルド自由論を見ているだけではすまされない現代構造の問題は、残されたままです。現在社会を考えるうえで、わたし自身がイリイチやブルデューをフーコーとともに常に理論地盤に配置して考察し続けるのも、現代社会の複雑性に少しでも近づきたいためですが、大学知性を暗黙に覆っている安直なマルクス主義の理論効果に侵食されないために、フーコー的思考技術をその機軸においてなすことで、ブレない方向へと考察を進めていくことができます。それにしても「生政治」は、ほとんど明証にまだなっていません。
さらにアメリカをみていきます。

Ⓑアメリカの新自由主義（1979.3.14、3.22講義）

一般的特徴

アメリカ新自由主義の背景には、①ニューディール批判、ケインズ主義批判として「自由放任のための明確なプログラム」が提起され、②戦時中の経済介入・社会介入の企図として、諸国が社会契約から出発して戦争を行い、戦争に行く人たちへの保障の提供がなされたこと、③貧困・教育・差別に関するプログラムを通じた国家介入主義、連邦行政の増大がなされた、ことがある。これらから、新自由主義の敵対物が標的構成された。

そのヨーロッパとの差異は、①国家理性への緩和として出現したのではなく、最初から経済的な欲求こそが独立形成の出発点であり、国家が自由主義によって自己限定づけられるのではなく、自由主義の要請が国家を創設した、②ヨーロッパでは、国民の統一性、独立、法治国家であったのに、アメリカでは政治的選択において自由主義が繰り返し現われた、③非自由主義が介入主義的政治として出現し、社会化の諸目標の導入と帝国主義的・軍国主義的国家の基盤を内部に築こうとした。この非自由主義への批判は、右派では社会主義的響きに敵対する自由主義伝統として、左派では帝国主義的・軍国主義的国家の発達にたいする批判と日常的闘争がなされた。つまり右派も左派も新自由主義を活用した、新自由主義の多義性がある。

つまり、統治の場において形成され定式化された経済的・政治的な選択ではなく、アメリカの自由主義は「存在し思考する一つの仕方」で、フランスでは個々人と統治との係争が義務・公的役務をめぐってのものであるのに、アメリカでは自由の問題をめぐる対立となる。自由主義は、包括的・多彩的・両義的な要求であり、再活性化されるユートピア的中心であり、思考法であり、経済・社会の分析格子である。ハイエクは生ける思考としての自由主義を論じたが、自由主義的ユートピアをつくること、思考・分析・想像力の一般スタイルとしての自由主義であった。それを特徴づける、「人的資本論」、「犯罪性・非行性」に関する分析が検証される。

(1) 人的資本論と労働

人的資本 capital humain 論は、経済分析を前進させた、そして「経済的ではない」と見なされていた領域を経済タームから再解釈した。それは、労働概念を「人的資本」概念へ転化したものです。

●古典派政治経済学の「労働」

古典派経済学は、財の生産は、土地、資本、労働の三ファクターに依存するとしたが、労働は未探査のままであった。アダム・スミスは、分業と労働との種差化から経済分析をなした。そしてたえず労働を中立化し時間のファクターへおしもどした、それがリカードがなしたことだ。労働の増加を量的な仕方で、時間的可変項にしたがって規定した。つまり市場における労働者数の付加であるとし、資本がより多くの労働時間を自由に使用する可能性であるとみなした。ケインズは、労働とは、生産ファクター、生産するファクターであり、それ自体は受動的で、その用途・活動・現在性は一定の投資水準においてそれが十分に高いという条件で見いだされる、とした。

新自由主義は、こうした労働分析への批判によって、労働を経済分析領野に再導入することであり、一九五八年頃からの、シュルツ、ベッカー、ミンサーらによってなされた。[12] 彼らはマルクスをスノビズムによって論じていきます。

12 人的資本としての教育資本や知識は、ラディカル・エコノミクス派にまで引き継がれていき、学校化批判へと転じていきます。ボールズ／ギンタスの考察が代表的ですが、マルクス主義というよりも自由主義の系譜と言えるでしょう。

ないが、彼らならマルクスの労働をこういうだろうと、フーコーは示します。

労働者は自分の労働ではなく労働力を一定の時間にわたって売る、それと引き換えに、労働力の需要・供給の均衡に対応する市場状況から賃金を得る、そして労働者がなす労働はその一部が労働者から剥奪されてしまう価値を創造する、そこにマルクスは資本主義のメカニズム・論理を観る。それはそうした労働が「抽象的」にすぎない、具体的労働が労働力に変形され、時間で測定され、市場におかれて賃金として支払われる、人間的現実の全体から切断され、質的可変項のすべてから切断された労働であり、そのとき、資本の論理は労働に関して力とその時間しか考慮しない、資本主義は労働を商業的製品とし、生産された価値の諸効果しか考慮にいれない、というわけだ。(フーコーは、「商品」概念を関係づけない、マルクス主義的言説世界に呑み込まれないためであろう。)

マルクスにとって労働の抽象化は資本主義の歴史的現実からきているとされるが、新自由論者たちは、その「抽象化」は現実の資本主義ではなく資本主義的生産に関してつくられた経済理論によるものであって、古典派経済学が労働の具体的種別性、質的変調を分析できなかったから、哲学、人類学、政治学が労働考察へ駆り立てられた。マルクスはその代表であり、経済学言説によって労働が抽象化されてしまった仕方に対する理論的批判をなさねばならなくなり、経済(学)を資本・投資・機械・生産物の過程としてしかみていないから、労働の種差性、質的変調の経済効果をとりのがしている、とフーコーはみなす。フーコーには、もともと「労働」を普遍とはみなしていない、近代的産物でしかないという考えがあります。

● 新自由論者は労働ではなく人間行動を分析する

新自由論的分析 analyses néolibérales は、経済分析の対象、その諸対象の領域 domaine d'objets、一般的言及界 champ de référence général を構成してきたものにたいして、変化をもたらしている。スミス流の経済分析は、所与の社会構造内部における生産メカニズム／交換メカニズム／消費の事実、をそれらの相互交渉とともに研究してきたが、新自由論者たちは、そのメカニズムでも、置換可能な本性とその諸帰結を研究するのではなく、競合する諸目的、二者選択的諸目的、重ね合わせられない諸目的にたいして希少資源が割り当てられる仕方に関する分析である。つまり稀少資源がありそれは使用される、そこには選択されねばならない目的があり、その諸個人が稀少資源を二者択一的な目的にたいして割り当てる仕方を研究する。そこから出発して言及の一般的枠組みにせねばならないとしている。(p.228)

ここで新自由論者たちは合流し、利用するのは一九三〇年代のロビンズであって、経済学とは人間行動comportement humainに関する科学である、諸目的と互いに排他的な用途を持つ稀少手段moyens raresとのあいだの関係としての人間行動にかんする科学である、というものだ。資本・投資・生産といった諸事物・諸過程の間の関係メカニズムの分析では、労働はただの歯車にしかならない。それにたいして、人間行動の分析は、行動の内的合理性についての分析、どのような計算がなされたか、その計算が、稀少資源をしかるべき目的に割当て決めさせた。つまり過程の分析ではなく、個々人の活動の内的合理性・戦略的プログラムの分析である。(p.228-9)

かくして労働を経済分析の内部に再導入した新自由主義は、「労働する者が自分の自由になる資源をいかに使用するかを知ること」、「労働する者自身によって、プラチックされ、活用され、合理化され、計算される経済的振舞いとして研究すること」、労働活動の選択システム、合理性のシステム、その戦略的合理性の原理が労働に投映されている格子から出発して、労働の質的差異が経済的タイプの効果をもたらしている、労働者の視点にたって、労働者を能動的な経済主体とした。(p.229)

そこから、賃金とは、労働力の売買ではなく「所得revenu」とされた。それはフィッシャーへの後退である。所得は資本による生産物・収益である、所得の源泉すべては資本である、賃金とは資本による所得である、賃金という所得をもたらす資本は、身体的・心理的ファクターの総体、適性・能力である、機械である、そして所得とは賃金の総体、賃金の流れだとみなされた、というのだ。ここに、労働とは抽象によっての労働力とそれが使用される時間に還元された商品ではなくなった。つまり、労働が、資本と所得とに分解 décomposition された。(p.229-230)

このフーコーによるマルクスへの解釈の仕方と新自由主義の人的資本・能力資本への解釈の仕方が接続されると、資本そのものへの誤認が派生するということです。それが、フーコー解釈に蔓延しているものです。つまり、概念空間が混同されたままになっているのです。このときフーコーが、ブルデューをどう意識していたか。それは講義では語られなかった草稿にわずかに示されていますが(287頁)、あきらかにブルデューの資本概念をフィッシャーへ還元している、そこへの後退だと想定しているようにみえるのと同時に、「資本の経済学」として考察し直されるべきだと指摘するも、なしえなかったのだと思われます。つまり、概念空間の場所がまったく違うからなのですが、個人の生の条件を、資本から切り離して、所得としてしかみていないための限界です。

新自由主義もフィッシャーも、賃金体系であることを大前提にしている、企業基盤を大前提にしての思考でしかない。それは経済資本を主要因とした前提であって、「資本そのもの」を前提にはしていない。新自由主義の限界はそこにあります。企業における資本の概念空間と資本そのものの概念空間とは違います。そしてさらに、「労働」の概念空間と「労働者」の概念空間とは違うのです。つまり、マルクスの思考をまったくフーコーは了解しえていない、『言葉と物』以来からそうです。まして、非有機的身体と有機的自然との自然疎外の閾は把捉されていない。マルクス主義的に、労働力商品化と労働疎外とを簡易に説いているにすぎないから、古典派経済学／リカードとマルクスとの間に切断・非連続は無い、同じ系譜上の言説布置においてしまう。ここは、フーコーの決定的な理論的限界となっているところではないでしょうか。ブルデューはフーコーを、知の界閾をみているだけで社会の実際プラチックを視ていないと切捨てますが、知の界閾においても、フーコーはマルクスを観切れていない。フーコーのこの立ち位置の固有さが、新自由主義への考証に、よくでています。

マルクスは『経済学批判要綱』において「労働技能」と概念化していました、それが『資本論』において「労働力」と転移された。そのときすでにランシエールらによって指摘されていたように、〈資本—労働〉関係の概念空間が〈資本家—労働者〉関係の人格関係の概念空間へと転移されて、混同されてしまった。この識別化が、マルクス自体の了解の要にもなる閾です。マルクス理解・解釈の正当性の問題ではなく、〈資本・労働〉に対する理論設定の根源的問題としてです。わたしたちは、マルクス主義と新自由主義の両者の先に立たねばならない、フーコーによる史的解釈の枠にとどまる必要は無い。どこかアメリカ贔屓のあるフーコーですが、資本は意味されたものとしてしか考えられていない。わたしが主唱する「資本経済」や労働を無化する「資本者」は、新自由主義の人的資本とは似てもつかない、「労働と資本の分節化」が問題である、と強調しておきます。さて、その批判観点をもったうえで、さらなる考察をみておきましょう。

●能力資本＝能力機械

労働が資本と所得に分解されたことでの帰結は、未来の所得、賃金を可能にするものと定義された資本は、それを保持している者から分離しえない資本である——労働への適性、能力、何かをなしうる力はその人から分離はしえない、労働者自身から切り離せない労働能力＝機械（労働者と一体をなす能力）である、所得の流れを生じさせる機械である（所得を生じさせるのではない）。これは、労働力の売買ではない、労働者の能力によって構成された機械であり、能力と労働者が分離不可能で結びついている機械、労働力ではない「能力資本」だという考え方です。[13] そうした機械は、低賃金からはじまり、やがて上昇し、旧式化・老化で下降するという、機械と流れからなる複合体である、と新経済学者たちは考えた、一つの企業に投資される資本にたいして市場価格で売られる労働力という考え方の対極である。

この能力資本が、多様な可変項として、賃金＝所得を受け取り、その結果、労働者自身が自分にとっての企業となる。つまり、経済分析は、個人・過程・メカニズムではなく、企業という要素を、解読基盤にし、企業の単

13 資本を機械としている考え方は、人間身体の非有機的自然からの疎外をみていないことから派生する概念で、「資本」の表層をみているだけで、「資本」そのものを見ていません。7・8章で論じる、〈資本〉が混同されないために指摘しておきます。〈資本〉は原動力、力能であって、「所得」ではない、本質的には経済範疇ではないのです。

位からなる経済かつ社会、これが、自由主義の解読原理である、自由主義による社会・経済の合理化のためのプログラムである。そこには、ホモ・エコノミクスへの回帰があるようにみえる。

ホモ・エコノミクスの変化

新自由主義のホモ・エコノミクスは、交換相手のことではない、それは企業家自身である。そこから交換相手のホモ・エコノミクスを自身の企業家としてのホモ・エコノミクスにたえず置き換えることが、新自由主義があらゆる分析に働かせることになる。自身に対する自身の資本、自身にとっての自身の生産者、自身にとっての自分の所得の源泉としてのホモ・エコノミクスです。

ベッカーは消費について、それを生産物獲得のために購買し通貨の交換をなすことだと決して考えてはならない、消費する人間は、消費する限りにおいて生産者であり、自身の満足を生産する、消費は企業活動のようなもので、個人は自分が自由にできるある資本から出発し、自身の満足になるものを生産する、生産者―消費者として、分割された者についての古典的理論・分析、大衆消費社会学的分析（それはまったく経済分析ではない）、こうしたすべては、生産活動のタームからの新自由主義分析においては何の効力も価値も無い、ここにはホモ・エコノミクスの完全な変化がある。[14]

したがって、賃金とは、人的資本にたいして割り当てられた報酬・所得である。賃金を所得とする能力機械は、その保持者としての個人から切り離せない、労働は正当な権利として経済分析の一部をなす、古典派経済学は労

14 USAで、諸個人がベンチャー企業を多様に立ち上げる、それをまた容認していく風土があるのは、諸個人が能力資本をもった企業家であり生産者であって、労働者ではないというビジネス感覚があるからだといえますが、新自由主義の知が、浸透している現れの一つといえるでしょう。

働という要素を引き受けていない、そこを新自由主義はひきうけ、人的資本が構成・蓄積される仕方を研究し、経済分析をまったく新しい領野・領域に適用した、それが以下のことだ。

●遺伝学的人的資本

新自由論者によれば、人的資本は、先天的諸要素と後天的諸要素とからできており、先天的諸要素は、遺伝的諸要素と単なる先天的諸要素とからなる。その研究は興味深いと同時に懸念されうるものになる。人的資本の構成が経済学者にとって意義をもち関与的になるのは、その資本が稀少資源の有用化 utilisation によって構成され、その利用が所与の目的 fin donnée にとって二者択一的である場合に限られる。

遺伝学を人口にたいして適用する事は、リスクを負った個人の識別、個人が生涯を通じて冒すリスクのタイプの識別であり、それによって遺伝学的装備 équipemente génétique は、稀少 rare な何かとして、経済的な循環・計算の内部に、二者択一的選択 choix alternatifs の内部に入り、自分と同じあるいはよりよい遺伝的装備をもった子孫がほしいなら、なんとかしてよい遺伝的装備をもった相手と結婚しなければならないとなり、個人・子どもの生産メカニズムが経済的社会的な問題系をうみだすことになる。先天的諸要素と遺伝的諸要素のタームで理解された人的資本において優れている子どもをもちたいなら、十分に労働し、十分な所得と社会的地位をえることによって大きな資本をもっている相手を配偶者、あるいは未来の人的資本の共同生活者として手にいれる、投資一式が必要になる。

社会が人的資本の改良 amélioration を問題提起するや、個々人の人的資本の統御、フィルターがけ、改良が、結婚や出産に応じて問題となり要請され、遺伝学の使用をめぐる政治的問題が、人的資本の構成・増大・蓄積・改良のタームで、人種主義的に問題にされていくが、それは現在政治的な働きとして主要なことではないと、フーコーは言います。(p.233-5)

●教育投資や医療

個人の生を通じての人的資本の意志的な構成、所得 revenu を生産し、所得によって報酬を与えられる「能力 - 機械 compétence-machine」の形成 former は、教育投資 investments éducatifs です。それは単なる学校での学習や職業訓練よりもはるかに広いもので、教育活動の外で両親が子どものためにさく時間、揺りかごにいる時期の母親が子どものそばで過ごした時間、それらが大きいほど「能力 - 機械」の構成に重要になる。そうした授乳の時間、子どもへの愛情の時間が、人的資本への投資として分析される。教養ある両親の方が、文化的刺激の総体が大きい。そこから子どもの生に関する環境分析がなされ、子どもの生を測る。医療的諸配慮 soins médicaux においても、健康にかかわるあらゆる活動の分析がなされ、人的資本の改良可能、その保存が諸要素とされ、健康保護、公衆衛生のかかわりが再考される。(p.235-6)

●移動性／移住

移住にはコストがかかる、移動している間は稼げない物質的コストがかかる、新たな環境へ移る事での心理的コストがかかる、そして地位や報酬の改善がなされる、つまり投資である。移住者は投資家である、改善をえるため投資する自分自身の企業家であり、人口の移動性、所得改善のための投資として移動性を選択する能力、として移動性・移住をとらえることは、個人企業のタームにおいて行動すべてを投資と所得からなる自身の企業とみなすことである。

●技術的進歩／革新

利潤率の傾向的低下、非低下は、実際的恒常的に修正されうる。それは革新によって、つまり新たな技術の発見、新たな源泉や生産性の新たな形式の発見、新たな市場や新たな労働資源の発見に起因する。シュンペーターはそこを探求した。

だが新自由論者たちは、「革新」の問題にとどまっているわけにはいかないと、人的資本による所得、人間レベルにおける投資の総体による所得によって、生産性の新形式の発見や、テクノロジー型の発明がなされると、人的資本を一般理論内部で取り上げ直し、人的資本はいかに組み立てられているか、いかなる仕方でいかなる部分で増大したか、投資の資格でいかなる諸要素が導入されたか、その精緻な分析のみが国々の実際成長を説明できるとした。もはや、大地、資本、労働時間（労働者数／時間数）としての労働といった、古典派分析の可変項からでは説明できないというのだ。

したがって経済成長政治は、物的資本の物質的投資や労働者数の問題ではなく、人的資本の投資レベル・形態を変容させることとされ、先進国の経済政治、社会政治、文化政治、教育政治がその方向へ向き、第三世界の経済は人的資本への投資の不十分さとして再考された。歴史分析では十六、七世紀の西欧経済の発展は、人的資本の蓄積、その加速度的蓄積に起因したのではないかと検証された。

(2) 新自由主義の仕方（1979.3.22 講義）

●オルド自由主義 ordolibéralisme の企業観念

市場は、価格形成、経済過程の適合的展開に不可欠な経済的規整化原理であり、この市場原理にたいする統治の任務は、社会を組織し、社会政治を実施して、市場の脆弱な競争メカニズムが自身の構造に従って完全に作用できるようにする、市場構成へ向けられた政治であり、社会過程の内部に市場メカニズムの場所を設けようという政治であった。その現実の目標対象は、中央集権化の回避、中小企業の優遇、手工業・零細小売業の非プロレタリア企業の支援、所有へのアクセス増大、リスクの社会保障を個人保険へ置き換える、環境の多様な問題を規則づける régler ことにあった。

ここには、企業という観念をめぐる経済的・倫理的多義性があり、社会体ないし社会組織の内部に、個々人の粒 grain ではなく、実際に「企業 entreprise」形式を一般化し、企業という粒を分配し、分割し、波及させようとしている。つまり、社会を最も細かい粒に至るまで、企業モデルにしたがって再形式化することだ。企業は個人が手の届く所にあり、個人の行為・決定・選択に意味があり、知覚しうる諸効果をもてる大きさに限界づけられ、一つだけに依存せずにすむ十分に多数であること、そして個人の生そのものが一種の永続的企業、多様な企業であることを意味する。

ここの企業形式の一般化は、需要・供給モデル、資本・コスト・利益モデルを波及させ、それを社会的諸関連モデル、存在そのもののモデルとして、個人の自身や時間、周囲の人々・未来・グループ・家族にたいする関連とした。冷たい、無情・打算的・合理的・機械的な競争メカニズムに対する「熱い léger」価値として、個人が労働環境、生の時間、夫婦生活、家族、自然環境といった関連において疎外されない「生政治 Vitalpolitil」を形成・定着させること、そして、企業への回帰、社会界全体の経済化の政治、社会界全体を経済へ方向転換する経済政治です。

この夢見る企業社会は、市場のための社会であり、同時に、市場に対抗する社会、市場から引き起こされた価値・生活にかかわる諸効果を埋め合わせることだ。経済における競争を可能にする政治を実施しながら、政治的・道徳的枠組みを組織すること、それは企業の上に一つの「国家」をもたらし、崩壊せざる共同体を保障し、自然に根ざし社会に統合され人間同士の協力を保障せねばならない、という。(p.246-8)

●アメリカ的新自由主義 néolibéralisme américain

アメリカ新自由主義も市場の経済形態を一般化し généraliser、社会体 corps social 全体において一般化し、貨幣交換によって裁可されない社会システム全体において一般化する。こうした絶対的一般化、限界づけなき一般化は二つの帰結をうみだした。企業モデルではない、経済関連の一般化です。

①市場経済の需要・供給の観点からの分析が、経済的ではない諸領域に適用可能な図式として、経済的でない過程、経済的でない諸関係、経済的でない諸行動のなかにもちこまれ、社会的諸関連、個人的諸行動が明らかにされる叡智性の原理、解読の原理として機能させられた。例えば母親と子どもの関係が、さまざまな日常での時間において測定され、投資とみなされ、子どもの人的資本を構成し、子どもが大人となったときの賃金＝所得を産出し、他方、母親は子どもの世話、その世話の成功で満足をえる「心的所得」をえると、投資、資本コスト、投資された資本の経済利益と心理的利益の観点から、母と子の間の、形成的・教育的関連の全体を分析しうるというのだ。

出生率において、豊かな家族の方が貧しい家族より子どもの数が少ない、それは自らがもっている人的資本と同じくらい大きな人的資本を子どもへ伝達しようとするからで、両親による財政的投資、時間的投資はたくさんの子どもがいたならなされないからだ。さらに、人口統計学、社会学、心理学、社会心理学などの属していた諸関係のタイプを経済的タームにおいて分析すべく、結婚現象や結婚内部の現象を契約と取り引き／変行為 trancactions において分析する。

これらは、経済的ではない、貨幣交換以外のところにあった伝統的な社会的行動を、経済的タームで解読しようという、市場の経済的形態の一般化からなされた叡智性による解読です。(p.249-251)

②経済的格子 grille économique によって統治行為をテストすること。公的権能の活動性における濫用、過剰、無用さ、過多な浪費にたいして反対し、統治行為の価値を判定する。経済学的格子によって、政治行為、統治行為の永続

的な政治批判を定着させ正当化することであって、社会過程を理解することではない。市場の諸界における公的権能の介入によって含蓄されるコストのタームで、公的権能の行為全体をフィルターにかけるということです。効果的に行使されている統治性にたいして、政治的批判、法的批判でもない、公的権能の行為に対立する商業的批判 critique marchande です。経済的実証主義とよびうるようなものによって、さまざまな統治政治が永続的に批判されてきた。

そこには日常言語の矛盾、整合性の欠如 défaut de consistance、無意味をフィルターにかける論理実証主義の仕方が、公的権能を同じ仕方で選り分けることに対応しているのが見られる。古典的自由主義では、統治にたいしては市場形態を尊重して自由放任することが要求されたが、この新自由主義では、統治活動性 activités のひとつひとつが計量・評価される市場法則の名のもとで、統治の非自由放任 ne-pas-laisser-faire へ反転させられ、市場はもはや統治の自律限定化の原理ではなく、統治に対抗するための原理、統治を前にしたたえまない経済的法廷となった。経済と市場の厳密なタームで、統治行為を計量する jaugar と主張する経済法廷 tribunal économique である。(p.252-3)

経済的ではない諸行動 comportements non économiques を経済学者的叡智性の格子 grille d'intelligibilité économiste で分析すること、また、市場の観点から公的権能の行為 action de la puissance publique を批判し算定 estimation すること、それが犯罪性、刑事裁判の機能に関する、新自由主義者の分析に見られる。

(3)犯罪性・非行性

◉ホモ・ペナリス、ホモ・クリミナリスとホモ・エコノミクス

刑罰の実際行為の全体を有用性の計算によって選り分け、コストをできる限り低くする刑罰システムが探求さ

れた。経済観点から見られた犯罪です。ここの論述は、非常に重要だと思います。経済の本質が、刑罰から示され、犯罪定義の根源的転換がなされ、それがたとえば現在の「いじめ」の定義や対応に規範化経済、刑罰経済が適用されているものに、日常化しているからです。

刑罰の経済的形式

ベッカリーア、ベンサム、そして十八世紀末から十九世紀初頭の立法者、法典編纂者による解決法は、法にたいする大いなる配慮、刑罰システムがうまく機能するにはよい法がありさえすればよいという法律主義者的解決 solution légaliste であって、それは経済的タームで、取引コストの低下を探し求める意志にほかならない。法は人々を確実に罰するため、その罰が効果的であるための経済的解決である。そこから、①犯罪は定式化された法にたいする違反とされ（法がない限り犯罪はない、あるアクトを犯罪にはできない）、②刑罰は法によって決定的仕方で定められる、③刑罰は法のなかで、犯罪の重大さに従って加減される、④刑事裁判所は、立証された犯罪にたいし、犯罪の重大さに応じて定められた法を適用して犯罪者にいかなる刑罰をなすべきかが決まる。社会にとって有害であると考えられた振る舞いの処罰と除去は、もっともコストがかからず確実であるという経済的な形式を構成している。法、法のメカニズムは、十八世紀末の刑罰権力において、経済語 mot économie の広く正確な意味における経済原理として保たれていた。

ホモ・ペナリス homo penalis（処罰人間）、法に身を晒し、法によって処罰される人間は、厳密な意味でホモ・エコノミクスであり、法こそが刑罰制度の問題を経済の問題に節合する articuler。(p.254-5)

●ホモ・ペナリスのホモ・クリミナリスへの変化とインフレ

刑罰経済 économie pénal の一般形式である法が、違反アクトにおいて定められていることから、逆説的効果の両義性が導かれる。法は諸アクト actes しか制裁 sanctionne できない――action を制裁はできない――。一方、刑罰法の存在原理――処罰する必要性、処罰の段階化、刑罰法の効果的適用――は、アクトが罰せられるのではない限りで意味を持っている。違反する個人が処罰・改心させられ、他者へのみせしめになる。アクトとの関連を規定する法形式と、個人のみを目ざす法の効果的適用との間の多義性、犯罪と犯罪者との間の多義性のなかで、システム全体の内的傾斜 pente interne の線が、法の適用をより個人化 puls individualisante へ転調 modulation し、法が適用される者を心理学的、社会学的、人類学的に問題構成する。つまり、ホモ・ペナリスがホモ・クリミナリス homo criminalis になっていく、ベンサムから一世紀後の構成で、多義性の終着点に達した。ホモ・レガリス homo legalis、ホモ・ペナリスが、犯罪の人類学となり、法の経済的メカニズムを、知のインフレーション、認識のインフレーション、言説のインフレーションへ置き換え substitue、審級・制度・決定諸要素が増殖し、法の名での判決がノルム norme のタームで個別化措置 mesures individualisantes する。（p.255）

●新自由主義とホモ・エコノミクス

ホモ・エコノミクスからホモ・レガリス、ホモ・ペナリスへの移行、そしてホモ・クリミナリスへの移行という横滑りにたいし、ホモ・エコノミクスにとどまること。

権利が全面的に有用性の計算から出発して築きあげられる夢にたいして、刑法の歴史はそんな適合はありえない、ホモ・エコノミクスの問題を維持すること。

刑法典は、犯罪について実質的・質的定義を与えていない、ただ犯罪とは法によって処罰されるもののこととするのみ。新自由論者ベッカーは、「個人に対し、刑罰を科されるリスクをもたらす行為のすべてを犯罪と呼ぶ」とした。

それは刑法典に非常に近いが、視点の差異がある。法典は、アクトの視点に身を置き、犯罪として処罰されるアクトをいかなるものか特徴づけ、裁判官によって使用される客観的定義、操作上の特徴づけ・定義をなす。新自由論者たちは、同じ定義をしながら、犯罪を犯す者の視点、犯すであろう者の視点に身を置き、行為主体、振る舞い・行動主体、にとって、犯罪とは何か？　そこに処罰されることのリスクがなされる物事がある、というわけだ。(p.256-7)

この視点の転移 déplacement du point de vue は、人的資本と労働にかんしてなされた転移と同じである。資本、経済メカニズム、経済過程の視点から考えるのではなく、労働する決定をなす者の視点から考えようとした場所換えのように、個人主体の側への通過がなされているが、心理学的・人類学的知がなされているわけではない。主体をその行動を経済的なものとする側面・局面・叡智性の網目でとりあげるだけだ。つまりホモ・エコノミクスとして。それは、行動を人類学的仕方で経済的行動と同一視することではない、ただ単に、新たな個人の行動に叡智性の格子が与えられただけである。

行動全般にたいして経済的分析がなされることによって、個人が統治性可能 gouvernementalisable になるのは、つまり個人に対する影響力の行使はホモ・エコノミクスにおいてのみなされる、とされた。「個人に対する権力の規整化 régulation の帰結による原理は、ホモ・エコノミクスなるその種の格子のみ」(p.258) ということになります。**ホモ・エコノミクスは、統治と個人とのインターフェイス** interface だということです。個人全体、主体全体が経済的人間だということではない。

犯罪とは、法による処罰リスクを冒しつつ個人が犯す行為だとしたなら、交通違反と計画殺人との間に差異がなくなってしまう。犯罪者はどこにでもいるいかなる人物でもかまわないとされ、行為に投資し、利益を期待し、損失リスクを引き受ける他のすべての人物と同じ仕方でしか扱われなくなり、犯罪と犯罪者とに二分された現実ではなく réalité dédoublée du crime et du criminel、一つの振る舞い une conduite、諸行為を生産する諸振る舞いの系であり、行為者に利益がなされると同時に、特殊なリスクがともなう行為、つまり、経済的損失のリスクだけでない、刑罰的リスク risque pénal、さらに刑罰システムによる経済的リスク、をともなう諸行為が生産される。刑罰システムが関わるのは、犯罪者ではなく、そうした行為のタイプを生産する人々となる。つまり犯罪の供給に対処することとなる。(p.258)

●法の力化 enforcement of law

処罰 punition とは、ある諸アクトの負的外部性 externalités négatives de certains actes を限定づける limiter ために用いられる手段であって、処罰されるアクト acte puni が有害であり、それゆえ法が作られた事実によってそれは正当化されていた se justifiant。処罰の計測にこの有用性の原理が適用され、処罰する行為の有害な諸効果 effets nocitifs を解消したり予防したりできる仕方で処罰せねばならなかった。古典的理論は、処罰から期待される他生成的諸効果、つまり、民事的問題である賠償問題、個人の改良の問題、他者にたいする予防問題を分節化しようとした。新自由主義は、これらを分節化する、刑罰の異なる非分節化 désarticulation différente である——二つの物事を識別する、法と道具総体である。

法は禁止事項、禁止の定式化 formulation、一つの現実性、制度的現実性である、また効果をもたらす「話すアクト speech act」である。このアクトは費用がかかる。国会が開かれ、議論がなされ、決定が下ることを含んでいるからだ。他方、道具の総体があり、禁止に現実的力 force を与えている、それが〈enforcement〉だ。法の〈enforcement〉は、「〈renforcement〉 de la loi」と、翻訳できないというフーコーは、「法の適用」以上のものがそこにある、法の適用のために活用しなければならない現実的道具の系がある。また「法の強化」ではないそれ以下のものである。法の定式化を構成する禁止のアクトにたいして、社会的現実、政治的現実を与えるための諸道具の総体のことであるからだ。それは犯罪の供給に負の需要を対立させる犯罪市場にたいする「行為の諸道具総体 ensemble des instruments d'action」である――各犯罪に定められた処罰の量、犯罪探知する機構の常用性・活動性・熱意・能力、犯罪者に罪を認めさせ犯罪を犯した証拠をひきうける機構の重要性・質、裁判官の裁きの迅速さ、その厳格さの大小、処罰効力の大小、科された刑罰の固定性の大小。(p.258-260)

①犯罪の供給は弾力的でない。それに対置される負の需要(つまり処罰)の形態・レベルにたいして同じ仕方で応じない。一〇%を五%に下げられようが二%に下げるのは困難だ、負の需要がなす効果との関係における供給の変容は、非等質的である。

②力化そのものがコストがかかる。二者択一的対価を要求するため、他の場所で使用できないため、また政治的・社会的不都合をともなうため、したがって、刑罰政治は犯罪の完全な消滅を目標にしない――ベンサムが夢見たものは犯罪がなくなることであった。一人に注がれるパノプティコンの透明性の視線、繊細な刑罰加減でひとりの個人が計算・内心・経済学的計算で、もしこの犯罪を犯したなら受ける刑罰は大きいゆえにわたしは犯罪を犯さないというようにして、犯罪の全般的解消を目的にすることであった――。犯罪市場での犯罪供給に介入する規整原理でしかない、負の需要によって限定づける介入であり、そのコストは供給を制限する犯罪性コストを超過しない。社会はそのとき、ある投資と引き換えに社会を満足させる適合的行為を生産する。ゆえに良き刑罰政治が目ざすのは、犯罪の供給曲線と負の需要曲線との均衡であって、犯罪の絶滅ではない。そのとき、社会は徹底した規律システムに従う必要は無い、社会は適合性を無際限に必要とはしない。つまり、一定の不法行為があっても大丈夫であり、不法行為の割合を無際限に減少させるとうまくいかない。そこから、犯罪をいかに処罰すべきかとか、いかなる行為が犯罪かではなく、「犯罪として何を容認すべきか」「容認しないことを容認しがたいものは何

か」という問いが、「犯罪と懲罰」におけるベッカーの定義になる。「どのくらいの数の軽罪が許されるべきか」「どれくらいの数の非行者が処罰されずにおかれるべきか」、これが刑罰制度の問題である。

●麻薬の問題：犯罪性の経済

犯罪性が、市場の現象に最も密接にかかわって出現する諸帰結のなかに「麻薬」の問題があり、それは経済分析に属し、犯罪性の経済に属す。

①麻薬は一つの市場として、麻薬の供給を減少させ、麻薬犯罪の供給を減少させること。それは市場にもたらされる麻薬の量を減少させることを意味し、精製網を統御し解体すること、販売網を統御し解体することであった。だがその帰結は、解体が徹底的になされなく終わった。麻薬の単価が上昇し、大口の売り手・密売人、精製・販売の大きな組織網による独占・寡占が促進・強化され、市場・競争の法則が守られず価格上昇となった。またいかに高額であろうと中毒者は商品に支払う、そこから、一〇ドルのために人を殺し、必要な麻薬を買う。政策は大失敗した。

②新自由主義の解決法：麻薬供給を制限するなどは愚の骨頂である。麻薬の供給を逆方向へ向け、もっと手に入れやすくし、もっと安価にすること。「需要が弾力的」で、初心者、小口の消費者に快楽を求めるも支払い不可能であるから、低い市場価格を提供し、常習者として非弾力的になったら高い価格で供給する、価格がつりあげられ、犯罪性の減少が引き起こされる。ならば、どうするか。開始価格、新たな消費者のための価格はできる限り高額にし、価格が抑止力を発揮し、経済的閾として小口の消費者、潜在的消費者が一歩を踏み出せないようにする。他方、どんなに高額でも買おうとする「需要が非弾力的な」人は、手段を選ばず購入しようとするのだから、犯罪を産み出さないようにすべく、低い価格で与えることだ。麻薬中毒者には低い価格、そうでない人には非常に高い価格

が必要だ。依存性の低い麻薬と高い麻薬の間に差異が設けられるより、誘導性のある麻薬とない麻薬とが区別され、弾力的な麻薬消費と弾力的でない麻薬消費と、二つの消費タイプが区別され、新たな消費者、潜在的消費者、小口の密売人、小さな取り引きに対する、強化政治がなされた。差異をともないつつ市場の合理性としての経済的合理性に従う強化政治が生じたのだ。

こうした考え方のプラチックの微細な差異化を明示するフーコーの仕方には、感服するのですが、意味されたものを捉える視点ではこぼれ落ちてしまうことの把捉になっています。そして、以下のような理論的帰結へと転じていく思考技術のあざやかさです。

●帰結

①犯罪者の人類学的ゴム化 gommage anthropologique du criminel がなされる：個人的等級（規模）échelle individuelle が消されるのではなく、「行動 comportement」の次元で、経済的行動として解釈され、経済的行動として統御される、行動の要素・次元・水準の公準 postulation がもたれる、ということです。いかに病理的主体であろうと、ある程度・範囲で、儲け gains と損失 pertes の交換 changements に反応する、刑罰行為 action pénale は可能な儲けと損失の働きに関する行為、つまり環境的行為 action environmentale である。個人が犯罪を供給し offre、正負の需要 demande に出会う rencontre 市場環境 milieu de marché があり、その上に là-dessus 働きかける faut agir ことだ。ここに新自由主義に結びついているテクニックと新たなテクノロジーの問題、環境テクノロジーや環境心理学がかかわっていく。(p.264-5)

②漏れなく規律化された社会 société exhaustivement disciplinaire の理想・企画ではない、諸個人を包囲する法的網 réseau légal をノルマ的 normatifs 諸メカニズムによって内部から中継・延長するのではない、一般的規格化 normalisation générale や非規格可能的な排除が求められるメカニズムにおける社会ではない。そうではなく、差異の

諸システムが最適化され、偶然的過程に自由放任されている界、諸個人や少数プラチックへ寛容であり、働きの作用者ではなく、働きの諸規則に行為がなされている、諸個人の内的従属化のタイプの介入ではなく、環境的タイプの介入がなされている、そういう社会である。

刑罰の原理に経済の需要・供給の原理がはいりこんでいることと、その刑罰政治が新自由主義の変質の本性を照射しているということの、この考察は、刑罰・処罰の権力関係が経済関係でもあるということ、また逆に経済関係は処罰関係に代表象されるということの明示でもある。刑罰・処罰を観れば、経済の社会的統治制化が本質的に示されるということです。フーコーの「犯罪」批判は、個々の犯罪者存在が考慮されずに犯罪の一般性が一人歩きしていることに対してなされたものですが、現在、〈いじめ〉において個々の子どもの実像を観る事なく、犯罪としてのいじめ一般定義がなされ、それをもってみなしている転倒に、社会の本質が出現しているのをみることができます。社会のホモ・クリミナリス／ホモ・ペナリスの関係構成が、子どもの学校社会へ投影され、学校社会規範への服属で主体化された統治制化の効果は、逆生産的に経済感覚を喪失した社会人間=賃労働人間へと育成されてきているように見えます。

自由主義にたいして新自由主義とは、自由放任ではなく規制化をなして、市場経済の自由への社会政治的規制をなすことで、国家に形式を与えていこうとするものへ統治制を変容させたものであり、その統治と個人との間のインターフェイスにホモ・エコノミクスを出現させた、ということです。しかしながら、現在的な歴史情況への、とくにアメリカ新自由主義へのフーコーによる考証は、非常にあらっぽいものです。アメリカの技術的処置のプラグマチックな仕方の表層をおさえたものでしかありません。潜勢する理論的な問題に、目がとどいていません。それは、労働や資本を根元から再考していくべきものであるのにです。アメリカのマネジメントは、なんら考慮されていない新自由主義です。けだし、ホモ・エコノミクスが企業家ではなく賃労働者へ転移された、統治制の社会政治がなされている様態への考察は注目に値します。

フーコーによる新自由主義の考証は、言説において言明されたことと実際との関係を検証しながら、国家の種別性と複数性の多様さを、資本主義の出現様態から示していくことを目標的に設定しながらも、かなり実際的なものからかけはなれ、他方、社会主義的な計画化に対する経済と国家との関係のとり方を付帯的に批判指摘しながら国家論の欠落閾を間接的に示し、いろんな論者による客観化にたいする客観化としてある本性を明示しているといえます。それをあえてひとことでくるなら、国家は経済にたいして何もできない、経済過程がそれ自身として社会に関わりなく動けるような規則編制の配備を国家がなすも、統治制化が再備給されるということです。ですから、国家には内在的実在はなにもない、あるのは統治性の編制だけだとされます。すると問題は、国家と統治制との関係です、そこを明らかにすることが国家論の軸となります。国家の統治制化はきっかけでしかありません。新自由主義を機能させている国家、つまり新自由主義が制作した国家は、さまざまな限界や無能さや矛盾をうみだしながらも現に、実体的非在において実在して在るのですから。

しかし、フーコーはそこで短絡しません、次章で見ていくように、ホモ・エコノミクスと市民社会の出現を見ていくことがなされます。国家と市場経済との間に、新たに出現してきたものを読みとります。

さて、「資本主義」概念世界は、「新自由主義」概念世界へと転移されていくことに意味があるのでしょうか? Jacques Bidet は、マルクスとフーコーを対照させ、その相同性と差異とを叙述していますが (*Foucault with Marx*, Zed Books, 2015)、無意味な思考です。言説空間の配備の異なるものを意味されたことにおいて連鎖させることとの無意味さです。フーコー言説空間は、マルクス主義を転移的に解体しうる理論力をもったもの、そこに意味・価値があるのです。しかし、「新自由主義」の概念空間が有効であるとは思えません。ドイツとアメリカを対象にしての、統治制考察への練習問題をなしているよう感じますゆえ、フーコーを受けて世界的に話題となった新自由主義論に、わたしは理論的な意味をもてない〔リュック・ボルタンスキーは『資本主義の新たな精神』1989 において資本主義の様態を、まったく別の角度から新たにし、さらに『*Enrichissement*』2017 において商品/価格のプラグマチックな作用を、物と人の関わりにおいて、一種のアメリカ的世界を考察しましたが、明らかにフーコーの不備さに対しての考証です。〕わたしは、「資本主義」も「新自由主義」も概念・概念空間としては消し去って、そこで活用されている理論諸関係を、プラチック総体にたいして拾い上げ再活化し、経済編制および国家配備を「統治制と権力諸関係」において考察します。それがなしうる回路・通道が、「市民社会」にたいするフーコーの考察のなかで確認していくことができます。

〔自由主義とそれを反転させた新自由主義との相互作用において、現在国家は、とくにコロナ禍において、統治制化の迷走に突入しているのが明証にわかります。巷では、PCR 検査やワクチン接種の医療化が、ホモ・ペナリスをホモ・クリミナリスにする統治制化を個人と結びつけて、ホモ・エコノミクスへの感染の経済化算定がなされています。〕

◇自由主義／新自由主義と「社会市場」

これは、わたしの理論的見解ですが、「社会の自然性」化をなした自由主義と「社会の統治」をなす新自由主義との相互作用が、制度化における「社会の実定化」と重なって、「社会」そのものを市場化している「社会市場」の構成化が構造化されています。ポランニーやブローデルが指摘したように「市場」は本来は経済範疇ではない、それが商品経済において市場経済化されているかのように思い込まれていますが、商品経済は社会規則に規制されています。新自由主義が、社会の骨組みに介入し、一般的市場の規整化をはたし、市場に従って規整化される社会、商品交換よりも競合メカニズムが規整化する原理を構成する社会、企業社会となって、ホモ・エコノミクスが交換・消費する人間ではなく、「企業と生産の人間」「制度化された人間」となって、社会エージェントが生存しえる「社会市場」を生政治的に規整化構成しているのです。とくに、日本の〈社会〉イズムの企業組織体・制度機関体は、イデオロギーなき政治的合理性の原理を、社会市場によって一般的に規整化していると言えます。国家は、社会を統治制化していますが、そこに直接介入はしない、社会諸機関の自由へ任せていますが、統治規整化はなしている。この「社会市場」の原理を受容し守り依存することで、経済的でないものを経済的化して、社会人間も社会諸機関・企業組織も存続が可能になっています。「社会の物象化」として『物象化論と資本パワー』では論じたのですが、ここでの「社会の統治」「社会の政治」を通じて、そこをもう一歩、理論的に深めていけます。フーコーの『生政治の誕生』などの緻密な解読およびドンズロの『社会なるものの発明』などをふまえて、「社会市場」概念をわたしは抽出しました。また、「社会市場」は司法介入を背景に有しながらも、価値関係よりも価格関係の経済プラチックを優位化している空間です（ボルタンスキーの *Enrichissement* (2017) を参照）。資本主義論から資本経済は解明できませんし、また「社会」の非実定化なくして、場所統治、資本経済の可能条件は開かれないからです。7章さらに、Appendix を参照してください。

6章　生政治の誕生と国家（下）：ホモ・エコノミクスと市民社会

〔4〕ホモ・エコノミクスの統治性と国家（1979.3.28 講義）

ホモ・エコノミクスを新自由主義は転移させてしまっているとフーコーは言います。

ホモ・エコノミクスという格子・図式・モデルが、経済的行為者だけでなく、社会的行為者一般へも適用される。結婚、犯罪、子育て、子への愛情など、そうした適用可能性がどこまで正統なのかが問われた。そこには、経済分析の対象を、二者択一的目的への稀少資源の可能なかぎり最適・最良な割当として含意する、あらゆる振る舞いに同定することがなされている。経済的分析の対象が、あらゆる合理的な振る舞いに同定されるのですが、その合理的行為様式を、経済分析は可能な対象として定義づけはしないのです。

さらに、経済的法則と経済的分析は、合理的行いだけではなく、合理的ではない行いにまで適用されていく。現実を受容するすべての行いが経済分析の管轄下におかれてしまう。ホモ・エコノミクスとは現実を受容する主体であり、合理的行いとは、環境の可変項における変容を感じとり、それへ体系的仕方で反応する、すべての行いのことである、経済学は環境の可変項に反応する科学である、と自らを定義する。

十八世紀に出現したホモ・エコノミクスとは、権力行使に対して、触知不可能な要素として機能していた、自らの利益に従う者、利益が自然発生的に他の人々の利益に収斂する者であった。

統治理論から観れば、ホモ・エコノミクスは、自由放任される、自由放任の主体であり客体、自由放任を規則とする統治が相手にする者、環境の中に人為的に導入される体系的変容に対して体系的に反応する者として現れる。それはすぐれて統治しやすい者であり、環境に働きかけて環境の可変項を体系的に変容させ統治性の共関係物として現れる。

新たな統治理性の相手としてのホモ・エコノミクスを論じようとフーコーは言う。この講義当時、フーコーが言うようにホモ・エコノミクスを真正面からとりあげた理論も歴史研究もなかったが、その後、ルイ・デュモンのように、個人主義や経済イデオロギーに関する考察においてホモ・エコノミクスの生成が論じられていくようになります。

フーコーは、イギリス経験論にそれをみていきます。

イギリス経験論が設定した「主体」は、個人的、還元不可能的、譲渡不可能的な個人的選択の主体として現れる主体、その原理、原子的で無条件に主体自身に準拠する選択の原理があり、それは「利益intérêt」と呼ばれ、その「利の主体」です。それが「意志の形式」として出現した。還元不可能とは、諸個人があることを行い別のことを行わない、病気でつらいものとつらくないものを選択する、それがいかなる判断にも推論や計算にも送り返されない、それ自体でそれ以上超えていくことができない選択の理由が構成されていることを意味し、譲渡不可能とは、つらいか心地よいかへの私の感情こそが私の選択原理となっていること。そこに、いままで存在していなかった何かが出現させられた、それが「利の主体」であるというのです。直接的で完全に主体的であるものです。

●利主体と法主体

法的意志と利主体とが異質でありながら両立しうる関係はありうるのかを、フーコーは検証します。

契約に利益をもったゆえ契約した、それによって利益を守ろうとした、そこには利益が契約の経験論的原理として現われている、純化された利益、打算的で合理化された利益主体である。利益主体の個人が、契約することを有利と認めれば、契約義務は超越性を構成し、主体は従属的となり制約を受け、その結果利益主体は権利主体となり、契約に従うことになる。

ヒュームは、この弛緩した分析に、そうではないと反対します。契約が守られるのは、契約があるからではなく、ただ契約がある方が有利であり、利益の計算のなかで最後まで利益を提示し続ける形態が構成されたからで、利益主体が権利主体へ置き換えられたからではない、取ってかわられることはない、利益主体は権利主体からはみだしており、還元不可能であり、それを包囲し、つねにそれが機能するための条件をなす、と考えます。

権利主体は、最初に自然権をもっており、それを譲渡し放棄して権利の制限に同意し移譲の原理を受け入れたとき、権利の主体となる。つまり、否定性を受容する主体、自身の放棄を受容する主体、分割されることを受け入れる主体です。ある水準では、自然的・直接的な法権利を保持する主体であり、別の水準では権利を放棄することで別の権利主体を構成する。第一の主体にたいする第二の主体の超越性、二つの主体の間の否定性、放棄、限界づけの関係がある、その動きのなかで法律と禁止事項が出現する。

しかし、利益メカニズムにおいては、個人にその利益を放棄せよと要求されることは決してない。各人が自身の利益に従い、それを最大限におしすすめることで、他の人々の利益も保存され、それゆえ増大し、一般利益が構成される。それは利己主義的メカニズム、直接的増大のメカニズム、いかなる超越性もない、各人の意志が自然発生的に意志的ではない仕方で他の人々の意志・利益に調和するメカニズムである。

このように、市場と契約とは逆の仕方で機能し、異質な二つの構造がある。一見すると利益分析は契約の理論に結びついているかのように思われるが、注意深くさぐると、そこにはまったく異質な=他生成的な問題系が出現している。利益主体の経験的概念と経済学者の分析が交叉する点に一つの主体が定義される。利益の強化によってその行為 action が多在化 multiplicatrice と有益性 bénéfique をもたらすような利益主体の定義である。それが「ホモ・エコノミクス homo œconomicus」だ。まったく、homo juridicus や homo legalis とは異なる、決して重ならない主体が出現した。

●ホモ・エコノミクス＝経済的人間の偶然依存の無規定性

経済主体と権利主体との形式的な他生成性 hétérogénéité（異質性）があるだけではなく、政治権力との関連で本質的な差異がある、つまり権力の基礎、権力行使の問題においてまったく異なるタイプの問題が提出される、というのですが、これを「権力」なる邦訳言表していると、手持ちの頭のなかで、すっきりしないものが提示されてしまいます。「pouvoir＝可能になるもの」と考えることです、可能なものの基礎、可能なものの行使に新たなタイプが出現したということです。コンドルセからフーコーは説きます。

個人は、一つの社会の内部にいるだけではない、複数の社会の一般的システムの内部にいる或る者である、その個人利益は、二つの特徴を示す。

① 無数の物事に依存する利益である。彼が何もできず予測もできない自然の偶然事、遠くはなれた地球の裏側での政治的出来事、などに依存し影響される。つまり個人の喜びは彼をはみだしいたるところで彼を逃れ去る世界の流れに結びついている。そこに彼は何もできない、

② 各人の自分のための努力が万人の利益のために役立つのが見られる。本人が知らず、望まず、統御もできないままに、ポジティブな効果につながって、個人に有益なことが他者にも有益となる。

このように、経済的人間とは、無規定の内在性の領野の中に位置づけられ、偶発時の無規定の不調和を二重化し、覆い隠す。その二重性とは、

＊個人を依存の形で偶発時の系に結びつける。

＊個人を生産の形で他の人々の利益に結びつけたり、個人の利益を他の人々による生産に結びつける。

ホモ・エコノミクスは、この二重の無意志的なもののなかに、また無規定のものの中に位置づけられる。二重の全体化されざるものにある。このシステムにおいて、個人的である計算のポジティブなものを、

整合させ効果を与え、現実にくみこんで、可能な限り最良の仕方で世界のすべてと結びつける。

スミスの「見えざる手」は、ホモ・エコノミクスの共関係物であり、逃れ去りながらも利己主義的選択の合理性を基礎づけ、全体性の内部で「個人的利益の主体」として機能させる。

●アダム・スミスの「見えざる手 main invisible」：絶対的に不可欠な不可視

経済的には、本質的な透明性のようなものがある、過程の全体性が経済的人間のひとりひとりから逃れ去るにしても、ある視線にたいする総体が完全に透明である地点があるのだという考え、そういう視線を持つ誰かの見えざる手が、その視線の論理とそれが見るものとに従って、分散した利益のすべての絲を結び合わせる。つまり、人は自分の儲けしか考えない、万人の利益を考えていない完璧な利己主義者なのに、それは最悪にはならず、産業全体がそこから利益を得る。むしろ公的利益を気にかけはじめると、物事はうまくいかなくなる、ということです。

集団的利益が確実に得られるには、行為者 acteurs おのおのが、全体性にたいして必ず盲目 aveugle でなければならない、不明瞭さ obscurité があらゆる経済主体にとって絶対的に必要である、集団的利益が目ざされてはならない、なぜなら、経済的戦略の内部においては計算することが不可能だからだ。そういう「不可視性の原理 principe d'invisibilité」の核心がある。不可視性とは、人間知性の不完全さではなく、「絶対的に不可欠なもの」、いかなる経済主体も集団的利益を探求してはならないし、探求はしえない、この不可視の面をフーコーは、分散した絲を結びつける「手」よりも重視します。

経済世界は、主権者にとって不明瞭でなければならないし、不明瞭でしかない。それは、各人を自由放任する必要がある、政治権力にとって介入する必要がない、統治に対し個々人の利益を妨害するのは禁止される。つまり共通の利益のために要請されることは、各人が自分の利益を理解し、障害なくそれに従えるようにすること、つまり、権力・統治は個人の利益の作用を妨害することはできない。また、主権者が、経済メカニズムに関して、各要素を全体化し、人為的・意志的に組み合わせるのを可視にする視点をもつことも、不可視である。諸利益を自然発生的に組み合わせる見えざる手は、あらゆる形態の介入を禁じ、経済過程を全体化しようとするあらゆる形態の視線も禁じる。プラチックとして理解された経済、国家・主権者の行為形態としての統治の介入タイプとしての経済は、ともに「短い視野 vue courte」しか持ちえない。もし長い視野、包括的で全体的な眼差し regard を持つという主権者がいたなら、それは空想 chimères を見ているだけだ。政治経済は、経済諸過程の政治的全体化の paralogisme を告発しているのだ。

アダム・スミスは言う、経済過程の全体性を監視するには、「いかなる人間的な知恵も知識も十分ではない」と。

●政治的・法的世界と経済的世界の両立不可能性

経済的合理性は、過程の全体性の認識不可能性 inconnaissabilité に包囲され entourée、設立され fondée ており、ホモ・エコノミクスは統御不可能な incontrôlable 経済過程の内部における可能な合理性 rationalité possible の唯一の小島であり、ホモ・エコノミクスの原子論的行動 comportement atomistique の合理性を基礎づけています。(p.285)

経済的世界はその本性上、不透明 opaque であり、全体化不可能 intotalisable である。それは、多様性 multiplicité の視点から構成され、自発的に収斂されていくことを保証するだけに還元不可能であり、経済は神なき教義であり、全体性なき教義 discipline であり、統治すべき国家の全体性にたいする主権者の視点、主権的視点が、ただ無用であるだけでなく不可能であるのを示威しはじめた教義である。経済は、主権者の法的形態を、経済諸過程——社会の生の本質的なものとして出現した——の知によって置き換える。近代的堅実さにおいて自由主義がはじまった、それは、一方では「利の諸主体」「経済的諸主体」の全体化されえない non totalisable 多在性 mulitiplicité と、他方では、法的主権 souverain juridique の全体化する統一性 unité totalisante との、その間の本質的両立不可能性 incompatibilité が定式化されたときである。(p.286)

十八世紀から、政治的・法的世界と経済的世界とは、異質で他生成的で、両立不可能な二つの世界として出現したということです。経済・経済的利益の問題構成は、主権者による政治的統一性の問題構成とは、全く別の布置 configuration、論理、根拠化 raisonnement、合理性にある。そこで、ホモ・エコノミクスは、主権者にたいして「してはならぬ」とは言いますが、それはあなたができないからだ、無力だからだ、知らないからであり、あなたが知らないのはあなたが知りえないからだ、と言います。

●経済的主権の不可能

ここに、政治経済が統治理性批判として自らを提示できる契機がなされた。経済に主権者はいない、経済的主権者の不在・不可能性は、統治理性の歴史において非常に重要なことであり、近代世界全体を通じて、統治プラチック、経済問題、社会主義、計画化、厚生経済、によって提起される問題となる。

自由的／新自由的思考は、経済主権者の存在の不可能さを提起する、回帰・反復をなしてきた。

他方、計画化、統制経済 économie dirigée、社会主義、国家社会主義は、政治経済の創設時からの呪い、政治経済の存在条件そのものを乗り越えられないのだろうか、経済主権者の定義可能な地点があるのではなかろうかという問題であった。

そもそもポリス国家、国家理性によって統治された国家が重商主義政治をともなって、法権利の主権者と管理を行う主権者、臣民にたいして管理すると同時に諸個人、諸集団、諸国家の間の経済過程を管理する主権者は、経済主権者はいなければならないという公準を基礎においていた。しかし、アダム・スミスの政治経済、経済的自由主義は、そうした総体の政治的企図の非質化(質剥奪) disqualification を構成し、さらに国家とその主権をスライドさせるような政治理性の非質化を構成しているのだ。

●自然支配論者の立場

すでに自然支配論者(物理官僚)は、利益のメカニズムに統治・国家・主権者は介入してはならないと主張していたが、

① 主権者は、原理上、権利上、事実上、土地の共同所有者および生産物の共同生産者として、一つの国の生産および経済活動全体に適合する者とされた。

② 主権者の知と諸個人の自由との適合：主権者には、その国の内部に起こっているすべてを正確に知る可能性と、その結果経済過程を統御する力が与えられた。主権者は経済表のおかげで、何がいかに起こるかを知っているゆえ、経済主体の自由原理を自由に合理的に受けいれられる、理性・知・真理の必然性を受け入れねばならない。

③広く一様に普及された経済知によって経済的によく教育された臣民と、経済の根本的法則を再認する主権者とに、共通のものとなる知・真理認識のレベルにおける適合がなされている。
このように自然支配論者たちにおいて、自由放任の原理、経済代行者に必要な自由の原理は、主権者の存在と相容れ、経済代行者たちと共有する知の掟を唯一の法とすることで、より専制的となり、伝統・習慣・規則・基本法による拘束を逃れられる主権者となる。ここには、経済代行者にたいしてその自由を残し、他方、経済過程の全体性を明証性の光のなかで見渡す政治的主権がある、という考えがみられる。(p.289)
「見えざる手」は、これとまったく逆になる。経済的明証性はありえない、それゆえ自然支配論者が言うような主権者はありえないし、その専制主義はありえない。統治の合理性のようなものにとっての振る舞いの路線や完全なプログラムを提示することはない、経済は統治の科学ではない、統治は経済を自らの原理・法・振る舞いの規則・内的合理性とすることはできない、経済学者たちに耳を傾けねばならないとはいえ、経済が統治の合理性そのものとなることはあってはならない、不可能なこととされたのだ。
こうした見解にたいして、わたしたちが試みる新たな国家論は、経済は統治ではない、という規定を引き受けていく道をとることである。

フーコーの、統治と個人との間に配備された「ホモ・エコノミクス」概念は、経済主体・経済人間の「振る舞い」として際立って明証な解析になっています。いわゆる「主体化」はこの範疇から出ることはできないと言えるのではないでしょうか。

〔5〕市民社会の新たな布置：国家と社会の関係へ（1979.4.4講義）

論点をおさえながら、理論閾を開示しておきます。このテーマでは一歩離れてフーコー論理世界を眺望しますので、フーコー自体とは幾分ずれますが、そういう仕方が日本のみならず世界でほとんどフーコー論としてなされているものゆえ、ここではご容赦を。

「市民社会」を対象にして「社会」そのものの本質的な概念布置が明示されます、極めて重要です。統治の学と経済学とは、まったく異なる。つまり、「統治するアートの空間」と「市場の空間」とは異なる、主権／政治権力の空間とはまったく別の権力空間である市場世界がある、とフーコーははっきり識別する。しかし、社会と経済的土台とは次元が違うという旧態の発想ではない。それは、経済主体は、権利主体には還元不可能であるという主体次元のこと、他方、主権者は経済域にたいして無能力であり、統治行為の行使が経済へ転業する事はありえない、ただし、市場を監視し、統御し、たえず確認することとして市場を主権者は認識せねばならないという統治次元のこととしてです。政治的能動性から理論的受動性におき直される問題設定です。

しかし、統治性は統治空間総体にたいして全体的に関与せねばならない。統治するアートの統一性を維持すること、主権圏域の総体に対する統治するアートの一般性を維持すること、また経済学に対する統治するアートの種別性と自律性を維持すること、この三つに応えるには、新たな参照領域を新たな現実として加えていかねばならない。つまり、この空間の隔たり、区別において、「ホモ・エコノミクス」の存在と、「社会」の空間が配備されます。

　つまり、統治するアートは、経済主体と権利主体とにたいして、新たな対象・領域・界・統治するアートの複合的総体として、経済的なものと法的なものの他生成性を引き受ける統治プラチックを、権利や経済学の支配とは別の仕方で限界づける理性・合理的原理をもたねばならない。それをなす新たな現実を参照することになる。それが「市民社会」であり、生産・交換の経済過程にたいして法的な仕方で関わる合理的測定がなされる、統治テクノロジーの共関係物です。経済的経済学とかかわる統治性についての法的経済学、これこそが「市民社会」である。

　市民社会、社会、ネイションとよばれるものすべてが、統治プラチック、統治するアート、それへの省察的思考＝統治テクノロジーに対して、経済諸法則にも法権利の諸原理にも背かない自律限定づけをなし、統治の一般性の要請にも統治の遍在の必要性にも背かない自律限定づけをなすことができる。何もそこから逃れることができない。遍在する統治、法規範に従い、かつ、経済の種別性を尊重する統治、かかる統治が、市民社会、ネイション、社会を経営し、〈社会的なもの〉を経営することになる。

　したがって、「ホモ・エコノミクス」と「市民社会」とは、分離不可能な二つの要素となっている。ホモ・エコノミクスは、市民社会に住み着いている、抽象的で理念的で純粋に経済的な点のようなものだ。市民社会は、経済的人間によって構成される理念的諸点が、内部におかれて適切に経営される具体的総体であるともいえる。自由主義的統治テクノロジー総体の一部になる。

〈ホモ・エコノミクス〉とは、個人がまるごと経済主体となるということではなく、統治と個人との関係に布置される存在である。法理論はホモ・エコノミクスを論じえない。

＊十八世紀後半、ファーガソンの〈市民社会〉概念の出現

市民社会は本来的で直接的な現実ではない、台座でもなければ、国家・政治制度に対立する原理になるような、歴史的自然的な所与ではない。市民社会は、狂気やセクシュアリテと同質の布置にあるもので、存在していないものが存在表象しているのだ。市民社会は、権力諸関係とそこから逃れるものとの間の働きから、統治者と被統治者との境界面に、相互作用的で過渡的な諸形象が生まれる。それは、経済過程の種別性とかかわる限りで、自律限界づけを目標対象とする統治テクノロジーそのものと共関係的である。権力関係と統治制とのずれ、そこに「社会」が編制されるという指摘です。

ロックにおいて市民社会は政治社会と区別されていない、法的かつ政治的構造によって特徴づけられていた、法的・政治的紐帯によって結びついている諸個人からなる社会であった。それが、十八世紀後半に、政治経済の問題と、経済過程・経済主体をめぐる統治性の問題とが提起される時代に、市民社会は大きく変化した。ファーガソンの市民社会は、アダム・スミスの「国民」とほぼ同じ意味で、経済的人間がその内部において機能する具体的な要素、具体的な統合性である。

ファーガソンの示す「市民社会」が以下、四点について示されます。

(i)「歴史的 - 自然的」常数 constante historico-naturelle：市民社会以前には何も存在しない、非社会の問いは無益である、人間の歴史は集団によって存在してきた、社会は個人と同じくらい古いものだ、人間的自然はその本性において歴史的であるのも、人間的自然は社会的であるからだ、社会の事実と分離される人間的自然なるものは存在しない、社会的紐帯は自発的に形成される、社会を編制する操作をしたり、自己創設したりする必要は無い、社会的紐帯に前史はない、それは永続的で不可欠なものだ、人間が社会状態を望むのは自然状態であるからだ、自然状態は人間が社会において生きるのを望む、つまり自然状態はむきだしの単純状態ではない、掘っ立て小屋の方が宮殿より自然に近いのではない、それはただ別の配分・形態にあるだけだ、市民社会は人類にとっての歴史的・自然的な常数である、とファーガソンは言う。〔「市民社会」から「社会」がそこに同定されて、「社会」が古代にまで拡延されてしまう元の考えです。〕

(ii) 個々人の自発的総合 synthèse spontanée を保証する：まず、明示的契約も、意志的結合も、権利放棄も自然権の委託もない、服従の契約による主権の構成はない。市民社会の統合は、ただ、社会的紐帯のなかでの個別的満足の総和でなされる、個々人と全体との相互性である。個人が全体において占める場所・役割、産み出す効果が、個人の質、価値、徳を決める。全体のために産出した利益によって個人は評価される。全体が幸福でなければ個人は幸福ではない。また、全体の価値は全体を構成する各人にかかわる、個々人の幸福が市民社会の目的でもある。(p.304)

ここにあるのは権利の交換メカニズムではない。直接的増殖のメカニズムであり、利益の純粋な経済メカニズムにおける直接的増殖と同じ形式である。形式は同じだが、構成要素と内容は違う。市民社会は経済過程・経済的紐帯を支えはするが、そこへ還元はされない別ものである。

①人間を互いに結合 unit させるものだが、経済的な利益ではない。経済諸主体が場を占め、経済的利己主義が役割をはたしてはいるが、市民社会は異なる経済諸主体の連合 association 以上のものである。市民社会における諸個人の紐帯は、交換における利益の最大化ではなく、「**非利益化された利益** intérêts désintéressés」と言われる系である。本能、感情、共感、互いの好感の動き、同情であり、また他者への嫌悪、個人の不幸にたいする嫌悪、自分から離れて行く他者の不幸に抱く快楽である。経済主体を結合する紐帯と、市民社会に属する諸個人を結合する紐帯は、違う。利己主義的でない利益、その利益の働き、利己主義よりもはるかに大きな非利益化された利益の働きがあるということだ。[15] (p.305)

②経済諸主体の紐帯は局地的ではなく、市場が世界全体における利己主義の自発的総合による増殖をなす。そこには局地化も領土性も特異な再編制もない。しかし、市民社会は共感・好感の紐帯、他者への嫌悪や非支持や反感と共関係的で、限られた総体、特異な総体として、一般の人間性とは異なる。「市民社会は人間的なもの humanitaire ではなく、共同体的なもの communautaire」です (p.305)。市民社会は、家族において、村 village において、同業団体 corporation において出現し――これは市民社会が機能・働きであって社会空間ではないことを示す重要な指摘です――、さらに国民 nation において出現する。国

15 ブルデュー国家論ではこの「非利益の利益」がオフィシャル、公的なもの、とくに官僚において普遍化していくことがかなり大きな比重で論じられます。拙書『ブルデュー国家資本論』を参照。

民とは市民社会の単なる可能な諸形態の一つである。

こうした局地的結合の「利益なき利益」の紐帯にたいして、経済的利益の紐帯は、両義的関係をもちます。経済的紐帯は、諸利益の自発的な収斂によって個々人を結びつけると同時に、他方で、分離 dissociation の原理となって、市民社会の自発的紐帯をたえず解体しようとする。経済的紐帯は、市民社会のなかに場を占めそれによって可能となり、緊密に結びつけながら、他面で、市民社会を脅かし解体する。個々人の紐帯は、そこに直接利益を見いださないとき最も強くなり、自らを犠牲にして友人を助けたり、別の場所で利益や豊かさや安全を見いだすより共同体にとどまるのを好むからです。したがって、経済的状態へ向かうほど、市民社会の紐帯は解体し、万人との経済的紐帯によって人間はますます孤立するとなります。

(iii) **政治権力の永久的な母型** matrice permanente：原始契約も、従属契約も、権利放棄も、主権容認も必要がない、権力の自発的形成がなされる。個々人の異なる役割・任務が分業とされ、生産のみならず総体的決定過程においても分業がなされる。選ばれた人々が決定し、影響力を行使される人もいる。権力の事実は、権力が規則づけられ、委託され、法的に編制される、それらの以前に存在していたのであり、権力の法的構造は事後的につくられた。したがって、孤立していた人間たちが集まって権力構成を決心し、社会状態に入ったのでもなければ、社会に再編制された人間が集まって権力を編制しその様式の帰属づけは好都合で、便利で、有用だと考えたのでもない。人間、その自然、その手足、その言語、他の人々、コミュニケーション、社会、権力、こうしたすべてが一体となって、一つの総体を構成している、それが市民社会だ。

(iv) **歴史の原動力** moteur de l'histoire：総体の機能的均衡、自発的均衡がある。それと同時に、分離をもたらす紐帯があり、不均衡をもたらす。経済的利益と経済的利己主義が具体化することで、未開の局面、野蛮の局面をへて文明の局面にいたる。そこで市民社会は、パトロンのクライアントへの関連、主人の従僕への関連、家族の奴隷への関連の形態をとって、市民社会は自身の内に保護する経済的働きから、歴史的変容の系を生じさせて行く。「**分離的連合** association dissociatif」の原理は、歴史的変容の原理である。つまり、社会的織物 tissu social の統一性 unité をなすものは、同時に、社会的織物の永続的な分裂 déchirement でもある、歴史的変容なのだ。[16]

このように、市民社会は十八世紀に出現した「市民社会」の考え方、概念であって、実体でも歴史的実在の規定でもない。しかし、考え方として実定化されていくものです、それは現在の人たちの多くが自覚せずに一般意識として領有している考えです。いかなる時代にも社会はあり、しかもその実際を問わずに永久的なものとして一般範疇として使っているものです。市民社会を実定化している「社会」は普遍的に人類のあり方として最初からあったのだ、と拡延されている。

16 ブルデューは、この結合と分離とを、「ビジョンとディビジョンの原理」として方法論化していきます。

それは以下のようになっています。

●新たな社会的諸関係 relations sociales の紐帯の出現

①法的でない**社会的諸関係の領域**の開示 ouverture：純粋に経済的である紐帯 lien をこえて、集団的・政治的な統一性を構成する個々人の間の、法的紐帯とは異なる紐帯です。法的でも経済的でもない紐帯が、市民社会を特徴づける。

②退化 dégénérescence とは異なるかたちでの**歴史と社会的紐帯の節合** articulation：退化なしの歴史のたえまない生成がある。新たな社会組織、新たな社会関係、新たな経済構造、新たなタイプの統治のたえまない形成である生成がなされている。歴史を遡ることが、退化にならない。

③**統治の社会的紐帯への、社会的紐帯の権威形態への有機的帰属** appartenance organique:市民社会によって、社会的紐帯と、統治の権威関係との間の、内的で複雑な関係を明らかにすることができる。

これら三つの要素が、市民社会の観念を、①ホッブズから、②ルソーから、③モンテスキューから遠ざけえて、政治思想のまったく別のシステムがここにはじまる、それは経済問題の出現によって統治テクニックや統治テクノロジーにたいし提起された新たな問題に内的な、政治思想・政治考察です。(p.311-2)

従属 subordination が作用し、従属の権力現象とともに存在している社会の内部において、権力をいかに限定づけ limiter ればいいか、その権力の規則づけ régler が問題となってきます。それが、市民社会と国家との関連として提出された問題です。

＊国家と市民社会

社会を所与として想定し、そのとき国家は、その法的構造 structure juridique、その制度的装置 appareil institutionnel において何をなしうるのか、社会に関連していかに機能しうるのか、とフーコーは国家論的に問題を提示します。

いくつかの考え方がある。

❶国家は市民社会の諸次元・諸形態の一つとして出現する、つまり、社会は、家族、同居者または所有地 domaine、国家の三つの軸をもっている。

❷発生的・歴史的分析：家族社会の段階、市民社会の段階、国家の社会／国家的社会の三つの段階を経由すると考える。

❸類型学的分析：あらゆる時を通じて価値を持ち、世界の地理全体において価値を持つ絶対的な普遍的タイプがある、それは家族社会であり、家族社会なしの社会はありえない。次に、市民社会である社会タイプ、それは人間的集合 rassemblement humain の形態に現前している、国家は市民社会の諸形態のうちのいくつかを特徴付ける。

❹ヘーゲルによる、市民社会の自己意識／倫理的現実化としての国家。

こうした点をふまえ、フーコーは、ドイツとイギリス、さらにフランスの例を出します。

ドイツは、市民社会と国家との対立その間の関係から市民社会が分析される。国家を支える能力として、国家が市民社会にたいして矛盾した要素になるか、啓蒙的要素であり実現された真理とみなされる。

イギリスでは、国家という観点ではなく統治の観点から市民社会は分析される。市民社会が内的統治性をもって自らを綜合保証しているなら、追加的統治は必要か、市民社会に統治は本当に必要か、社会は統治なしに存在しえないのだろうか、という問いがなされ、ペインは、社会と統治を混同してはならない、社会は我々の必要によって産出されるが、統治は我々の弱さによって産出される、社会は関係を奨励するが、統治は差異を作り出す、社会はパトロンであるが、統治は処罰者である、と社会は天恵だが統治は必要悪だとみなした。

フランスでは、「市民社会に対する国家」でも「市民社会に対する統治」でもない、第三身分のブルジョアジーがフランスの歴史を中世以来十九世紀に至るまで担ったという考えになる。

このように、フーコーは、国家の違いを一般化せずに、差別化したうえで、「市民社会」という同じ問題が政治的に提出されているとくくります。

そして、市民社会の考えにおいて、統治理性の再分配、あるいは再中心化と脱中心化がなされる。

▼権力の無際限の行使を規則づけ、測定し、限定づけを行う考えは、統治する者の賢明さに求められた。物事の秩序に従って統治する賢明さ、人間・神の掟を認識することでの統治、神が命じた事に従っての統治、主権者がいかなる点で賢明なのかの位置画定は、統治を真理に基づいて規則づけることであった。宗教的テクストの真理、啓示の真理、世界秩序の真理、これらが権力行使を規定する原理であった。

♣十六、七世紀以来、権力行使の規則づけ réglage は、賢明さに従ってではなく、計算に従ってなされる、諸力、諸関係、富、権能のファクターの計算である。真理ではなく、合理性に統治を規則づける régler、合理性へ統治を規則づける régler le gouvernement à la rationalité、これが統治テクノロジーの近代的形態です。(p.315)

合理性への規則づけは、順に二つの形態をとった。

①「私こそが国家である」：**主権的個人性** individualité souveraine として理解される国家の合理性、主権的個人 individu souverain の合理性。自らの固有の権能を最大化しようとする、契約の法的問題に関わり、また市場において経済過程において、統一的形式 forme unitaire を無しですませる、排除しうる、「私」である。

② 被統治者の合理性：**経済諸主体** sujets économiques として、利の諸主体として統治されている人々の合理性に基づいて統治を規則づける。これが、自由的合理性 rationalite libérale――「統治されている人々の合理的行動 comportement rationnel を統治するアートの合理化の原理」「統治、統治するアートを規則づける」――である。

②において、主権的個人の合理性が捨て去られるわけでも――ナショナリスト的政治、国家的政治がありー―、真理へ規則づけられる統治が消え去ったわけではない。個人的利益の合理性としてよりも、真理としてすこしづつ示威された歴史の合理性として、合理性へスライドされてきた統治性のタイプを探求することに沿ってきたマルクス主義がある。

・真理へ統治するアート、
・主権国家の合理性へ統治するアート、
・経済的代行者 agents économiques の合理性へ統治するアート、
・より一般的には統治された者自身の合理性へ統治するアート、

これらすべてが互いに重なりあいながら、異なる統治するアート、それを計算し、合理化し、規則づける異なるタイプの仕方が政治論争の対象となった。「政治」とは、そうしたさまざまに異なる統治するアートが引き起こす議論である。(p.316-7)

このように経済過程は経済過程としてあり、政治権力／主権空間はそれ自体としてあり、相互に還元は不可能だというマルクス的見解を、吉本さんもそうでしたが、フーコーもそこを徹しています。それゆえ、そこに「市民社会」から「社会」そしてネイションが疎外表出されていくと、フーコーは捉える。それが、被統治者の合理性に基づいてなされる自由主義的統治の特徴であるというのです。言説は選択され、フーコーの考え方として配置されているといってよいでしょう。「市民社会」と「社会」は異なるものですが、市民社会の概念が「社会」「社会空間」「社会界」を、国家でも経済でもない、統治制の対象・目的・手段として出現させた、しかも、自然性として、人類の原初からの普遍存在としてです。社会のリアルな現実的な必要性は、市場の循環の自然的過程とともに、自然化されたのです。そして、国家は、この市民社会と対立するのか、国家は真理を実現したものなのか、国家と市民社会、ないしは、国家と社会との分離された関係の認識とその実際とが製造されてきたということであって、これこそが実在的国家の普遍形態だというようなものはない、ということです。しかし、「社会」を実定化し自然性化し、永続化している認識は強固です。

このように自由主義／新自由主義は究極的に、国家論として集約されています。正鵠には、土台・上部構造で設定されるような国家論ではない、国家布置の見直しとして集約されましたが、政治経済の出現、ホモ・エコノミクスの変容、市民社会の出現、といったものをともなった統治制の諸々の編制としてであって、国家としての国家論自体が述べられたわけではない、既存の国家観の配置換えがなされたという意味での国家論です。

＊この訳書は、解釈訳・説明訳を多用することによって、理論的緻密さがずれてしまう訳になっています。どこでもいいですが、たとえば'gommage anthropologique du criminel'(p.264) を「犯罪者の人間学的意味の末梢」(318頁) と品よく訳しています。直訳すれば「犯罪者の人類学的なゴム状態化」ですが、ゴムで消すことと逆に「犯罪者の人類学的ゴム塗り（入れ）」とも読めます。gommage は gomme＝ゴムをなんらかの状態にすることです、消すと塗ると双方の意味があるのです。「人間学的末梢」でもいいですが、人間学とすると近代規定が暗黙にはいりこみます、'humain(e)' ではない、フーコー特有の大袈裟化で「人類的 anthropo-」と示威している、しかも「〜学的」だと。犯罪の言説化への批判的な怒り、そして表現の気取りがこうした言表表現をフーコーにさせています。そして「意味」などどこにも言表されていません。「人間学的末梢」では意味がわからないだろうと勝手に思ってそうしたのだとおもいますが、犯罪者が個人規模で消去されてしまう、つまりは人間そのものとして「人類」として消しゴムで末梢されてしまうのだが、それは背後には「ゴムのように塗り込まれる」——ここでは犯罪が「経済的行動」として人類学的に書き込まれることです——、という両義的なことなのに、犯罪者の内部の人間学的な意味という局面が抹消されるという理解へずれてしまう説明訳です。ですから、誤訳ではないがひっくりかえっている。なんでもないようですが、こうした説明訳があちこちにある連鎖した訳書総体となりますから、相反性と裏側意味を

共時的に表出するフーコー的思考はまったく隕墜してしまいます。では、どう訳すのか？　不可能だとしかわたしは言えませんから「人類学的ゴム化」とします、これは「訳」とはいえないですね。社会科学的言語の屈曲が語学優等生たちには許容しがたくて、こなれた日本語にしようとして、原書からひたすらずれ理論は紛擾する。訳すなら慎重にされたしとしか言えない、不注意すぎているからです。こういうのが、あちこちにある。STPは乱暴、NBは逆に丁寧すぎてずれる。全般にNBは理論的であるより叙述的な書ですが、最初と最後は理論的に重要です、原書をしっかり読まないとフーコーではなくなってしまいます。STPとNBは、〈現在〉を読む上でも、歴史本質的な視座、論軸を明示して、既存のコードを転換していますので原書に立ち向かってください。訳している訳者自身が「読めていない」ように非常に困難です、格闘を要されます。わたしの解読は、一つの仕方でしかありません。原書を読むは専門的特権能力などではない、基礎です。

生政治について論じるとしながら、生政治についてではなく自由主義・新自由主義が論じられただけで、生政治と自由主義との関係も明晰には論じられていません。ただ「生政治は自由主義の必然的条件であり、生政治の一つのバージョンとして自由主義は出現し、人口への生政治的なやむをえなさ bio-political imperatives」とともに永続的な緊張において存在し (Dean, 2010, p.133)、そのやむをえなさの無限定な操作への批判として、また生政治と自由主義は対峙していると言うこともできるでしょう。つまり、統治の社会形態と自由主義との関係が問い返されているのであって、人口の生政治によってのみ可能である「社会」の発見が、自由的統治の前提条件であったことから、一概に規定し難い関係がもたらされているのです。

統治の自由な合理性の出現は、人口、経済、社会において見いだされる諸過程の統治の発見に依存しています。しかも、自由主義は政治的イデアではなく——法的語彙である権利・正義・合法性などにはない——、「経済的自由主義」です。社会的民主主義から切り離されて、そこに統治がいかに編制されたかが考証されました。統治が国家ではなく社会に錨を降ろして、社会の概念からさまざまな構成がなされていく。それは、統治の自由な合理性が、生政治領域の出現に依拠していくということになります。自由主義は生政治に対抗しながら、しかしその自由合理性のなかに規律化や生政治を新たに再編制していくのですが、そこがフーコー以後の理論的問題となります。

そして、さらにフーコーにおいて統治は『生者たちの統治』(GV)として、また、主体論の検証を通じて『自己と他者の統治』(GSA)というように、自己の自己にたいする自己テクノロジーの次元からの、諸個人への統治の問題へと転じられていきます。

これらは、何を意味しているのでしょうか？ 自由主義と自己ないし主体の自由との問題がずらされて、統治の問題へと布置されたとき、経済や政治の既存のカテゴリーや概念空間は別のものへと転化され、もちろん「社会」の布置も転じられています。国家の問題を喪失させた政治の問題へと転じられたのです。その間に布置されたのが「**真理による人間たちの統治** gouvernement des hommes par la vérité」です。

◎「真理による統治」へ──『生者たちの統治』

『生者たちの統治』の 1980.1.9 講義からみておきましょう。

このとき、フーコーは「知と権力」という使われてきた安っぽい rebattu テーマへ関連している物事を配置換え déplacer せよと主張します。自らがなしてきた、支配的イデオロギーというタイプの分析を外すためであった「知と権力」のテーマにたいして、「**真理による統治**」へと転じ、その概念を洗練élaborerさせようというのです。自由主義と新自由主義は真理の体制からの統治への考察でしたが、それをさらに徹底していくとどうなっていくのかです。

フーコーはいくつくところまで詰めていくと、それを拡張させるのではなく、転移ないし配置換えをして新たな次元の考察閾を問題構成して開きます。知・言説から権力へ、権力から主体へ、そうした転移は放棄したのではない、問題構成の場と閾を転じたのです、思考転換の意味をはきちがえてはなりません。権力論から統治論へ移ったのだ、権力論を捨て主体論へ移動したのだ、という了解は根元からのまちがいです、「知–権力」に「主体」が加わったのです、権力関係／真理に「統治」が加わったのです。

支配イデオロギー idéologie dominante という概念範疇は、

① 「表象」という悪しきまったくなっていない理論を公準にしている、

② 真と偽、現実と幻想 illusion、科学的なものと非科学的なもの、合理的なものと不合理的なもの、という対立にスライドされている、

③ 「支配」という語によって、従属化の現実的諸メカニズムを素通りさせ、別の手に渡してしまう。社会のなかで、ある者の他の者への支配は、歴史家の知だとしてしまう。

それにたいしてフーコーは「知 savoir」の概念範疇 notion を立てて、諸対象 objets、諸概念 concepts の領域の構成的諸プラチック pratiques constitutives のタームにおいて問題を構成し、②のいう諸対立は諸領域の内部で効果を発揮していることだ、としたのです。権力の概念において、支配的表象システムの概

念を、権力諸関係が行使される「諸処置と諸テクニックの分析界」に置換えた substituer のです（GV. p.13)。これが、第一の配置換えです。

第二の配置換えは、「知―権力」の概念から「真理による統治」の概念への配置換えです。そこで、「統治」の概念の吟味をこの二年間やってきた、と言うのです。

国家的諸システムにおける諸執行と諸管理という最高審級の狭い現在使われている意味ではなく、人間を領導し conduire les hommes、人間の振る舞い conduite des hommes を指揮し diriger、そして「**人間の振る舞い**」を領導するメカニズムや諸処置という広い意味を理解することである。

一般的枠内で、

① 十七世紀における国家理性の誕生：国家の理論や表象ではなく、統治するアート、統治のプラチックを練り上げる合理性としての国家理性、

② ドイツとアメリカの現在の自由主義：経済理論や政治的教義ではなく、統治する仕方、統治するある合理的なアートとしての自由主義、

この二つをとりあげてきた、としています。(GV, p.13-4)

そこでは、なぜまたいかに統治が「知―権力」と関係するかの体系的な論理構成はなされていません、ただ対応しているのだという指摘だけです。

そして、今年は、「知の概念」を「真理の概念」へ洗練させていくと言います。「**統治するアートと真理の働きとは互いに独立しておらず、真理の働きのなかに入っていくことなしに統治することはありえ**

ない」。このありふれたテーマを十七世紀以降の、近代政治思想に、権力行使 exercice du pouvoir と真理の示威化 manifestation de la vérité との関連にみていくことができる、と五点示します。(GV, p.14-7)

❶ボテロの原理：**国家理性と合理性原理**：最も古く、一般的で平凡なものであるが、三世紀前には革新的力をもち、断絶をもたらした。統治がありうるには、統治者が自分の行為・選択・決断を、真である知の総体、合理的根拠をもった原理、正確な知識の総体との共関係で遂行せねばならない。それは国家の可能な対象領域にふさわしい合理的な構造に依存していた。国家理性の概念は、権力行使と真理の示威化の関連に関して、明確に割り当てられ、操作可能で利用可能な位置を与えるために考案された最初の方法であった。統治行為の合理性は、国家理性であり、示威されるべき真理は、統治行為の対象としての国家の真理であった。ボテロは、国家理性の原理を最も体系的に表明した最初の人であった。

❷ケネーの原理：**経済的合理性と明証性の原理**：統治が知恵一般ではなく、真理、すなわち国家の現実——人口、富の生産、労働、商業などが構成する現実——を特徴づける過程の正確な知識によって統治するほど、統治は少なくなるという、逆説的でユートピア的な考え方。真理が統治者と被統治者に共通な風土と光明を構成していれば、いつか歴史の中にユートピア的時点が到来し、真理の帝国が秩序として君臨し、権威的決断や管理的選択が介入しても、それはなすべきことが万人の目に明らかになるように表明するときだけでよい。ゆえに、権力行使は真理の指標でしかなくなる。この真理の指標化が論証的になされれば、万人がそれに賛成し、究極的に統治機関は必要なくなり、社会・経済の真理の反射

面にすぎなくなったりするであろう。何人かの精神的指導者が、この真理を被統治者に反映させればよい。統治者・被統治者は役者にすぎず、真理としての自然という戯曲を、同時に共同で演じる共演者となる。明証性の規則にそって統治するならば、統治するのは人間ではなく事物そのものである、という考え方で、ケネー、自然支配論者たちの考え方である。ヨーロッパ政治思想史のなかで、かなり重要な位置を占めた。

❸サン・シモンの原理：**明証性の科学的特殊化と能力の原理**：十九世紀には、統治するアートが根本的に真理の発見、真理の客観的認識と結びついている、それは特殊な知の構成、その真理についての認識について特殊範疇に属する諸個人の養成を意味し、かかる専門化によって、政治にはふさわしくない、むしろ政治にたいして否応なく課せられる事態・関係の総体を規定する領域が構成されることになる。平凡な考え方であるが、その比重はたいへんに大きい。

❹ローザ・ルクセンブルグの原理：**特定能力の普遍的覚醒への転倒、一般的意識の原理**：すべての人が、自分が住む社会についてすべてを知っているとなれば、統治そのものは統治でなくなり、たちまち革命となる。ある個人が真理の専門家を自称し、その真理が政治に課せられ、結局何かを隠している。その仮面を剥ぎ取り、事態をあるがままに暴きだし、われわれすべてが自分が生きている社会で何が起きており、無意識のうちに担い手であり犠牲者である経済過程を意識化し、支配・搾取のメカニズムを意識化すれば、統治は崩れ去るであろう。現実に何が起きているかが万人に明らかになった事実と、何人かの人物による統治の行使とが、両立しなくなったということだ。統治・体制・体系の転覆の原理としての普遍的意識化の原理である。

❺ソルジェニーツィンの原理：**不可避性の幻惑的な共通意識、恐怖政治 terreur の原理**：事態が動かないのは、何人かだけが知り、他の被統治者たちが何が起きているか知らないからではない、被統治者が知っているから、起きていることの明白さが万人の意識にある限りにおいて事態は動かないのだ、それが恐怖政治の原理だと彼は言う。恐怖政治は、自分を隠すのを目的・動機・メカニズムとする統治するアートではない、むきだしの状態の統治性、シニカルで淫らな状態の統治性である。恐怖政治において事態を止めているのは真理であって、虚偽ではない、凍りつかせる真理、明白であることによって自己を表す真理、いたるところで明白なものとして現れ、自らを不可侵・不可避とする真理である。

万人が知ることがなされたなら資本主義は二十四時間ももちこたえられないだろうとローザ・ルクセンブルグは言い、もし社会主義がもちこたえられたなら、それは万人が知っている恐怖政治だから だ、とソルジェニーツィンは言う。(p.16-7)

これらは特定の方法や特定の時代のことではない、相互の運命的関係もないと、フーコーは言います。博識からくるある種の相対化ですが、フーコー的な絶対規準がその底にはあります。「知」とは、真偽のゲーム＝働きが作用し合っている場ですが、「真理」は偽を外し、自らが真理であると示威する権力だということでしょう。しかし、それは「狭さ」にあるものなのです、真理の普遍性や拡大などはないということですが、客観的な認識形式はもちえているゆえ、統治するアートになりえます。

この三世紀、すべてが国家・社会の現実的なものを参照して、「統治―真理」の諸関連を規定している歴史現存的な次元があります。知の対象としての社会、自発的過程、反抗の主体、恐怖における幻惑の対象＝主体、の場所である社会、といったことです。そしてこれら五つの原理を無意識へ押し込んで、恥らいもなく良いことを言って、商業的な量化が現実作用だと勘違いがなされている現在です。

他方、フーコーは、統治と真理との間の諸関連が結ばれたのは、近代的な関係が編制されてきたからではない、ずっと古い時期にはるか深いレベルでなされていた、それを示すのだ、と真理・統治の関連から自己テクノロジー、主体の問題へと入っていったのです。真理の秩序における諸操作をなすことなしに人間を導くことができるか、効果を為す統治をするために有用で必要なものへの関連によってつねに超えていく操作、それが必ず必要なのはどうしてかを示す、というのです。社会・国家が合理的統治性のために、可能で必然的な対象として出現したわけでも、統治するアートと政治的・経済的・社会的な合理性との間に、近代的諸関係が構成されたからでもない、政治的なものに属さない特定の例が明示されます。そして、真理を示威化することが、統治する活動性 activité や権力行使の活動性によって要求されたり、巻込まれたり、束縛されたりするのは、つねに統治の究極性 finalité やそれに到達する効果的手段の次元を超えた次元においてである、と主張しています。

ギリシャの多様な自己技術にたいしてキリスト教的真理体制・自己技術への転移が、詳細に検証されていく、そこに権力形式が編制されていくわけですが、その考証次元へと完全に転じられてしまいました。

ここは、もはや国家と関わる統治の問題ではなく、パストラール／ディシプリンの権力と真理との関連における人間の統治の問題で、魂の試練、悔い改めにおける自己暴露・自己開示、そして良心の領導における良心の探索が、死、他者、真理において開削されていく様態の克明な考証ですが、それが「統治」といかに関与していくのかが吟味されています。「セクシュアリテの歴史」の背後にある、関係技術ですが、セクシュアリテも統治するアートの真理操作なのです。

市場経済の自由にたいする法的形式化の統治という共同的なものの次元と、魂の自己救済の統治という個的なものとの関連はそれではどうなるのかということですが、「全体的なものと個別的なもの」の関係にそれは照応します。共同意志と個人意志との関係ともいいえますが、統治性の軸においてのことです。しかもそこには「対的なもの」の次元が本質関与していく、そこはセクシュアリテを扱いながらも、フーコーでは見えていない対幻想の閾です（拙書『吉本隆明と「共同幻想論」』2016において国家論・家族論として明証化）。

「真理による人間の統治」の問題閾は、さらに既存の思考世界とはずらされていく、まさにフーコー固有の理論界ですが、それを国家論へ組込むには、主体と自己技術の膨大な思考を媒介的にへていかねばならないことと、わたしとしては、ブルデュー国家論をへてからの作業にしたいと思います。でないと、主体論へ転移されたフーコーだという、またもや権力関係論をはずした論議になってしまうので、どうしても規制条件をブルデューから生産的にふまえたいのです（『ブルデュー国家資本論』2017として明証化しました）。

フーコーが問題としては設定した、しかし明証化することは回避した「国家論」の理論界へとここでは、深化的に逆行していきたいと思います。

◎「自己と他者の統治」へ

主体論をへて、『自己と他者の統治』においては、統治の諸処置 procédures のなかで「真実を語ること le dire-vrai」の義務と可能性が、自己への関連や他者たちへの関連において、個人が主体として自らを構成する、それをいかに示しうるか、と問題構成されます。

❶諸々の知の形成 formation des savoirs と真実を語る（真理陳述の）諸プラチック pratiques de véridiction の軸 axes
❷諸行動の規範性 normativité des compotements と権力テクノロジー technologie du povoir の軸
❸自己の諸プラチック pratiques de soi からの主体の存在諸様式 modes d'être du sujet の構成 constitution の軸

(GSA, p.14)

これらの共関係 corrélation はどのようになっているかの考究へと向かいます。「**率直に真理を語る**」**パレーシアスト／パレーシア**が、検証されます。（これについては拙書ですでに論じていますが、バウナウアーから示唆され、彼を日本に招きセミナーしました。わたしのゼミ生が『最後のフーコー』(新曜社) の書を翻訳している。）

統治は、市場の「真理陳述」から、「自己／他者」における「真理陳述=真理を語る」という閾において考察されていくのです。その対象は、はるかにさかのぼってギリシャ、ローマの時代です。「自己への配慮」が軸になって、それが一九八三年に「他者への統治」へと転じられていきますが、他者を統治するにふさわしい者としての自己の統治の仕方です、それが「自己と他者の統治」です。

フーコー三角形において、三つの契機は新たに、

❶ véridiction—formes
❷ gouvernementalité—procédures
❸ subjectivation—pragmatique

と設定されます。つまり、権力論の位置が統治性へと転じられています。そして、知の次元は「真理化véridiction」(真理陳述)の次元へずらされています。その主要様態が「**真実を語る**」こと、その変節です。「真実を語ること」が、統治性の諸処置と、自身と他者たちのための主体としての自己の構成、とにおいて探究されたのです。

le dire-vrai と véridiction とは、ほぼ同致されていますが、「真実を語ること」と「真理を語ること」とは、微妙にずれます、その差異を顕在化させていく微細な考証・分析といえるのではないでしょうか。そして主体化はプラグマチックな次元へと転じられています。プラグマチックな考察は、ブルデューをふまえて、友人のシュスターマン、そしてボルタンスキーが理論的に進化させていきました。

これらについては、別書で、時間と機会があれば論じますが、わたしにとっては、述語制界閾からいかに主体化がなされてて浮上・離床していくかの考察になります。そして自律性や自己技術を主体論／主語制論から切り離すことです。

❖Ⅲのまとめコメント❖

国家理性／ポリスにおける統治すること
市場の自由にたいする統治すること
真理によって人間を統治すること
自己・他者を統治すること

これらが、年度ごとに検証されました。逆に言いますと、これらを国家論へとくみこまねばならないということになります。そのための新たな理論概念・理論ツールが要されるということです。それは、フーコーがなしていない、示唆のみで回避していることになります。国家理論構築は後戻りではありません、新たな次元への飛躍です。それは、国家はいかに真実を語るか、国家はいかに統治するか、国家はいかに主体（国民）を構成するか、ということではありません。国家を真理化し、国家を統治制化し、国家を主体化し「国家資本」化してきた、その様態を解析しうる国家論です。「国家の知」「国家の認識」「国家のアクト」を探究することですが、共同幻想が国家化される様態、国家資本へ主語制言語様式が統合化され統治制化されていることです（『私を再生産する共同幻想国家・国家資本』として論じています）。国家の知・認識は主語制言語の知・認識です。人間の振る舞いの統治は、主語制言語の真理によってなされています。

思考ベクトルは逆転されていくのです。〈統治制〉概念は、逆転させる概念であるのです。権力関係論もそうでしたが、統治論も、既存思考を逆転させる概念なのです。既存思考へ補充するなど唾棄すべき。

ここを、とくに日本のフーコー論のほとんどが分かっていません。ですから、訳書はとても引用しえない転倒に陥墜してしまうのです。誤訳とはいえない奇妙な、気持悪い訳書になってしまっています。そこに訳語の言表が、自分の訳業だけをよくしようとしてなされていますから、訳書間で相互変容されて紛擾状態になっていますので、分けが分からない状態です。編集者たちの劣化が大学人の劣化と共謀して思想理解をねじ曲げています。言表とは、産出の規則と存在の様態とを規定しますから、もう理論文脈は紛擾しているだけです。そこへの自覚をもった訳書にはなっていません。自分の訳書を失敗させないようにしていることで、フーコー理論世界に則すことは二の次にされてしまっている。フーコーを既存の政治概念空間へ後退させる傾向は、悲惨・貧困な大学人知性の所業です。

「わたしは行為する」、「わたしは行動する、」「わたしは振る舞う」、「わたしはアクトする」、そして「わたしは実践する」、さらに「わたしは実際行為する」、こういった人間主体的・人格主語的なものはフーコー思考にはありません。構造論的言説転回の基礎です。そうではなく、「統治が行為する」「統治が行動する」「統治が振る舞う」「統治がアクトする」「統治がプラチックする」ということです――しかし「統治が実践する」という事態はありません。「真理が〜」「規則・規範が〜」としても同じです。こうした言表差異は、フーコーの言説プラチックの基盤を定めていくものですが、人間主体者が為すことではない、行為諸概念や知・言説の言表が為すことがあるだけです。そこに「行動様式」なる言表まで入り込んで、訳書間でばらばらですから理論布置がどうなっているのか把捉しえない。action/comportemente/conduite/acte はすべて pratiques 上にある差異/種別化されたものなのですが、訳書全てが「実践」の概念空間――そこは暗黙に「実践」と「真理・論理・知識」が対立されている概念空間――におかれたままで、そのうえで行為諸概念が訳書ごとに言表訳語が違って入れ替わりますから、もう一貫したフーコー思考はどこにもない。つまり〈統治（する）〉の概念空間は、ばらばらになってしまっているというか、把捉されえてもいないということです。「conduite de conduite」などは、訳不可能です。意味的に「振る舞いの領導」としたとき、正しくともうずれてしまいます。「振る舞いの振る舞い」とするしかないのですが、まさに〈tranfert〉が起きてしまうのです。翻訳のことではない、理論転移の問題としてです。しかもこれらの行為概念は、人間主体の行為ではありません、言説・真理や権力・統治や制度などの実際行為《プラチック》ですから、ますますわけが分からなくなるということが起きています。欧米でも、conduite を、「誰が」とか「何か」とかとして主体化・客観化して、問題化を洗練させているようでいながら、根源ではひたすらフーコー以前へもどっていく知的情況が世界的にもみられます。述語制言語構文でないため、必然とも言えますが。

そして統治の抽出においてもっとも基本的で主要な方法概念である〈dispositif〉（配備）が「装置」と同一視され実体化されていますので、統治制が実態的な政治実践であるかのように理解されてしまうのです。

統治において、基本を整理しておきましょう。

「統治するアート art de gouverner」が基本です。最善の仕方を追及するアートです。「統治術」「統治の術」ではありません。gouverner という動詞です、「動き」です。「動き」ということは、「社会」や「国家」の概念が動きを暗黙に受けていない、静態的な止まっている概念である、それに対する「動き」を gouverner は示し、その種差的・種別的出現の歴史変容を示したのです。それが、同じ布置に据えられている事態において、国家理性とポリスとでは違う、自由主義と新自由主義とでは違ってくる、つまり最善である仕方が違う。そこを押さえることが基本です。この「アート」概念が規準指標です。

そこで「統治制プラチック pratique gouvernemetale」の対象、目的が違っていることが明示されていきます。プラチック総体を「統治制的」にとりだした界閾です。この<gouvernementale>は、統治性（化）gouvernementalité/gouvernementalisaion の形容詞形であると考えるべきです。フーコーの文脈ではそうなっています、慣習語の一般的な使い方ではありません。「統治 gouvernemente」の形容ではありません、「統治制」へ組込まれていく布置です。統治性に規制されている、統治制の界閾で意味するものとして作用している実際行為のことです。実態としてのプラチックではありません。ですから<gouvernementable>なる用語が登場しています。「統治（制的）行為 action gouvernementale」、これは統治制的な行為そのもののことです。「統治の行為」という言表もでてきます、すると統治プラチックとは次元がちがってくるのです。

そしてさらに、「統治のアクト acte de gouvernement」として制度化されていきます。「アクト acte」は法によって制裁される規範化次元にあるもので、行為 action やプラチックは制裁されません。こういう根元的な差異が「アクト」にはあるのです。

art/pratique/action/acte の相互関係において、統治制化の関係構成が「配備」されていくことになるのです。「gouvernemente」を誰ひとり「政府」などと慣習語的に訳してなどいませんが、それはフーコー用語だとわかっているからです。savoir も「知識」と訳す人はもういません。しかし、そこでとまってしまっています。これら言表は、すべてフーコー用語なのです、一般語ではないのです。そこがまったく分かられていない。politique もフーコー言表です。これをときに「政策」としてしまっているものがあります、対象はそうです、しかし、政策論をフーコーは対象にもしていなければ分析さえもしていない、「政治なるもの」をそこに読み解いているのです。「社会政策」ではない「社会政治」を読みこんでいるのです。「行動 comportemente」にはあまり形容詞がつきませんが——犯罪が「経済的行動」になったとされます、経済行為になったのではない、こういう水準・次元です——、独立して使われています。規範性／ノモスなどが構造化・内化されているものといえます。

「振る舞い conduite」は、ある習慣・慣習やコードが入り込んだ動作や行為の仕方、作法みたいなものです。他者の行為にたいする行為は、振る舞い自体にたいする振る舞いとなっていくのです。主体行為ではない、統治制にくみこまれている「振る舞い」です。「振る舞いへの振る舞い」の関係です。

これらの言表は、一貫したものとして定めないと、フーコー理論閾にとどかない。訳書内では統一的になされていますがずれてもいます。訳書間ではちがっていますので、フーコー総体としては統一されていません。了解水準への基礎の基礎がまったく未著状態ということです。pratiques を「実践」としている限りは、対象がもうずれていますから何もわかっていない、自覚にも上がってこないと断言します。原書でも、講義録の刊行がすすんできて、index de notions に pratiques が明示されればじめていきますが、一般語ではない、最初からフーコー固有の理論言表であることがわかりつつある。ご当地でさえやっと自己技術論が出現してからの状態です。主体論、自己技術論では、より厳密に種差化されていきます。

政治的なもの、権力作用、統治技術を考えていくときに、これら言表の分節化・種差化がなされていない限り、それは解析したこと自体に辿り着きえないということです。かつてわたしが若い頃、内山秀夫氏に政治論文を依頼されて、ここを論述したなら、解説で、何をいっているのかまったく分からないがどうも重要なことらしいと言われていましたが、既存の古い政治思考にある状態では、まったく分節化されていない「政治行動」ないし「政治実践」がべちょっと渾融されたままになっている。つまり、権力関係、統治性における政治を論じえていないのです。日本語言表で、論述する際に、細心の注意をはらいながら、わたしはやっているつもりですが、同時に逡巡しながら理論的格闘をし続けていますのも、概念空間を様々な局面で転移させられるからです。自分の闘争体験に照らし合わせて考えています。その次元が原書とはちがいますが、厳密化はしえないにしても、理論閾はつかみだすべきです。やっかいなのは、フランス語で、言表自体の次元にはない「プラチック」を対象にしていながら、そのプラチックも言表・言葉・言語でしか示されないゆえ、難しさがあります。英語圏では自覚されたのも、そのまま<practice>ではギターの練習か?! となったからです。フランス語でも、旅行ガイドですから。

研究的には、シュミットの政治神学とフーコーとの対比的差異によって明示されえていくでしょうが、ここでそれをなす場ではありませんし、わたしにとってシュミットは関心ありません、フーコーによってすでに乗り越えられてしまっているからです。ハーバマスによるフーコー批判は、Praktik 次元を認識はしていますが、シュミット的次元へ後退した位置からの批判です。マルクス主義の理論効果を守るための言述でしかない。マルクス主義批判が徹底していないと、ほんとに分られないようですが、それを通過していないとフーコー理論言説にはなりえない。訳していて分らないのですから、相当根深い「思い込み」の概念空間世界です。制度権威優位の学術の仕方は、理論生産の貧相化をうみだしていくだけです。

Ⅳ　新たな国家論へ

7章　国家論の新たな構成
――「社会」の防衛と共同幻想／場所資本の統治制――

安全性のテクノロジー、キリスト教的パストラール、国家理性／ポリス、そして自由主義／新自由主義と四つの相をフーコーの論述にしたがって、ほぼ網羅的になるべく忠実に把捉してきましたが、そこを貫いているのが《統治技術》の規準軸です。国家理論と統治理論とは違うというのがフーコーの主張ですが、しかし、このフーコーが抽出した言説水準から離脱していかないと国家論はつかみとれないのも、国家の理論と表象とを論じる仕方をフーコーは排除してきたからです。国家論解体の非国家論を、国家論としてとらえかえす、それはどのように理論プラチックしていったならよいか？　国家論は、「国家の統治制化」として生政治・生権力、そしてそれを歴史的に対象化した「生-歴史」と、統治性とをふまえて新たに構築されることです。基本軸になる方法概念は「dispositif ＝配備」です。そこに権力関係論をからませるのは言うまでもありませんが、フーコーが示しながら考えられえていない心性を幻想論をふまえて介在させることが、どうしても不可避になります。つまり、国家が在ると再認し続けて、実際それに従っているわたしたちの現実性です。その歴史的段階の「歴史的」本質を、「本質」そのものから観ていかねばならないからです。それはいかなる仕方で可能になるのか、すでに提出されているあまたの国家論の中で、何を使えて何は使いえないのか、識別していかねばなりません。使えないのは国家権力所有があるとしているマルクス=レーニン主義国家論、使えるのは吉本共同幻想論とラカンのトポロジー論、そしてフーコー統治制論です。これらにたいする対象基盤は「プラチックの総体」です。政治家や政治活動家や学者たちの政策・政治行動の「実践」ではない。

支配階級が国家権力を所有し、その暴力装置で被支配階級を抑圧・支配している。それに対してプロレタリア階級が10分の9の民主主義をもって国家権力を奪取し、社会主義革命をもって国家の死滅をはかっていくという国家権力論・抑圧装置論は、無効です。他方、共同幻想は国家ではないと共同幻想を本質論のまま放置しているのも怠慢ですし、ラカンは個人の心的構造を明らかにしただけだと言うのも怠慢。

こうしたことを再布置するうえで、二つの視座から問題開示されたものをふまえておくことが有効であるようにおもえます。それは「医療」と「戦争」です——「セクシュアリテ」も身体と人口の交点として有効なのですが、それは対幻想・近代家族と国家幻想／近代国家という、別水準・次元での考察を要するため、本書の次の展開となるものですので、ここでは真正面からとりくみません。「医療化」は生政治が出現した根拠であり、「戦争」を対象にしたもう一つ前の講義録『社会は防衛せねばならない』(1975-6年度)の論述次元(拙書『ミシェル・フーコーの思考体系』10章)は、国家を近代的に出現させる地盤に編制された技術の界にあります。その問題構成をなしている思考技術を理論ツールに使うことです。論稿、講義を詳細に追うことは、ここでは割愛します。理論技術のみを作用させていきます。

医療と戦争における統治制化：国家と権力関係との関係

近代化された社会的諸関係のモデルとして、「医療」と「戦争」は、エピステモロジックであり、権力諸関係と国家との「戦略」統合として実際的《プラチック》に機能しています。そして、医療化も戦争も、「統治性」へと、社会的諸関係の叡智的格子として移行していった布置にあるからです。1974～76年は、フーコー思考が、切断的に飛躍された時期であるといえるのですが、それは権力関係論が、言説・真理と国家との関連に布置されて、自己の統治の自己技術論へと転回していける基盤になっている思考世界が開かれているからです。つまりプラチックな闘での「力」の諸関係の多様で差異的・種差的な界の統合によって、身体にかかわる権力のミクロ物理次元から人口を含むマクロ次元の社会権力の「出現」が構想的に解析される、配置換え disposition の理論次元地平が開削されたからです。その試行錯誤ともいえる講義が、1976～79年のIDS、STP、NBでなされていたといえるでしょう。ですから単著としては刊行されない、試行的な思考であったものです。既存国家論の解体構築的な試行錯誤ですから、そこで使用された「生政治・生権力」という非常に有効な概念であるのに、フーコー自身においては消えていってしまったのですが、わたしたちは、世界線でなされたことと同様に、そこを踏襲して転移させて活用していくことです。実証的に使ううえでもその理論的な領有は必要です。その中で「戦争は政治である／政治は戦争である」、「医療は政治である／政治は医療である」ということが国家の統治制化において〈国家の国家化〉として機能しているのです。

医療／医学は純粋な科学ではなく、経済システムであり権力システムであるということは、近代の経済的・権力的システムのなかで真理が機能している現れです。医療プラチックは、人間的存在を決定し

——異常なもの・病的なものと正常なもの normal を識別——、種属レベルでの生命的な危機をもたらすもの——予知しえない仕方で訪れる——への知をつくりあげます。近代性は医療プラチックの発達をともなって構成されたといえるでしょう。つまり医療・医学は人間を歴史性のなかに布置したのです。そして社会を健康・健全に守るべく、異常者を病理学的に定義・診断し、司法次元にまで犯罪者の画定として介入し、社会秩序を脅かす者として分割し、さらにそれが起きないように予防衛生を整えていきます〔コロナ禍によって「感染」への医療化がさらに進行し、医療による政治的な統制化が前面にでてきています〕。

統治には、終わりなき医療化の過程が編制されているのです。医療行為と医療化の諸過程は、近代人間を定義し活動の条件を定義しています。それはもはや個人の治癒の要求を超えたものになっています。医学的権威をもって、疾患から識別される介入の医療的領域が衛生と環境にたいして出現したからです。さらに集中的医療化として病院が創設され、医療の病院化がなされ——病院で生れ死ぬ、感染者は病院へ囲い込まれる[1]——、かつ医療的管理としての記録保存がなされます。医療は、臨床的なものの導入から社会的モデルとして国民・国家の内容となって、人口の公的健康が国家的関心の対象となっていくのです。生政治の出現です。生きる身体と社会医学は結合して、商品化された健康の規範化システムにおける消費者の対象となり、市場価値となっています。①医学的権威の出現、②空気、水、土、下水道といった環境や建物・生活空間への医療介入という新たな分野、③医療化装置としての病院への変容とそこでのパストラール的処置のサービス商品化への転移、④医療管理の出現における健康・疾患への統計化、

1 感染者はしかし、病床不足によって病院収容できずに自宅療養へと放置される逆生産が起きていく。

数学化、科学化、がなされたことで(n°170, p.50-1)、身体と社会的健康のケアに国家は医療を通じて介入する「開かれた医療国家」の編制がなされ、生政治が構成され権力・知の医療化を新たに変更しながら病院を生権力の場にしていき、社会の規範化が医療権威によってなされえていきます。医学・医療に無縁なものはなくなっていったのです。

医療化の歴史は、国家権力の医療化の歴史であり、健康の政治経済の出現といえるのですが、それは**身体が生政治的現実となり医療が生政治的戦略となっている**からです。国家権力の医療化は、正確には、医療化による統治編制が国家機能を医療化したということです。国民の政治的意見は診断され、ときによって治療的処置がそこに政策的にとられていきますし、反振る舞いが予防されていきます。労働する身体の構成は、資本主義が身体の社会化において身体の医療化を保険制度とともに構成していった、国家の医療化に支えられたものです。資本の蓄積を支える経済システムと人間の蓄積を処理し統制し方向づける操作をなす権力システムが十七世紀に相関関係におかれ、人口・保健・衛生・住居・寿命・出生の問題が生政治として登場していった、それらの**医療化という統治制化**です。

一方、戦争は国家による独占となり、医療は国家による統制となり、国家はナショナルな人種を一つの民族であると純化し統合し優越化し、医学的規範化と優生学をとおして主権を守ると構成しましたが、国家の統御のもとで人々のまったき生物学的現実をつうじた生命管理の生権力を、公的健康の衛生保持へと編制したのです。社会主義ソ連の科学的人種主義は、階級の敵は生物的脅威となるゆえ医療的政策は階級的敵を生物的脅威であるとするものでした。生命をひきうけ調節し、増殖し、不慮の出来事を補償し、生物学的機会と可能性を見通し限定化させる、進化論的タイプの人種主義は社会主義へひきつがれたのです（IDS, p.233）。「生命」にかかわること、それが近代的な諸相をともなって出現していきますが、医療と戦争によって、秩序と労働と平和の永い昼の日々が解明されることになります。社会のなかにおける戦争の恒常性を解読することが、歴史的・政治的な言説となりうるのです。イリイチが「平和のための戦争」と言い、ブルデューが恣意性の正統化や分類化をめぐる象徴的闘争と言ったことの、根拠を明証していくことにも対応しますが、〈産業社会経済の現国家〉を転じていく理論生産になっていくものです。「権力とは一般化された戦争の一種であり、それがたんにある時期に certains moments 平和と国家の形態をおびたにすぎない。平和とは、戦争の一形態にすぎず、国家とはそれを領導する仕方 une manière de la conduire にすぎない」（n°192, p.152）と一九七七年に述べたフーコーをあきらかに受けています。非戦争の戦争こそが国家を創設し国家に形式を与えてきたことを明るみにだすことです。フーコー的に言うとそういうことになります。対外的に社会を防衛する戦争と対内的な平和のための戦争＝医療化です。教育をつかっての学校システムの配置は、「生産者の再生産」の主軸におかれるもので、そこはむしろ構造化された国家における問題構成で、ブルデュー国家論の特徴になっています。もちろん、わたしたちはこれら総体を理論配備することで、理論プラチックによる理論生産がなされていくようにすることです。

戦争はフーコーにとって社会界における行為のための戦略であるという、叡智性の格子でありコード化のためのプラチックな選択であって、実態的戦争ではありません。したがって、ここでは史的考証は省きます、排除します。傍証にしかならないからですが、理論生産の論理次元のみを叙述していきながら、フーコー行論の理論文脈も解除しますので、フーコー自身のものとはずれていきます。どれがフーコーでどれがフーコーではないかを明示しません。それは大学人の自己正当化の作業でしかない、大事なことは国家論・権力論を新たな社会科学理論として構築していくことです。フーコーのリサーチ目録と現在の政治世界との関係を把捉することでの、まったく理論次元での構成が新たになされていくことが大事なことです。政治哲学や政治思想史にアカデミックに位置づける不毛はいたしません。アクチュアルな政治思考にとって無意味です。また、フーコー主義に陥って、国家理論を打ち立てるのは無意味だと言う立場もとりません。したがって、引用箇所も省略します、自分であたられてください。フーコーの路線上から構築していきます。フーコーから盗んで[2]展開しますので、あしからず。そのとき、さらに拙書『哲学の政治　政治の哲学』においてわたしが論述したさまざまな論者の概念や理論を同時に使っています。国家の客観的構造に同化した認識構造を引き剥がして、自己技術の政治的自律性を取り戻していくことです。

　フーコー理論の最大の効果とは、権力関係や統治が、国家の枠組みよりも大きいということ――「権力関係を分析するにあたっての分析対象は、国家の枠組を超えた地点にまで及ばなければならない」(n°192, p.151)、非国家とされる次元で作用していること、を明示したことにあります。それを国家論としていかに引きうけ国家と関係づけて理論構成するかが要です。ここで、フーコーの国家論の問題設定を再確認しておきます。新自由主義を検討するときに、フーコーが再設定したことです。

2 イリイチはわたしによく自分から「盗め」と指導しました。訳すより盗んで活かせというのです。盗用ではありません、活用です。

フーコーによる国家の問題構成の再確認：〈国家化〉の画定

一九七七年一月のインタビューでフーコーは、[3]「国家は重要ではないといいたいのではない」、「国家はその遍在性 omniprésence と諸装置 appareils を考慮にいれても、権力諸関連 rapports de pouvoir のすべての現実界をカバーしきれない。さらに、国家は前もって存在している権力諸関係 relations de pouvoir préexistantes の基礎の上で機能しうるものである」、「国家が上部構造的 superstructurel であるのは、諸身体、セクシュアリテ、家族、諸態度、諸知、諸テクニック、を貫いている権力網の系 série de réseaux de pouvoir すべてに照らしてのことである」と述べています。(n°192, p.151) そして、こうした諸関係こそが、条件づける／条件づけられた関係を、大いなる禁止諸機能の周囲に本質的に構造化されたメタ権力 métapouvoir にたいして維持していく。つまり権力の否定的な形態は、多様で無際限な権力諸関係のすべての系に根ざしていないかぎり、ありえないということです。「国家は、国家を機能させる多様な（複数の） multiples 権力諸関係のコード化 codification である」と言うのです（同）。権力諸関係は、国家に先立って存在し機能していることをふまえたうえで、国家は権力諸関係の組織化に大きな位置をもっていくことを考えねばならぬというのです。

そして一九七九年一月三十一日の講義で、以下のように述べます。

3　邦訳の思考集成では「真理と権力」（英訳もこの題）と題がついていますが、原書はただ「フーコーとのインタビュー」とあるだけです、多様な問題対象に触れているからです。これも日本での邦訳の初出をただ踏襲したままの（注記すればすむこと）、監修者たちの怠慢です。

「国家理論のエコノミーをなす faire l'économie d'une théorie de l'État」理由を、フーコーは、それは国家的メカニズムの現前や効果を消してしまうことではない、自分がなそうとしていることは、「いくつかのプラチック（実際行為）、為す仕方 manières de faire、そして統治性の、累進的 progressive で、間違いなく断片的 morcelée であるがしかし連続的 continue である、**国家化 étatisation** を位置画定 repérage すること」である、「国家化の問題は、わたしが提起しようとしている諸問題の核心そのものである」と述べています。狂気、精神疾患という対象構成、臨床医学の組織化、規律的メカニズム／テクノロジーの刑罰システム内部への統合、といったことは国家化の問題であって、それは国家理論から演繹されることではない、というのです。国家理論はないのだ、国家化という過程・方向があるだけなのだ、ということです。

つまり、国家の本性、構造、機能から分析を始めるのではない、一種の政治的普遍として国家があると出発して社会における狂人・病者・子ども・非行者を演繹的に考察することではない。プラチックの総体を国家の本質から演繹するのは間違いだ、歴史は演繹的学問 science déductive ではない、というのです。

そして、国家は本質 essence を有していない、国家は普遍的 universel ではない、国家は権力の自動的源泉 source autonome ではない、と断言します。「国家は永続的国家化の効果、プロフィール、動く切断decoupe mobile 以外のものではなく」、融資、投資様式、決定の中核、統御の形態・タイプ、地方権力・中央権威の間の関連、その他、を変更したり、置換えたり、混乱させたり、ひそかに滑りこませたりする、たえまない変行為 transaction が、永続的国家化です。歴史を観るとき国家を最初にたてるな、国家は形成されるのだ、国家は臓腑をもっていない、感情がないということではなく、内部がないということである。

国家は多在な統治性の体制の動的効果 l'effet mobile d'un régime de gouvernementalités multiples である。であるゆえ、国家不安 angoisse d'État、国家嫌悪 phobie d'État を取り上げ直し分析せねばならない。国家を過剰価値化してはならない。自分は、マルクスが商品の秘密をひきだしたように国家の秘密をひきだすのではなく、国家の外部へ通過し、国家の問題を問いかけ、統治性のプラチックから出発して国家の問題を調査するのだ、とフーコーは言います。(NB, p.78-9) 国家は、革命、政治、戦争と同じに考えられているが、国家をそれらに対して特権化したり優位に配置してはならぬということです。

そして、法と秩序、市民社会と国家の対立、生政治、この三つを、二百年の歴史のなかで位置画定してみたいとして、国家理論の歴史における傾向を歴史的・政治的言説において明示していったのです。そこに描かれた国家はすでに見てきたように、二つの対立する集団ないし階級の間の矛盾ではないし、その対立を調停する第三権力ではないし、またある集団ないし階級が国家権力を所有するものではないし、普遍的国家の可能性を信じるのでも、国家を永続化・永久化するものでもありません。代わって「統治の対象」としての国家がそこに提示され、「統治性」というフーコー固有の概念から国家が考証されたわけです。

統治と統治性／統治制の現在性へ

ここで、フーコーから浮上してきた統治と統治制との問題を再構成的に〈現在〉を射程にして再確認しておきます。本書、67-82頁「(3)権力関係論と統治性」が、それにあたる箇所になるので同時にふまえてください。<gouvernementalité> によって問題化されたことを、わたしは「統治性」という狭い意味と統治技術までも含んだ広い意味での「**統治制**」という幅で、考えることにしています。

その根本視座は、<conduite de conduite>が含意する四つの様態、「振る舞いの振る舞い」、「振る舞いの領導」「領導の振る舞い」、「領導の領導」にありました。経済的生産様式／土台から国家を規定することではない、統治技術から国家を考察することです。諸個人の振る舞い、態度、身体、心性と人口総体との統治が、「人間を統治する」ことにおいてうまく機能することです。そのとき、統治制は、国家を幻想的に外化し、諸幻想を配備し〔曖昧な「表象」に代わって「事幻」なる概念を物象化を含んで考えようと思っています〕、国家機能を統治制化した、と考えます。政府＝統治 gouvernment がそこに創設されたということです。ガバメントは、政府という機関的実態をもちますが、「統治性」は目に見える実態ではない、「配備 dispositif」の様態です。それが幻想を含み「統治制化」され、諸個人を国家の目的に役立つようにしていくのです。

● 統治体制 régime の考察

統治を実際的に「問題構成化すること」が要です。そのとき、国家理論や権力理論は脇に置かれていますが、それは考察しないのではなく、あらためて国家／権力関係を問い直していくことになります。

他者および自己の振る舞いをいかに統治しているかが、「人間を統治する」ことの諸様態から問われます。それは同時に、統治をいかに領導〔振る舞い〕しているかです。ディーンは、そこで「統治する者」と「統治される者」とを対比的に設定してしまいますが、そうした図式はマルクス主義的です、意味されたものへ布置するからそうしてしまう。統治を問うことは、主体状態が「する／される」よりも、行為として「振る舞う」こと自体に構成される根源の関係・関連を問うことです。

統治は、何であるか、誰がなすのか、という問題ではなく、「いかに」という仕方を問う。それは、これだと決められたものがないということ、多様な条件を把捉していくこと、統治可能なこと管理可能なことが、異なった多様な代行為者たちがいかに行為の可能性において構成されるかを把捉しえ、動きがあり開かれた統治的な実際行為・テクニック・合理性を知の形態をともなって、効果・結果をふくめて把捉しえるからです。このままではただ事実への還元ですが、統治にたいする「いかに」の問いは、統治分析を「プラチックの体制」「プラチックの総体」においてなすことを意味します。それは内的・外的な関係において「他生成的 hétérogène」な諸要素を「配備 dispositifs」において把捉することです。プラチック総体を理論対象にする場／地盤への転移です。

「統治 gouvernement」は、どちらかというと可視的であるゆえ監視可能になり、テクニカルであるゆえ統治条件を限界づけ自律的で非還元的に作用することができ、さらに統治と思想・真理とを結合した(不可視的な布置にある)「統治性 gouvernementalité」によって、合理的で熟考された活動性を発揮してプラチックの体制を規整化し、改良し、組織化し改善することをなす。そのための「振る舞い conduite のプログラム」を作りさえする。そして、諸個人と集団的全体とを結びつけて、能力、実質、地位を関係づけていく「物事 choses の管理」であって、主体性の形態を決定していくことではない。「自己の統治」は、主体化、主体形成——の権力諸関係——ではない、自己の自己に対する関係の仕方、自己技術です。主体化と自己統治・自己技術との間に構成される隔たりが、NB以後の講義でさらなる理論対象閾になっていきます。「主体化・主体性」は極限的な様態です。

統治とは、いかなるものであれ、メカニズム＝機制であり、諸処置、諸道具手段、戦術、テクニックのことである。そこに計算や知や熟考が導引されている。統治は、異なるさまざまな実際的なものの体制です。そして、管理する物事の現世の活動性についての思考の仕方だけでなく、それを新たな少しでもより良い存在へと領導する仕方です。悪化が結果したなら、それは統治として失敗です。ですからたんなる権威の遂行ではない、論理・技術に応じて賢く統治することが求められます。必要であるからだけではなく、望まれるようにしていくことです。「統治するアート」は、ただ統治するだけのテクニックではないのです、ある種、ユートピア的局面を遂行するものをもっています。個人、コミュニティ、組織、社会、さらには達成されるべき世界が、統治の叡智的体制において究極的目標にたてられています。しかも、実際的にであって、イデオロギー的にではありません。自由が安全性に配備されているように、権力物理学のテクノロジーにおいてですが、非物質的な心性・想像の領域も包含されています。いかにベストな統治をすべきか、が目的対象と価値において構成されています。この価値はあくまで統治の実際とプログラムに関係して、統治的合理性においていかに価値が機能していくことであるか、のことです（麻薬患者や失業者をなくすべきだという公正理念や原理をたてませんが、公的健康はいかになされていくべきかは遂行されます）。こうした「統治」のあり方は、もはや統治性・統治制の概念をへたあとでの様態です。つまり、「統治」とは、「統治性」をふくんでの〈統治制〉を通じてなされることです。そこから出発することです。

●統治と自由

「振る舞いの振る舞い」としての統治は、行為領域の形づくりに関わることで、自由と倫理の問題に関与しています。行為者は多様な仕方で自由に考えアクト――自由も規制されているアクト actes――します。それは生き生活することにおいて、第一義的に自由であるということですが、その現実性への関与は規則・原理・メカニズムに規制されているのです。それが、「自由放任」の本質性＝自然性です。監獄に収監されていても考える自由はあるのだ、という指摘は意味ありません、それは自由を抽象化して思考領域へ限定して解放している主知主義です。そうではなく、自由が「配備」される権力テクノロジーが、いかに構成されているかです。つまり、振る舞いにたいする振る舞いの、その「振る舞い」と「振る舞い」との間隙に自由が配備されています、そこが統治制の対象になっているのです。「領導する」という作用がそこに介在して、アクション＝行為 action を行動 comportement へと構成する意味化をなしています。

逆に言うと、なぜ、わたしたちは「権力」、「統治」というと、強制や支配というイメージを現実的であると思ってしまうのか、そして「自由」とはそれに対抗するものだと設定してしまうのか？　そうした考え方をしている「真理による統治」の構成がなされてしまっているのです。それは、大学化された浅薄な知から派生しているともいえますが、統治自体から技術的に派生したものです。不自由や不平等の形態をうみだす統治は、実際の学校教育のなかで子ども時代から感知され実際になされてきたことであり、また日常の経験のなかで感じられ観察される実際があり、不自由・不平等に抗する反振る舞いが同時にあるからです。ユートピアや夢は、また願望さえ打ち破られます。決して自由にはならないということを知らしめられる経験が多々おこります。そこに「権力」や「統治」の支配する作用＝働きを読みこんでしまう。「振る舞いの振る舞い」のはざまを感知し、そこに手持ちの認識をはてはめてしまう。「支配の諸状態」があるとするのです。最初フーコーは、そこに規律権力や規範化／監視化を読みとりましたが、後に、安全性やセクシュアリテの「配備 dispositif」において、それを支配や抑圧ではない、可能化である、としながらもその支配のニュアンスをかき消すことはしえませんでした。ただ、権力諸関係において支配の諸形態の外部に行使されている自由や人間主体行為がありうるとはしたのです。そして、「最小限の支配状態」があるんだということです。監視と介入はある。既存の思考形態にある人は、フーコーが否定したもの拒否したものが、再び設定されることでの戸惑いをもつのですが、一回り回っての考察の深化を読みとらないと、その新たな水準が、既存の状態へと還元されてしまいます。フーコーの邦訳書を、まったく信用しないわたしの根拠は、フーコー的転回が既存のコードへと再還元されてしまっているからですが、それは訳者たちの無意識でありかつ既存コードの強靭さです――権力諸関係が「実践」とされ実際行為《プラチック》において考えられなくなっている――、コード化された国家認識に収奪されているものです。

社会科学的な価値自由の客観化志向でもって、そこは融けません。実際行為で当然視されている物事は、フーコー的な批判性でしか明証されないからです。イリイチ的なひっくり返しの「驚き」では、自覚的な覚醒が喚起されても、それだけでとまってしまいますが、フーコーの説得力は対象考察の徹底した歴史性化 historicisation――歴史化 historization ではない――にあります。過去の出来事が現在の物事として、自らへの思考の仕方において問い返されるからです。馴れ親しんでいるものが、慣れ親しくない事実へと転移されるからです。異なった仕方で考える自由は、放任にある自由——市場経済での自由——ではありません、言説的プラチックの規制性を領有してこそなされうることです。そこに、フーコーは自己技術の自由プラチックの膨大な考証界を開きました。自己技術は、主体化ではありません、「自由のプラチック」です。自由でないことをも知る自由です。それは知・真理から構成される自分自身を、その主体化や同一化から解き放つ「自己技術」の開示となっていきます。統治制への省察、それはまた国家的次元へからみとられてしまっているものへの批判的な問い直しを経てからのことですが、統治制概念の領有なしにはありえなかったことです。STP、NBにおいて何度か「自由」への考察がクリティカルになされていました、重要です。権力諸関係、統治制、そして自己テクノロジーという系譜が、〈自由〉の規制的プラチックを探し求めて示されたのです。自由はイデオロギーではない、普遍理念ではない、プラチックであるということで、諸条件によって変容します。

● 統治心性と統治制

「統治性」とは、統治することをいかに考えるか、というテクニックと知・真理との結合の傾向性・諸処置であり、そこに合理性を構成する「統治制」です。この「合理性」とは、根拠づけの仕方、考える仕方、計算の仕方、問題・課題への対応の仕方、しかもそれらが体系的に、知の形式体において描かれるものです。しかし、ある固有の理性のヘゲモニーによって、かく考えねばならないとすることではありません。この考えることにおいて集団的活動性がなされており、知識・信念・意見の形がとられている集団的な「心性」

が作用しています。「統治の心性」というものです。講義録の解説者ミシェル・スネラールは、「統治心性」なる理解はまちがいだと主張していますが浅薄です。フーコーは、「表象の歴史」でも「心性の歴史」でもない「思考の歴史」を描くのだとしていますが、心性ではない「統治の心性」を含んで対象にしたのです。Miller & RoseもDeanも「統治の心性」と理解をしていますが、「技術」「テクニック」の次元とは異なるものがあるからです。そうでないと統治性はたんなる機能論にしかなりません。フーコーは、心性に「真理・知」「思考」の体系を設定対応させますが——「〜té」と言表化したところにはただ状態・様態だけではなく「心性」があるとみなせます——、わたしは心性と共同幻想の統治としてそこを考えます。国民の統治された心性、従属の意識・意志は、国民の共同幻想にささえられた共同意志であり、誤認・再認している心的様態です。

ここで、共同的なものの統治性、性的なもの・対的なものの統治性、自己統治性の三つの次元を識別しておくことです。共同的心性、対的心性、個的心性が統治制に配備されて、相互関係しているのです。これは、共同的再認、家族的・性的な対的再認、個人的再認としての心的構造をも含みます。幻想の統治制化です。心性はそこにからめて考えないと理論生産になりません。

フーコーは自己統治において、①倫理的実体/統治されること、②倫理的ワーク/統治すること、③倫理的主体/統治しうること、④倫理的プラチック/統治的なもののテロス（目的）、の四様態を示しました。何を、いかに、誰が、なぜ、ということに対応します。この自己統治の四様態は、自己とは次元が違う「対的なもの」においても「共同的なもの」においても、それぞれ作用している仕方です。何が行為することにおいて探し求められているのか、肉か快楽か魂か、ということ。その実体は、いかに統治されるのか、精神的な行使や、監視やマネジメントや規範化の処置において。主体化の様式において誰がいつ統治可能となっているのか、肉欲の弱さを祈ったり、社会プログラムで積極的に仕事を探したりとかいう様態。なぜ統治し統治されるのか、目的・目標が探され、いかなる者になっていくのかいかなる世界を望むのか、という様態。美的で気品ある生活を求めたり、積極的な市民性で良き社会を求めたり、良き企業であろうとしたりすることが、そこからなされています。ディーンは、ダイエットに自己統治のあり方をみていきますが、統治性とは、こうした次元までをも含んで考えることです。フーコー自身、統治性の研究とは、プラチックの体制、物事を為す仕方に組織化された思考の働かせ方を探ることだとしています（n°278.「一九七八年五月二十日の会合」）。それは「振る舞いのプログラム」の分析です。振る舞いが形成されまた再形成される技術的手段に埋め込まれたものに思考は関与しているのです。（これをスネラール的仕方は監獄・刑罰について述べたことだ、統治制についてではないと文献的に多分主張するでしょう、そういう仕方からなされている解説です。対象への理論的方法の意味を把捉せずに字面・形式の意義対応だけを追うことしかしない大学人言説の解説が原書にあえてつけられているのは困ったものです。知ったかぶりの解説は害です。真理は、社会的・文化的・政治的実際行為において生産されているのですから。）そこは、統治のプラチックです。真であるべく、いかなる目的へむけて、いかなる手段で、誰にたいして、何を働かせていくのか、己自身と他者への統治です。統治は、権力・権威に関わるだけでない、自己にも関わることです。テクネー／エピステーメ／エートスに統治は関わっているのです。そこまで拡張されたのです。「政府」のことではありません。

そうすると、国家への自己技術としての関わり方、また国民としての自己統治の仕方、という個人意志の問題もいうまでもない関わりを与えられます。規則や知識の本性＝自然性への思考の仕方が、ある目的へ達するべく統治されているということです。統治されることへの「振る舞い」や同意が領導されています。振る舞いは身体動作だけではない、心的作用を含んでいます。命令されているからではない、自己の規則として心身へ規整化されているのです。統治されていることは、支配されていることではありません。真理の生産、知の生産において自らの心的構造／認識図式が形づくられています。支配に従属・服従させられているのではない、主体的・自発的に従属していく、そういう権力関係が働きうるように統治がなされているし、支配・抑圧されているのだという思考もその一つです。それが、実際的・計算的・技術的な合理性の多様な形態をとおしてなされているということです。ここで、権力諸関係が機能するように「統治は統治する」という次元が、抽出されえます。「統治は支配する抑圧する」ではない次元です。

さらに、統治制のもっとも隠れた巧妙な編制は、対的なもの／性的なものにおいて編制されています。フーコーのセクシュアリテの考察は「性的振る舞い」についてなされたことですが、自己の主体化（欲望の主体化）において考察されているだけで、「対的なもの」として考えられえていません。対的関係が社会空間において、市場経済規定と国家的規定を被って、経済的かつ規範的に規整化構成されている、そういう統治制がなされているのです。セックス化と経済セックス化とを、そこに読みとらねばなりません。つまり、社会界／社会空間／社会世界において、市場経済の原理（商品関係）が関係的に働いているのですが、とくに消費する「家族」の対関係がそれを受けとめ受容して生存生活をはかっていく「配備」が構成されている。そうした統治編制がなされているのです。家族・対幻想の統治制化は、国家・社会配備の要です、「統治が統治する」次元のマターです。

そこに「経済」の真理の出現、「人口」という新たな対象の出現、という共同的なものへの統治がなされ、そして「国家理性」をふまえた「国家」の出現が、認識として産み出されたということです。「社会」の出現もそうです。ポリス国家はなくなりましたが、ポリス・モデルは現代統治において活用されています。

● 統治の分析

統治 gouvernement/government とは、「人間を統治する」ことでしたが、それは基本的＝根本的には「プラチックの体制」「実際行為の体制」régime de pratiques の統治です。さまざまな真理の形態・体制をもって（医学、犯罪学、ソーシャル・ワーカー、セラピー、教育学など）、実際行為の対象を定め（犯罪的なもの、失業、貧困、精神疾患など）、そこにいかに対処するかの適切な仕方を規範的に定め、実際行為の目的・目標を定め、それをなす専門家やエキスパートを資格保証し、しかるべき成果・結果・効果が合理的になされるように、統治することです。実際行為の変容、救済を、治療や処罰やカウンセリングなどをもって、新たな到達目標・目的対象を、欲望・願望・熱望・必要にたいするアクトの仕方において方向づけてなしていきます。振る舞いの改善のプログラムです。しかしながら、「実際行為の体制の戦略」と「プログラム」とは識別しておかねばなりません。前者は、その意図が見えないからです。ディーンは、①見えるもの、②知識、③テクニック、④主体・自己・個人・代行為者の実際行為、を区別して、実際行為の体制を分析することだとしていますが（Dean, 2010, p.33）、それはあまりに機能的です。フーコーがなした叡智的な編制の解読可能なものの次元、つまり作業現場の中に哲学的断章を活用させるものではない、還元主義・決定主義をのがれてはいても、それは大学人的な適用の仕方です。本質的な問題は、実際行為の体制が自然性化されていくことで幻想と行為とがいかに統治制化されているかです。国家理論と統治の分析とが識別されたことで、諸制度・諸機関の結合体である国家という概念は解体された。それをうけての国家と権力関係との関連をめぐる理論考察へ向かうことです。それによって、諸制度を分析しないのではない、新たに分析する可能性が開かれたのです。

既存の社会科学的思考、歴史的社会学の思考は、民族国家を、領土の内的な平和的安寧の秩序、正統な暴力と税制の強制とへの独占の編制、共通の通貨流通の押しつけ、法体系と法的権威の共通の配置、国家語言語と読み書きの標準化された言語交換、時間・空間システムの安定して連続した構成（交通機関や学校・企業・役所などの時間構成など）、がすべて国家形成の過程へ統合されており、かつ中央集権化された権威へ支配されているとみなしています。そして国家は、結合統一されたアクトを、権威の内的システムにおいて行使し、ゲオポリティックな諸利害を外交と軍事において防衛しており、そうしたすべては「国家権力」として正統性の基礎をもって支配統治者たちに所有されつつも、その国家権力の源は人々、諸個人、さらに生産諸関係を包含したものとして合意へ構成され、法、階級へゲモニー、支配イデオロギー、被統治者たちの同意（従属的同意）、の支配統合として正統性があるとみなしています。もちろん、そのなかでの階級闘争やヘゲモニー闘争、ブロック間の利害対立など、抵抗や反乱が出現するとされていますが、中央化された国家権力の民族国家というイメージはみな同じです。

こうした領土の上の主権、法支配、裁判・司法制度の絶対君主制のイメージから派生したままの国家イメージ、ポリスそして国家への認識は、「統治の分析」によって解体されました。それは規範化する規律権力、生政治における社会的規整化と政治秩序の考察と、安全性、自由主義、人口の統治をめぐる考察とによって、生きる諸個人／人口の水準での統治と権力関係形態の分析によってなされたことです。権力と国家の中心化されたイメージの解体です。多様で多在的な他生成的な諸要素から構成される統治体制の総体の考察がなされた、それをうけての新たな国家論の構築です。それは、もはや法作成の身体である国家でも、政府機関、官僚機関でもありません。国家と社会・市民社会との関係、パブリックなものとプライベトなものとの関係がソーシャルなものへ転化されてしまうことへの批判考察、そこへむかってなされている権力の分割と分配の分析です。これは」さらに「社会の自然性」を問い返し、〈社会的なもの〉自体を問う回路を開いています。

統治制の問題構成において、わたしたちは、「conduite de conduite」のその双方のcoduiteのはざまに統治制の関与がなされているであろうこと、権力諸関係を作用させる統治制の働きがあるであろうこと、社会空間において家族を代理行為にして市場経済原理をとりこみ共同性へ服従する二重性の統治化がなされているであろうこと、などをフーコーをふまえた先に問題開示してきました。統治制が幻想（や権力関係）の働きを受けながらも幻想存在（権力関係作用）を見えなくするようにはかって、同意や総意の次元へ転じていることを指示もしてきましたが、他にも多くの「物事」(事幻)を開示していかねばなりません。

フーコーには、カント的な内部と外部の思考形式が多分に作用しており、可能性の条件という曖昧さにあります。さらに、フーコーの屈折語ランガージュによる思考技術は、不可避に屈折語としての論理的限界に直面します。それはカント的なものとヘーゲル的なものとへ対比的に出現していくものですが、そこにたいしてわたしたちは、述語的ランガージュから国家論を組み立てていく回路をみいだしていくことが可能なのです。フーコーの思考自体は、自らの言語である屈折語表出の限界へ挑戦しているようにみえるのです。そこを、こちらは「場所」的述語制へと転移していくことです。

そこに観られる問題は以下のことです。

フーコー国家論は、本質的なものとして「共同幻想」の構造を欠落していた、歴史現在的なものとして「統治的合理性」の幻想配備・制度配備された「統治技術」の仕方を欠落していた、さらに「社会」の政治的組織化が進められたなかでのパストラールを内在化した「サービス諸制度」の機能・働き——それは商品関係生産と合体する——を欠落していた、「国家資本」における言語様式の凝集化を欠落させていた、セクシュアリテの配備において「対的なもの」の作用を欠落していた、言語資本の統治制化を欠落している、など、こうしたことを埋めていくことが、国家論の理論構成に関わります。「社会」の自然性の実定化のプラチックな相としてそこは開示されえていくのですが、わたしたちはさらに「社会」を「場所」へ、市場経済の「商品」を場所環境経済の「資本」へ、と概念配置換え（再配備）していかねばなりません。そこが統治制の可能条件として開かれることです。欧米における、自由主義の新自由主義への転移の閾にとどまっていることはできないのです。

ブルデュー国家論の要点

フーコーの国家論的考察がなされた後、（三期にわたってですが）実質一九九〇年一月十八日〜九一年十二月十二日にわたって、ブルデューは『国家について *Sur l'État*』(Seuil, 2012) としてくくられることになる講義全二十三回をコレージュ・ド・フランスにおいてなしました。『国家貴族』が刊行されたのは八九年二月ですから、その後の考証です。それはフーコー国家論と対極にあるといってよいものです。詳細な論述は『ブルデュー国家資本論』においてわたしはなしていますが、その概略を問題構成的に述べておきますと、ブルデューにとって国家とは、国家貴族制をともなった「国家独占の独占化」において完成されていく支配の諸形態のために、独占化・統合化の過程が普遍化の過程とともに、集中化・唯一化・統合化される過程に国家形成の過程の分析・解読をなしていくものとなっています。王室から国家理性へと移行する過程で、国家原理が王朝原理にたいして勝利していく、そこに官僚化の領域の出現と官僚権力の出現を読み解いていきます。マルクス的に、社会的力がいかに集中化され組織化された編制をなしたかを、官僚的資源の集中化において読み解いていくのですが、マルクス主義的国家論と合意の中性的国家論とを超えた地平で「国家のアクト」と「国家資本」というメタ資本において解き明かす新たな地平での国家論になっています。つまり、国家の実体化に対して国家のメタ構成を抽出しています。象徴資本が蓄積された「国家の生成」を「国家論理の生成の論理」として明らかにし、社会世界で特別に出現した官僚的領域を明証にさせたのです。そして、「正統な象徴的暴力の構成」としての国家はネイションを作り出し、結合化し、ビジョンとディビジョンの原理を、軍隊と学校において典型的に押し付けていき、市民権利の行使のために最小限の経済的・文化的な諸条件をすべてに保証するオフィシャルな政治を、福祉国家を定義づけていく社会政治へ拡張して、公的諸制度の集中的構築をなしていくことが分析されます。支配や集中化という概念でもって国家が把捉されているのは、フーコーと相同した対象（と時期）に配置しながらも、論理は対比的です。フーコーとブルデューの二つの国家論の新たな地平に吉本共同幻想国家論を加味して、わたしたちは考察していくことです。

ブルデューは国家を神秘的だ、と把捉しています。その神秘を解き明かすわけですが、国家を指令・命令の背後に布置し、権威遂行がなされうる根拠においています。この神秘なるもの背後にあるもの、それは本質的には共同幻想なのですが、社会科学を普遍化しようとするブルデューにとっては、あくまで実際的なものにおいての考察になります。その典型がハウジング＝住宅政策です。公的なものとプライベートなものが交叉する経済の場における政治の解読ですが、家を購入することで買い手と売り手の関係をつきつめていくと国家が出現してくるのを観察できるというのですが、国家サービスにおける銀行、銀行サービスにおける国家が、信用のマネジメントを統治する諸規則の起源に配備されているというような捉え方になります。マイホームの夢の要求の生産を支える法的構造が国家カテゴリーのもとで売買の商談の実際を統御しているのだ、と。ブルデューも、「国家とは何か」という古い問いはたてない、行為する代行者 agents の界を問うのだとしています。国家はブロック bloc ではない、「界 champ/field」である (p.40)、とやはり実体化はしません。「界」と「働き jeu」（ゲーム）の動きから解析していきます。

言説研究は、その言説生産の社会的諸条件を研究することなしになされている、というのがブルデュー

問題構成的な図式

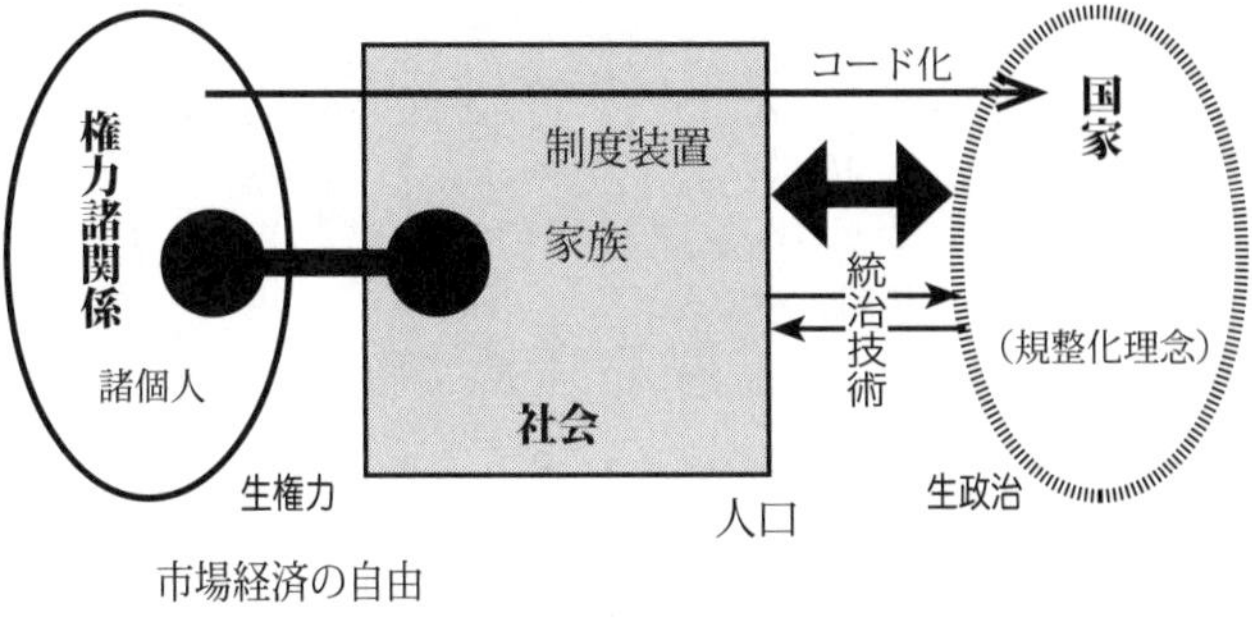

によるフーコー批判のスタンスですが、正直、代行為者の客観諸条件への還元にはあまり生産的なものは見いだせません。社会が実定化されたままになるからです。ブルデューの本質的な理論限界はそこにあります。フーコー言説、ブルデュー言説を批判客観化しながら、国家論の界閾を明示していくようにしましょう。

■国家と権力諸関係と統治制の現在的配置：問題化

フーコーをブルデュー国家論をともにふまえて、仮説的に設定しますと、権力諸関係の物資的諸関係が、象徴的な権力諸関係として国家を想像的疎外して関係作用している。国家は疎外されて、向こう側に、法が手をだせない超越的にあるのですが、それを媒介しているのが「社会界」であると想定します。国家配備は「社会界」の配備とともになされたのです、それを切り離すことはできません。社会世界は、実態的であると同時に社会幻想的です。しかも権力諸関係の規律権力が、規則化と規範化を社会界で推し進めます。また、国家の側からは、社会諸制度化がなされ制度諸機関が「諸装置 appareils」として編制されます。そこには、人口にたいする安全性の配備と家族内の諸個人にセクシュアリテ／経済セックスの「配備 dispositif」とがなされます。「国家の統治制化」において、統治制化による国家と社会とが分割され、市場経済の自由の配置が「社会」市場空間において統治制化されたのですが、それが構成されると、歴史現在的なあり方として、国家と社会との間に、さまざまな統治技術が規整化作用して、社会秩序が保持・再生産されます。これが、概略構成です。ここを、わたしなりの国家理論はつめています。

このスキームは、社会的代行者として編制されている構成です。〈わたし〉は、「社会的代行為者 social agent」として、社会生活していかざるをえない条件に配置されています。それは、わたしの意図・意志にかかわりなく、不可避に編制されているものです。ですから、社会的代行為者は、わたしでありながらわたしではありません。社会人としてのわたし、国民としてのわたし、市民としてのわたしです。ですから、「わたしの国家」なるものは、国家ではない、ただの思い込み＝知識です。国家は、個的な固有の〈わたし〉自身に働きかけてはいない、そこを離脱した「社会的代行為者としての私＝主体化・個人化された私」に働きかけているものです。そこに国家があります。その国家を明証化していくことが、国家論となります。国家にたいして同意していようが、反発していようが、無関心でいようが、そこに国家は何の関わりももっていません。国家認識として、国家の知として、わたしを占拠してしまっているものがあり、それはわたしの精神構造となってしまっており、その精神構造は、わたしの認識によって変えることはできない、誤認の再認になっています。「わたしは日本国民である」ことはわたしが拒否しようにも拒否できない。そういう次元に、国家と社会とは構成されてしまっているのですが、その精神構造＝国家認識構造となった国家の知から、自分がずれていくことは可能です。それが国家への自己技術です。権力諸関係が、それを可能とさせてくれるのです。権力関係は、国家よりも大きいからです。統治制とは、その関係とずれとを、認識させてくれるものです。ですから、徹底して、国家の知、その真理の働きを明証にしていくことです、それによって自分ががんじがらめになっていることから、自分を切り離していく可能閾が自分にたいして開かれていきます。それが、自由プラチックです。そこから可能条件が制作 produce されていくのです。国民であろうとなかろうとそこに関係ない領域次元です。

国家の現在的配備の構成：dispositif としての国家論

現在国家は想像的な凝集体ですが、ブルデュー／フーコーをふまえて言うならば、実体のない凝集的な配備・界です。国家は「叡智性の原理」だ、「規整化の理念」だ、戦略の図式だと規定されましたが、それはまず実体ではない、幻想疎外態であるということです。諸個人は、自らの個人幻想に逆立させて共同幻想を領有し、国家への認識を精神構造化しています。しかも、幻想の認識化への転移がなされています。「わたしは、日本国の国民である」、そのことに誇りをもち（あるいは恥じらいをもち）――東洋人であるが中国人ではない韓国人ではない、ましてや西洋人・白人ではない、黒人ではないという民族・人種への認識が暗黙に差別的になされています。ビジョン（統合的見解）とディビジョン（分割）の原理を同時に働かせた認知行為がほとんど無意識に働かされています。これは、日本国に産まれ住む人たちはみな日本人である、という単純な認知です。このなんでもない感覚・認知は、国家を「民族」として識別感知しているもので、一民族一国家という統一性が国家認識として固定したものになっている様態ですが、日本語という国家語を日々話していることが、言動の規準になっていると言えます。多様な物事の総体が、一つに凝集されてしまっているのですが、国家が決定している物事が、幻想の認識化と認識の幻想化を、単一統合へと集約してしまっているもので、統治制の実際行使とは別次元で構造化されていると思われています。つまり、国家は国家として意識されていないことにおいて、国家の統治制化をなせている。

そして国家の役目は、社会で交通している物事への最終審級決定にあります。民族国家として構造化されているかぎり、それは他の諸国家間とのバランス共存をはかり、国民を守る装置として機能していますが、仮想敵国が想定されそこから国内を安全に保ち、諸個人の存在自体とは切り離された〈国民〉としての権利条件・義務条件において規範・規則関係だけで関与します。法的なものを働かせますが、その徹底実行は不可能です〔コロナの緊急事態宣言の不徹底〕。規則に合致しない「規整化」の領域にゆだねられています。事件・出来事がおきたときの裁定の規制化としてのみ関与しますが、司法決定の行使は国家自体にはありません。司法決定する権力関係を国家は規定し規整しているだけです。裁判国家と管理行政国家との史的な差異としてここは厳密に考証せねばならないところでしょうが、国家は法の外部に疎外されてあるだけです。国家にたいして法は何ごとも決定できません。まして、日常生活での諸規則が守られたか違反されたかに、国家犯罪でないかぎり対応はしません。人々は、日常で諸規則を知りながら、従ったり、守ったり、無視したり、隠れて破ったり、やり過ごしたり、と多様な対応を実際行為します。つまり、絶対的ではない配備ですが、物事の決まりの最終決定をなす装置は枠組や実体をもたずに機能しています。単一性と最終審決定、その配備をもっていると見做されているのが国家ですが、その幻想／認識と実際行為総体の関係構成が、そのように配備されているのです。つまり、フーコーが国家ではないと指摘したことも、国家なるものとして国家の知や真理として作用してしまっている。

国家論は、「国家の統治制化」、「社会の統治制化」そしてフーコーが拒否した「統治制の国家化」「社会の国家化」といった逆対応まで含んだ〈国家化 étatisation〉が、「幻想の統治制化」をも含み相互的に関係する構成を明証にすることです。ここに五つのレベルが分節化されえます。

第一は、「構造化された客観構造」とみなされてしまう〈国家配備〉とはいかなる構成であるのか。法・行政・政府の外部に国家は疎外されています。第二に、その国家配備は自らの国家機能をはたらかすべく、国家諸装置としてそれをどこに配置編制し、いかに働かせているのか。外部化されたものが「国」として想定されている内部に（領土空間の上に）、いかにかかわっていくのかです。それは現在では、つくられた「社会（社会編成 social formation・社会編制 social establishment）」への関与となります。第三に、国家と政治経済・経済プラチックとの関係はいかに働いているのか。市場経済化された経済の自由と政治的規制統治の関わり方の構造的構成です。第四に、国民／諸個人との関係はいかに国家次元では構成されているのかです。第五に、国家存在は本質では無いのなら、国家の無化は、終末論のスキームを脱していかに構想されうるのかされえないのか、という視座から視られる国家とはいかなるものなのかです。永久化されるのか、無化されるのか、その視座から観る国家のあり方です。国家としての国家、国家と社会、国家と経済、国家と家族、国家と個人、国家と革命、とされてしまう既存の問題化から、理論的にずれて問題を深め構成せねばなりません。国家は、関係的に配備されている、というその複相構造の解明です。

第一は、国家「配備」の構成ですが、幻想と国家構造、国家諸装置と「社会空間」との関係、国家と社会／権力諸関係との関係、そうした国家的構成が、「配備」の外在性として問題化されることであって、内部化してはならない。政府／政治制度や経済諸関係はとりあえず切り離されます。新自由主義的規定が暗黙に入り込んで作用しているためです。国家と政治／経済の分離と関係づけは、別次元での解析になります。この三つの「幻想／装置／権力関係」の総体関連として出現する「配備 dispositif」レベルです。

第二は、国家間国家と国家内国家との関係構成として機能することによって、外交・軍事と国内統治ですが、それが「社会的国家構成体」を形成します——社会構成体 social formation とマルクスが呼んだ、それは国家の下にあるのではなく史的形成された「社会」の内部に国家的構成体がプラチック次元で編制 establish される（学校では国定教科書が使われる、専門資格の国家試験などなど）。そして国家配備が「諸装置 appareils」として機能していく空間化が種別的に制度配置 positioning されます。ここは「統治技術」をはたらかす界閾として機能しますが、統治技術が作用するのは、国家装置へ分散された諸制度機関装置の内部においてです。外部からの規制よりも内部の作用として働いている。諸制度は「社会」へ配置されますが、その諸配備は装置化されています。社会の国家化がなされると同時に市場経済関係が社会のなかへ転移的に組み込まれます。社会に市場経済関係が溶解していく（社会の市場化と市場の社会化）

界閾が形成されます。社会の市場経済化ですが、市場経済自体は社会の外部にあります。社会の国家化と社会の市場経済化が、社会配備されるのです。国家でも市場経済でもない「社会」が、その双方の諸関係を「社会的なもの」として配備する。国家配備の重層化とその種差的制度編制の構造関係です。

第三に、国家は国家自体として外在化されていると同時に、経済・政治経済を統治から可能なかぎり切り離して、市場経済の自由を確保することで、国家の増強をはかりますが、経済関係は関係性として「社会」空間へ転移編制されて、その規範化が経済を規整化しています。国家とホモ・エコノミクス(その経済セックス化)との関係です。市場経済の自由は、新たな統治制関係を国家とのあいだで再構成します。

第四に、国民の共同意志が国家意志へと合致されます。それは、諸個人の存在とは逆立します、諸個人は逆立してのみ国家へ入っていく関係をもちえます。諸個人は、同時に不可避に権力諸関係に配置されています。そして諸個人は、社会人として社会利害に関わり、そして市民として諸権利にかかわり、国民=ネイションとして国家に心的に包摂され国家に服属します。照合的表象のもとでの「個人」となるのです。それらの構成的編制から離脱しているのは「住民」としての場所生活存在です。住民投票は法的力をもちません、市民社会から排除されているのです。この諸個人の重層化、転移的分断をなして統合しているのが国家の統治制化で実現されたものです。

そして、第五に、国家を無化するという問題に触れていきます。国家を非国家化することの可能条件が、終末論的図式をこえていかに構想されうるのか、その視座から観た国家はいかなるものであるのかです。

そこから、第六に、新自由主義的統治制から離脱しうる可能条件としての「資本」と「場所」の作用

Z：現在国家の配備構成

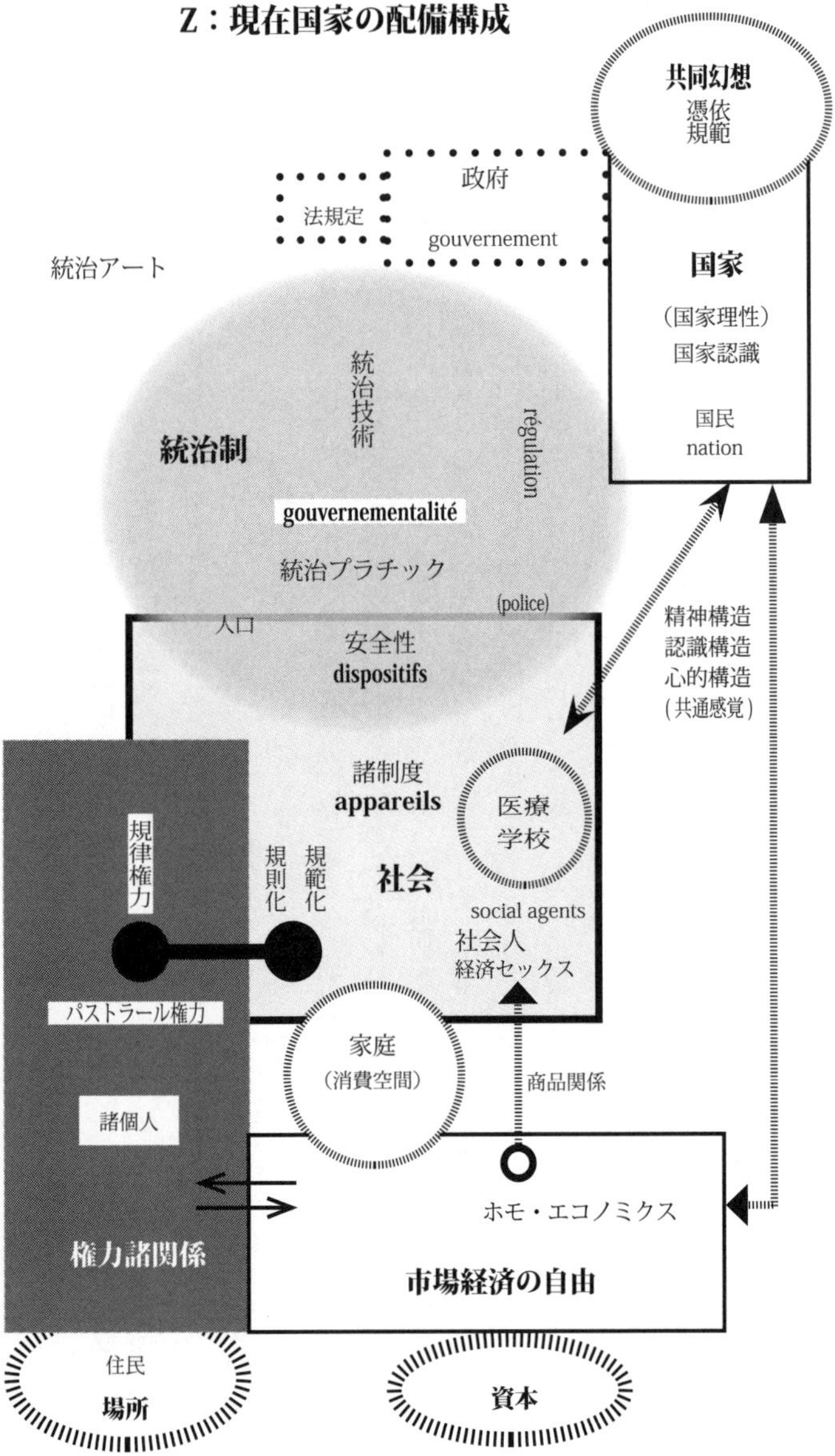
共同幻想
憑依
規範
政府
gouvernement
法規定
統治アート
国家
（国家理性）
国家認識
国民
nation
統治技術
régulation
統治制
gouvernementalité
統治プラチック
(police)
人口
安全性
dispositifs
精神構造
認識構造
心的構造
(共通感覚)
諸制度
appareils
医療
学校
規律権力
規則化
規範化
社会
social agents
社会人
経済セックス
パストラール権力
家庭
（消費空間）
商品関係
諸個人
ホモ・エコノミクス
権力諸関係
市場経済の自由
住民
場所
資本

が問題提起されていくように開いていきます。現在的な国家配備をとりえず図にしてみました。

【I】客観化された構造としての国家配備の問題構成：「総体」への理論配置

「国家配備」は、国家の実際を理論言語として客観化したもので、目には視えていませんが、作用しているものです。実体がないというのは、言語的にしか言明されえないものであるからです。すでに、吉本共同幻想国家論として問題開示したことを、統治プラチックへからめてもう一歩進めて論述します。「配備」とは、実体がないものをいかにもあるかのように想像的に「事幻」出現させる関係配置です。

国家知の客観認識の内在化と幻想化

国家は起源も終末点ももたない、歴史時間を超越して存在しているかのように布置された、ということは、本質的に幻想としての国家に「配備」されたということです。国家の実際的存立としては「歴史的存在」ですが、幻想として永久不変的に、超越的に存在しているかのように作用させているある種の「本質存在」の位相があります。国家存在の本質ではなく、国家を幻想出現させ構造化する本質存在です。それによって国家は外部性をもたなくなった、つまり国家理性的な知が幻想構造へ合致したということになります。共同幻想に「国家」が配備された、共同幻想の国家化が国家の共同幻想化によって完全化された、それゆえポリス機能を実行しうる、それが〈近代民族国家〉の本質的でかつ歴史的な存立です。

普遍でも巨大でもないものが、そのように在るかのようになった。これを、わたしは〈事幻化〉なる新たな概念で考えます。本質的に出来事ではない幻想が出来事化され、「事《こと》化」された様態です。物《もの》化ではない、物象化でもない。その構造的構成はいかなるものであるのか。したがって、かかる国家は内部の実質的実体をもちません。ということは、国家機能の場は、国家ではないものにある、それが統治制です。そしてかかる構成化をなす作用が、「統治制化 gouvernementalisation」であるとなります。

本質幻想から疎外され（共同幻想の国家化）、かつ国家化されたものが包摂的に幻想化される（社会の幻想化、商品の幻想化など）。そこで、統治制として国家は出現させられ、統治技術が機能している。その出現は、叡智性の図式による「国家知」であり「国家認識」として再認されますが（さまざまな国家言説の出現を含む）、「国家理性」がその原基であるということです。国家理性は、国家の幻想配備が、国家認識として捉えられたものです。そうすると国家への認知・認識は、国家が超越的に永久化・永続化されているものとして国民に、無意識の認識構造として構造化されています（『国家と再認・誤認する私の日常』）。幻想布置が、認識構造となって合致しているということです。認識と行為の知覚諸範疇が評価諸範疇をともなって、自分の意志と制度権力の遂行を通じた「諸個人のアクト」へ書き込まれ、国家の代行機関である組織の客観的諸構造と直接的に合致していく、そうした日々が「社会界」（社会市場）で構成されているのです。諸構造の内面化・身体化の産物が、知覚・認識の諸範疇となっているためです（Bourdieu, *La Noblesse d'État*, Minuit, 1989, p.10）。

この幻想布置には、一般で言う「日本人である」というナショナル感覚が包摂されています。つまり、国家の客観構造は、認知構造、かつ感覚として幻想化されたところに配備されているものです。日本人なる範疇は、「一つの日本国の国民である、日本語を話す民族である、日本文化の恩恵をうけ、米を食べ・・・云々」という、当り前のどうでもいいが、それ以外ではない些末な物事が連鎖されていく認知・知覚を「取り憑かれてもっている」再認に構成されます。共同幻想に「憑かれている」状態を国家への認識・知覚構造へと構成して、諸行為をカテゴリーに分割された制度アクトにおいてなしているのです。国家や制度権力に従う＝憑かれる度合いは、国家・制度を再認するあらかじめの学習（家庭で学校で）によって、心構えとして「前配置換え prédisposé」されている度合いに応じています（Bourdieu, 1989, p.10）。国家の象徴的効果は、それを受容する代行為者たちの積極的な共犯と暗黙の同意がなければ行使されません。その窮極の幻想目標（目標対象）は、国家の平穏、国民の幸福、そして戦争触発危機に裏づけられた世界平和の国家間共存です、だれも否定しない普遍的なものです。そうしますと国家は、合法性・正当性にかかわりない、法や政治や経済や社会の外部の、国家自体として自立存在しているものだとなります。その結果・効果として、日本国家は古代からあった、未来もあり続ける、と「国家嫌悪」までもふくんで一般化永続されます。それが国民意識・国民感情となっているだけではない、日本史や国語学や日本民俗学など、社会科学者・人文科学者、さらには自然科学者にまで、学者たちの言説にもそれは介入して疑われていません。国家を絶対でないとどこかで疑っている言説は「社会」概念でもってそれを代理表象させます。[4]「真理」として、大学知（から教育知）において構成されてしまっている、真理による統

4 国家はたいしたもんじゃない、いずれ無くなる、社会で民衆は生活しているんだ、と言う思想的言述は、「共同幻想の国家化／国家の共同幻想化」において「社会」の自然性が疎外構成されている「社会」の概念空間へ代理表象されていることに気づい

治を大学／学校化が担います。客観的諸構造の認識諸構造は、自発的な期待や意志の以前に、配置換えされて先回りして、生を受けた世界での通念《ドクサ》経験 (experience doxique) になっているのです (Bourdieu, p.12)。

近代に民族国家として国家は出現しただけであるのに（想像的共同体）、それが普遍であるかのように一般化されて、そこに実際に国民が服属しているのは、どうしてなのか、いかになのか、ということが問題となっているのですが、客観的国家構造とは、そうした心的・感覚的・認識的なものに規整的に構成されていることとして本質があるということです。共同幻想としての国家は、その初源的本質構造であるにすぎませんが、そこが国家として「永久的である」というように（または「社会」は永久的であると代理表象）転移配備されている根源とは、いかなるものであるのかです。つまり幻想として永久化されている次元と、認識・意識として永久化されている次元とが結合して、感覚にまで作用しえているあり方です。この感覚は、絶対的で直接的な自発的服従が制度化されたアクトとなって、国家の象徴的効力に寄与しているものです。これがわたしの言う〈事幻化〉です。統治において直接の物理暴力を必要としなくなる様態。

自らが服従した国家を保持する名目で出現する排外主義に顕著に、相棒として裏側に現われますが、この国家感覚の排外主義（人種主義と民族主義をともなう）は、国内においては国家に服従しない者は排除するという内部感覚と、他国人にたいする対外的排外主義として出現します。その代理表象は「社会」では、お前は高卒か中卒かと言う大卒からの差別感覚（転倒した意識）になり、今や、ワクチンを打っていない者への識別から差別化へと構成されつつあり、学校へいけば能力があるかのように制度化され、ワクチンていません。これが思想的対立でなく、理論的な生産的対立課題になる次元を開きたかったのですが、間に合いませんでした。

を打てば感染しないかのように事幻化される、「社会」制度での実際化で日常化されているコトです。しかしながら意図的な排外主義にそれは閉じられているものではありません。第三世界を歩いていて、お前は中国人かと言われたり扱われたときに、「違う、日本人だ！」と自らへ感知する保守感覚に一般領有化されているものです。自然感覚にまで構成されていますが、攻撃対象にされるかどうかの水準にまできています。つまり、幻想・意識の自然性化の国家意志です。海外では、日本国パスポートなしに入ることも移動することもできない――国家間の共存としての世界秩序――、統治技術の普遍性として世界各国に共有されていますが、ワクチンを打ったかどうかにまで拡延されてきている。「私は日本人で、あなたはフランス人だ」と相互承認されあうものが内在的に排外感覚を構成しているのです。そうした典型的な実際行為の感覚＝意味から形成され実行されている。これはイデオロギーを超えて作用しているものです。（オリンピックで日本人選手が、他国代表選手に勝利し、日本へメダルをもたらし、金メダルをとったなら君が代国歌がながされる、スポーツ観戦の面白さと感動へ、競技それ自体のプレーをこえて自然化されているものが典型です。一人ないしチームの個別性が、全体性で受認されていくのです。）国家配備は、幻想から意識、認識、感覚にまで至る効果をうみだします。制度化批判は存在批判の試練をもたらしますが、力関係や利害関係ではない幻想関係・感覚関係にまで拡延されて自然化され、道徳判断の個人力能へと作用していくのです。

この国家感覚・認識構造は、権力感覚でもあるのですが、国家がこうせいと直接個人へ命じたものではありません。命令・指令の外部で、別の次元から構成されたものです。つまり国家は国家自体から国家を形成し客観構造化しているのではない。国家とは別ものから形成され疎外表出されている。それは本質的には「共同幻想」からであり、歴史段階的には「社会」を疎外構成し、その「社会」自体から疎外形成されたもの（社会の国家化の二重性）としている「統治制」からです。そして、それを結びつけているのが統治制化の統治技術です、その権力テクノロジーです。社会的諸構造の再生産と心的・精神的諸構造の再生産によって、構造の正統性が再認 reconnaissance されているのです。批判的視座から言い換えますと、客観的諸構造の真理にたいする「誤認 méconnaissance」が再生産されていくということです。

本質論的には、対幻想から共同幻想が疎外されます。その媒介には、兄弟姉妹が関与します。その歴史的な関係は、対関係から共同関係が疎外されることとして初源構造化されています。その対の共同への構造的転化の媒介は社会人間の代行為です。家族が社会エコノミー介入によって、経済セックス化されて、その対関係が共同的なものを疎外し、社会空間のなかで生活を営む主体となって、共同的なものを受け入れ服従・従属していきます。市場の自由の商品原理が、統治制の空間へ介入してくるのは、生活が商品世界になっているためです。幻想関係を代行為する、権力関係のテクノロジーが働いていけるように、統治制が家庭空間へ配備されたのです（賃労働男／家事女／生徒シャドウ・ワーク子供の経済セックス空間）。ここを明示することが、次の、国家の客観構造となる次元ですが、この領域は第二の問題設定にも関わり、諸制度と諸装置との関係として問題構成されます。統治と個人を結び付けている「ホモ・エコノミクス」の再生産をなす統治制です。

構造化は作用・働きとは切り離せません。それが問題を複雑にしています。つまり、「国家の客観化された構造」と「国家の客観化する構造」との関係に、〈国家を客観化する諸構造〉が統治制作用しているのです。それが社会の諸制度（社会利害の生産と調整としての配備）と国家の諸装置（国家配備の実際化としての装置化）との関係の問題界閾になります。フーコー国家論とは、実は、ここを明証化したものであるのですが、そのように理解されていません。お分かりの方はもう感じているとおもいますが、そこがブルデューとフーコーとの間の隔たり／差異を埋めていく 国家論と権力関係論との関係構成の界閾であるのですが——すでにそのようにわたしは問題化して述べています——、さらに吉本幻想本質論の作用をもちこまないと正鵠に把捉しえなくなります。対幻想／対関係、それは家族関係でありかつ性関係ですが——これが第三の次元になります——、それを不在にしての国家論・権力（関係）論は無意味であるからです。対幻想からの疎外としての共同幻想と相同して、家族・対関係からの共同関係の疎外が、国家を疎外表出させている「対の二重性」です。そのためには、社会空間が編制されないと不可能です。家族＝対が社会空間内に統治制配備されることとです。それによって「社会化された」家族装置が機能していきます。他方、「社会の国家化」が、国家の中に「社会」が編制配備されていくことと、国家の社会化として社会の中に国家的構成が新たな水準で編制配備されていく、二重性の相互作用になっている、これが「現在性」です。そうさせる権力テクノロジーと統治技術が、これら総体に関与しているのです。

権力テクノロジーは、反振る舞いまで含んで、既存の秩序を安定させ再生産する技術です、それは規律テクノロジーとパストラール・テクノロジーとが合体した「社会サービス技術」として社会空間において機能しており、そこに統治技術が官僚行政技術として社会サービス制度との関係を構成して国家的編制を画定していきますが、そこが必要だとされているのは、安全性テクノロジーが統治として国家による「社会」防衛として機能しているためです。人口の統治と個人の統治とを合成させているからです。家族はこの人口／身体を性（生殖）機能と労働機能をもって対的に媒介します。官僚的統治は、そこに官僚行政装置を配備して、国家の代行機関を分類化し──権力を分割し分類化する──、社会空間において個人身体と人口総体にかかわる、二つの権力テクノロジー（規律化テクノロジーと規整化テクノロジー）を統合的に統治制化して、社会世界を「規範化社会」へ構成しているのです。しかし、前者の権力テクノロジーは社会のなかの諸装置へ丸投げします。学校装置や病院装置などです。ここが第四の国家と権力との客観構造の次元です。ここは、監視装置を配備することによって、ポリス国家を踏襲した警察国家といわれてきた次元を構成するのですが、正鵠には「監視国家」です──今や実際に監視カメラがあちこちに「安全」を守る名目で設置されています──、そこに刑罰システムも内在されていきます。刑罰システムは学校や病院の社会サービスのなかでも「規範」の規則化次元で機能しているものです。この刑罰・処罰・監視との関係が、規範化社会として日常構成されているため、問題を複雑にしているところです。

そして、第五の次元として、軍隊の国家権力、国防・外交の国家間の均衡の客観構造があります。ここは、同時に「通商」「貿易」「世界経済」と関わるものですが、安全テクノロジーの一つの対外的働きの次元です。国際リスクにたいする国際的な統治制が編制されます。

そして、言うまでもありませんが、国家の客観構造の対象は、「人間の統治」です。その目標のもとに、これら五つの次元が少なくとも構造化されてあるというのが、国家の歴史的存在論です。総体なる概念をディコンストラクションが嫌おうと、実際はそう考えないと現実把捉にならない。

(i) 国家に「おける/対する」幻想と心性と認識の合致の地盤：再認の統治制化

幻想の編制構造については『吉本隆明と「共同幻想論」』において、心的構造の編制についてはラカンから『国家と再認・誤認する私の日常：ラカン理論の社会科学的活用』において詳述しています。ここでは、歴史的本質の場での問題構成をしておきます。その契機は、すでに前書で指摘してきたことですが、もう少し、言述しておきましょう。幻想と意識・感覚とが共同的次元で合致していることを指摘しましたが、ここの問題の根源は、幻想を実際行為へ実定化している「言語」にあります。

言語の近代民族国家への政治的統治制は、国家語＝国語です。国家が一つの民族国家として機能していくには国家語としての言語統一がなされていないとありえません。それは、標準語による社会交通が編制されていることで実際機能します。この言語交換自体への考察はすでにブルデューなどによって明証になされていることですが、決定的に見失われているのは、国家は「主語制的言語様式」によってのみ支えられるという閾です。個人化と全体化とを結びつけているのは、個人化された主体が自らの行動において「主語」としての言語表現をなしていると「思い込む」ことが自然化されていることにあります。中世英語にも主語はなかった、バナキュラー言語の近代国家言語編制において主語が繋辞（be動詞）をともなって出現します。国家構成は、主語制言語編制とともになされているということです。西欧では屈折語化と繋辞/コプラ化によって主語制言語化は高度になされます（英語は屈折語化を弱める）。

日本語に主語はない、本質的に述語制言語です。なのに国語学もまた学校文法も「主語がある」と規範化しています。なぜ、このような明白な事実が国家において詐述されるのでしょう——日常で主語無しに人々は語り合っています、西欧語では話し言葉で「主語省略」が多々なされます——、なぜ真理としての生産において「主語がある」とされているのでしょうか？　「国境の長いトンネルを抜けると雪国であった。」の文で、トンネルを抜けたものが何であるのか誰であるのか主語はない。すると主語は省略されている、と西欧語規準から規定文法は言うのです。また、厳密な（?!）哲学者たちは、「日本語に主語はありません」の文は命題形式がない、不正確な言述だ、「私はうなぎだ」のように何も言いえていない非論理的な言明だと主張するのです。日本語表現には命題形式——主語・述語・コプラ——もありません。「は」や「が」はいかにもそれを代行しているかのようにいいますが、それは「助詞・助辞・静助辞」などとされている〈述辞〉です。述語制言語では助辞・助動辞の〈述辞〉繋がりが主要な役割をはたします。言語構造／構文が欧米の言語とはまったくちがうのです。世界言語の八割には主語が無いと言われていますが、言語理論はほとんど近代欧米のものでしかない。英語でさえ中世においては主語はなかったのです（金谷武洋『英語にも主語はなかった』）。国家形成とともに主語制言語構造が編制されてきたといえます。時枝誠記でさえ主語が無いといいながら、しかしその言語過程論の構造は、主語・述語形式を踏襲した「詞」「辞」の入れ子の擬似言語論でしかありません、つまり日本語理論ではない「国語」理論でしかないのです。「国語学」は日本語の近代的擬制の歴史暫時的な産物です。「国家知」の一つでしかありません。

主語制言語編制によってなされる認識構造とそれによる認知行為が、共同幻想を国家化し、国家の出現を可能にし、さらに賃労働を可能にした、というのがわたしの論理です。ですから明治以前に「国家」は日本にありません、「統合的な統治」があっただけです。そして、共同幻想は本質的に述語的幻想表象です。主体を必要とはしない幻想構造です。近代国家は、国家語形成を死活にします。それは単に統一言語の形成ではない、どこの場所でも言語交換がなされうる標準語化とオフィシャル言語の編制において、「誰が」の主語化＝主体化を編成する言語形成を統一文法の形成とともに「国家語」＝母国語化（母語の国家語化）をなし、個人幻想の共同幻想への疎外を可能にしているのです。共同幻想国家化は言語の主語化による主体化個人幻想と同調していきます。これは、動述辞を文語から口語へ言文一致化する〈傾向〉としてその簡略化から動詞優位化としてなされます（「き・けり・ぬ・つ・たり・り」が「た」一辺倒になる。藤井貞和『日本語と時間』）。時間の一元的客観化は測量の画一化という統治制化ですが、主語行動の労働時間化でありかつ主観的時間への一元化でもある。幻想は認知化・実際行為化を言語として配備しています。文字化＝識字化による国民化ですが、国家語による識字化が近代国家においては必ずなされますが、「国語」の場合は漢字仮名まじり文の実定化でした。子どもは、家族、場所から切り離され、方言が剥奪され、標準語として国家言語化された言語世界の普遍化へと教育されます。同時に、時間編成が社会均一的に編成されます。国家時間（国家知の一つ）が、年中行事の時間から切り離されて編制されるのです。マスメディアとしての新聞が、識字化の効果として指導層へ浸透され大衆化されます（現代では新聞が読まれなくなって、TV／ネットが代行しています）。公的文書が、国民への管理として編制されます。法体系が文字コードとしてととのえられます。「国家は一つ」である総意が同意として形成されていくのですが、それはこうした国家配備がさまざまな装置、とくに学校装置と官僚装置／法装置によって、「文字」言語からなされていくのです。放送メディアはそれを話し言葉へ還元していくものです。カレンダーも文字です——明治近代国家で「神武天皇即位日」が画定される、国民祝日が設定される、など。「人口」への統治制的言語化です。それは「誰が」の個人化＝主体化をつねに画定させていく「主語制」言語様式として編制されたのです。この言語編制なくして、国家の配備は不可能です（これはネブリハ文法のように「帝国化」を孕んでいながら（植民地化でなされた）、しかし民族国家語として植民地支配の拡大とかつ帝国の拡大を制限もしているのです）。

明治「政府」が創設されましたが、政府編制のさまざまな統治支配の機関化・装置化であって、国家編制ではありません。国家編制はそこから象徴的諸資源の疎外表出として編成されていくのです。つまり「国家がつくられていく」、そのためには「実際行為の総体」が配置換えされていかねばならない。新たな統治制の技術が編制され作用されていく、廃藩置県も戸籍法も寺社領没収や寺請制度・宗門人別帳廃止も、庄屋・名主・年寄の廃止も、地租改正等々も、物理的配置換えが可能になるには象徴的編制の配置換えによる国家資本への集約がなされていることであり、軍事・外交の国家間構成と同時的に統治制化が進んでいきますが、教育勅語、君が代国歌が国家的装置へと配備されるまで、二十年以上かかっていきます。述語制言語様式の主語制言語への擬制的転化がなされていくには、国字問題から五十音表問題——「いろは」歌との対峙——など「国語化」の長い象徴的闘争が展開されています。[5] 政府からの発令・指令そのもので国家が作られたわけではない。ましてや国家からの個人への指令などはありえないのは、国家は作られていく過程にしかないからです。教育勅語は「呼びかけ」のイデオロギーですが、「振る舞い」の主体化です。日本政府（gouvernement）はあったが、国家はつくられていく統治制化の過程にある。国家

5 長志珠絵『近代日本と国語ナショナリズム』吉川弘文館、および安田敏朗の一連の書。

が最初にあったという国家認識は誤認でしかない。国家の統治制化として根元から見直しが要されることですが、幻想の国家化が実際行為への統治制化によってなされたという国家理論を構築せねばならないのです。それが、書紀神話の「葦原中国」編制に立脚した「すめらみこと共同幻想」と折り合いをつけていく「天皇制近代国家化」と重ねて構造配置されたことですが、神体系（国つ神の合祀）の再編と主語制国語化という、幻想作用と言語作用との象徴編制が主要規準であるということを提起しておきます。統治技術の列挙は出来事の総体として布置されますが、統治性は幻想の認識化にあります。その傾向と必要化と処置の「配備」過程です。徳川幕府は、ガバメントであって徳川国家ではないのです。徳川幕府は、島津藩一つだけは残し、あとすべて藩主の配置換えをなす統治制を徹底させましたが、国家を疎外形成していません、場所統治力を弱体化させた統治技術です。共同幻想の国家化の主要規準は、統一国家語とその文法化における統治制言語技術によってなされていくことにあります。国家認識の道具手段としての政治的な言語編制（言語資本の組み替え）です。国旗・国歌はその象徴的統合表象の配備です。唱歌で拍子変えまでしますし（小倉朗『日本の耳』）、日本音階の五音階をド主音の七音階へ編制がえします（小泉文夫『日本の音』、東川清一『日本の音階を探る』）。心身総体の統治制による徹底した組み替えですが、学校教育の制度化によって可能なことであり、今、コプラ感染における医療化によって、その医療化の学校化編制が新たな統治制による国家配備になっていることです。個々人をまったく見ずに、しかし個々人へワクチン接種させながら人口統治している。個人身体と人口とを統合する巧妙な統治制化です。

幻想配備が、国家次元では隠喩的に、社会幻想の種別幻想では換喩的になされていくと、吉本共同幻想国家論では示しましたが、幻想は言語構造編制され、諸制度での実際行為《プラチック》へ介入しうるのです。そして、言語による認識ではなく、言語にたいする認識が言語理論化されます。言語による認識の言語論は、富士谷成章や本居宣長ですが、東條義門になるともう言語に対する認識へと転化されています。山田孝雄の日本語論は、その境界に立った文法論ですが、橋本進吉や時枝は言語に対する国家語学でしかなくなります。もうそれは日本語論ではありません国家知の「国語」です。幻想と言語の統治制化、これが国家配備の基本様式です。幻想プラチックへの統治制化、それが事幻化で、実際行為の変容を可能にする。

(ii) 国家諸装置と社会空間の関係構成：統治技術の「社会」布置

統治制技術の一タイプが国家だとフーコーは指摘しましたが、それは統治制の歴史からみて配置されたことであって、現国家構造から視れば、国家が社会空間を統治技術でもって統治制化しているとなっています。ここが、ガバナンスとなるところです。ガバメントがガバナンスへと転移されているのです。企業ガバナンスと言われるものは、新自由主義にみられた社会の企業化ではなく、先進的自由主義としてそれは企業内部への「社会規範化」として　統治的かつ統御的、つまり管理的に作用するという転倒へいたっていますが、統治制がない管理のため、日本企業では社会主義化します。つまり、ポリス国家が一回り回って新自由主義のなかに構造化されている様態で、スターリニズム的企業組織体となっています。そうなりうるのです。ポリス国家の企業共同体化＝企業〈社会〉化による、〈社会〉経済を推進する企業組織による国家支えです。日本の経団連機構は、その典型となって賃労働経営者の「社会」イズム

(Society-ism) 化へと傾斜しています。「社会空間」が社会の共同性の共同幻想疎外として配備され（社会幻想）、制度幻想と商品幻想をもって、国家的制度と市場経済機構とを結合させているのですが、統治制が弱体であるため、イノベーション機能がマネジメント作用しないものに多分になっている根拠です。

この「社会」とはなんでしょうか？ それは人々の暮しを安全下で少しでも「良き存在」として保証していこうとするまさにポリス的に設定された界です。しかるべき市民たちの数があって、生活に必要なものが充足されていて、人々が健康であって、その諸活動が個人自身と国家に有用なものをもたらし、そして〈商品〉生産物が循環し、循環しうるよう建造環境が装備 equipment されていることです。個人の幸福が全体の幸福と結びつくように配置される空間です。それが実現されるために、諸制度が諸機関とともに社会サービス配備されて、人々の人間活動が労働をふくめて総体としてなされうる空間編制ですが、商品のアレンジにおいて物質化される「社会」生活です。子どもは学校へ、老人・病者の病院が、夫・父は企業などの労働を、主婦は家庭空間で家事がなされるようになど、空間に配備され、その根本では「社会労働」が「社会人」の生存としてなされています。諸個人は個人であると同時に社会人へと集団的に表象され、「社会人としての個人化」へ転倒配備されます。その給与によって生活生存が可能とされている社会ですが、幸福・快適・便宜であることがいとなまれえていることです。

「社会」は人口のメンバーの行為・決定がなされている空間ですが、社会形態はこの行為・決定に還元されません。この社会は、「社会の自然性」として、常にすでに在ったものとして人間存在の自然状態としてあるかのような自然的・歴史的現実性とされていますが、政治や経済から分離された空間として配備されています。つまり国家の統治制化と同じ配備なのです。国家は、この社会空間を、政治と経済の分離・隔たりの間に布置することによって、安全に安定させ、秩序化します。この「社会空間」づくりは、近代国家の当初から企図はされていましたが、実質的な構成がなされるのは世界的に一九六〇年代です。インフラとしての水道・排水、モーター交通輸送、道路、橋など、科学技術をともなった建造環境の装備がなされていく過程で編制されたことです。ここは、「社会」の文化史（ロジェ・シャルチエ）として再構成されねばならないものですが、社会空間が布置はされても、その実質化には、百年以上の歴史過程が要されていますし、実際には市場原理の商品交換が自由交換として社会配備されないと実質化しません。ポリスが理念的に設定され、その実質が限界として問い直され、新自由主義が機能していって、ようやく形成される地盤がつくられたのですが、人口において観察されうる多様な規整化から社会の存在が「社会市場」として規範交換と商品交換を〈自由 - 交換〉している全体性をもったものとして構成・編制されます。社会が自然化された現実性となってきたことで、秩序は、人口メンバーの意識的な総意・同意を求めるものではなく、社会的紐帯、社会的再生産、社会的構造の問題へと変容しました。つまり、諸個人を「社会人」として社会代行為者 social agents として形成し編制さえすれば、あとは規範を設定して規整化へ自由放任でまかせておけばいいのです。統治制とは「人間の統治」として「社会人を形成する」ことであり、その自由交換の場を設定することです、男女（ジェンダー）を社会人＝中性人間へ転移させる形成です。この社会人は、社会規範を守り遂行する代行者ですが、諸制度の代行為者として、生徒となり、患者となり、通勤者となり、主婦、賃労働者＝会社員となる社会存在で、商品／サービスの消費で生活生存しています。

つまりただ生産力があがって可能となったものではない。諸規則の規範テクノロジーが監視をともなって、人間活動にたいする規定・規則・強制・統御の統治テクノロジーが完備されて規律化・規範化された、そこでの規整化において充足されていったものです。その諸要素、諸機能は、1〜3章が示しているものになります。ここでは、それが「社会」として実定化された構造配備を指摘しておきます。

国家配備として、〈社会〉を、国家と市場経済とがまったく原理と次元が違うことにおいて、双方を連結させるものとして疎外形成します。諸個人の多様性、市場経済の多在性、それらを別の画一・均質空間へ、つまり一元国家的な配備へと編制すべく、「社会空間」の社会世界が配置されました。そして、その中に、種別的な社会界において、諸制度を配備します。社会均一ビジョンの中のディビジョンの配置です。そして、制度配備を国家諸装置として編制します。教育制度を学校装置へ、医療制度を病院装置へ、警護制度を警察装置へ、婚姻制度を家族装置へ、などなど。そして、各制度ごとの規範的な均一性を構成します。「社会」の主要なタスクは、均質・均一性の配備の普遍化で、国家の単一性の認識構造を画定させることです。そして、内部がないものにおいて内部があるかのように配備します。人間の中には、労働が、言語が、生命があると内在化されるように、社会の内部には人間、家族、企業などが在るとされるのです。人間=男女も家族も企業も社会なしで存在しうるものなのに、社会があってこそ存在しうると統治配備するのです。そして、対的なものを基盤にしている「家庭」が国家と市場とを対的に結合させます。

さらに、社会空間における社会技術は、国家の目標と政治経済の目標とを、社会空間の諸関係へ変容させて、国家と政治経済の双方に役立つものとして統治制機能させます。それは、社会空間における「社会政治」において規範化を徹底させる規制化――規整化の領域への規則化の介入の徹底と規整化への放任――と、社会サービス制度におけるサービス商品化の経済化編制――商品関係の社会化としての日常化の徹底と商品関係の放任――とにおいて、社会的なものと経済的なものとが分離されながらも重ねられ進行して、相互対応的に構造化されている「先進的自由主義」の社会空間となっているものです。先進自由主義は、社会が不足・欠如なく充実し安定している様態とされます。実際には、不可能ですが。

「社会」は、国家的配備が実質機能していく「傾向」をもって、社会のなかに種別的国家装置を「諸制度」として生活に「必要」であると配置し、共同的なものに諸個人を主体化する（社会代行為者化）仕組みを「過程」――空間の中での時間化過程――編制しました。社会的代行者としての「生産者を再生産する」システムを、学校や病院や家庭において種別的になしていく体系を編制しています。しかも、その社会代行者たちは、市場経済の経済諸関係を社会的諸関係へと転じて営むのです。

■「社会政治」とそれを超える「プライベートなもの」：フーコーの限界

新自由主義は、「社会政治」において、社会化によって社会画一的なものを編制することではなく、プライベート化をなすことだとされましたが、それはリスクの個人化であって、真のプライベートな存在を保証するものではない。プライベートなものを「私的所有」と「個人保険化」へと転化させたものでしかない。

つまり、本質的に「社会化」とは、プライベート化を消失させるものなのです。諸個人の存在を、画一的な社会生活する「社会人」として集団表象へ編制し、同時に家庭のなかのプライバシーへと押込めます。プライベートなものとプライバシーとはまったく逆関係にあるものです。ここは、実際・現実的に、スイスのプライベート・バンクに対するアメリカやフランス、ドイツ、イタリアなどの国家統治からの規制的排除として、9・11以降、進行していることに顕著に見られるのですが、より身近には、禁煙の社会化として規制的締め付けがおきている現象に観察されえます。喫煙を他者へ害毒をまきちらすものだとして、公的な室内からの排除がなされていると同時に、煙草の箱には喫煙は「肺がん・心筋梗塞で死亡する危険性におかれる」と警告が社会規則的に記述されます。最初、ジュネーブは、レストランやカフェやバーでの禁煙の法規化＝規定化を「ファシスト」よばわりして、法的規定を無意味にしたのですが、二年後には、ついに実行を受容せざるをえない常態となり、規整化がなされました。それに継ぐようにして、プライベート・バンクへの規制とその実質的機能の退化がおきていきますが、「社会化」がプライベートな存在を消していく、これは金融経済における経済マターですが、喫煙は、社会空間における個人生活への規制で、直接の経済マターではないのに、同質水準で同時期に推進されていった。パブリック・マターを機能停止させ、ソーシャル・マターへ切り換えさせる、欧米の社会間均衡の圧力に屈したスイスでした。社会政治は、福祉等の公的なものより、個人次元への「介入しない介入」として編制・遂行されていきますが、集団に属する個人化において「プライベートな存在」を消滅させる規整化をなします。

新自由主義は、社会政治を極力、必要なときにだけ発動するとしていますが、それはアメリカ的なもので、実際は、プライベートなものを保障するパブリックな環境空間を、社会規則・規範の「社会」化均質空間へと不可避に転移編制していくものです。ドイツが規範的な社会であること、社会へ統治を働かせたことは、誰しもが知っていることです。市場の法則が経済的規整化の原理となり、その結果、社会の規整化原理となって社会が営まれる、ということが、この原理の徹底化によって反転するのです。これが今、環境とくに自生エネルギーへの統治制化としての違いとして出現しています、環境の国家統治か場所統治かの分岐です。言説の実際行為化において、言説とは反対の実際作用がなされていく、それがプラチックの世界です。法的介入主義の次元に、社会制度の権力諸関係は布置されてはいないのです。最小限の経済的介入と最大限の法的介入の間を調整している「社会」空間が編制されてきたのです。資本主義を終焉させない法治国家だけではなく、社会主義的な様式をも含んだ産業的生産様式を終焉させない「社会」空間編制です。

「社会政治」が、権力諸関係として、社会人転化したもとでの個人化のなかにおけるプライベートなものを消滅させる規範化作用を働かせていることが、フーコーの考証から欠落させられているのも、社会の裂け目にある全体性を、言説的共関係・自己剥奪的結合とみなす批判闘しかもちえていないためです。ソーシャルなものとパブリックなものとの対立的識別が明証ではありません。フランス的限界です。自己利益の作用は、自由主義・新自由主義のホモ・エコノミクス表象の根源にある権力諸関係のプラーベトな存在への関与の仕方にあります。市民社会が社会市場化されている場で、そこではリスクの規範化が、諸個人のプライベートなものへの規制としてなされています。統治と個人とを結ぶホモ・エコノミクスは、プライベートなものを個人から消去させる社会人形成の母体です。プライベートであるはずの活動を、社会的な経済活動へ転化しています。社会ポリス国家化が経済関係にたいして進行しているのです。つまり空間編制だけではなく、その再生産メカニズムにおいて、諸個人の規制化編制を経済セックス化の社会人構成として、社会人の再生産において構造化しています。社会空間における非経済的な利益は社会人としての社会市場へと編制されているのです。経済セックス化とは、私的利益の経済的保障を社会規範関係で生存しうる社会人存在へと織り込んで構造化している作用です。その典型が「資格」です。資格は社会労働分業の編制へ合致するだけではない、技能・能力の資本を賃労働システムに服従するものへ、つまり資格商品へ文化資本を服属させるものとして機能させ、かつ資格規範・規則へ服属させ社会的紐帯への合致をはかっています。資格によって個人が社会市場で利益をえるのは、言うまでもありません、服属して利益があるから受容するのです。国家と経済との間の、また国家・社会と家族との間の、〈公的―プライベート〉な不一致の問題闘にはないのです。この資格交換が、今、ワクチン接種を受けた者としての資格となって機能し始めつつあります。個人身体事情に関わりない医療化を受けた資格です、学校化の資格が医療化の資格において専門家ではない患者側へ転じられる水準です。

個々の「プライベートな存在」を消す「ソーシャルな政治／統治」と、プライベートな存在を活かす「パブリックな政治」とを区別せねばなりません。前者は、国家配備されたものですが、後者は、国家配備されていない、配備から排除され点的な孤絶空間に残滓しています。パブリックな編制に対抗する形成を国家配備はなしてきたのです。ここがフーコーでは不鮮明になって、社会へ連続させられています。ジュネーブで見えていた、フランスでは見えない。なぜ、「社会」は正当化されえていくのか？　それは、生産競争と個人保護の規則のあいだの非排除non-exclusionの規則が、社会的規則régle social、社会的規定化réglementation sociale、社会的安全性sécurité socialeをなしえていく社会政治となっているからです。これは、パブリックなものとはまったく反対の原理です——パブリックなものは、アーレントやセネットの論述を見直してください。けだし「公共」という訳語は完全な間違いです。（ハーバマスの公共圏は、ソーシャルなものが渾融したマルクス主義「社会」論の変形でしかない。まさにパブリックなものが「公共」として転じられて社会なるものと連鎖されていく典型ですが、「公共」と「パブリック」とはまったく原理が異なります。拙書『哲学の政治　政治の哲学』12章「ソーシャルな政治　パブリックな政治」を参照。）

経済、生活、職業だけではない、諸個人のもろさ、弱さ、疾患、死、さらには習慣、慣習、習俗、家族形態、婚姻関係、人口のコミュニケーション、イメージ世界をも、具体的な商品交換世界へと統治配備する場が「社会」となっています。つまり、生政治／生権力によって、人間の生死が、〈自由‐交換〉（婚姻の自由という対的自由が規準）の放任が残滓する「社会空間」のなかに統治対象として組込まれるということです。さらに生存のエネルギー基盤も社会空間化されますと、その破壊的危険性の窮極形態が原発事故で生活不可能になった個別の場所環境空間ですが、それが起きても「電力の効用」としての国家認識が個人意識に保持されます。すると危険・リスクが場所の実在を離れて、社会空間に配備され、規則管理下におかれるのです。生存文化の場所環境に、原発は絶対的に建設はされません。つまり、社会空間は、商品産業経済が介入的に自由市場として進出していくのを可能にしている場を開いているのです。人口の快適・便利さを保障するのだと正当化する、人口の安全性への危険装置の配備が可能になるのです。これは自由主義・新自由主義が社会政治の可能性を含蓄しえていることからの本質的な穴ぼこ・裂け目です。「生かしめられていること」の恩恵は、負の多様性のもとで成立しているにすぎません。

「社会なるもの」の出現は、統治の主要な軸となっているのも、「国家の自由的定義」（ジャック・ドンズロ）が認識構成されてきたことによってです。社会を統治しえない政府は管理主体を剥奪され交替させられますが、国家自体は統治の外部で、上限の規範＝ノルムをもって、「社会統治」に諸個人を直接に統治することを委託して、自らの永続化を共同幻想的にはかることができているのです。また、諸個人・諸組織の熱望を、社会的熱望として転成し、一般化して、政治的要求や政党路線へとくみあげます。生政治が、人口から環境へとシフトしてきた二十一世紀において、「社会」の布置は根源からの見直しを不可避にしており、他方、宗教的・人種的・民族的問題が、テロ行為として社会秩序を恐怖へと追い込んでいます、テロ防止の警察的・軍事的な処置で対応しうるものではありません。生政治の根幹へかかわってきているのです。社会主義国家は統治制化が未熟で、「社会政治」が組み立てられないゆえ、国家が国家の法的正当性によって、暴力的に直接介入します。資本主義側に自由があるなどというのも幻想です、自由放任の統治制化の妙があるだけのことです。ともに、国家の統治制化の度合いの違いがあるだけです。

プライベートな界閾は、社会空間で解消的に転倒させられたにもかかわらず、「場所」と自律的個々人へ残滓しています。社会化＝国家化されない存在様態があるのです。アマテラスが「五月蠅なす人びと」と呼称し、記・紀が「まつろわぬ民」として幻想疎外した存在様態です。社会政治を超えるプライベートな存在が、パブリック配備されることとです。「国家配備」と「パブリック配備」の関係は、ポリス国家によって融解ないし包摂はしえていないということです。この移行ないし編制において、フーコーは不注意です。公的権威／公的物事を連続的に配置してしまっていますが、注意深く読むと、そこへの根源的変容が「国家の栄光」としてなされたと語っていますが、考えられていないのです。そしてポリス国家は捨てられたのではない、社会空間の中に幻想統治的に配備されたのです。

(iii) 国家装置と社会サービス制度の対象である家族：〈対〉への統治制化

国家装置は、その実効機関として社会空間にサービス制度を制度機関とともに装置編制します。教育サービスを提供する学校装置・教育機関、医療サービスを提供する病院装置・医療機関、輸送サービス（速度サービス）を提供する交通機関などです。これらは、国民生活そのものに直結し、賃労働体系とともに、生活生存に不可欠の「必要性」として「社会」設立されています。この「必要性」は法的規範化の規則性に統御された「義務」と「権利」の戯れのなかに布置されていますが、義務・権利をはみだすプラチックな場で作用している規律化が編制されて規整化作用しています。学校へいくことは義務ですが、病気になっても病院へいく拘束は、伝染病でない限りありえません。しかし、衛生の局面は統御されています。衛生は、諸個人の周囲環境を統治することですが、コロナ感染によって医療化拡大は統治制の無政府的統治拡大を招きつつあるのも、すべてが未知であることの不安・怖れからなされている。無根拠が根拠づけられる統制化の逆生産水準へ入っています。国家は、国民の救済の役割を放棄しましたが、社会サービス制度がパストラールの機能をもって諸個人の現世での救済——階層化された救済——をはかり、しかも、社会を自然性において、社会の真理、国民自身の真理として保有できるように編制しています。

この統治制が可能になる代行為の個人化形成をなすのが「家族」の対関係です。

フーコーは権力関係を制度へ還元することを嫌いました。固定化されてしまうからですが、制度化形態を伝統的条件、法的構造、習慣・流行の事態であるとみなしていたからです。これは古い思考形態です。制度は、パストラール制をサービス経済様式に変容させて制度生産様式を編制し、権力諸関係がうまく機能していく仕組みに新たに社会編制されています。つまり経済的働きと権力的働きが同一化されているのです。ここを、イリイチとフーコーの論理差異だと批判的創造主体=思想家の問題構成に還元しても意味ありません、現実界の理論的構成世界として対象化していくことです。また統治することは、諸制度のセットにとどまることではないのですが、諸制度と統治との関係を把捉しないとなりません。統治は、諸制度を介してなされます。制度内で統治技術は実際に機能していることで、制度内にない物事や人々をも統治対象へと編制しえています(学校へいかないと損をする、異常者を排除して別の機関へ組込むなど)。つまり、制度内機能することをもって、制度外=非編制域への機能をも働かせうるのが統治制です。官僚統治に非利益の利益を担わせる仕方は、その転倒の最たるものです。非利益の利益だと普遍正当化しておいて、個別事情にたいしては、あなただけを特別扱いはできないと、規範性一般の対処しかしません。

他者への行為である差異化のシステムとして、制度編制は種別化分割されています。医者の患者への行為、教師の生徒への行為、というようにですが、それは「対象のタイプ」の違いです。しかし、制度化の形態としてまた権力関係と経済行為の合理化の度合いとして、本質的に、サービス労働者とシャドウ・ワーカーとの関係における、他律様式によるサービス行為がサービス商品化を結果させて、制度社会秩序が再生産される権力関係になっているのです。その担い手は家族のなかで個人化された物事です。また家族自体が、社会関係・制度関係を代行為します。家族が人口化配置されているからです。この効果は、国家秩序、商品生産秩序、賃労働生産者の再生産秩序、社会規範秩序を維持し保守していくうえでの根幹になっています。家族内の対関係が、そうした共同的なものを受けとめ個人化/身体化しているのです。国家配備にとって、社会空間内に家族を装置化することが、核となっているものです。家族を寄せ集めると社会になるという浅薄な社会学的考え方は、逆です。社会に家族を包摂する統治制がなされているのです。

そして、各種別化された制度は、国家装置として統治されており、法的規制によって統御されています。そこへ、家族は諸個人を送りだします。また制度から供される利益を受け取ります。国家装置を実態化させているのが諸制度ですが、制度が社会に配備されるよう統治制化されています。それはもはや非言説的プラチックではありません。制度が要している真理体制に裏づけられた言説プラチックが十分に作用している日常の場です。社会的なもののネットワークとして、権力諸関係が政治的に十分に機能しえています。

そして、「規律のテクノロジー」もまた「生政治の生命的テクノロジー」も、「規整化の統治テクノロジー」も集約的に制度内に構成されています。権力は、生産的に、循環的に、増殖的に、普及的に効果を発揮しており、同時に反振る舞いの抵抗や対立も制度化された規律・規範や合理性に対して噴出しながら、双方から統治の機能がなされるように調整されています。それが最適化を結果せずとも、テクニックとして働いていれば、権力効果も経済利益も産み出されえているのです。性、健康、死亡率、生誕率などがそれらの装置には「配備」されており、生政治は、人間・家族を人口に配備して「社会人」統治し、生権力は人口の生命力を諸個人へ活性化しつづけ、諸個人の身体規律化と人口の統御を規範化と規整化において公的健康の傘のもとで遂行しています。生政治も生権力も現在においてこそ「生エコノミー bioeconomy」において機能しえているのです。原子爆弾と原子力発電の究極的生権力のもとで、「安全」に生きている人類の死の危機としてです。全てを死なしめるゆえに、安全であるという逆説編制です。

諸制度は、国家的な統治規制を外在的に被りながら、社会空間において制度内での制度生産の「自由」に配置されています。市場経済の自由を受けているのです。制度の規制枠があるなかでの自由です。サービス商品関係の自由と同時に規律的テクノロジーの権力関係も構成されています。社会制度サービスは、規律的であると同時に市場経済的です。そして人間を統治しています。家族を社会空間へ組込んでいる国家配備によって、こうした全てが可能になっています。社会に配備された家族装置は、関係の変換装置になっている「対関係の場」であって、社会そのものの共同的関係の次元とも個人自己次元とも、次元が異なるのです。ここを混同していると、社会理論は転倒理解へと多々いたります。

家族の経済セックス関係統治ではない、対幻想のジェンダー関係として対を解放するには、家族を社会空間編制から離脱させて、真のプライベート空間へパブリック配備(場所配備)しないとありえないことです。

(iv) 諸々の権力テクノロジーの編制：生権力の布置

ミクロ権力はマクロ権力と切断されていない、統治や国家の水準に難なく辿り着く、とフーコーは指摘していましたが(1978.4.5, p.365)、その作用形式は、全体化と個人化とを同時的になす技術です。諸個人の利が、社会の共同の利になるように構成しているものです。つまり、個人幻想・個人関係と共同幻想・共同関係の同調＝規整化です。本質的にそれは逆立しているのに、合致・同調する編制が構成されている。その作用をなしているのが権力関係の諸技術であり、かつそれを機能させる統治技術ですが、制度生産の効果です。共同秩序の安定が、それによってはかられます。学校へ行くこと、会社に就職することは個人の利であり行動ですが――家族の対のテクノロジーが送り出す個人アクト――、それは学校装置、労働装置の社会秩序の支えであり形成として国家装置の安定をはかるものです。国家が目標設定している社会の安定が、それによって確保されます。社会、経済、人口、安全性、自由の統治性が、それによって保たれています。そこに作用している軸が「生権力」です、人を生かす権力関係です。

国家の配備の中に権力諸関係はありません。権力諸関係はさらに社会のなかにすべて包摂されえてもいません。しかし、社会空間・社会世界のなかで、権力諸関係が主要に作用していくように統治制化されています。統治制技術によって、権力諸関係は社会界で機能させられえているのは、諸個人を人口として対象にしてその人口を「社会人」として個人主体化（身体化）させているからです。でないと、抵抗や反乱が行使されますし、その反振る舞いを統治制化する、それも可能なのが権力諸関係です。

権力は、多様な領域に種差化・種別化されており、それが一つの分類体系を構成しています。まず、国家権力／社会権力／経済権力といった大枠な分類に、文化権力なども付随します。（パブリックな配置では、逆になり、文化権力、環境配備が、経済権力や政治権力を付随させます。）

次に、国家的諸装置、その社会制度に構造化されていると言いうる、学校権力、病院権力、などの種差的権力作用が構成されています。教師が認めないと資格がとれない、医者が健康であると診断しないと健康にも死んだことにもなれない（就学や就職に健康診断書が必要であり、病気で休むときに医師の診断書が必要など）。

その他律様式である、教育権力、医療権力、が資格ある専門家によって専門権力として行使され、諸個人は監視されています。これらは「〜させない」権力ではなく「〜しうるようにさせる」権力、可能的権力です。権力は、その行使者とそれを受容・忍従する者たちが自ら進んでとりこむ姿勢があるゆえに機能するものです。監視して、諸個人を分類化し、階層化し、分割を統御しうることを認めている。差異的なポジションをプレ・ディスポジション（前配置換え）することを身体化して社会空間で自らを生産し配置している。必然性のない服従などはないのですが、権力の誘因への自発的従属化もすべてではありません。支配や服従が内面化＝身体化された効果にこそ、権力関係があるのだと、フーコーを深めていかねばなりません。そこが国家配備の客観構造への認識構造の権力的布置なのです。権力テクノロジーによって諸個人に領有された「知」とその認識構造は、客観的構造と同致していますから疑われませんが、自分が生活できる、生きていけるという生権力の次元にまで至っていないと、認識構造の現実性は発揮されない。

　フーコー的な権力の諸相は、正直、あまり意味があると言い難いのも、権力現象であって、権力の本質を示しうるものではないからです。しかしこれらは、

　　権力諸関係：規律権力、パストラール権力

　生権力

と大枠で括られました。この生権力の作用する場、それが、

✂個人化〈身体―器官―規律―諸制度〉の系

✂全体化〈人口―生物学的過程―規整メカニズム―国家〉の系

が、権力作用として相互関係的に、人口のなかの身体として、構造化されているとされたものです。そこが生権力の場です。制度は、身体と人口の双方を引き受けます。人が生きることを統治している生権

力の作用する場です。そして国家配備はこの二つの系を統合した配備になっています。身体だけの系、人口だけの系ではありません。さらにブルデューによる「象徴権力」の配備をつけくわえないと権力配備は不十分です。象徴的諸資源の象徴的統御です。そのうえで、「政治権力」は見直されねばならないということです。政治権力とは、何を可能にしている権力であるのかです。警察権力や軍隊権力が、暴力装置であるとともに、安全／防衛の権力でもあるということをふまえねばならないような次元においてですが、つまり、実体としての権力ではなく、作用・働きとしての権力、そして関係性と諸過程において働く権力です。「抜け目のない権力」です。視線、無言にまで作用する権力です。政治は、政府や政治家のマターではない、諸個人の自律行為に作用しているものです。

しかし権力配備は、国家配備自体のなかにはありません。「国家権力」なる概念は無意味ですし、実在しませんし、作用もしていません。支配統治の正当化において取り立たされるだけです。諸制度の種別さに、権力配備が権力関係として作用していくようにする統治制が、国家配備されているのです。全体化と個人化とが対関係を媒介に統合されていく統治制の配備によって、差別化されていく権力作用です。可能にさせていく力関係です（服従も可能にさせていく）。統治制化の生政治に対応して生権力が機能します。

問題領域の場は、国家と社会の関係、国家と家族との関係、国家と個人との関係へと布置されますが、本質的に共同的なものと対的なものと個人的なものです。それらの権力関係と統治制とがからみあっていく国家の配備が、政治権力のテクノロジーとして種別的なもののなかに働いていると考えることです。国家と経済との関係（経済権力）は、この【Ⅲ】でのべます。権力関係は、国家よりも広い範囲で作用しています。

●国家を超える政治権力／生権力

国家による統治を限界づける統治技術とその合理性が編制されているということ。つまり政府指導者や管理代行者たちによる統治ではない、生きている人間への生政治による統治が、権力作用として、諸個人へ働いている。それは国家の外にありますが、社会の外部には布置されません。生活の管理に関わる生政治における統治が、社会政治と合致してなされている、そこに生権力において正統化されうる政治権力が働いているということです。その結果として、「**生の国家化**」がなされえて、国家が支えられていくということになります。国家は国民の生の表象である。つまり、国家が生統治されているのです。国家配備がなされ、その配備された編制が国家を統治する。生政治と社会政治を結合させる広義の政治権力が、国家を永続化しているということですが、これは生権力が統治機能しないと不可能です。

国家の構造の内部に政治権力が支配者によって所有されて行使されているのではない。国家のまた主権の枠をはずれて、それをこえて、日常の生生活の「生きる」ということのなかに政治権力が生権力として作用しているのです。政治統治は、人口・身体が「生きる」ことに関わっている、それが「生政治」です。身体への解剖政治を包含して、分割しえない、相互関係にあります。したがって、身体への規律権力は、人口への規律権力としても作用し、規律権力は政治権力の生権力の一様態になっています。フーコー的分節化をしていくと、政治権力は限定づけられて、他の諸権力と識別されてしまうのですが、その種別性は働きを明証にさせていることであって、本質的に政治権力作用をなしているとみなすべきです。政治権力の主要なタスクは、統治者の保護ではなく、国家自体の存続ですが、それは社会空間においてしか作用していません。権力諸関係の権力作用は、本質的に政治的に働いている権力です。その政治権力は、支配・抑圧・搾取する負の権力作用ではなく、人々が国家のもとで「生きていく」ことを可能にしている生権力政治です。しかも、反振る舞いの作用が保証されている、それが作用しうる権力界であるのです。わたしは、生権力とは個人化（身体）と全体化（人口）とを「生きる人間を統治する」上で同時的に関係行使されるものと位置づけ、その中で性権力が主要な作用を対的に働かせて、共同的なものと個人的なものとを同致させていると考えます。生政治はそれを統治制化に配備しているものです。

主権、規律、統治的経営の三角形は、「社会の国家化」において機能しています。国家の統治制化は、社会の国家化の逆作用をともなって、国家構造化されているのです。政治権力の場は、政治社会のみにあるのではなく、社会界の場において働いている。それは国家を超えて作用している生の政治権力です。政治的合理性と自己のテクノロジーとが統治制において共関係的に機能しています。いかにして自分自身となるか、自分が生きていくか、そこに作用している「権力・知・主体化」が政治権力なのです。生きる形態、生活様式、生きるアートは、権力生産の場となっている「生活の政治」であるからです。意志の不従順、自由の非妥協もふくんで、生権力は新たな生きるアートとして政治的に編制されているのです。

二十世紀的な編制は、産業的生産様式としての商品生産形態と制度生産形態とが、社会編制をともなって、国家配備が社会空間で編制されていき、経済域が市場の自由へと配備されているものですが、その世界は、グラムシが言ったように「すべてが政治である」世界の構成になっています。それは、経済的活動さえも、政府に統制して支援してくれと要望依存する事態にまで退化していますが、資本経済を不能化させた政治であるのです。(国立銀行の介入によって円安頼みを企業活動がしても市場自由は円高をうみだし、利息操作は効果がない。すると国立銀行は、政府が協力してくれないと効果がだせないと転倒していく、などなど。)

(v) 軍事・外交の国家間編制と多民族

国家配備は内への国家と外への国家として措定されるのも、帝国化しないよう国家間の均衡が保たれている関係性から規定されてのことですが、実際には軍事と外交として現象する、ここを理論的にはどうみたらよいでしょうか? 民族国家が国家構造として構成されることは、他国がこちらを認め、こちらも他国を侵犯しないことを意味します。競合的な国際関係のなかで、この均衡が破れて戦争の危機がおとずれないよう、それを回避し均衡をとりもどす外交と政治がなされる。

明治近代形成過程で、国内の産業興隆(軍需)と統治の安定化(ナショナリズム)と対外的な外交関係との間を媒介する軍事配置がなされますが、内部の武士反乱や農民一揆をおさえ、対外的に日清・日露戦争で国家的凝集をなしている出来事には、軍事が国家内・国家外の安定・均衡の不可避の要になっている点が把捉されます。

民族国家間の共存は、社会主義国を一国社会主義だと批判する視座をマルクス主義において出現させ、世界革命のある種の他国侵入を正統化しました。ゲバラの行動はその典型でした。彼は、アルゼンチン人でありながらキューバ国の大臣になり、その大臣の立場でありながらキューバを去りボリビア革命を企図し、殺害されました。ナショナリティを侵蝕する革命行動を彼はとったのですが、ボリビア軍はCIAからの軍事訓練を受けゲバラのゲリラ戦争論をツールにしてゲバラ殺害にいたります。世界革命の実際行動はゲバラをもって象徴的に終わったといえます。現在のテロは、国境を越えて実行されていますが、革命戦争がテロへ転移したとき、国家間均衡の秩序を破って、安定した秩序を恐怖へ陥れる仕方です。局地戦の背後に、ロシアがあり、USAやイギリス・フランスがいたりと、「帝国化」作用が背後にあるかのように指摘されますが、根本の民族国家間の均衡をはかり維持する原則は、社会主義体制・対・資本主義体制という対立＝均衡がなくなったといいながらも、背景でそれは作用したままです。シリアなどへの対応差に顕著に出現しています。二十世紀の世界政治は民族問題を解決しえない限界のままいまの二十一世紀にあります。民族問題は、国内・国外の双方にまたがって、均衡の裂け目になって、つまり、一国の民族国家内に多在する民族問題は、国家間の均衡では解決しえない根元問題です。ロシア内のグルジア、トルコ内のクルド、中国内のチベット、ウイグルなどなど、多民族の存在を国家は解決しえていません。ネイションはエスニック問題を解決しえないのです。ここで、軍隊は、ネイション側によるエスニックなものの制圧として機能していることが明白にあります。民族対立の均衡ならざる不均衡化を軍事が、国家内配備しているということですが、国境紛争にもなる。エスニックなものが、フーコーの論述ではまったく欠落しています。近代国家編制で、国内の多民族をいかに統治するかは、根源的な課題であったのにです。（フーコーのイラン論を見直す必要があるでしょう。）ブルデューはカビル族、イリイチはバナキュラーなものとして、ここを引き受けていますが、フーコーにはそれがない。

国家配備として、戦争しうる力をもって国家間での戦争を回避する軍事配備が、均衡差異の過剰化にたいする均衡化への対応として軍事＝政治としてなされていますが、国内の民族反乱を制圧するのも軍隊です。国家防衛のための配備とその装置化ですが、海外派兵がなされるのも国家間の均衡を維持する名目でなされます。この装置は社会には配備されない。また国家には実在はない。するといったいどこに設置されているのでしょうか？　軍隊装置は、国家の実在を示す実際であると根拠にされ、警察とともに設定された国家認識をうみだし、国家権力の暴力装置であるとされてきました。国家権力奪取は、政治行動だけではない軍事戦略を不可避にするとされ、ロシア革命の赤軍、キューバ革命のゲリラ軍、ベトナム革命の人民解放軍などは、不可避のものとされ実際に権力奪取に効力をだしましたが、社会主義革命には統治制がないため、権力奪取後、構造的には同じ国家配備となっていきます。ナチスに対する抵抗、また社会主義革命は、民衆の側からの軍隊が既存政府軍と対峙する、それが国家権力をめぐる対立とみなされてきましたが、ただの軍事対立であり、それを統轄する政治であったというだけで、国家の問題ではない。国家は同じ配備のままであるからです。内戦を含み戦争は本質的にエスニック対ネイションであることを見失ってはならないと思いますが、エスニックな存在がネイションに侵食されるからです。その外在転化として国家間戦争が配備される。中国もロシアも、社会主義的なまま統治制がないゆえ、常に戦争の危機を国家間に煽りつつエスニック統治統合を「安定化」として偽装する。やはり、米国も含め、国家の愚行としか言いようがない「国家フォビア」はある。

日本の自衛隊に限らず、軍隊は災害援助として民間人を助ける働きを、合意獲得のための大きな作用にしていますが、政府に直接配属されているものです。つまり、軍隊は政府が直轄するという政治配備です。この政治的国家配備は、永続的軍事配備です。戦争行為において消尽されない配備ですが、平和システムの内部に配置されています。他国との競合関係によって国家が維持される配備です。政府の政治による手段によって外交と手をたずさえています。戦争がありうるから、平和なのだという配備です。ですから、近代国家は、軍隊と学校とを不可欠のものにします。

社会主義と統治性

キューバ革命は、反革命の侵攻にたいして革命を防衛するための人民軍と子どもたちによる農民識字運動を同時に政治行動させました。武力戦争だけでは、国家は保持されないからです。国家間均衡に、軍事は不可欠なものとして装置化されているのは、国家を支える政府の正当性の保持のためです。軍隊は統治制に配備されない、政府統治者の政治支配に配備されています。永世中立を宣言しているスイスは全員徴兵制をもって(徴兵拒否者は社会奉仕させられる)、ナチスをも侵略させない強力な軍隊によって戦争回避を維持していますが、象徴的にローマ法王を護衛する軍隊をバチカンへ派遣しています。この象徴権力は非常に大きな効果をもたらしているといえるでしょう。軍事は政治である、政治は軍事であるという、政府の政治・外交に配備された軍隊であるという、「国家」と「政治」とは異なることを軍事・軍隊は示していると解します。民兵、革命軍、人民戦線が可能であったことは、それを反振る舞いからフーコーは示していますが、軍隊は統治制ではない、統治技術ではない、支配技術です。権力諸関係としても軍隊は配備されません。国家間統治制は外交的にあるということ、その均衡の防衛ために政府に軍隊は配備される。別の言い方をすると、軍事は国家を超えるということでもあります。クーデタが起きる根拠です。安倍政権／自民党（も野党も）に軍事論はない、米軍追従の安全保障策という危ういものです。

社会主義革命は本質的に国家権力奪取ですから、軍隊は不可欠の配備になる。それは、統治性が欠落しているからで、暴力支配によってでしか統治できないからです。中国の露骨な香港支配や異民族支配・抑圧は実際に出現している「党支配」暴力であり、国家はその正当化に使われます。チリのアジェンデ社会主義政権は軍事力がないためピノチェット軍事クーデタで潰されました(新左翼が小児病的に騒いだからだと共産党者たちが批判したように、統治制がほんとにない共産党論者たちです)。

世界経済の不均衡に対する外交処置は、現在のG7などにみられるよう市場経済を統制しえない自由においたまま国家間均衡をはかる、無能統治者たちの茶番劇になっていますが、国際官僚が支える国家間共存の儀礼化として不可欠なものです。結局、国家間均衡は軍事でしかなしえない。

軍事がわかっていないのは国家を分かっていないのではなく、国家の配備にある「政治」をわかっていないということでしかありませんが、IFDの戦争論を了解する次元の先で再考することです。統治制と支配技術との識別の論理を政治理論として明証にすることだと指摘だけしておきます。それを論じるのは、もう本書で膨大な論述になってしまっていますので、別の機会があればなします。

国家としての国家配備は、以上の問題化において循環していくのですが、国家の配備は、「国家の外にでる」ことをその本性としています。国家の中におさまる国家は脆弱です。王の首が斬首されて終りになるように切り落とされて終りです。国家理性は、国家維持のために、国家を外在化したことで、同時に、国家配備を共同規範として規整化していける領域へ外部布置して、自らの永続化・永久化を統治編制していくのです。国家配備の外在化として、かつ、下方から、以降みていきます。

【Ⅱ】国家アクトの諸装置と諸機能：制度と配備と装置

これは国家に対して、下方から国家を考えるということを意味します。それが社会の諸制度と国家諸装置を正鵠につかむ仕方です。そうでないとアルチュセールのように国家装置に、学校装置や家族装置などを上層に並列させる粗野な見方になってしまいます。国家が上方に聳えるというイメージ図式が踏襲されたままです。アルチュセールのイデオロギー的国家装置論は、生産諸関係の再生産と想像的表象の再生産として卓越しているのですが、装置の理論としては粗雑です。そこは転移していかねばなりません。制度次元と装置次元とが混同されているからです。「配備 dispositif」の論理が不在であるためそうなってしまいます。再生産とは、制度と装置とを結合させる権力作用を働かせてもいるのですが、そこには可視化されていない「配備」が布置されて、配備を装置化させる力関係を権力関係において生成させる権力作用が働いているのです。たとえば、セクシュアリテは「配備」されます。そこではセックスが離床していく配備がなされ、核家族へと装置化されます。性主体としての個人化（欲望の主体化）の権力作用が働いているからです。対幻想が個人主体化されて、家族構成員の各人が経済セックス化され、その対関係へと転移される規定を外在的に被ります。対幻想への統治制化です。社会生活人（会社員、主婦、生徒児童）として生存していかねばならないからです。しかし、核家族の性主体と労働主体との合体した編制は、国家装置とはなりません、社会装置にとどまります。またとどめないと、〈自由 - 交換〉を機能させることができなくなります。市場経済の自由とともに、「家族の生活の自由」が保障される、より少ない統治がベストの統治としてなされます、それは賃労働生存し税主体として秩序貢献している容態です。生殖と社会分業の人口統治が、それによってなされています。セクシュアリテは装置でも制度でもない、そこへ組込まれていくように「配備」されたものです。そこをつめていくには社会的再生産と文化的再生産の再生産概念を「生産者の再生産」とともに導入しないとなりません。生産諸関係だけでは不備です。

フーコーには、配備と装置の概念が仕分けられて働いています。それ自体が客観化はされていませんが、理論ツールとして機能させられています。にもかかわらず、とんちんかんな論述をなす典型がドゥルーズに顕著にみられます。社会科学的認識が不在だと派生する、政治にたいする知的退行の典型です。

■ ドゥルーズによるフーコーの装置論

フーコーの装置概念、dispositif/apparatus について、ドゥルーズの英文論稿ですが記述しています。フーコーは、ドゥルーズたちを自分の継承者であるかのように評価していますが、質的には、本質的哲学思考と機能形式的哲学思考とのまったく異質な言説です、わたしはまったく評価しません、フランスの頭のいい側の小賢しさ言説です。フーコーのように言説地盤を転じられると、その意味されたものごとにおける形式表出思考が派生します、それがこの「装置」論によく現われています。

第一に、「装置」とは見えるもののカーブ the curves of visibility だ、また第二に言表化のカーブ the curves of enunciation だ、見えるものにし話すものにする「機械 machines」である、光の線 lines of light によって作られるのが可視性であり、装置は「光の体制 regime of light」であり、見えるものと見えないものに分配し、対象を生成したり排除する、たとえば「監獄装置」は見られる存在なしに見るための光学機械である。もし、諸装置の歴史性 historicity があるとしたら、それは「光の体制」の歴史性であり、陳述 statements の体制の歴史性でもある。

第二に、陳述は、「言表化の線」に言及することになる。派生、変容、変更をともなった見える・語るを可能にする体制であって、主体でも対象でもない。各装置では、「線」が閾を横切って、審美的、科学的、政治的になどにさせている。このように、見えることと語ることとを、併行させながら、「光の線」だと形式表象させて、気のきいたことを分かったかのように示すのです。こういう知識主義の戯れは、さらに「権力」の方にまで及んでいきます。

第三に、装置は、「力の線 lines of force」を内にもっている。力の線は、ある一点から他の点へのすべての関係において生産され、装置におけるあらゆる場所を通して動いていく。見えないもの語られないものに、この線は結びつけられまたほどかれていく。それは権力の次元である、権力は空間の第三の次元である。装置に内化し装置とともに多様である、知とともに構成されている。

第四に、フーコーは「主体化の線」を発見した。この新たな次元は、多くの誤認をまきおこしているが、それはフーコーの思考における危機から発見されたもので、諸装置の地図を再作業する必要にあって、見いだされた。「主体化の線」は、過程である、装置における主体性の生産である。装置がそれを許し、可能にさせる。それは「飛ぶ線」である、以前の線を逃れる、つまり、主体は知でも権力でもない。それは、集団や人々に影響をおよぼす個体化の過程であり、力の編制された線と構成された知との双方を排除する。それは、剰余価値の類いである、すべての装置がそれを持つ必要は無い。などなど。

こうしたお喋りは、気のきいたことを述べ、いかにももっともらしいように響きますが、比喩言述であり、何ごとをもいい得ていない。「線」というのは、理路ともいえるものであり、対象と言わずに、これこれの思考の理路をとったというフーコー仕事・著作の概説であって、「装置」論は何も語られていないし、apparatus と dispositif の識別もまったくない。本質的な実質に何もとどいていないのですが、何か分かったつもりにさせるのです。日本でも、これに類似して三流に堕しているのが、柄谷行人という似非知識人ですが、気のきいたことを言っているようにたぶらかす。知的無知が、そこに同調するだけです。近年、現代思想を論じる大学人にますます増長しているように感じます。

要するに、視線の権力、言表化の言説編制、主体化の様式を、つまりフーコーが対象的にとりだした仕事＝著作を「線」として粗野に言語修辞化しただけのはなしです。これは、逆に言うと、「装置」論の難しさを逆射していいます。アルチュセール＝マルクス主義から脱出しえないからそうなってしまう。アルチュセールの論理の方がはるかにましです。だが、フーコー理論をふまえてこちらは国家装置論を構築せねばならない。

配備と装置

アルチュセールにとって、イデオロギー装置論は、「生産諸関係の再生産」に布置されたにすぎない、経済的投映論です。国家の相対的自律性を主張していますが、反映論でしかない。そして暗黙に国家権力へ凝集され、階級闘争へ配置されています。ブルデューが批判しているように、そこには権力行使と行為者との関係が考えられていません。わたしたちがフーコーをふまえてとるべきは、諸装置は分散している、そこには「配備」されたものが作用している、そして凝集化・集権化されないことによって効果を発揮している。つまり、それぞれの諸装置の種別性に分類化されて、種差的に権力諸関係と幻想関係とが再生産されているということです。それが「統治制の配備の装置化」であるということになります。統治することにおいて分散された装置は、国家的な承認がないかぎり社会的に機能しえません。そこでは「プラチックの体制」が種別化されて、それぞれの種差的プラチックにおいて「プラチック総体」が再生産され、かつ「生産者の再生産」が可能になっているのです。各装置は、換喩的に機能しています、それを社会幻想が隠喩的に統轄する仕組みになっているのです。他方、ブルデューには「客観的諸構造」が概念的に設定されているだけで、何が客観的なものであるのか、抽象化されて、学校装置の優位性が配置されてしまいます。国家の客観構造と制度の客観構造と装置の客観構造とは、異なることが理論化されていません。それは社会世界が客観構造として実定化されたままであるからです。「配備」は制象化／制度化されて装置に内配置もされて、事幻化において永続化へと再認されます。

客観諸構造の種別性：制度と装置の違い

国家の客観構造は認識構造でしたが、制度の客観構造は、その国家認識を統治制の統治技術において働かせて、社会代行為者たちの利益がなされるように、制度生産を固有に編制して制度権力が権威をもって機能していくように再生産構造化された実際的なものです。具体的なプラチックを制度化して制度アクトされています。国家は、その配備において諸制度を分割します。諸制度の分割が国家認識を客観化したともいえるのですが、それは因果関係ではなく構造的な相互関係の構成として、国家と諸制度とが連結しているのであり、国家は法的規制として諸制度の自律が機能するよう配備し、外枠を規定して（たとえば国定教科書、医療資格試験など）内部の実行には手をだしません。また、制度はその内部の行為者たちが何もなすことができない制度編制を画定しています。学校を出ないと社会人になれない――損害を受ける――、学校においてのみ教育・学習はなされ価値となる、病院・専門医師によってのみ医療的治療はなされる、専門資格をもった医師しか医療行為にたずさわることはできない、など、制度は基本的に「資格」制度を装置化して、その制度権威を普遍化によって確保し、制度生産を保証していきます。専門家による制度サービスが提供され、諸個人はそれに依存し受容して自らの利をえるシャドウ・ワークをなしています。つまり、制度は、国家配備のビジョンとディビジョンの原理を内在化させ、かつ市場経済の価値生産を制度生産として内在化させ、固有の権力諸関係による可能化をなしています。

この諸制度は、国家配備を「装置化」した国家諸装置として整備されます。教育制度を国家体制におかれた学校システムとして学校装置化(義務教育化)するということです。装置の客観構造は、国家配備の代行機関であること、その固有化された装置以外の他の装置をもたない、独占された装置であること、装置に諸個人を参画させ従属させることを機能にしています。制度生産と結合して、生産諸関係の再生産と生産者の再生産とを統合した装置です。装置は、物的なものは何も生産しません、既存の諸関係を再生産するだけです。その窮極目標は、制度自体の保持だけではなく国家配備の保持ですし、統治制化の正当化保持です。制度は社会配備の保持ですが、装置は国家配備の保持です。それゆえ「国家諸装置」としています。制度は国家制度ではありません社会制度です(ですから公立学校と私立学校が保証される)。

制度配備と装置配備とを識別して分割配備して統合的に機能させる統治制の権力テクノロジーが働かされているのです。それが「機関」として編制された組織体です。機関は同属の他の諸機関と同じ画一した機能をもちながら、個々の多様な機関として個別機能します。そこに能力差の配分の競合体制を構成します。良い機関と劣る機関とに階層化します。

*なぜ、以前にはなかった大学入試の統一試験をなすのか、大学装置のなかで諸個人を機関へ配分するためですが、同時に大学の序列化と全体の構造的配置が可能になります。各大学にまかしたままの状態では、国家配備の統治の統一がなされなくなってしまうからですが、国家が弱体化してきたからであって、強化されたからではありません。一九七九年に共通一次試験が開始され、一九九〇年から大学入試センター試験となって国立大学だけでは

なく拡張されていきましたが、ここが国家的統合の弱体化への分岐点といえるでしょう。人的資本の選別化ですが、それは実際能力の階層化とは異なる偏差値優等生の配分・序列化にしかならず、人的不能化が促進されています。先進国日本でありながら、東京大学の世界ランクは三〇位以下です。富裕階層のエリート層の不能化人材が、実際社会のいまや総体に及んでいるということです。既存の国家認識の水準を超える力能リーダーがいなくなっていることでの、国家安定秩序は停滞を基盤になされている安定化です。

学校制度は、文化資本水準の差異の再生産を通して、社会空間構造の分配再生産に決定的役割をはたします。支配的位置の獲得の闘いは不能力能の闘いとなっているということです。思考や行為に内在する図式の客体化が、国家配置の内部水準以下で展開される構造になっています、大学教師の質低下はその効果の一つです。

＊かつての国大協路線は、学生運動において批判されましたが、大学の自治を守って国家教育政策に対抗しえた大学教師たちでしたが、いまやそんな大学の自治もなければ対抗する力もありません。学長権限の拡大に対して大学自治を守れ、と主張する大学教師が「自治はどうやればいいんですかね」と公で鼎談している始末。文部政策の言われなされるがままに服属して自分の給料確保している賃労働大学教師たちが招いた結果ですが、学術会議なる自己満足権威機構に政府介入されて学問の自由が犯されていると文句言う、自分たち自身が学問の自由をアカデミズム保守のために妨げてきたことへの自覚もない。国家配備の効果です。文学部解体を口先だけで文句を言うぐらいの文化正義ぶりが精一杯のようです、無意味です。賃労働従属から学問生産はなされない。研究生産をなす大学人は他からの研究費獲得の経営をなしえています。

機関の内部に配備された装置機能は、「分類化」です、学部・学科の分類化、診療・治療の分類化です。もうそこで、権力関係において国家の統治制化を受容しているのに、専門学問分類を学問自由だと保守している転倒が大学人たちです。心身への分類化がなされているのです。さらに、公務員給与を典型にして、給与の等級分類化をなしています。分類化によって統治しうるからですが、だれにその分類を与えるかは機関側の自由であり、諸個人の選択の自由ですが、規整条件は客観的に配備されるようになっています。教育制度と経済制度の決定的な分断を、体系として構成し、教育において統制的従属配置をなして市場経済の自由をになう主体を、先回りして人口として統治生産しているというメカニズムです。諸個人が、そこでどう動こうと関係ないシステムが構成的に構造化されています。

●学校装置

「配備」されているのは「教育」です。それはサービス商品と規律テクノロジーとして、共関係的に機能して、子どもの世話、教化、社会的選択を学力の形成とともに効果づけています。教育の統治制配備が、装置化されたのが「学校装置」です。教育制度は、学校装置のみとして機能するようにラディカル独占されています。学校外で得た能力は価値無しとされます。学校装置は、教育配備を「資格化」＝卒業証書として顕在化させますが、その資格化は分類的差別化として意味をもつのであって実質的能力ではありません。教育にはさらに「一望監視」体制が「配備」されています。それは教壇があり生徒たちの机が教壇を向いて配置された視線の可視性として出現しています。大学では、学籍番号として管理され、具体の顔はゼミ以外では存在していない。制度生産の商品産物となるのが「資格」です。貨幣以上に世界流通しえます。学校装置は、国定教科書や教員資格試験等で「国家装置」化していますが、真理体系である科目分類化としての社会構造の分類化がなされていくことへ連鎖されます。大学教師は日本ではまだ資格化されていませんが、いずれ時間の問題でしょう。国家の統治制化が、社会のなかでの国家化された空間として機能しています。(塾は私的に設立経営しうる市場経済の自由の場にありますが、その教育内容は、学校テクストの分類の界をでていません。)学校装置は国家的認可を要します、教育法規の完全統制下におかれます。

学校装置分析は、アルチュセール派のボードロ/エスタブレと、ラディカル・エコノミクス派のボールズ/ギンタスと、ブルデューによって、明示されきったといえます。以後、ジルーやアップルによって、さらに深められはしましたが、基本枠はかわっていません。教育内容のコード化批判は、バーンステインとフレイレによって明証化されています。しかし、学校批判が多産されようとも学校は存続しています。それほど強度の国家配備がなされて、かつ効用が学校幻想・教育幻想として幻想化されているためです。また批判理論の限界でもあるといえます(『定本 学校・医療・交通の神話』知の新書、Appendix にて叙述)。

●病院装置

配備されているのは、「病気」という疾病名および症例とその医学的治療です。徴候は視えますが「病い」自体はほとんど視えません、「〜病」と命名されるだけです。可視化された疾病も、しかし命名だけで病い自体はみえていない。それが画一的医学処置によって「治療」されますが、同時に副作用も併発します。医原病(医療発生病)です。医療処置が産み出した病気です。病気は、細分化され、医学的真理体制に配置され、年々増加していきます。ダゴニェは、人間個体は一つの病気を多様な表象でなしていくだけだと言っていますが、個体に立てばそうなります。わたしの「痛み」と他者の「痛み」は異なり、感知は不可能です、推測があるだけです。社会医学は、病気の治療に国家予算を投入すればやがて病気は撲滅され、予算は必要なくなるだろうと想定しましたが、結果はまったく逆で、病気は増え、予算は増加していきました。病気への統治は、実質不可能なのです。すると統治は、医療管理にたいしてなされるだけになります。不正医療や誤診・医療ミス（米国では死亡四〇万件といわれています）が検閲・排除される統制がなされますが、なくなりません。個人のミスとされ医療体制自体は疑われない、自らの正当化と存続のために医療ミス告発をなす。病院「装置」が、その管理のタスクを委ねられています。

さらに「健康」が配備され、健康は医療的に生産されるものだと転倒されます。公的健康のための衛生予防が水や環境にたいして統治的になされます。その水の分配に精子の数を統制する（減少させる）薬物的投与がなされえます。人口統治していくのが可能になります。生命統治は、誰もみえないところでなされえていく、生物的テロがおこりうる可能状態におかれていくのも、禁止を含んでの統治体制が編制されているからです。

医療が精神衛生、道徳にまで統治的に関与していくことはフーコーも指摘したことです。医療の病院化が、「装置」です(保健所は国家と社会を媒介)。医療的マターのすべてが配備されている装置です。

＊わたしが脚を骨折したとき、正月であったため病院しか開いておらずそこで検診を受けましたが、ボルトを手術でいれるという先進的医療技術の処置一般をすすめるだけで、病院装置は一般的には「わたし」を観ていません。数日後、手術の道具「装置」などはもっていない町の整骨院へ診断・治療を変え、手術せずにギブス固定化とリハビリによって非常に良くなりました。そこは「わたし」を観ています。病院は「骨折」対象を観ているだけです。対応としてまったくちがいます。この整骨院は場所医療をするのだ、というビジョンをもってやっています、

場所住民の患者の顔・身体を固有に観ています。医療態度がまったく違うのを感じられます。病院装置は、人類の「痛み、病い、生死」を統轄しています。ほんの数人の先端医療処置が、医療の普遍化を幻想させます。医療保険が、病気にならない者たちをもコスト支払いへと包摂します。世界保健機構が、ときどき、世界的に恐怖をまきちらしながら、医療防衛のキャンペーンをはって、医療の国際配備を存在証明のように官僚的にやったりしていますが、医療は怪我を治療はできますが、病いを治すことはできていません、医療幻想が蔓延しているにすぎない。風邪一ついまだに治療できない、未熟科学です。医療科学技術が進歩しているだけです。細菌は、医療処置を乗り越えて再生・変容し続けています。そこにコロナ禍です。患者や感染者を受けつけない逆生産が病院からのクラスター発生を伴い現出しましたが、医療化統治制の生政治が、国家の統治制化を背後にもって、感染検査義務とワクチン接種による、健康人を病人化する医療統治制の学校義務化次元の拡延を図っています。未知が既知になったとき、諸個人の国家統治化が完遂される。

●輸送装置

近代国家は、物流・人流の輸送体系をモーター乗り物優位で編制します。鉄道、高速道路、自動車の管理、飛行機など運賃までふくめて統制します。「配備」されているのは「速度」です、速度の国家的統制です。国民の移動範囲を統治しているのですが、移動自体は個々人の自由です。「加速化」に価値が配備され、そこに人は凝集します。安全性の配備はいうまでもありませんが、世界での交通事故死（年間約一二五万人）は戦争被死者よりも多い数です。燃料の統制を、市場経済の自由におきながらも「石油」であると統治しています。電気・水素はその統治制化がなされない限り普及はしない。交通体系の低装備 under-equipment は、低開発国だとみなされます。国家進歩の価値化が交通体系によって測られます。社会生活の実際では、加速化されるほど、個人の移動時間が逆生産として長くなります。コロナ禍で人流が制限され情報流へのシフトが統治制化されつつありますが、監視システムでしかありません。

こうした諸装置は、根源的に「国家装置」です。産業化／制度化の生産様式を内在させている産業社会の三大パラダイムで示しましたが、いくつもの装置が編制されています。社会の自由の場におかれているようでいながら、国家的統制が確実に働かされています。装置自体は、制度であって、国家自体ではないですが、それが「国家装置」の本性です。

ちなみにフーコーは狂気と『臨床的なものの誕生』の医学批判にはじまり、監獄論で教育批判を明示しましたが、ブルデューは教育批判で終り、医療批判は断片的にしかふれていません。イリイチは、教育・輸送・医療批判を展開しました。統治の機軸的な再生産は教育システムですが、生命・生存の地盤的な統治は医療です。ともに、人間になくてはならぬものとして人間を統治しています。

家族装置

家族装置は、国家からもっとも切り離された編制をなしますが、税支払いとして国家へ直接包摂もされています。家族は、諸個人が個人として存在する場として保障されています。国家を直接に感じないでいられる場にすることで、国家が触れえないものである、触れえないものを保証しているのだ、という認知を自然化し再認させています。とくに、結婚の個人自由です。そして、職業選択の自由です。「国家とは関係ない」という国家アクトが行使されえている効果は大きい。家族装置に「配備」されているのは、欲望主体（性主体）に配備されるセクシュアリテと労働主体へ配備される経済セックスです。

欲望の許容と禁止が規整化されていますが、性的虐待・児童虐待もなされている場です。欲望の主体化＝個人化が形成される配備です。性への国家的禁止よりも性の氾濫の自由が配備されています。生殖の、人口の統治の場です。家族は結婚率、出生率、子どもの数などの統計化によって、人口へ配備されました。

他方、経済セックスは、ジェンダー文化を中性化し、セックス表象識別へと上げ底化して、性関係に経済関係を編制して、社会的労働分業を個人化する「配備」をなしています。夫＝父は賃労働男、妻＝母は家事女、子どもは生徒としてのシャドウ・ワーカーへと個人分割し、核家族として結合統轄しています。国家の社会的労働配置を、個人化へとになわせている装置になっていますが、対関係があることで可能になっている点を見失ってはいけない。賃労働体制秩序の再生産が可能になっていることで、社会統治制が機能しているのです。そして商品消費の場になっています。対幻想は解体されない根源に布置されますが、社会配備として経済セックス化＝個人化された個人の「対関係」として社会へ開かれます。この幻想次元と対関係とは次元が違います。家族論はここを混同してはなりません。でないと、知識人のたんなる戯言としての家族批判へ堕してしまう。また対幻想の本質論だけで守られる家族ではなくなっています。

家族の装置とその配備は、国家・社会の共同的なものと権力諸関係の共同的なものとを、対関係として支える、転化する、統治制の技術が働きえている場になっているのです。結婚し、子どもを産み、学校へ行かせ、賃労働を毎日繰り返し、電車で通勤・通学し、マイホームを購入し、家事が毎日回転されていくことで家庭維持が可能になり、消費商品が消費され、子どもは学校をでて就職し、病院で治療し、自分は病院で死んでいく。決まった道のりの設計が「幸せ」なものとして、画一形式で、官僚が描いたものとして国家的に編制されています。親と同じ路線が子どもによってなされていく秩序化再生産です。

「生産者の再生産」なのですが、それは正確には、社会人として集団表象された「生産者」の再生産です。それは集団に所属した「個人化」をも、個人幻想の統治制化として構成・配備していくものです。

家族装置は、家族制度としての核家族化を構成し、社会人としての社会的代行為が分割的に形成されることを代行為しているもので、胎児・乳児の言語化過程と性別化過程の本質形成をになっています。人間統治の根元的装置です。核家族を「社会空間」に配備したことは、決定的な規整化を働かせえています。

●国家を超える統治性

こうした社会生活は、個人の自由においてなされますが、国家の配備した「国家アクト」に従ったものでしかありません。国家アクトは、「装置」を媒介にして関与していますが、「配備」そのものには間接的にしか関与しえません。社会配備には直接手をだしません。「社会アクト」がひきうけていくように転移されたものです。国家アクトは装置へ働きかける、社会アクトは諸個人へ働きかける諸個人からのアクトです。社会配備の種別的制度生産・再生産が自由になされるように、国家は装置統御するだけです。専門的代行為者を通じて関与します。この専門代行為者は国家的に認可された資格を持った者しかなれません。

制度は長期波動のなかで変容していきますが、装置は歴史暫時的な存在でしかないのに、制度生産を内在化していることで特殊を普遍として表象しえます。装置の想像的表象は、装置＝制度を永続化します。

これらの諸装置は、国家をこえる統治技術の空間に配備されています。国家は、子どもたちや患者に直接関与はしませんが、教科書を国定化したり医薬品を統括します。しかし、もっとも根本的なことは、学校の教育を通じてまた病院での治療を通じて、政治的合意、国家への服属が形成されているということです。共同幻想と個人幻想が同調するよう利害関係と道徳判断（規則を守る）を個人化してです。国家をこえる統治技術に配備されているがゆえに、国家支えが可能になっています。そのとき社会空間が自然なものとして配備され、そこにこれらの諸装置は制度機関として法的・規定的に配置され、そこの装置内で、パストラール的働きをもった規律化がサービス経済へ転化されてかつ規範化されていることが不可欠になっているということです。全体主義、軍国主義の国家内では、これら諸装置は国家によって直接統轄されていましたが、戦後の新自由主義の編制において、それは「先進的自由主義」として規律化を社会の自然秩序の中に織り込んだだけではありません、市場経済の企業活動においても規範化・規律化を構成したのです。国家を超えた統治制的実際行為《プラチック》において、規則や規範が真理として標されている、まさに自由主義の機軸をもりこんで規制化し、統治しているものです。規範があれば規整化が作用するゆえ自由放任しています。つまり、権力諸関係が日常的に作用しているようにしている統治するアートです。諸個人に利になるようにしているもので、直接命令していません、支配しているのではありません。支配していない、しかも最小限統治として、主体化＝従属化が個人利益になるように遂行され、個人が判断できるようにしているのです、諸個人の自由行為であるかのようにプラチックされていますが、それは制度アクトとして編制されているものです。しかし、アクション自体は可能なものとして残されているのを見失ってはならない。自由の幻想を認識することで自由にプラチックしうるアクションは可能なのです。その結果、国家支配の永続化が、法や政府機関の外部で編制されていきます。これらの領域を、政治権力の介入だなどとして批判する反行動に、まったく意味はありませんが、反振る舞いの可能閾は残されているのです。しかし根源的枠組を解体する反振る舞いとはなりえない。そうならぬように自己規制統治をふくめての規制化が規整化を機能させています。諸個人は、どこでその境界・限界が壊れるか知っていて、そこをつっきることはしません。それが、権力関係の作用の効果です。

都市機能の配備と装置

都市が、資本化の集中、規律化された諸個人の配置による富の集中、そして人口のための生命の生存環境・労働環境を、安全性に集約させて配備してきたとき、そこに同時に市場経済の場と社会規範の場とを配備し、かつ装置化しています。都市と地方とを分割して交通化する統治制の配備ですが、そこで「環境」が、人間・商品・空気の「循環」の場として、上下水道、電力のインフラ配備が、場所から切り離されてゾーニング空間へ配置されて建造化されています。そのなかで、諸個人の多様さが混在しうるようになっている。

循環としての都市配備は、国家の配備として、その近代的統治の主要軸ですが、物理的に実在する空間ですので、固有の「転倒した空間」のなかに「場所」が残滓してもいます。グローバル・シティとしての生産センターの配置にたいして、「場所シティ place-city」の構想が要されるのですが、都市論一般が社会論としてしかなされていない。

そこに国家認識・国家知にからめとられた都市設計が都市瓦解をうみだしている根拠にもなっています。流通において、食糧・商品の循環が、仲介の選別をとおして配分される「消費的都市」構成に対して、顧客＝居住者と生産者との直接交通がなされていくのが、場所シティです。

都市に対する都市化・都市計画が、産業的な「社会」編制にしかなっていないことが、根源的な問題です。とくに東京では、それは水系の排除・閉じ込めとして江戸的都市を封殺してしまいましたが、都市の場所設計は可能なのです。都市に「社会」を配備してはならない、それが場所シティ構想の要です。都市空間の配備は、国家配備の表象です。国家の非配備もなされえます。

【Ⅲ】国家と自由市場経済との関係構造

このテーマは、フーコーがもっとも明証にさせてきたことですが、国家と経済的土台というマルクス主義的な構造と相同しながらも差異化されて、新たな理論閾をいかに開いているかおさえておきます。経済は一方で計算されながら、しかし予測しえない、統御しえない、市場経済の自由を保証する統治制をなすだけだ。すると、「経済の自由がいかにして国家化 étatisation の機能・役割を持ちうることになるのか」(NB, p.96) ということが、新たな理論課題になっています。

マルクス／マルクス主義的には、経済の生産様式が上部構造・国家を規定するというものですが、ロシア・マルクス主義が言うような決定主義ではない、あくまでも規定なのだ、決定ではないとそれは否定され、かつ国家の自律性、自律運動がありうるのだ、と考慮されていくようになってきました。しかし、経済規定の優位性は保持されたままでした。どちらが規定するにしても、この建築比喩的な上下構図は強固です。

しかしながらそれは認識図式であるにすぎません。

「経済学批判・序説」でのマルクスによる定式が、三相になっていることは、すでにわたし自身の論述で指摘していますが、そこに規定的かつ無規定的に「社会生活」という位相が入り込んでいます。フーコー国家論が一番はっきりさせたのはここに関わる理論点です。国家と経済との間に「社会」が疎外表出されていることの、その経済的意味が問われているのです。〈社会〉が権利・法の場というよりも、経済的対象、経済的市場となっている様態です。それは、社会が諸個人の生活場ですから、不可避にそうなります。ホモ・エコノミクスという統御不可能なものが、市民社会にすみついていると、フーコーは言いました。しかし、ホモ・エコノミクスが、経済セックスへと転じられていることを、わたしは指摘してきましたが、経済セックスは、家庭のなかでの経済的独立個人の対的関係が個人化されたものです。経済セックスは市場経済にはすみついていません、制度にすみついているのです。ここを、いかに関係づけていくのかです。

まず、権力諸関係の作用が、政治権力からも経済からも切り離されて、固有にかつ全体的に作用している事が示されました。

ついで、市場経済の自由が、市場へ統治することをなるべくしないことにおいて機能するという、法／政治の域と経済の域との、あらためての分離です。原理がまったく違う事が示されました。逆に、統治する者は、経済にまったく無能であるということです。

そこから、それでは、その関係は統治することとしていかに為されるのかにおいて、経済的自由が、国家の永続的正統性と政治的合意を生産するということ、そして「社会」の自然性の登場が示されました。

これらは、本書が確認してきたことですが、理論的構成は不十分です。

戦後、ドイツ〈国家〉も日本〈国家〉も「国家」として歴史において否定されましたが、両国家は経済によって自らを肯定することが可能となり、経済成長によって政治的合意形成と新自由主義的国家の正統性を保持してきたといえます。経済が政治的徴候を生産する、自由市場が政治的絆を生産するという観方です。フーコーのこの観方は、あまりにマルクス的ではないでしょうか？　いや、マルクス的に横すべりして理解されがちになってしまう。このずらしは、いかになされえているのか？

経済にたいする統治ではない、経済規定による統治でもない、経済をとおしての統治がなされているのです。このとき、経済主権なるものは存在しないということ、経済への規律化もないこと、経済は自由であるということの再確認というか理論化が要されています。

（近年、安倍政権のもとで、適切な国家政策によって経済統治がなされて、国民の富・繁栄がなされるかのような言動が顕著でしたが、実際にはありえないどころか統治上の不正的な仕方が多々出現した。この錯認はいったいどこからきて、かつ何を作用させているのかということに対応します。統治者は、経済経営に無能なのです。国立銀行の黒田総裁指導で提示された金融政策は、その目的意図を実現しえないというより、賃労働者による国家資本統治をなそうという無知の出現です。マイナス金利とは、ローカルマネーの場所規模において経済活性化がなされる質のものであるのに、国家規模でそれをなす、スケール認識がない設計無知の金融策です。他方、国家の経済政策である年金機構の経済経営は多額の赤字をだして失敗した――かくも巨大な額なら自らで資産運用経営しうるのに、委託委譲してしまっている不能さ――、こういったことにおいて転倒錯認されていることは、何であるのかです。統治者側は、経済を統治しうると錯認しています、実際内部で経営していないからです。豊洲市場移転で、統治なき行政の無責任さは、経済への無知からなされている建築統治であって、他方、経済ではない建築統治にたいして、築地市場の当事者たちは経済からの動きをもっての統治をなすことであるのに、官僚統治へ委託してしまっている。こういう相互錯認が、統治と経済との関係でおきています。「市場」という市場そのものが、統治対象にされてしまったことからおきている錯認です。）

経済的なものと政治的なものとの透明な相互関係は、主権が政治的活動から、経済過程への関係における理論的受動性へと移動したことにあります。つまり、経済的自由の方が政治的合意を生産し形成しているのです。そこへの安倍政権の無知があり、年金機構の無知、都庁行政の無知が露出しています。ケネーの経済表は、価値形成と富の循環とが見えるようにするものでしたが、アダム・スミスの「見えざる手」は、個人の利益追求と集団的富の成長との間には見えないものがあるということでした。そして統制統治することの失敗は歴史的に明証なのに、社会統治が蔓延したことで事の本質がわからなくなっているようです。日本資本主義の大転換は、技術的可能性においてなされていくものであることが、国家統治によってなされていくかのように転倒しています。自由プラチックにある〈資本〉が不在になっているからです。

市場経済の新自由は、交換中心に代わって競合関係が中心の自由であり、「利主体」の自由として保証されているものですが、それゆえ係争が絶えず、裁判・司法制度が不可避に装備されます。そこへ統治はできる限り少なくし、かつ、少しでも良い生活がなしうるようにはかっていく統治技術となってきました。経済統治は、規制がないのではなく、自由であるようにさせる規制です。しかし、それは自由の放任でありながら、自由放任を規制する反転を不可避にうみだします。その反転がいかにおきるかをフーコーは、不問に付していますので、新自由主義の主唱者ないし無政府主義であるかのように誤認されました。

規制化の規整化が、自由放任を反転させる規則化をうみだしていくのです。それは経済関係が人間諸関係のなかで作用する「社会」の場にホモ・エコノミクスを媒介にして社会関係へと配備されたからです。経済をめぐる法的規制、規定化は、多様に張り巡らされます。その典型が建築基準法や商取引上のさまざまな規制ですが、経済プラチックに社会的規則化が徐々に編制されていきます。係争・衝突を回避するためです。たとえば、電気をめぐる規制は、交流配電を規準になされており、直流で電気器具を使うことができないようになっていますから、自家発電で直接にテレビを見たり家電を使うことはできません。あきらかに電力会社の独占が構成されていますが企業体が独占するとしたのではない、国家的な統制が独占が可能となりうる統治制を構成しているからですが、指示はしても命令はしない、という自由放任関係を保証したうえでです。どこに「市場経済の自由」などがあるといえるのでしょう？　規制に従っての自由放任があるのみです。フーコーは、言説だけを対象にしていますので、実際の社会プラチックでなされている権力作用——フーコー自身が明証化したもの——を把握しえていませんが、権力作用の理論は、非言説とされてしまう経済プラチックや社会プラチックの諸関係にたいしても使いうるツールです。

市場経済の自由の言説プラチックは、経済プラチックの権力作用の可能化において「自由／規制」を両義的に働かせていることで、社会プラチックを営むものになっている。もはや純粋な経済活動はありえないということです。ホモ・エコノミクスは、統治と個人を結ぶ関係で、利主体の活動を商品関係と社会規範関係へ凝集させていますので、規則優先でビジネスできなくなっている奇妙な転倒存在になっています。

なぜなら、利益は、経済の費用価格や利潤率で決定されるだけではなく、利主体による利害の計算的戦略において判断されるからです。利潤率計算をわかっている経営者にであったことがない、費用価格の表層計算を、利害意識ではかっている経営者がほとんどです。そのように、統治技術と国家の認識構造とが経済コードを構成しているのです。すると資本は、資金や資財としてしか認識されなくなります。資本の総体的運動が見えないだけでなく、資本を使うこともできない経営が作用し、組織運営がなされるだけになります。大企業は、組織運営による既存の商品再生産が経済ビジネスだと錯認したままです。数千億円の赤字をだしてもつぶれないのは、社会労働市場に破綻をきさないための社会統治でしかない。実質経済はすでに破綻しています。市場経済が、政治的合意を決定していくというのは、社会規範に従う行動をとることによってなされているもので、直接の関係ではありません。つまり経済構造と経済行為者たちの関係に、社会規定が規範化作用としてはいりこんでしまっているのです。どうしてそうなってしまうのか？

ホモ・エコノミクスは、経済活動を競合関係でなしているだけではなく、市民社会にも生活者として住み着いています。しかし、社会生活は純粋なホモ・エコノミクスとして営むことはできない、権利規制と制度規制を被ります。共同的なものに従属する主体活動においては、純粋経済活動は許されないのです。その個人「利益」は直接経済利益ではない、社会で制度で利益をえることで、派生的・付随的にもたらされるものとされます。大卒者の方が中卒者よりも給与が高い、出世の可能性が高い、というようなことです。ホモ・エコノミクスは、社会生活が営める社会人として自己を構成するために、家族のなかで経済セックス者としての自己転成をなします。賃労働男としての夫＝父になることです。子どもがそうなるようにシャドウ・ワークさせます。家事労働女がそれを家庭内で支え生産します。この構成によって、市場経済の自由と統制が外在的になされる諸関係を編制するのです。国家配置された「社会」のなかで生存することが、国家化を作用させています。経済行為者たちが、ハビトゥスによって規制されて、それぞれの位置での配置換えを自ら選択・受容していくのです。それは実際の経済活動に先回りして編制されています。

基本的に市場経済の自由があります、そうでないと市場経済は成立しないからです。しかし企業組織によって経済をなす行為者は、社会代行人としての社会的個人化を前もって身体化しています——家庭と教育システムによって——、その行動は「社会」規則従属です。すると経済行為は制度アクトとなります。経済関係の自由は規則従属遂行へと転移され受容されます。市場経済は企業組織を介して、社会統制された関係へ覆われていきます。これが、経済自由が国家配備を支えていく構成化のあり方です。「資本―労働」の領有法則の経済関係が根元にあるのですが、それが社会規範関係となってしまっているのです。しかも大企業は経営者が賃労働者であって資本家ではないですから、この領有法則は隠れたままになり、剰余価値生産の経済関係ではなく、表層の費用価格と労賃との利益計算になって、東芝のような社長が帳簿上の決済を書き替えるという、信じがたい錯認・転倒が組織管理としてなされるのです。これは、資本経営ではなく、賃労働成功の正当化による自己保存でしかない。企業経営者が賃労働者であるから、そうなります。これは一企業の現象ではなく、経済が社会規範関係へと転じられたために起きていることです。

市場経済への統治制化の要は、商品の優位化による「資本」の非在化と賃労働の社会化です。これが、「国家化」の機能をはたしているのです。

●市場経済を超える資本経済●

フーコーの自由主義・新自由主義から説かれた価格や市場経済の諸現象、そこに根元的に欠落しているものは何でしょうか？ 経済的自由が政治的合意・絆を生産しうるには、間に「社会」の構成が編制されていないことには不可能だということ、そこから視えてくるいくつかの欠落です。

一つは、すでに指摘した、国家諸装置の「社会」空間への配備の問題です。そしてもう一つは、「資本」の問題です。フーコーのエコノミー論には、「資本」がまったく欠落しています。資本は、経済だけにとどまるものではない、文化資本であり、自然資本、象徴資本、社会資本、さらには「国家資本」にまでいたる、まさにブルデューが問題構成したことですが、エコノミー自体のマルクスにおいてさえ、商品ではない「資本」の界閾が論じられていたことです。市場経済に商品を産出して循環させているのは「資本」です。都市も「資本」です。環境も場所も「資本」です。諸個人の能力・技能や諸関係も「資本」です。（マルクスは資本と資本家とを混在させてしまった。）

フーコーの講義のなかで、「循環」が何度も指摘されていますが、その「循環」の界閾で働いている「意味するもの」が「資本」です。市場は本来は資本の動きなのです。そこは語られていないながら、まったくフーコーによって考えられていない閾です。これは、フーコーのエコノミー論を致命的なものにしています。

つまり、「統治するアート」は商品・価格の自由にたいしてだけではない、「資本」においても作用しているということです。資本を国家は世界市場において統治はしえないのに、国内においては企業への管理として統治を働かせています。すでに財閥解体はその典型でしたが、逆に、資本は国家を統治するものとしてどこまで機能しているかです。ここは、統制経済にたいするフーコーの批判を粗野にしてしまっていることにも関わります。また、日本のように社会規範世界が大規模に構造化されていますと、企業自体が「資本」の存在・作用を喪失していく実際が出現してきます。

1 資本のエコノミーは、権力諸関係の場においては、諸個人の文化資本、その力能の形成やあり様や関係の仕方に関わります。それは、パストラール権力がサービス経済として機能させられることへ書き込まれ、資本が萎縮します。自らの資本を分節化し喪失までさせられる労働の社会化、社会的労働の統治性化です。

2 資本のエコノミーは、経済領域においては、生産だけでなく、まさに循環に関わり、その循環の場は「環境」産出の場にかさなって、その環境場所が「社会」空間へと転移編制されてしまう問題に関与します、環境循環の場所が「物の流通&分配空間」へと転化されてしまっている、そういう統治技術がなされている。ここが社会の自然性の根源問題になる閾です。物の循環や経済の競合関係は、純粋経済の物質関係だけにおさまっていない、象徴的諸関係を権力諸関係とともに働かせているのです。

3 そして、さらに資本のエコノミーは、「国家資本」として、国家自体の働きにおいて作用していくのです。

4 以上において、資本は、個人化と全体化の働きを、権力諸関係と国家に並んで、統治するアートのなかにおいて作用させているのです。資本は、対関係からは疎外されています。

これらは、商品論では扱いえません、まったく異質な次元での働きです。

別な言い方をしますと、経済学者の考え方の出現や政治経済の出現という経済学言説そのものが、「資本」を不在化させた言説で、物質的利益と貨幣利潤を最大化する経済的経済を考えているものでしかない。経済の「真理の体制」は、「資本」を排除してきた言説です。資本概念なく資本主義批判しています。現在の現実世界で、経済学が機能しえていないのは資本が不在だからです。しかし実際には資本は機能し作用している。見えないものに転じられているだけです。見えるものは、物質的に、資財とか資金とかに金銭化・財産化され転化されたものになっているにすぎません。

フーコー的な思考技術の仕方によって、「資本」を顕在化させていくことが要されます。それは生権力・生政治は、「資本」を消失させる権力政治であったということです。資本は真理体制から除外されてしまいましたから、言説史に浮上していないゆえ、フーコーはそこをキャッチしえなかったのです。一種の歴史主義の限界です。実際の社会プラチックの背後に、資本の働きを発見したのはブルデューになります。そして、古典的にはマルクスの『経済学批判要綱』です。リカードとマルクスの間に断絶・切断を標すもの、それが「資本」です。そこをフーコーは把捉しえていませんから、同系に布置してしまうのです。「資本」をユダヤ資本やフリーメイソンへ配備してすます主知主義には、資本の現象指摘があるだけで、資本の理論がないだけのはなしです。実証的には、一般的に、資本の金融史においてスイスのプライベート・バンクの歴史・実際が何ごとも論じられていないところからきています。国立銀行を最初につくったのはスイスです。ローザ・ルクセンブルグの原理（421頁）においても「資本蓄積論」は吟味されず、統治の革命言説だけになっています。そして、元々、市場とは経済範疇ではないのに商品の市場調整経済に転化された。

経済的自由とは、何でしょうか？　価格の自由、そこでの競争の自由だとしか新自由主義は言っていない、それは「商品の自由」です。生活者にとっては「商品へのアクセスの自由」でしかないもの。「資本の自由」は不在になっています。商品交換や所得の移転のことではない、統治性として市場を自由にしておくことだと言っているだけです。それをフーコーは何度も強調していますが、商品交換世界が社会世界を構成しているその双方の相同性が明示されていないため、自由であるかのように設定されてしまったままです。権力諸関係の作用が、規律世界へ限定されてしまって、サービス経済の実際行為や経済組織統治において作用していることが考えられえていないのです。経済行為における転倒が構造化されていることが、問題になっていません。それは、物象化の限定域の問題ではない。象徴的関係、象徴資本、国家資本の問題闘です。ブルデュー国家論が要される界闘ですが、価格を物・価値へのプラグマチックから問題にしたボルタンスキーの言述が要されるプラチックな場面です。価格自体も考察不十分なのです。

経済行為の自由が、規範的行為によって統治されてしまっています。一見組織内の管理のようにみえますが、規範そのものに服従するという社会空間・国家空間に統合されているものです。これはとくに大企業体のなかで構造化されています。資本を動かすのではなく、商品を消費者が買ってくれれば、それがビジネスだとされています。商品開発は、売れる見込み筋のものしかなされない、個々の生活に望まれるものを生産しない、資本開発をしない、そういう転倒になっていきます。ですから賃労働生活者は、プライベートな資産運用ができない、違法的行為に抵触していくと思いこまれ、たかだか株の小額の売り買いがなされるだけです。海外への送金は、すべてチェックされます。自由なもちだしなどできない、市場の自由などは存在していない、ある規制された枠内での自由があるだけです。新自由主義は、資本経済を不在化させて商品・サービス経済へ市場の自由をおしこめているものでしかない。「資本」を頭ごなしに考察もせずに「悪」だとしているマルクス主義的思考は、価値が価格を正当化する配備だとも知らないただの無知です。

資本経済の配備、その統治制の創出、それによって国家／社会配備とは異なる設計が可能に開けます（8章）。

【Ⅳ】諸個人の国家意志と国家構造：個人化の政治と経済への統治制化

国家を前にして諸個人は対幻想／対関係を解体され、個人化へと主体化されます。そして、吉本さんが指摘したように頭だけで逆立ちして国家へ入っていきます。ここは本質軸です。歴史軸としては、個人化された諸個人は「社会人間」として経済セックス者としての機能を自ら へ働かせます。成人男性は「賃労働男」へ、結婚した女性は「家事女」へ、そして子どもは「児童・生徒」として、経済セックス化されています。ジェンダー文化の規定性を中性人間化するのは、学校システムの制度生産のタスクです。

個人は、三重の規制を被っています。「国民」として国家の想像界のなかに、「市民」として権利を行使する社会界の中に、しかし実際には生活者として賃労働の市場経済を転移させた「社会人」（社会的代行為者）として、共同的なものを三重に被っています。命令・指令されたのではない、諸関係のなかでそのように構成される、統治制が働いているからです。社会空間を統治制によって疎外構成することから、可能になっていることです。この三重の規制化は、しかし、そこからはみだしうる個人の存在を可能にも放置しているのです。国家を歌わない自由、国旗掲揚しない自由、権利侵害ないし権利放棄する自由、結婚しない、家族をつくらない、就職しない自由を放任しえています。社会人は、国家統御不可能ですが、かわって社会規範がそれを規整化統御しています。かなり統治しながらもその閾を残してある統治制がなされています。しかし、国籍放棄がなされえない限界枠は画定されています。場所内に生存を閉じておけば国籍放棄が、国外では可能となりますが、その結果、国をまたぐ移動は不可能となる。

個人身体は、解剖政治として規律化されていく社会空間へ配置されますが、そこは同時に個人が人口として統治編制された中に配置されて規整化されていることです。個人化は全体化として構成されたことで生存が可能になる統治制に配備されています。純粋な個人化は存在していません。集団構成のなかでのセグメンテーションがあるだけです。単子個人化の生政治です。思想として自立の、共同幻想に対峙することが可能ですが、生存諸関係においては共同的な全体化に主体従属することでしか生存は不可能です。共同的なものに服属した方が、損害は少ない、利が大きくなる、というメリット／デメリットを計算する利主体が選択されていきます。規範従属したほうが、私的自由を限界内で享受しうるのです。そうなるように、統治制の配備がなされているのです。（パスポートは、国家に承認されない限り持つことはできませんが、パスポートを持ったことで不自由が発生するわけではない、そういう国民化の統治制がなされている。）納税拒否をしても、生活物品が差し押さえられるだけで、殺されるわけではない、生かしめられて納税するよう仕向けられる統治制です。どうみても、個人は国家の外にいることができないように統治されています。

国家の実体がないゆえに可能なことです。国家が内部へ個人を強制統治しているのではない、外部にはでられないように統治制が配備されているということです。共同幻想へ抵抗するよりも同調した方が、自分のためになるという統治制的配備が心的に内在化されているのです。それは、権力諸関係を社会界において分節的に、ビジョンとディビジョンの原理でもって統治していることにおいて、可能になっていることです。市民社会は規範化社会へと編制されていく統治技術です。個人は、たとえ自らが家族をつくらなくとも、その個人自身は社会関係を内在化している家族から産み出され育てられてきた者です。家族から捨てられたときは、その代行機関が代行します。

個々人は、社会人として自立して、「服従」し「救済」され、国家の認識＝真理を自らの精神構造の真理として領有して、統治受容しているということです。自由放任されていますが、よく規律化されています。

情報技術の発展と浸透によって、諸個人は、「匿名」としての表現行為が可能になりました。ウェッブ内での自由が保証されたのです。すると、社会的拘束性で自己制限されていた従属の圧迫や不満から解き放たれて、「第二自己 second self」として匿名ないしハンドル名で、本音を表明することができるようになる。ところが、それは多分に他者攻撃の欲求不満解消の稚拙さに配備されている。いわば、「社会のゴミ」としての自己解放の擬制です。そして、驚くほど規則・規範従属を他者に強いて来る表現になっています。社会代行者から「第二自己」が脱出しえていないのです、国家配備におさまっていますから、放任されます。心的なテロ行為の放散です。情報社会は、物体ではない情報《データ》のゴミにあふれていきます。

【I】から【IV】の諸構成は、理論的に問題化したものですが、実際プラチックから離脱していません。

それを対象にしての問題化です。かかる諸構成は国家から発してくるものではなく、国家へと収斂されていくものです。つまり、国家へと疎外表出されていくものです。もし、国家が強固な独裁国家となるなら、これらの収斂を国家凝集して、国家から権力作用が発せられていくことへと転化しますが、それは「悪しき国家」であるという歴史認識がすでに働いていますが、そうなったときはもはや国家は作用していない。フーコーがナチスを対象に示したことです。つまり、「質素な統治」と言われたように、できるかぎり統治しないことが「良き国家」とされるのです。社会空間での権力作用がうまく働いていれば、「少ない統治による統治」をなすことが可能になります。国家が強力な介入をしてくることがないように諸々の権力テクノロジーが、その再生産を秩序として規整化を構成・維持しつづけているのです。ですから権力テクノロジーによる行使は、国家に依託されません。あくまで国家装置のもとでの社会諸装置において機能していくことです。国家はただそうした権力テクノロジーが機能していくことに配慮し、諸装置を配備すればいいのです。つまり、appareil（装置）と dispositif（配備）とが、相互関係交通していく統治をなせばいいのです。そこが法定化されないこと、レギュレーションの空隙空間を配備することになります。

例えば、医療ミスがなされ患者が死亡したとすると、病院システムや医学体制のミスではなく、担当医師個人のミスであると個人処罰して、医療体制そのものが疑われないように社会関係が働くようにすればいいのです。誤診やミスは、個人的な逸脱であると個人化することで、装置の全体化を守るようになされている。それが権力諸関係にたいする統治制の機能の仕方です。軍事的・外交的な次元でいいますと、米軍兵が沖縄の女性を殺害した、そこに国家首脳は「遺憾の意」を表明し、米国・米軍に警告はし、犯人へ個人化して処罰するだけで、米軍駐留そのものが日本人総体として疑われない、必要であるとされていくよう配慮配備していけばいいのです。沖縄県民が怒っているということは、日本人という人口から脱して住民・人民となって出現しているのですが、それは「一部」だとしていけばいい。米軍基地反対の主張を自由として保障し、強制的に黙らせるということをしないで、秩序再生産がレギュレーション閾で機能していればいいということです。基地移転反対の沖縄県知事が多数で選択されても、それは一部だとおもわせる配慮をくみたてていけばいいのです。

装置そのもの制度そのものにおいては、反転可能性のパワー関係が作用しうるのですが、その反転主張の自由を保障しながら、実際の反転がおきないように権力関係をレギュレーション閾で確保していく。それが「国家アクト」のタスクです。そのために、何をなしていかねばならなかというと、安全テクノロジーの上に「安心」の心性を疎外表出させる必要があります。「安心して暮らせる」ということの保障です。フーコーが刑罰システムに固執した根拠は、この「安心」の次元にあります。犯罪者の封じ込めをなすことで、効果波及される安心です。犯罪者が逃亡すると、「こわいですね」と近隣総体が反応するようになります。この刑罰エコノミーは、今、コロナ感染者（やがてワクチンの未接種者、未検査者へ）に拡張されているよう、生権力の統治制の論理・技術であるからです。感染もしていないのに家族や他者へ迷惑かけたくない、と。国家論は、統治制的統治諸技術と権力諸関係との「配備」と「装置化」との再生産理論として、幻想の配備とともに、「配備理論」において構築されていくことです（拙書『私を再生産する共同幻想国家・国家資本』）。

こうしてみていきますと、何からなにまですべてが、国家へ収斂され覆われて身動きができないかのように感じられるかもしれませんが、そういうことではなく、自分の生活行動範囲は、国家とされているものの「諸配備」のなかでしか動いていない、その外部にはでられない、しかしそれは不自由な拘束・

強制なのではなく、自由や権利があたえられた場である、物事が可能になされていく場である、ということです。しかも国家は外部に配備されている。そこに編制されている統治制のアート／技術から、国家が機能している、その「為す仕方」を了解して、自分の自己技術の自由プラチックを自らへ向けてなしていくことです。国家嫌悪の拡張的な再来として詳細化されたものといわれるかも知れませんが、統治制の「配備」がいかになされているかを解き明かしました。国家論は「国家批判」として政治作用することであって、国家を守るもの——それはただの国家主義です——として作用することではない。フーコーがなした方向性と逆のおさえ方でしたが、それこそが、パワー関係の権力効果なのです。「反振る舞い」の可能条件にたいして統治技術は緻密に詳細に細部にわたって編制されてきたからです。

＊わたしが学生時代、試験粉砕をなして、単位放棄するのではなく、逆に全員を優で通過させたとき、昨夜一生懸命勉強してきたのだ、試験を受けさせろ、という真面目な学生の反応です。そんな一夜漬けの勉強等は、学問・知の領有になんの関係もない、ということが排除される、制度がなす愚行には「黙ってじっと耐えて通過していまえばいい」という自立へ転化される、単位制度や試験制度の権力関係は自覚の外部へほうりだされます。大学教師になって、試験で「自分で問いを立て、自分で答え、それを自分で採点せよ」としたなら、ほとんどが問いをたてられない。試験自体を無化したいのですが、それがなされえない次元がある。法の規則性の外部に、権力関係が網の目のように諸個人の日常性に隙間なく張り巡らされているからです。

フーコーが批判したことが、逆にファシストであるかのごとく非難された根拠でもあります。他方、わたしが、政治行動としての「反国家」は机上の戯れ言にすぎない、と言う根拠です。政治プラチックを無視ないし排除する「政治実践」「政治行動」は、日常のプラチックをそのままにした同じ土俵で、ただ「反振る舞い」として国家化へ吸収されていくだけです、ここは、ラディカルな政治行為を為した者には経験的に感取されていたことです。個人が内面的にどう考え、どうするかの問題ではない、個人をとりまく諸関係がどうなっているのかの問題です。

それではどうしていったならいいのでしょうか？ 従属化による主体化の枠の外に出る可能条件はいったいどこにいかにしてありうるのでしょうか？ フーコーの限界は、そこにあるゆえ、とくにリベラリストたち（チャールズ・テイラーら）から批判されたところです。マルクス主義からの批判は無効です、後退でしかありません（ハーバマスら）。マルクス主義的な取り込みも後退です（ネグリが典型）。

国家に円環・循環する諸関係を転移することですが、それは第一に、国家的共同幻想とは異なる次元での「場所共同幻想」を創出すること（幻想本質の次元）、第二に、市場経済の政治経済の権力エコノミーに代わる「資本エコノミー」の界閾を創出すること（経済本質の次元）、この二つによって第三に「社会」の自然性を解体・消去することで、「場所」の界閾を創出すること（規整化プラチックの統治技術次元）。これらは、「国家」の界、国家の配備にはありません。これらにおいて、政治的対抗軸を多元的に設定して、パワー関係が作用する場を創出していくことです。フーコー自身は、「自己テクノロジー」の領域へと飛躍してしまいましたが、自己技術の政治行為によって、可能条件を見いだしていくことができます。そこを、国家に対する自己テクノロジーとして、政治と倫理との関係をふまえながら次章で考えます。

その前に、フーコーが知っていて課題に真正面からはあげていない、国家の廃止ではない、「国家の死滅」というレーニンが強くたてた国家論の問題があります。

【V】国家の死滅、国家の廃絶、国家の無化という問題

レーニンは、国家の廃絶ではない、国家の死滅であると、プロレタリアート独裁を過渡的にへていけば国家が自然過程的に死滅していくと想定していましたが、国家が本質的に人為の対象でないことを知っており、ゆえ歴史段階的に国家を国家権力の暴力装置／権力所有として把握する考え＝国家認識をとるのですが、国家の統治制を把捉しえていないと、フーコー規準から裁定されてしまうことになります。

フーコーによれば、二つの「反国家」の考え・統治があったとされています。一つは、ナチズム、もう一つは反統治的終末論です。ナチズムに対するオルド自由主義の見解に、国家の無際限の増大、それがナチズムであるが、しかしそれはむしろ「国家の消滅」であり、党が肥大化したものだったという考察がありました。全体主義国家への批判的考察ですが、自由主義の立場からすれば、経済的自由への介入主義にたいする批判考察であり、ここの理論的思考は不可避に奇妙に屈折します。

つまり、社会や経済へ介入しないことによって国家は保存されるとなります。

他方、過剰なナチズムのような全体主義化は、国家を消滅させ、政党に権力を移行させているということです。（安倍首相の政策が「危うい」とされたのは、国家ではなく自民党政党の独裁化への危機感覚です。そこでも、国家は触れられなくなり、「美しい日本」なる擬制が、国家ではないものが言明されます。トランプの「強いアメリカ」がそうでした。）

国家に触れないことによって、国家は保持される、という屈折した問題提起がフーコーからは暗黙に提示されています、それは国家に内部はないという見解から本質的にもたらされているといえます。内

部性がないものを不在化も消滅化も廃絶もできない、外在化されて触れられえない外部にある。それでは、疎外されて外部にあるものを死滅させるないし無化するということはいかにしてなされうるのか。それは政治的な意味があるのかという問題です。

ここに「終末論」の考えが「反終末論」にからんで屈折して入り込んできます。国家理性は、キリスト教の中世神学的宇宙を終わらすものとして出現しましたが、帝国の最後の日にキリストの再降臨があるという、そこにおいて国家の維持と拡大が構想された、そこでの、不可避の終末のもとで統治されている世界から、開かれた時間と多在の空間性の新たな世界へ入っていくことでした。国家理性は、キリスト教的終末論をそこで政治的に閉じたのですが、この世俗化された統治合理性は、国家の外部に、自由主義によって統治される「市民社会」を発見し、この自然的・歴史的領域が人為的な国家よりも優位におかれて、「革命的終末論」の反振る舞い——人口にたいする人民の権利としての反乱——にネイションの真理・本質を観たのです。近代政治国家の終末論は、ナショナリストの形態と国家を枯渇させるマルクス＝レーニン主義の形態、さらには固有の徳、市民社会の固有な価値、のリベラルな形態をもたらしました。これらは、人民、指導者、党を、法・権利、官僚的管理、国家の上に配置するものです。

これは経済的自由と国家介入との関係の問題でもなければ、国家と社会との関係の問題でもない。経済や社会の外部性の配置の問題であるということです。つまり、国家の本質的な問題は、経済性や社会性のそれ自体にはない、それらの「配備」の問題であるということです。プロレタリアーの階級独裁による、一〇分の九の民主主義が国家の死滅に向かうというレーニンの考えは、革命的終末論の系譜にあるものでしかなく、無効になった（歴史的にも）といえますが、それは統治性の設定が不在であったためです。

つまりフーコーは、ここで提示された不可避の問題にたいして、第一に、生権力を統治制へ置換えていかなる時代的公式が維持され変容されているか明示し、第二に、「dispositif＝配備」の概念でもって機能主義と超決定主義における権力移行の見方を回避し、第三に、自由論の統治理性にみられる自己省察からの批判として権力諸関係の軌跡の核心部を「統治しないことでの国家統治」に見いだし、そして第四に国家嫌悪の下にあるにすぎない「反国家的終末論」の不能な効果を考察して、国家を「統治制の合理性／テクニック／プラチック」として設定し、国家の歴史的・制度的現実性そのもののあり方として明示したのです。そこから、所与の領域内で正統的力を独占し超越的権威を主張する政治組織の法的な統治と法的な組織として出現した国家を相対化するとともに、主権を超える権力諸関係の平面の作用の存在を、国家の外部に再布置したといえます。すると、国家はそのまま永続化されていくにすぎないとされてしまいます。

吉本「共同幻想」もそのまま保持されるかのように理解されがちです。フーコー、ブルデューさらに吉本思想を考えますと、国家という疎外されたものにたいして何かをなすのではなく、国家から切り離す政治を、統治することにおいての行使可能条件へ開くことが肝要であるということではないでしょうか。統治制の場を国家配備から切り離す。国家の認識構造に収奪されている精神構造を国家から切り離し、共同幻想が国家へからめとられているその共同幻想の水準を国家から切り離し場所へ眼界づける、ということが想定されえます。場所における統治技術、場所における認識構造・心的構造、場所共同幻想の多元化・多在化、こうしたことが、再記憶的 rememorativum に、示威証明的 demonstrativum に、予測的 pronosticum に、つまり、昔からあった、現在でも同様である、そしてこれからもそうである、という徴において示されていくことです（n°351, p.683）。技術、認識、幻想において、一定の時期に作用したものではなく、人類がその全体において、国家的にではない、場所的に生存していたことを恒常的・恒久的な根拠として示していくことです。そこをわたしは古事記から、葦原中国（＝均一社会の日本書紀空間）をこえる「国つ神」場所共同幻想の多在性として見いだし、かつ商品を超える「資本」の力として見いだしました。

そうしますと、統治するアートとして、経済性でも社会性でもないものとして、それは国家形態にいかなる死滅／無化の可能性を提示できるかということになります。つまり国家的構成・配備に意味が無いということの提示です。さらに法体制でも権利主体の問題でもない。さらには規律テクノロジーの問題でもない界です。いわば、近代編制から完全に外部化、疎外化、排除さえされたものの存在の再領有です。そこに、幻想、共同幻想としての国家における統治性の問題が相対化され無化される可能条件が設定される閾が開かれます。現在の統治性プラチック＝実際行為を逃すことなく、この幻想本質の問題設定は、二つの理論閾を設定することが要されます。

第一は、前古代という共同幻想想定そのもの疎外が国家的次元ではないこととしていかに場所的に布置されるかということ。第二に、対幻想／対関係からの疎外としての共同世界の疎外関係はいかに設定されるかということです。これは、共同性の規模・スケールへ限界設定・限界づけとしての統治するアートの問題を明らかにすることになります。批判媒介が、近代のネイション／ナショナルスケールの解体です。その実質は「社会界＝社会空間」の解体・解消です。西欧論理、とくにナショナリズムの西欧思考はここでほとんど躓いています。市民社会が国家よりも強力であり得るのだという認識構造、市民性の意志の強さであり、他方、ネイションをエスニックと同一視して、バナキュラーな場所を解消させてしまっているからです。その典型がアンソニー・スミスですが、歴史実証への理論的誤認からもたらされている西欧主義の思考世界です。スターリン国家論の修正版でしかないとわたしは処理しますのも、国家語とエスニック言語ないしバナキュラーな話し言葉とを混同していることから来るもので、それは一国を設定してその中の多言語主義として派生もしているものです。国家配備を前提にしたままの考証でしかありません。

前古代的共同幻想の疎外表出は場所的です。それは神話構成の中に潜在的に布置されています。日本書紀神話に対する古事記神話、アステカ神話に対するナウア神話、ローマ神話に対するギリシャ神話、などなど、対比的神話世界がそこを表象しています。神話プラチックは「再記憶の界閾」を表示し、いまだにそれは幻想として残滓しえているのです。それに照応して、国家認識言説に対する場所知言説を創出していかねばなりません。国家認識の精神構造に対抗しうる場所認識の心的構造を言説化していくことですが、それは日本では武士制の多元統治に実際的・具体的に出現して実証化しえますし、その戦国時代の心性が場所住民の心性としてもいまだに残存しえているのです。たとえば、小田原では、北条早雲以前の堀越公方でも徳川期の大久保氏でもなく、後北条氏五代の存在が主要な統治心性として現代に受け継がれています。平城なのに天守閣城郭づくりなどと混在してしまっていますが、主要な系譜軸は後北条の五代です。越後では、上杉家が山形へ配置換えされても上杉氏の系譜軸が主であり、また山梨において武田家が滅亡しても、主なるものは武田氏です。武士ブームがおきているその心性の根元根拠があるのです。戦国時代と誤認されている場所統治の「平穏な」武士制の統治制は場所生存生活が可能であったからです。信長の「天下布武」、秀吉の「天下統一」の原理とは対抗的なのです。そして、日本語の述語制言語、場所ごとの方言なる「バナキュラー言語」の話し言葉の残滓です。国家語／標準語がこれほど学校教育／メディアによって侵蝕しても、消滅寸前でありながらも存続しえています。

ⓐ 国家語とバナキュラーな場所言語、そして場所共同幻想

国家の内部性は、言語として存在しているあり方にこそあります。ここをおさえたのが、ブルデューとイリイチです。共通語、公用語は、標準語・国家語の統一言語とは言語交換の位相が違います。そしてこれらの言語の位相・水準は、バナキュラー言語／場所言語ともまったく違うのです。

主語制言語様式の擬制を、述語制言語様式の本来の言語世界として認識・認知構造をとりもどすことです。そして、バナキュラーな場所言語を、情動性において働かせることですが、一般言語学の解体を要す。こうした言語の実際の位相・水準の違いは、共同性のスケール・水準の違いとしてはっきりと、国家的・社会的な画一性・統一性と場所的な多在性・多元性との対比として問題設定されます。そこをはっきりと本質区分するのが、統一的共同幻想と場所共同幻想との対比です。

わが列島・島嶼国において、国津神共同幻想と天津神共同幻想とは、まったく異なる共同幻想です。天皇制は、天津神の系に自らを布置して――正確には、自らの祖を天津神として疎外表出して系譜化した――、国津神たちをアジア的に統御した幻想形態です。国津神の代表的な表象は、大国主や大物主で

すが、古事記神話に多数の場所神/国津神たちが登場します。アマテラスもスサノオも元は国津神なのですが、天津神へと転移されて始祖神化されました、イザナキ/イザナミもそうです（高千穂の夜神楽では酒造の神です。それが国家的配備の神話では国産みの神へと転じられます）。国津神は、兎やワニや猪や蛇などに獣化されたり、蜂や鯛のように虫魚化されたりもしますが、場所ごとの豪族ないし部族です。それが、まつろわぬ民として討伐対象へ転じられていきます。天皇側の異存在、ヤマトタケルは白鳥化される。

メキシコでは、A・L・アウスティンが明証化したように、アステカ神話の統一神々の体系（国家的神話）とナウアなどインディオの神々体系（場所神話）とが全くちがい、言語もいまだにちがいます。約五十のインディオ語がいまだに存在しえています。メキシコ革命政府は、これらをカスティーリャ語化として統一言語化しようとしましたが、完遂されえませんでした。そこが裂け目となり、チアパスでのマルコスの武装反乱として出現しました。国家的統治を拒否し、場所の自治を展開したのです。

こうした、場所の言語と場所の神々との場所文化の違いが、前古代的な場所の多元性として原初的条件存在としてあるのです。バナキュラー言語と場所神体系、その関係・関連への省察、これが、国家の無化の本質位相になります。国家差異以上に、厳密に仕分けていかねばならないことです。

ⓑ 対幻想/対関係の共同性への疎外表出

家族は、対幻想と対関係を調整して社会秩序が規整化されていく社会的代行の機能を負わされ、それが中軸になってしまっています。家族が「社会空間」へ配備された統治になっているからです。構成員が経済セックス化されていることはすでに何度も見てきましたが、この経済セックス化を、ジェンダー規制へ転化し、対幻想と対関係の調整を場所環境共同次元へ疎外表出するものへ再構成していくことです。つまり、家族／親族を社会ではなく、「場所」へ再配備することです。

マルクスが、「家族の死滅」を粗野に提起しましたが、それは対幻想を死滅させることではない、産業的家族構造から対幻想を解放することです。つまり産業社会に配置された家族を、異なる統治制の配備におくということであったのです。そして対幻想の共同的なものへの疎外表出を、国家的共同幻想ではなく、場所的共同幻想へ疎外し、その共同性との共存をはかることです。それには、生活生存が場所中心的に編制していることが不可避になります。場所にひらかれる「対関係」の働きがなされる統治するアートを創出することが要されます。それはアンソニー・ギデンズが設定した、婚姻形態よりも「親密性」が規準となった対関係で保証される対幻想です。結婚しない男女がふえていますが、対幻想は消滅しません。恋愛がめんどくさいという個人化された存在は、どこかで社会へ配備された家族のきつさを感知し、回避しているのではないでしょうか。同時に、賃労働男＋家事女＋シャドウ・ワークの社会分業次元からの脱出です。セクシュアリテの欲望の主体化を、享楽の界閾へと解き放つことです。

対の疎外表出がすべての本質基準になります。この転移のないかぎり、新たな可能条件は開かれえない。

この神話幻想と言語資本の転移、対的なものの配備転移、これが「資本の統治制化」として「場所」とともに、環境ファクターをともなって、述語制配備されること、これが国家の外です。言語の統治制化と幻想の統治制化とからの脱出です。

結語：共同幻想国家と統治制

共同幻想論が国家論として構築されえてこなかったのは、共同幻想の実際行為である幻想統治制が、考証されてこなかったことが、根本根拠としてあるとおもいます。そこは「社会」が不在化されてしまい、初源的にも稲作から共同幻想が規定されるという経済規定が暗黙にはいりこみ、他方、掟・規範・罪責の法的次元が幻想と連接されてしまうことになっていました。共同幻想概念を、経済規定、法的規定の場から「統治制」の場へと転じることです。その批判肯定的問題閾は、吉本共同幻想論を読む拙書において明示したことです。そこで示しておいた共同幻想国家と社会との間に統治技術を設定した点を、もう少し深めておきます。幻想が統治するアートとしていかに働くかですが、それはすでにこの章で論示してきました。さらに理論閾へ問題化を深めておきます。

幻想は語りかけない。したがって、幻想は歴史過程において言説化されていない。幻想の統治技術は、隠れて見えないということです。ですから吉本さんは天皇儀礼の中にそれを見出そうとした。しかし現在の、実際の社会プラチックを解読していくことにおいてそこは出現しえます。共同幻想は、各時代に確固として存在しているのは、共同幻想の解体が古代以降なされえていないからです。在るのに見えない、ここは理論産出するほかにありえないことです。幻想は錯覚ではない、実態がないものではないとヘーゲルは言いました。しかしながら、各時代において統治は形態をかえてなされていた。その歴史考証は、いずれなされていくことですが、「共同幻想の国家化」なる統治制化は、いつどこでいかになされていったのか。すめらみことと統治は「葦原中国」幻想空間を設定することで営まれていきましたが、古代統治制であるが、国家的編制をなしえてはいない。「クニ」は、場所でしかなかった。「知らしめる」ことが統治でしたが、神話知を有していた。皇孫系は天津神共同幻想を上に抱いていたが、統治が完成されていたわけではない。まつろわぬ人々への征服は、執拗にくりかえされています。

他方、イデオロギーは語りかけます。しかし、イデオロギー概念の限界をフーコーは、①真理に対立する偽だというものが設定されている、②主体のような何ものかに依拠している、③下部構造ないし経済的・物質的な決定因にたいして一歩しりぞいたものになっている(n°192)、と批判し信用に値しないとしましたが、その限界を認識したうえで、イデオロギーは真偽を区別するものではない、想像的表象による語りかけとして固有の作用をなしているものであることは、幻想論としてもっておかねば、政治的理論は不十分です。そして、イデオロギーなる想像的表象が語りかけているがゆえに、幻想は維持されえてもいるからです。幻想は配備されていればあえて出現する必要がなくなり、背後で不動的に機能しえていくことができます。

学校が必要だ、学校へ行かねばならないと学校イデオロギーが呼びかけていることで、学校幻想は解体・崩壊することなく構造化されて永続化されていますが事幻化されているからです。禁止、抑圧しているのではない。仕組まれているのでもない、そうなるように配備されているのです。この関係作用は、国家を永続化させるのと同じ様式で働いていています。権力関係は、力関係に働きかけ他者への行為において作用していきますが、そこに同じ関係作用としてイデオロギーが想像的表象において語りかけている。物事に入り込み、物事を産み出し、必要や欲望そして快楽をも誘発し、知を形成している。社会空間全域にはりめぐらされた生産網である権力諸関係と手をたずさえて、想像界にイデオロギーは働いているのです。それは幻想が産み出した想像的表象の関係作用であり、かつ幻想を自然化させて支えているものです。

イデオロギーの語りかけは、社会規範表明を通じてなされますから、正しい規範のおしつけとして作用しています。電車に乗るたびに、携帯電話はお切りください、優先席をおゆずりください、とよびかけていますが、携帯電話は切られもしないし、優先席に若者はイヤホーンをかけて居眠りした恰好で、堂々と座っています。イデオロギーの語りかけは、守られなくてよいのです、語り続けることに効果があります。それは「正しい規範のもとで物事は動いている」ことの固着化です。従わない自由も保証してです。

人を統治する、人の振る舞いを領導する、その統治技術の編制は、人口総体への規整化ですが、そこには諸個人の心身へ働きかける権力関係とイデオロギーの語りかけは、幻想配備を背後にもって包含されて、再認構造を存立させている。つまり、葦原中国として社会的に同質である民族として、それが日本国民であるとされて、それぞれの装置におけるイデオロギー作用と権力作用とによって、自らに社会的利益がもたらされるように構成されている。このプラチック総体と長期波動の幻想構造と近代社会空間とが、国家を重層的に外在疎外させて永続化させて、かつ国家認識を諸個人の認識・再認構造と一致させる構成をなしています。その構成的編制から、市場経済は自由であるとされ、国家も社会も、経済に無能であることにおいて、統治介入をしない。ところが、社会政治をするにしても福祉をするにしてもまた安全を守る防災をするにしても、「つねに」お金がかかるという意識と実際を負荷される生活状態におかれています。生活を維持し守るには「お金がかかる」という経済的感覚の意識、税感覚をもたされているのです。助成金の形態で統治が関与してきますが、原理は市場経済の自由に放り出されたままですから、「お金がある／ない」のプラチックへ放置されることになります。老人が家を耐震構造へ改修するには一五〇万円かかる、年金生活でそんなお金はない、死んでもかまわないという構成が結果しています。生きるにまかせるのではない、死ぬにまかせる後退＝逆生産が、新自由主義におきていくのです。国家／市民社会の「社会」の関係構造は不可避にそうなります。自治体が固有に場所的政治をなすところだけが、場所住民を生かしめる統治を作用させることができています。統治技術の次元を、国家・社会に置かないから可能なのです。安全は、国家的空間にあるのでも社会的空間にあるのでもない。安全性が場所住民の実際行為に関与するのは、場所共同幻想の次元に編制されてこそ可能になることで、これは場所の統治制化であって、国家の統治制化ではありません。しかし統治制が国家化されているものでしかないと国家や行政官僚は、安全性を人口一般になすだけで、場所住民の立場には立たないのです。現在の防災や災害手当など「社会」規範にしたがってなされているため、対応がまったく遅れます。

西欧の「国家理性」「ポリス国家」にあたるものは、日本では「幕府」統治であると想定しえますが、理論的に歴史研究は見直されていかねばならないこと。とりあえずわたしは、共同幻想の国家化は近代明治国家において構造化されたものでしかないと想定します。江戸幕府は、統治制化はなしているが、国家化はなしえていない。その規準を明証化していくことが要されます。武士制の在地統治は国家化ではない場所的でしかありません。それは幕府による藩統治へと全国統一に転化されましたが、「場所へ手はつけない」余地を残した。天下統一は、反乱する大名がいなくなったというだけです。刀狩や検地が不十分でしかないことは容易に想定されます。ただその過程に、国家的統治制化の諸要素になっていくものが構成・編制されていくと仮定します。その統治制化を、明治近代国家がいかに統治の配置換えとしてなしえたかです。かつて、藩士、下級武士として、場所において何が問題であるかを新政府の統治者たちは体験的に知っていた、統治の配置換えの徹底化の必要をわかっていたということでしょう。

共同幻想の国家化において、統治するアートは、近代産業編制の国家的事業化を経済統治にしながら、場所的・藩統治の染織生産を、国家的繊維産業へと転化します。（おもしろい現象なのですが、島津藩が東京に繊維会社を設立しますがつぶれます。場所産業を持ってきただけでは機能しないのです。産業編制は国家配備でなしていかないと形成されない。）他方、共同幻想の国家化を可能にしていく軸は、学校教育の統治的編制、鉄道を軸にした交通＝移動体系の編制、医療・衛生の権威化・体系化、そして警察・駐在所の監視体制、さらに国字・国語の国家言語への言語交換の社会化、さらに、神体系の再編（国つ神の合祀）といったことでなされたものです。象徴的諸資源を国家資本集中させたのです。これらにおいて、制度的形態での国家諸装置が、統合的にというより分配分散的に他生成的に「社会」を作るとともに、そこへ配備されていきます。派遣学校教師たちへの場所民からの排他的攻撃の出現は、それが他生成的であったことを物語っています。言語統治の困難さは、安田敏朗、長志珠絵らのすぐれた考証から示されていますが、国家語としての国語体制がそれなりに安定秩序化するのはなんと戦後です。そこに、統治制化の難しさがよく表象されています。つまり、共同幻想の国家化は明治にはじまったが、その実質化がなされたのは、国家諸配備と国家諸装置として戦後においてでしかないのです。すると、戦後の、まさに現在の構造において、共同幻想の国家化の構造は出現しているものだということになります。ここから、逆射しての考証が成り立つということです。その心的配備がいかなるものかは、「吉本共同幻想を読む」において記述してあります。

統治心性において作用しているのは、幻想の構造化です。フーコーには幻想論がありませんので、統治制化の論理は不備です。統治制化は、共同幻想の統治制化、対幻想の統治制化、個人幻想の統治制化の配備における幻想技術の統治化によって位置画定的に構造化されます。そして、その可視的出現が統治技術です。幻想と統治技術との共関係なくして統治制の行使はありえません。国家と社会との関係というものより本質的なのは、近代家族と社会編制との相互性において画定されているものです。国家においてではありません。政治権力は驚くほど無能ですが、学校をでて、資格をとり、就職し、賃労働者となり、商品を購入しての生活保持をなし、医療保険をつかって疾病に備え、ローンをくみたててマイホームを持ち、子どもを再び学校へいれて卒業させ、病院へ依存しながら、死んでいく。これが安寧な生活であるというパターンが、画一的に、幸福・福祉の体制であるという官僚的構成が描いたものが人々の間に成り立っている。そうした「人を統治する」ことが浸透したことで効果をなしています。車が一台も通っていないのに赤信号に黙って佇む日本人、そこに典型的効果の結果がでています。国家配備への完全に近い服属です。これらは、すべて諸々の幻想において保持されています。教育幻想、医療幻想、健康幻想、そして商品幻想と社会幻想はまったく崩壊していません。正の効果よりも負の効果の方が半分をこえた逆生産が結果していても、存続しえるほどそれは強固です。知識人や大学人の知解閾においても、了解されがたいままです。権力関係が、まだ可能閾を保持しえているからです。国家は、そこに依拠したまま、統治しすぎないように統治存続を巧妙にはかっていく「利益を非利益」と偽る政治家と「非利益を利益とする」官僚とによって維持されているだけで、もはや十分な機能にはいたりえていませんから、反動的作用が機能していく情況となっています。情況を指摘しないと本質が了解されない、そこまで知的退化がおきています。これはいきつくところまで行って、瓦解してはじめて了解閾へと通道していくことができるでしょうが、賃労働大学教師が知の界閾で機能しえているかぎり保守されたままでしょう。ホモ・アカデミクスが有能であったなら瓦解していくものなのですが、不能であるゆえ保持されている大学装置であって、嘆いても意味ないことです。新たな装置を、わたしは小さいながら創っていくだけです。

知の生産において大学人が不能化し、資本による経済生産において企業人が不能化し、政治統治において政治家が不能化している。総不能化が権力諸関係による生産を可能にしている「現状」です。国家アクトが、それによって可能となっています。知解領域において、共同幻想も統治制もまったく問われていません。つまり、〈国家〉は何ら問われていないということです。本章にて論述した様態は、国家が仕組んだのではありません。国家の配備の効果としてなされていることです。国家の配備が、幻想諸関係、権力諸関係、実際的諸関係が個々自律的に自らの次元と水準で働けるようにさせているだけで、不都合さが生じたなら良き統治・真理への修正・改善がなされていくことで、存続されているだけのことです。

理論生産は、理論のための理論ではない。実際になされている、作用しているプラチック総体への理論的な対象化による理論言説の生産です。実際的なものから、わたしは離れていません。問題構成していくことで、さらなる理論生産が可能になっていきます。国家的次元の問題化を通過して、他のさまざまな物事がよく見えてきます。その基本世界は述べました。理論構成をブルデューは『再生産』で、スピノザの定義論の構成形式をもってなしましたが、それはただ分節化がなされていくだけで、以後ブルデュー自身もそうした理論構成をとっていませんが、国家論は、相互関係から構成されるものであるため、定義化は不可能です。わたしは述語的理論構成の可能性を開きたいと考えていますので、本章のようにいったりきたりの論述を、ホロニックな構成として循環させていくほかないとおもい、このような問題化の次元での叙述になりました。理論生産の方法が磨かれていく途上にあります。dispositif という方法概念は、そこに書き込まれて充満させていく仕方ではなく、白がむしろつぎつぎに書き込まれていくという方法です。非編制の編制を書き込んでいくのです。それが「無」となっていくのではない、絶対無が出現していくようにしていく方法になります。絶対無は、窮極に書き込まれている未出現のものです。ユートピアの逆です。

「国家配備」とは、国家が国家でないように配備されていくことによって国家をつくっている配備、国家を永続化する配備です。ここで dispositif について再確認しておきます。一九七七年の言明です（n°206）。

❖ dispositif とその方法 ❖

❶ 他（律）生成的な総体である：諸言説、諸制度、建築的諸装備 aménagements、規定化する諸決定réglementaires、諸々の法、管理的諸措置、科学的諸言表、哲学的・道徳的・フィランソロピー的な諸命題prpositions、言われたことも言われていないことも含む。配備そのものはこれら諸要素の間に編制しうる

etablir 網 réseau である。

❷配備において位置画定したいことは、他生成的諸要素の間に存在する**連結本性** nature du lien である。言説は制度のプログラムとして出現し、反対に、沈黙しているプラチックを正当化したり隠したりする。あるいはプラチックの二次的再解釈として機能する要素は、合理性の新たな界へのアクセスを与えたりする。これら諸要素の間で、言説的であれ非言説的であれ、位置交換 changements de position、諸機能変更の働きが多彩にありうる。

❸**編成** formation である。所与の歴史的契機において、緊急事に応える主要な機能である。支配的戦略機能 fonction stratégique dominante を持っている。一つの配備の母体 matrice として働く戦略的命令があって、それが隷属統御 contrôle-assujettissement の配備になっていく。（浮動人口の塊を吸収して狂気・精神病・神経症へと配備する。）（n°206, p.299)

生成の中に二つの本質的契機がある。戦略的目標対象の優位さ prevalence d'un objectif stratégique を第一契機にして、第二に、二重過程の場所 lieu d'un double processus で固有の構成をなす。この二重性とは、①**機能的な重層的決定の過程** processus de surdétermination fonctionnelle は、ポジティブ／ネガティブ、意図的／非意図的な効果が、他の諸効果と共鳴したり résonance 矛盾 contradiction したりしながら、あちこちに出現する他生成的諸要素を取り戻し reprise 再調整 réajustement する。②**永続的な戦略的満たしの過程** processus de perpétuele remplissement stratégique は、たとえば、犯罪環境 milieu délinquant を構成して、監獄を犯罪環境の濾過・集中化・専門化・閉鎖として働かせ、この非意志的・ネガティブ効果を新たな戦略

において再有用化し、ポジティブに変容して、政治的・経済的目的に再利用した。(p.299-300)
フーコーは、規律的な権力関係において「配備」を説いていますが、これは国家配備においても、配備の仕方として活用された方法です。

配備が本質的に戦略的な本性であるということは、諸力の諸関連の操縦 manipulation de rapports de forces をなしているということです。しかるべき方向へ展開させ、ブロックし、安定させ、利用するために、諸力の諸関連のなかに、合理的で、よく練られた介入をなすことです。つまり、配備は権力の働きのなかに書き込まれている。しかも、知の境界線に連結されてもいる。配備は言説的であり非言説的でもあるが、科学的に形容しえないものを、形容しうるものから切り離すことができる(p.301)、ということです。

安全性を保証する国家は、特異で例外的な出来事によって日常的生活の布地に穴があくような全ての場合に介入する。人口を庇護すべく法や判例を考慮せずに、必要な手段をすべて使って介入する統治です。それが法外の専制とならず、権力濫用とならずに、心遣いが遍在 sollicitude omniprésente すべく国家は自らを現前させます。(n°213, p.385)

わたしは、市場経済の商品関係/ホモ・エコノミクスが、社会に配備された家族のなかで、社会人間として社会代行為者になるべく経済セックス化に他生成的にかつ重層的に配備されることや、権力諸関係の規律権力が規則化・規範化をもって、諸制度内に連結配備され、同時にパストラール制がサービス関係へ転移されて、制度の経済的生産を編成可能にしていることなどの、変換や配置換えをもって、権力諸関係を機能させる配備が、統治制によってなされていることを示してきました。そして、さらに配備が、制度をとりこんで配備の母体を「装置化」し、戦略的命令を機能させ諸個人を隷属・統御する統治の働きがある規整化を示してきました。学校知・教育知、医療知など、さまざまな真理／知、言説が、非科学的なものにおいても作用していくのですが、それもふまえてのことですが、分節化・細分化していくと国家の配備と統治はてしなく厖大になっていきます。権力は、器用、狡猾でありながら、また無能でもありますから、配備のなかで統治は、監視や規律・規範を張り巡らせ、国家はその向こう側へ疎外されて自らは失敗せずに、幻想の実際化として事幻的に永続化されるようになっているのです。

<dispositif>とは、相対的な方法ですが、この方法の一部を、本章では問題化しておきました。「dispositif 配備」概念は固定化を回避することができる、非常に使える方法概念です。

はてしなくなる国家論への書き込みを、どこで限界づけるのか？　それは一つに「社会の限界づけ」であり「場所」の出現への転移によってです。転倒様態の歴史現存性の本質と規整化条件が明証になっていけば、それでいいのではないでしょうか。そこを、了解しているのといないのとでは、まったく「他生成」の規制への対応がちがってくるということです。もちろん、自己技術の働かせ方がちがってきます。安楽の国家配備の日本にも、ほころびが多々出現してきています。統治制の画定などは不可能なのです。

●統治制化の理論的諸概念の構成

統治制化を考えるうえで、幻想の配備、諸関係の再生産、そして空間配備を設定します。生政治です。

そして、諸関係の再生産は、図のように、社会的再生産と文化的再生産を、象徴的再生産が統御し、物

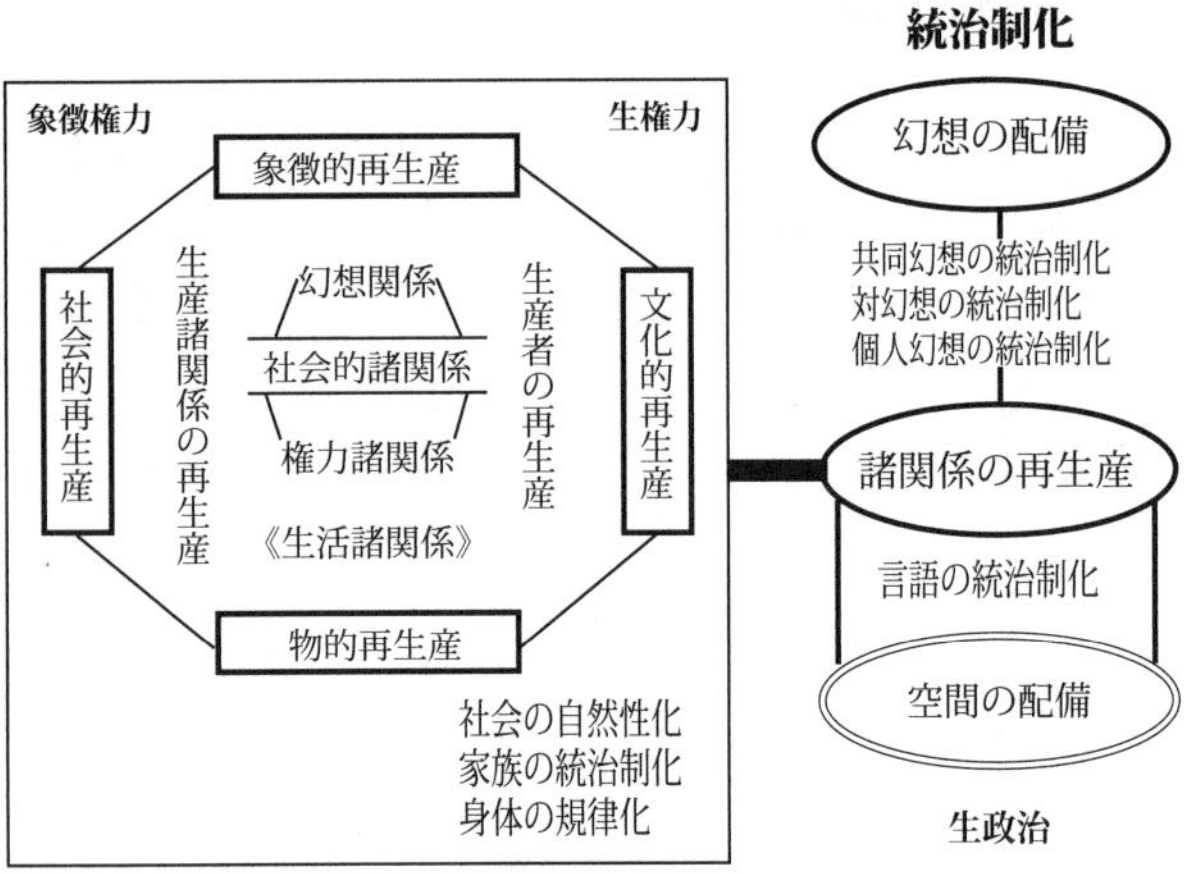

的再生産が下支えしている構成の中で、生産諸関係の再生産と生産者の再生産が、システムと諸主体にたいしてなされる制度生産様式が配備されて、それを幻想関係／社会的諸関係／権力諸関係が規整化していると考えます。これら総体によって「生活諸関係」の再生産がなされているということです。国家の配備は、再生産様式において構成存続されています。

空間の配備は、土地のうえに「領土」「都市」「建造物」「生産区画」などが構成されることです。水系や山林の自然生態、景観なども。これら環境も「配備」による統治制化として考え直すべきことです。「共同幻想国家論」において幻想配備を明証にしました（『吉本隆明と「共同幻想論」：共同幻想国家論の構築へ』（晶文社）にて論述）。

本書では統治制の配備を明証にしました。統治制と権力の両者をさらに関係づけて再生産の理論的構成として『ブルデュー国家論』において論述しています。考える基本図式として設定して本章を読まれてください。統治制化の機制は再生産によって、現実の現実性化がなされて秩序化されているといえます。象徴権力と生権力を統治制化が生活関係へ配備します。などなど。

8章　政治と倫理
——国家・社会に対する自己テクノロジーと場所政治へ——

フーコーが主体論へと歩みをすすめた。その「主体」は近代主体ではないということにおいて、すでに主体論批判となりえているものを見失ってはならないのに、いわば、実践主体・主語的主体、自己同一化する主体へ無意識に還元しているものが多い。プラチック主体、述語主体、自分が自分からずれる自己技術というようにわたしは転移的に把捉していますが、主体がいかに構成されていくかを問い返したもので、そこに政治的制度・国家制度に対する、また「社会」に対する政治意志と倫理の自己技術の問題が浮上します。欠如していた主体論を充足させるためにとりくんだのではない、「自己技術の自由プラチック」へ、「真理を語る勇気」へとフーコーは歩みをすすめました。『生者たちの統治』(1979-1980) を媒介にして、『主体性と真理』(1980-1981)、『主体の解釈学』(1981-1982)、『自己および他者の統治』(1982-1983)、『真理の勇気』(1983-1984)と講義は展開されました。統治制が自己／他者を対象にして検証されます。そして、USA でのバークレー校や一九八二年のバーモント大学での講義・インタビューが「自由プラチック」の「自己技術」を明白に語っています。

ここは言語構造自体にも関係する言語と政治の問題が隠れているのですが、言語的に西欧言語は主語を先にもってきて、そこに述部を従属させ、基本としてコプラを構成します。しかし日本語は、従属部を先にのべて述部で統率する。この従属部は主語ではないのに学校文法は主語だとしますが、主語・主体は言語構造そのものとして日本語には無いのです。このランガージュの差異がもたらす〈意志〉の問題の界閾があります。わたしは〈述語意志〉なる概念をもって、そこを考えてきたとき、フーコーを一つの基盤にして考えています。そこは、紐解いておかねばならないところです。ポール・ラビノウと談話したとき、フーコーは述語的領域から主語・主体がいかに歴史的に出現してきたかを述べたのだというわたしの見解に、彼は大いに同意してくれました。主体の解釈などでは自己技術の領域は、膨大な論述がなされており、セクシュアリテの歴史もからみ、ここで論じられえない別稿を要しますが、ここでは簡略して、国家に対する自己技術の問題構成として述べるにとどめます。そのとき政治と倫理の問題として、基本はおさえておくようにします。この対峙は、国家をただ悪としているのではない、統治制が国家を疎外表出していることによって、自らの生活環境空間が窮屈になっている、その編制は7章でみてきたごとくですが、市場経済の未熟さが放置されたままの、自分が生きている社会生活が窮屈になっている構成世界です。そこから、自らがはめこまれているプラグを抜くことは、装置からプラグを抜くのか、それとも統治制の配備をいかに変えることなのか、自己技術が「国家」に対峙することから、逆にうきだす統治制技術を、いかに変えていくかの回路がみいだせることになっていきます。なぜなら国家知／国家認識に、物事と人々の多様な諸関係が疎外表出されて集約されている、そこへの対峙は他者への対峙である以上に自分への対峙、自己の自己に対する配慮の問題に重なるからです。既存の統治制プラチックは、国家へ諸関係配置を再備給させることで、自らをもちこたえています。国家が実際行為や諸機関を統治しているかのような再配備をなしているのです。隠れているのではありません、顕在化して実際現出しているのに、認識されえていない、考えられえなくなった元の配備状態が構造的に日常化しています。いくらでも実例をあげることができますが、笑ってしまう転倒した状態があちこちに起きます。

＊カード引き落としをしているA銀行の預金が減ってしまったので、B銀行へ行って、お金を振り込もうとしたなら、通帳・印鑑の他に、自分宛にきた「住所」を示す郵便物と身分証明書を提示しろという。銀行ドキュメントとは関係ないものです。海外から帰ったばかりで持っていなかった。すると振り込めないといわれました。なぜか？と問いただすと、ご当人でない場合がある、また振込詐欺をふせぐためだと言うのです。自分の口座から、他の銀行の自分の口座への振り込みです、振込詐欺ではない、自分から自分へだ。いや当人証明がないとだめだ。それではこのいまここにいる、私は誰だ？ 山本さんです、でしょう当人ではないか！、いえ、当人であるという証明書が必要です、と。このB銀行は、顧客を守るという名目のもとで、「わたし」を無視しているのですが、「手続き＝処置」の順序過程を踏む規則遂行をして、銀行側には不手際がなかったと、自分たちの銀行を守り、自分の業務を守っているだけです。この行員はまちがったことをしていません、正しいことを規則遂行しているだけですが、あきらかに顧客のためだといいながら、顧客を無視し、顧客を見ていません。市場経済の自由にありながら、自由はない、自分のお金を自分で動かすこともできない、そうした統治をなしています。国家が銀行へ規制した「社会」の規則関係に、経済関係を転じてしまっているのです。国家は、身分証明書を提示しろとわたしに命令していません、振込詐欺を防衛しろと銀行へ指示はなしているのですが、その仕方は自由放任です。銀行はそれを受けてどうしたならよいか、その仕方を市場の自由において規範化しようとしているのです。わたしの方からすると、家の近くにあるということだけで選んだ銀行です。いやなら他の銀行にかえ

ればいい、銀行へお金をあずけるのをやめればいい。しかし預けたならその規則にしたがえ、と他者はいいます。この他者は、国家認識に完全にからめとられています。法的処置においてなされるしかたを、その代行者である官僚的手続きへ従属せよとして、批判するなら出て行け——これが一般化して拡張している近頃の自由の情況です。「服属しないなら去れ！」という自由放任ですが、規範・規則優位への服属でしかないことです。これは、災害の被災状態になったときには、深刻です。津波で判子も皆ながされてしまった、罹災証明書がないと手当がもらえない、家族も近所の人も死んでしまった、誰も証明する人がここにいない。しかし証明書への判子がないとだせない、と対処されます。自分が、自分ではないとされるのです。統治と個人との間で、自分自身が消されて、証明書や印鑑だけがそれをつないでいます。就職するにあたって、健康診断書が必要になります、自分が健康であることを自分で証明できない、医師から認めてもらわないと健康にもなれない。統治の枠組からはずれたときに、どこでも誰にでも起こりうることです。これは未熟な統治です、いやまちがいです。スイスのプライベートバンクで、担当者はわたしを知っていますから、何にももたずに、サインだけでお金をおろせます、通帳などはありません。「わたし」が存在しているからです。これが、ホスピタリティ経済です、市場の自由に自分自身が存在しています。しかし、先の銀行はサービス経済、規則統制経済をなしているだけですが、その現場でなそうとすればなせることです。「わたし」のケースにおいて何の問題もおきない、なのにわたしを消して一般化しています。これは、国家の問題ではないですが、統治制が国家を疎外させて為している編制です。「あなたの場合は何も問題がおきなくとも、他の場合ではおこりうるから、例外はなしえない」と、「社会」を通じての均質・均一行動が国家疎外表出されているのです。国家マターが瑣細な日常プラチックに介入しているのですが、誰しもが守るべき日常規範従属として処置せよ、とされるのです。

国家の配備とは、「所与のこれらすべての要素の本性と諸関連を、理解し、分析し、定義していく仕方が、国家なのです。つまり、すでに編制された諸制度総体のすべて、所与の現実性の総体のすべてに関する叡智の図式」なのです。「統治するアートの合理化の操作」の果てにあるものが、国家です。諸個人のアクト／認識の合理性は、国家に集約されてしまっています。自己統治に、また他者への関係の仕方に、それは浸透しています。そこから、自由放任として放置されます。身分証明書をもち歩こうがもつまいが、自分の自由です。規範化のなかで、規整化のゆれや動きがなされえていればよいのです。

さらに、すでに前章でおさえましたように、国家は「社会」なくしてもはや存立しえないところまで社会化されています。もはや統治の国家化と想定された国家形成期の問題ではない、国家の統治制化の結果、「社会の国家化」「国家の社会化」の二重性が構造化されています。疎外は備給されるのです。それにたいして、国家が非国家化されていくことは、統治技術がもはや国家の場と関係してなされていくのではなく、国家とは異なる次元、それは「場所」であるのですが、場所統治の可能閾をさぐっていく政治意志と倫理の自己技術の問題となりますが、統治制を了解したことによって開かれる。フーコー論稿をふまえながら、しかし、わたしなりの見解をはさんでしまっていますが、要点を考えておきましょう。

政治の倫理：一九八四年、生前最後のいくつかの語りから

一九八四年六月二十五日、フーコーは亡くなりました。その年にいくつかのものを残しています。そこには、「倫理としての政治に対して関心をよせている」フーコーの姿がみられます。哲学者の個人的な政治態度を説きたいのであれば「哲学的な生」をみるべきであって、理念から政治的態度が演繹されるとみてはならない、という姿勢です。「倫理とはプラチック une pratique であり、エートスとは存在の仕方 une manière d'être だ」(n°341, p.587) と言うフーコーは、倫理的な態度、政治的な態度を可能なかぎり一貫性をもった政治的な事実にすることである、という姿勢をとります。「規整する原理 principe régulateur」ではない、「批判的理念 idée critique」を永久的にもっていることだ、権力関係において含意されている「非合意性 non-consensualité」の部分はいかなるものであり、それは必要なものか否かを考え、合意性に賛成しないが、非合意性には反対する、というのです。(n°341「政治と倫理」)

これは、合意にもとづく政治が、規整する原理として使用されたり、その他の政治形式にたいする批判的原理として使用されることもありうることにたいする、非決定の決定態度といえるものです。規制に賛成とか反対とかという識別に布置されない態度は、国家意志の合意性・非合意性の場からはこぼれだしているということです。政治の観点から分析するのではない、政治が直面している問題について政治は何をしなければならないかの点から政治を問うことです。政治のなかに経験を構成する原理や経験のいくすえを最終決定する解決をもとめてはならない、ということです。所与のものを問題として練り上げ、窮地と困難の総体を、解決策が答えをもたらすという問題へと転じ、思考固有の作業をなしていくことです。(n°342「論争、政治、問題化」)

「絶えざる再問題化の作業」によって、人間の諸行動が規則化されていることを捉え返し、沈黙しているプラチックに思考する存在があるということ、思考とは思考することをわれわれに信じさせるものではないし、行うことを是認させることでもない、わたしたちが何者であるかということをも問題化していくことで、「振る舞いの振る舞い」から新たな自己技術を生のテクネー、快楽のエコノミーから「生きるアート」において探り当てていくことです。そのとき、自己への配慮を、良き市民・国民・社会人であることから切り離し、他者の統治を可能にすることから切り離し、道徳と社会的・経済的・政治的諸構造との間に分析的関係が必要不可欠にあるとして、認識構造が国家・社会の諸構造と合致させられてしまうことから切り離し、自己への関係は多数・多様にありうるのだという領域を切り開いていくことです。(n°344「倫理の系譜学について」)

知識人の役割は、他者に向かってなにをなすべきかを言うことではない。他の人々の政治的意志を形づくる modeler ことではない。自明なことや公準とされていることを問い返し直し réinterroger、諸慣習、為す仕方考える仕方をゆさぶり secouer、容認されて馴れ親しんでいるものを消散させ dissiper、諸規則や諸制度を手直しし reprendre、そうした再問題化 reproblématisation から出発して一つの政治意志の形成へ参画することです (n°350, p.676-7)。

このように、基本的な自己技術の倫理が、明白に語られています。

死後、一九八二年になされていたインタビューや講義が、公刊されましたが、自己のテクノロジーをめぐる非常に卓越した諸稿があります (n°362, 363, 364)。すでにわたし自身論じたことなので、割愛しますが、主体・自己技術の解読において、いつか必要になったなら、諸講義と重ねてふたたび論じるかもしれませんが、いまその必要を感じていません。むしろ述語制表出の方に関心があるからで、その反面対象としてわたしは設定して、別作業をすすめています (『述語制の日本語と日本思想』)。

現代社会生活、現代制度や実際生活行為の、耐えがたい諸局面にたいする倫理的な自己技術の仕方は、非常に有効な「振る舞い」の指針となります。哲学以前に確信されてしまっている日常の実際行為の振る舞いは、耐えがたいものであるのに人々は耐え難さよりも他者への押しつけとしての感覚と意識をもって、組織や規範の下でこちらへ関与してきます——感染するぞ、人に迷惑かけるぞ、マスクしろ、検査しろ、ワクチン接種しろ、それがあなたのためだ云々。「放っといてくれ！」という自律性の自己技術を、わたしは働かせますが、知と権力の巻込んでくる構造への対峙として、その真理体制は批判了解しておかないと抵抗的に切り離しえません。否定・禁止ではなく、自らの存在とは別領域への可能状態を強いてくるからです。社会的制約と規範のネットワークのなかへ主体ないし自己の中心的役割を「利になるぞ」と押し付けてくるのです。批判的・抵抗的行為にたいしては、「それはやめといたほうがいいよ」と善意をもって助言してきます。しかしながら、批判遂行したわたしに害は何ごともおこりえていません。わたしは「社会人」であるまえに、〈わたし〉自身です。わたしのわたしへの自己技術が、存在的な基盤です。

吉本思想もフーコー思想も、自らを現在に布置しながら、古代、前古代へと自らを歴史的に配備して、人間存在を本質的に問い返しました——ここは「社会学者」ブルデュー理論にはない、イリイチにはあります。自己の自己への自由プラチックは、自らがそのように布置される知解・叡智を要します。そこから、自らがいかにして社会の知/権力の軸へと規範的に構造化されて個人へ内在化されてきたかが問い返され、そこから切り離されうる自己の意味ある構築・遂行がいかに可能であるかが、自らへの自己技術としてはっきりとしてきます。これは周縁化ではありません、自らを中心にたいして周縁化することは、社会の意味ある場所からの回避しにかならない——文化主義者のおしゃべりです——、そうではなく「問題化 problématisation」することです。社会・歴史の主要な路線へ直面することです。それは、そこへ主体化従属することでも自己同一化することでもなく、そこに働いている規整化原理から自らをずらすことです。述語的なずらしの技術であると、わたしは自らへ提示していますが、述語的な自由プラチックです。倫理的実体や主体化様式や洗練化形態や目的をもつ主体化＝従属化の様式——日本ではこれらは儒教的自己統治として言説化されているといえますが——ではない、相反協働的なコンビビアル自己技術です。その客体的な目標対象と技術は、享楽と資本のホスピタリティ技術であるとわたしは領有していますが、**述語的場所に於ける非自己の非分離作用**です（日本の文化本質原理の活用です）。

つまり、国家にたいして、国家および国家配備に包摂されえない自己領域を、「自立」として共同的なものへ対峙的に立てる意志をもつことではないし、反振る舞いの政治実践をなすことでもない。社会生活において、規則・規範が自由の名のもとに不自由を強制ないし規制してくることにたいし、そこへ従属・服従する自己にたいして、自己から自分をずらす自己技術を「自律的」様式として働かせることです。それは、「自己への非自己／非自己への自己」にたいする関係の自己技術なのですが、知的資本の認識だけでは処理しえない情緒資本の感覚領域をかかえこむことです。真実を知っていながら、多くの人たちは黙ります。知らないのではない知っている、そこに裂け目が露出する。その真理を勇気をもって発語することです。国会前で、夜に「反対！」「反対！」と叫んで、翌日には、賃労働・賃金アルバイトの日常へ帰る、それは「政治的」に意味ある力とはなりません。日常を守って再生産しているのが、国家自体であるからです。平穏な日常を守るために安全保障政策に反対しているのだというのは、国家配備の認識をまったく欠落しています。統治制にたいして、それに代わるものを何も想起も提示もしていない、それどころか、賛成した議員を選挙で落としてやるという、復讐劇を構想します、稚拙です。政治認識構造が、国家（知／認識）に収奪領有されたままの仕方です。マルクス主義実践の枠内ですが、マルクス主義的闘争よりも退行した政治行動です。国家は、何一つ対象化されていないで、政府否定しているだけです。若者の政治行動の退化に、国家認識の収奪の徹底さを感じます。黙している大衆の方が、裂け目を感知しはるかに政治力をもっています。

こうした行動主体の認識の欠落を批判しても意味はありません。国家収奪されている国家配備を明証にしていくことであり、そこからの離脱の可能条件を自分へ探りあてていくことです。

場所と資本の経済政治

批判考察の対象は国家の配備にたいしてですが、政治と倫理の対象は、国家に対してではなく、〈場所・対・社会〉、〈資本・対・商品〉へと向けられることです。フーコー／吉本以後の対象です。

社会政治における「社会」の統治は、国家的共同幻想の水準を設定しての統治技術となり、プライベートな存在である諸個人や諸家族を、そのパブリックな構成からソーシャルな構成へと転移、配置換えする統治配備をなします。それは、プライベートな界閾を、プライバシーと私的所有へおしやり、個人ではなく「社会人としての振る舞い」の規則・規範へ規整化し、かつ心身を規律化する統治です。その自らの能力を自らで領有するのです。「社会政治」の効果は、多様な場所環境の存在を社会空間へ均質・均一化することです。環境は場所から切り離され、経済的均質空間へ配備された環境産業開発へと転倒されます。環境商品が生産され、環境利益が剰余価値化される。場所が、そこに住む人たち自身に感知されなくなっています。

社会統治への反振る舞いは、場所統治として想定されえます。地方自治という中央を設定しての反振る舞いではありません、地方分権ではない。国家的・社会的な共同幻想の一般性にたいして、場所ごとの多様・多在の差異を尊重し、場所水準・次元での場所共同幻想を新たに構成しての場所生活環境の自己統治です。共同幻想の限界づけを生活存在においてなすことですが、日本の神話的心性は、場所が必ず自らの「天つ神」幻想を疎外配備することにある。「天つ神」は「すめらみこと幻想」ではない、天皇系が巧妙にそれを皇祖神化し統一配備しただけです。天皇制批判がここを誤認しているのも、国家の統治制化からしか見ていないからです。国家的な配備は外部にあるのです（北方系神話の導入）。場所国つ神とその場所の「天つ神」的疎外表出を再配備することは、今日的で言うと、自生エネルギー、歩く速度交通中心、場所金融を物質的基盤にして、場所生産＝場所消費の循環限定経済を生存基盤にし、場所環境の文化技術を生活道具にいかした、場所住民による場所経済・場所政治の統治となります。このビジョン、イメージ、技術を多様に創造していくことが、これからもっとも要されていくことです。そして、場所間交通を地球規模において、国家を経由せずになしていくことです。

社会統治の市場経済は商品量産経済です。その市場の自由は「儲け」です。利主体の自由でしかありません。剰余価値生産における労働の収奪（労働と資本の分節化）は領有法則からして不可避になり、剰余価値の利子化によって利子産み資本のマネタリズムが不可避になされます。賃労働者までが株の売買の利子産み資本へ参与していくシステムです。この金融システムは、二〇一四年時点でもう破産し、実質機能しえていません――スイスでは銀行にお金を預けておくと手数料で減っていく事態になったときが臨界閾です。リーマン・ショックは、事件ではない、金融世界市場と生活との関係崩壊の本質の露出です。生活は金融依存していいては成り立たなくなった現れです。社会統治は、新自由主義の市場経済と統治制とが不可避に産み出した構図ですが、新自由主義は、統治制のない社会主義国家も巻込んで、資本主義と社会主義とが同質になっていく産業的生産様式構成をもたらしています。そこでは、国家統治がひたすら無能さを露呈させていく事態になっていますが、人口の意志が、一つに統一しえない、ほぼ半々に相反分裂する選択意志となっているからです。他方、経済の社会主義的規制化が進行し、そのなかで「資本」喪失が顕著に進行しています。日本の大企業は、商品生産の再生産を消耗回転的になすだけで、資本投資した動きにおいては不能化していいます。自らの真正原理を有していないからです。そして、その亀裂に、商品原理と資本原理とがまったく対立的である閾が出現してきています。

商品は、より良いものをより多くより安くして量産化によって利益=儲けを目ざす経済です。

資本は、儲けを目的としません、生活の良き、個別の至高のものを、個的生産創造する経済です。

商品と資本とでは、原理の方向性がまったく逆です。前者は、売り上げを上げるほど損する逆生産の閾に入っています。資本が儲けをしているように見えるのは、「商品化された資本」の部分現象です。

商品経済は、資本を資金や資財へと商品化・金銭化・物質化する経済過程でした。商品の量産=廉価化をなすべく大量の画一的賃労働者の存在とその大量動員の組織統治を必要としてきました。そして、賃金で生活存在が成立する仕組みを、規律化と規整化によって構成してきたのです。社会や生命の企業化にまで、「企業社会」を拡延し浸透させます(地方自治体は企業体として活動せよ、という傾向)。高化です。

資本経済は、商品を限界づけ生産物自体へもどし、モノ自体、道具自体の活用による、個的生活の至高化です。物=使用価値は必要ですが、商品を必要とはしない経済です。したがって、商品生産に従事する賃労働者は消滅し、働く者は「資本者」として自らの能力や技能を文化資本・技術資本・情緒資本として領有し、それを活用する仕方をとります。新自由主義の「人的資本」は「給与」を収益とする賃労働体制そのままの考えでしかない。資本経済の統治制は、場所環境に配備されます。したがって国家資本の組み替えという政治統治を過渡的に要しますが、それは国家資本の統治制化に代わって、場所資本の統治制化を技術的になしていくことです。国家自体をいじくることではない。社会資本は公的資本へ転移させることとです。プライベートな資本が活性化されるためです。

資本を悪としている認識は、国家配備の統治制にからめとられた誤認の典型です。資本家と資本とを混同し、利子産み資本と資本自体との対立関係を把捉しえていない、稚拙な「反」の論理であって、資本の実際をまったくみていません。思考しえていない無知です。相手を悪として否定すれば、自らが客観的であって正義を遂行しているのだと理論効果でもって、自己正当化しているものでしかありません。商品化された資本を感知しているだけです。それは「資本」自体ではありません。国家/資本/権力にたいしての「無知」による「反」行動にまったく意味はありません(当事者性喪失の知的気取り)。

フーコーの統治制にたいする政治理性は、合理性の規準からなされていますが、国家統治制化によって国家配備されたものの合理性の非合理性をわたしは開示的に問題化しています。既存の合理性からは非合

理とされたものへ、政治理性をもって考えていかねばなりません。それを簡略示しますと、
第一に、共同幻想の国家化にたいして、共同幻想の場所化が非配備されている→**場所共同幻想**を（幻想統治）
第二に、「社会」の配備にたいして、場所が非配備されている→**場所環境**を（環境空間統治）
第三に、市場経済において商品経済から資本経済が非配備され、国民市場から場所市場が非配備されている→**ホスピタリティ資本経済**を（経済統治：資本が統治していく）
第四に、自己同一性を機軸にする主体形成にたいして、非自己が非配備されている→**非自己／自己の自己技術**を（個人配備）
第五に、国家配備にとりこまれていない、一～四の配備転移の移行過程を統治制技術化すること（移行処置）となります。述語的非合理の界閾には、非配備に残されている潜勢力があります。主語制的に、合理／非合理を合理規準から改良配備していくのではなく、非合理閾から合理／非合理の相互性を述語配置しなおしていく配置換えdispositionです。主語制の概念空間に述語的合理性を配備すると、まったくの受動性・依存性と無責任に転倒してしまいます。この四つの転移は、配備されていないものを出現させることであって、原理がまったく異なります。関係の改善や革新・変更ではありません。すると、その裂け目を通過していく通道をつける転移移行処置の統治制が、政治理性として第五において要されることです。
政治理性／統治理性は、国家認識・国家知に配備されていないものを見いだすことで、配備／非配備、編制／非編制、を同時的に見渡していくことが要されます。統治理性として、国家理性の発見にまさる場所理性／資本理性の発見です。主客分離、主語制、社会自然性、自己同一性の原理にたいして、**主客非分**

離、述語制、場所、非自己の原理をわたしは対峙的に発見しました。その統治制化は、場所環境と資本ホスピタリティ経済を軸にして構成されていくことになります。既存の国家配備をいじくること、変革することではありません。まったく異なる「配備」の創出です。

資本の統治、場所の統治：新たな統治するアート

交換に代わって「競争・競合」が新自由主義の市場経済論理でしたが、それは社会規範空間を構造的に制度化するという規制的統治を不可避にうみだしました。商品交換経済が軸になった排他的「競争」でしかないからです。その過程処置の中で、排除され縮減されてしまったのが「資本」です。しかし「資本」は巨大な力として、国家の均衡の枠組をこえて、利子産み資本の転倒した様態で、世界の市場を攪乱させています。これをわたしは「不届き資本」として、自律性に領有されている「和み資本」と識別します。「資本」は国家予算規模をこえる大きさであると同時に、諸個人の技能・能力としての自己技術に関与している小さな和み資本です。本質的に資本はその大きさにかかわりない働き・作用をなします。それは儲け・利子を求めない、物事の実現をなす作用です。「不届き資本」と「和み資本」というように、産業経済化され転倒した利子産み資本と、個々の個的なものを実現することが全体的なものの環境的な利益になる資本とを識別しました。つまり「資本への統治」と「資本による統治」との相互性を構成する「統治するアート」が要されていくということです。これは、国家的統治を必要としませんが、同時に市場

の自由を、商品生産・消費関係から資本関係へと転移する統治テクニックが要されます。その統治テクニックの原理となるのが「ホスピタリティ」です。サービス経済からホスピタリティ経済への統治技術による転移です。そして、それが働く・作用させる場が、領土=国土ではなく、「場所環境」の〈場所〉となります。新自由主義論者以上の言説を、ここにおいて言説生産していかねばなりません。それは実際現実を観ることによってなされることで、机上の空論ではない(場所統治は、コミュニタリアンではない)。

権力は強固、不動のものではありません。「権力は良くも悪くもない」、「歴史が戦略的であるということ、それは可動的で諸関係に貫かれており、その関係は変えることができる」のです(n°353)。「行為者が物事を変える政治的勇気をもっていけば」、国家、社会、市場経済の権力諸関係は変えることができます。政治の知的不毛・不能化 disabling が重大事実として現在のしかかっているにすぎません。

そこで、障害となっているのは、産業〈社会〉経済の諸相の「現実性の構造化」です。現実を抽象化させる「現実性」の編制がなされしまっています。現実性は〈現実〉そのものではないのにです。典型的な現実性の現実を喪失している様態をクリティカルにみておきます。

①商品交換経済の現実性

商品生産経済が生活の生存基盤とされ、商品の市場経済の自由が自由であると一般化され、ホモ・エコノミクス(経済人間)が統治と個人とのインターフェイスに配備されています。本来のホモ・エコノミクスは企業家であるのに賃労働者となってしまっています。資本統治がしえない不能状態におかれています。商品交換の価値形式は、人間関係を、サービス関係を媒介にして抽象化します。労働が抽象化されるのではなく、人間関係が、諸個人の具体の顔をみなくさせるのです。商品関係が、社会関係、制度関係へと拡張されて、社会と経済との分離が融解し、社会関係がむしろ商品関係を維持させていくように作用しています。物象化の反転現象がおきているのです。

たとえば、知の生産で何がおきているかというと、3000部発行でないと「本」ではない、というのです。それは、出版社の賃労働を可能にするものの規準でしかない。商品化量が多いほど現実だというのです。「売る」ということを設定すれば現実的なことを加味していると思い込んでいますが、経済の現実関係にたいして無知であり、自分で資本運営をなしえない編集賃労働者の不能状態です。本という知は一冊でも文化資本です。かつては手書きですから、写本は一冊しか無い。それが知の文化資本の原基です。わたしは、300部で再生産が成り立つ資本回転の本生産システムをつくりました。利益はまったくありません。一冊の生産も可能なものにしてあります。どんな難解な本でも出版可能にしました。商品量産など無意味です。そんな商品量規準をなしているから、知の高度な生産がなされなくなってしまったのです。おまけに出版社は、著者に本を売ってくれと、自らの企業活動を不能化さえさせています。これは製造商品にも言えることです。大企業H社は、国からの発注が減少してどうしていいかわからない、と言っていましたが。住居は一つの建築物でしかなかったのに、ハウジングの量産へと転倒していますが、一つだけの建築生産は滅んではいません。住むライフスタイルは個人で違うのにです。

②パストラールのサービス化の現実性

レストランやバーなどで「これはサービスです」と言ったとき、商品物の無料提供となっています。サービスは「無料奉仕」であることのなごりですが、実際はサービスは換金経済へ組込まれて利益追及の手段へと変身しています。商品交換販売だけでは商売がなりたたず、サービス構成をなして商業行為が繁盛するように仕組まれています。他方、制度生産においては専門サービスが経済行為そのものへと転移され、そこでは規律化が同時に作用して、社会経済が制度経済として可能となるように、教育、医療においてとくに典型的に編制されています。パストラールが規律化された歴史形成が、商品経済と手をたずさえて社会構成され普遍化されてしまっているのです。キリスト教的制度化を世界へ普遍化したのは、商品生産社会とその統治化の「サービス化」の結果です。サービスは仏教界にも融解していきましたが、アラブ界ではハレーションを起こしています。長いキリスト教化以前の、人類の本質存在の原初からくみかえていかねばなりません。それは宗教的疎外の原初がホスピタリティであったのに、普及化・拡大しようとして奉仕＝サービス化へ転じられてしまったにすぎません。宗教のサービス化が、学校宗教、医療宗教として世俗化され、金銭経済化され、それが現実性で必要だとされてしまっています。

金融経済も、サービス経済化されています。それはマネーを資本として扱うことができずに、規則従属したマネーの使い方しかしえなくさせています。投資開発援助しているのではなく、ただ担保を安全確保して金貸しをしているだけです。ビジネスにもなっていない、日本の金融世界です。資産運用はマネー商品運用へと錯認されています。スイスのプライベートバンクの資産運用は、顧客の全生活をサポートします。子どもの教育の面倒、レジャーの手配まてでします。資本経済・ホスピタリティ経済です。サービス経済は、顧客の顔をみません。「顔を聞く」（レヴィナス）のがホスピタリティ・資本経済です。サービス産業の拡大は、何らの解決にならないのです。

③社会的自然性の規範化という現実性

6章の「市民社会の布置」ですでにみてきたように、社会の自然化が、人々の意識になっています。その考えは、市民社会以前には何も存在しない、人間の歴史は集団によって存在してきた、社会は個人と同じくらい古い、人間的自然は社会的である、社会の事実と分離される人間的自然なるものは存在しない、社会的紐帯は自発的に形成される、社会を編制する操作をしたり、自己創設したりする必要は無い、社会的紐帯に前史はない、それは永続的で不可欠なものだ、人間が社会状態を望むのは自然状態である、自然状態は人間が「社会」において生きるのを望む、市民社会は人類にとっての歴史的・自然的な常数である、と言うファーガソンに典型でした。

社会とは、人間を互いに結合させるものだが、経済的な利益ではない、経済諸主体が場を占め、経済的利己主義が役割をはたしてはいるが、市民社会は異なる経済諸主体の連合 association 以上のものである。市民社会における諸個人の紐帯は、交換における利益の最大化ではなく、「非利益化された利益 intérêts désintéressés」と言われる系である。本能、感情、共感、互いの好感の動き、同情であり、また他者への嫌悪、個人の不幸にたいする嫌悪、自分から離れて行く他者の不幸に抱く快楽である。経済主体を結合する紐帯と、市民社会に属する諸個人を結合する紐帯は、違う。利己主義的でない利益、その利益の働き、利己主義よりもはるかに大きな非利益化された利益の働きがある。社会は非利益の利益が作用していく場である。

個々人の異なる役割・任務が分業とされ、生産のみならず総体的決定過程においても分業がなされる、選ばれた人々が決定し、影響力を行使される人もいる、権力の事実は、権力が規則づけられ、委託され、法的に編制される、それらの以前に存在しており、権力の法的構造は事後的につくられた。したがって、孤立していた人間たちが集まって権力構成を決心し、社会状態に入ったのでもなければ、社会に再編制された人間が集まって権力を編制しその様式の帰属づけは好都合で、便利で、有用だと考えたのでもない。人間、その自然、その手足、その言語、他の人々、コミュニケーション、社会、権力、こうしたすべてが一体となって、一つの総体を構成している、それが市民社会だ。これが多くの人たちに一般化して暗黙に現実性とされています。

この社会の自然性の効果は、一つの事例を社会総体へ拡延させます。感染者は10数人なのに県全体の出来事、損害の社会化をなして、予防対策がなされます。逆に、管理側に都合が悪いと特例だから特殊扱いはできないとされる。「歴史的・自然的」常数、個々人の自発的総合の保証、政治権力の永久的な母型　歴史の原動力であり、総体の機能的均衡・自発的均衡がある「社会」とされて普遍化されています。その「社会」が規則従属の規律化テクノロジーが浸透した規範化社会でしかないことは、すでに示した通りです。その批判が、認知されないのは、社会幻想としてそれが疎外されて実定化（事幻化）されてしまっているからです。

「社会」は、場所を消去する統治です。実際に場所はあるのに、それをゾーニングや都市化によって、均一の空間へと変容させてきていますが、場所は社会空間化から逃れて残滓していますが、認知されなくなっています。

「社会」を消滅させることですが、それは「社会界」をいじくることではなく、場所の現実そのものに立つことです。

④「働く」ことの賃労働体制化の現実性

生活していくには、どこかに「雇ってもらう」ことしか考えられなくなっています。自分自身で市場経済の自由のなかで事業を起こしていくことがしえなくなっています。それはつまり、事業・会社に自分が責任をもっていないことです。与えられたことに従属して労働する、その見返りに給与をもらう、それが、安全で安心であると人々に浸透させている統治制です。「雇われる」共同性が共有された秩序になっています。責任がありませんから、自己決定は回避されます。負荷をおう必要がない、従順であればいいだけです。賃労働が構成している統治心性は、非常に強固です。諸個人を不能化して労働力化された能力を活用する仕方です。自分資本を完全に外化させられています。

賃労働は、自分が道具をもっていない、他者が所有している生産手段へ自らを服従させるだけだからです。そして、自分のマネーを自分で消費商品購入だけで使うことしかしなくなります。ところが、年金のお金は自分が稼いで供したマネーなのに、自分へ帰ってこない。他者機関が勝手に運用して、お金がなくなってしまっている。自分のお金を自分で使えなくさせている統治制が、賃労働には作用しうるのです。年金や医療保健金が、賃金から収奪されていることにも気づかなくなります。自分たちのためだとしながら、他者のためにも役立たないものへ転じられているのです。これは資本としての「自分のマネー」が喪失しているからです。これは、ほんとにわからなくなっています。

賃労働弊害をいくらでも並びたてられますが、産業社会の配備を可能にしているものでしかありません。諸個人を見事に不能化させて、しかし労働力として使いうるようにしている巨大社会システムです。生産物、労働自体、自分自身からの疎外は今や負的な事態ではなく、無責任でかつ福祉的保障をえている「労働疎外天国」になっています。大学教師もただの賃労働者です。それは「知」の創造生産をなしうる研究環境にはありません。経団連メンバーも、国立銀行総裁も、経済リーダーで支配の位置についている者たちも、みな賃労働者です。無責任ワーカーたちです。

賃労働体制は、社会分業体制として、ビジョンとディビジョン原理を社会編制して、一般化しています。

生活生存は、賃労働でしかなりたたないと統治されている。そこに新たなビジネス創出はなされません新たな経済の可能性は創出されていきません。〈社会〉生活は、賃労働主体で成り立っています。社会人／社会人間は賃労働者です。しかしどの企業も、最初は資本経済で、働く者たちが責任を共有し合って事業をたちあげたのです。

⑤国家間均衡の政治・軍事の現実性

戦争は放棄されるべきです。その意味で、日本国憲法の象徴性は、すぐれた象徴統御を可能にした国家配置をなしています。自衛隊は、その軍事訓練の苛酷さを災害救助で活かしています。しかし、軍事の永久配備をなしてこそ国家は防衛されるという現実性が、国家間均衡の原理では疑われることはない。一般市民の「国家防衛は必要だ」「だが戦地への派遣、軍事協力は反対だ」から軍事行動・軍隊の不可避さを支持・主張する意見も、軍備反対の意見も、ともに軍事の国家配備への認識が国家認識にからみとられたまま、軍事自体へのほとんど無知からなされているだけですが、しかし「戦争をする＝国を守る」ことが、一国の市民全員にとって、職業でも法でもなく、「良い市民の行動」の倫理となって、兵は政治的振る舞い・道徳的振る舞いとなり、公的良心・公的権威の指導のもとでの、明確な規律の枠内で共通の大義・救済のためになされる犠牲・献身となり、そのように感取されています。「国家を守る」ことが武力による安全へと短絡する。この認知構造は国家知からきている以外のなにものでもありません。遊びのゲームはほとんどが武力的「戦い」の代行表象世界になって、戦争はファンタジーの認知の一般化として子ども時代からなされている。人類は戦争という人殺しの愚行を保持しつづける、人間は戦う者だからだ、というのは本質であるのでしょうか？　平和という素朴主義があざ笑われる現実性は、乗り越えられないのでしょうか？

平和そのものを設定する必要がなくなる統治制の創出は、場所政治でしかなしえないと、わたしはビジョンしています。統治制技術において軍事・軍隊を無くせることがなされたとき、人類は成熟するのでしょうが、帝国支配、ついで国家間均衡という、国家配備のあるかぎり戦争の配備はなくならないでしょう。（戦国時代は、領土覇権の戦いをしていましたが、その場所間調整の叡智・知解を創成することです。）

こうした「現実性」は、現実自体ではない。国家配備のもとで、国家を永続化させるために、規整化を社会へはりめぐらして、幻想として自然化し、規則従属が利になると編制した、国家規整の認識・叡智が一般化したものでしかありません。現実は、自分自身に、資本に、場所にあるのです。それを認識する条件を開いていくためにも、国家の配備を批判考察し、その界閾にはない、国家配備されていない、「現実」条件を明示していくことです。統治制の理論とは、そうした可能条件を開いた論理として意味ある。

たとえば、産地ごとの農作物がある一方、場所の即席ラーメンやスターバックスがフラペチーノを47都道府県にそれぞれ作ったなど、場所の商品化が少しづつ目立ってきますが、全国画一を県画一になした商品マターであって、場所ではない。こういう場所偽装の水平面に、商品と場所とが競合配備されてきている事態を、正鵠に見極めていくことです。

◉ホスピタリティ資本経済の出現へ：資本経済の統治アートへ

ホスピタリティは、日常生活のなかで、場所における伝統的な文化様態の慣習的行為としてなされてきた心性であり技術です。それは各文化によって多様ですが、一対一の関係であること、その時、その場で、その人への固有な処置であることの本質は同じです。他者を配慮しながら、個の存在を最優先します。これを、サービス経済に代わる「ホスピタリティ経済」として出現させるにあたって、新たな「統治するアート」を創生させていくことが要されます。簡略に問題化を提示しておきますが、「自己と他者の統治」において「主体の解釈」とともに、論じていくべき「自己テクノロジー」のことです。

①個別に対応しうる技術

産業的技術（サービス）は諸個人の違いに対応するのではなく、誰にでもいつでもどこでも同じ技術として構成され行使されます。それが、個々人に対して異なる働きをもちうるにはどうしたならよいか。

同一のものを量産し、自らの商品関係を社会関係にまで拡張する産業〈社会〉経済の商品生産規準からはなされえません。個々人のライフスタイルは、個々人によって違います、その個人の生存生活環境に個々に対応しうる諸技術を関係開発していくことです。

人類は手仕事の文化を何千年にもわたってなしてきた。その手仕事の原基を規準にして経済生産の可能性をさぐることです。科学技術の先端性は、すでに個別に対応しうる述語的技術として創出されてきています。手仕事の、とくにわたしは衣の染織技術が原初規準であると考えていますが、そこから大きなヒントをえて文化技術の述語技術から新たな非分離の技術開発をなしていくことだと思います。

② ホスピタリティ生産の可能条件

窮極は一品生産となりますが、たとえば農作物ですと、茄子やキュウリはある量産的な数になっても、一個一個の形状が違うように、同じ物は一つとしてないのです。収穫した魚も一つとして同じ魚はいません。またキモノの手作りの染織は一品たりとも同じ物はありません、たとえ模様が同じでもです。つまり、第一次的産業では、同じ物の生産は無いのです。これが、機械生産の量産体制によって同一物がつくられるようになったにすぎません。それに規定されて、第三次産業で「同じ」サービスの画一化がなされてしまっています。第一次的生産の仕方の原点（物自体の非分離な自然性）規準から、新たに機械生産技術の転換――物質文化の非分離の述語技術――をはかり、サービス産業をホスピタリティ経済へと転移させることです。これは「生産過程」と「労働過程」とがずれていない、一致している生産様式になることです。賃労働者はいなくなります。すべて文化技術・文化資本を領有した資本者による協働生産となります。

③ホスピタリティ価格

商品交換の循環では、「真正価格」が真なる適切な平等価格として正統化されて、より良いものをより安くより多くの人たちに供することとなりますが、ホスピタリティ価格は、個々人によって価格が異なるのを可能にすることです。価格は、生産制作者と顧客との固有な直接関係の意志で決まる、人によって変動するということです。これは、顧客がプライベートに成熟しないと不可能です。他者と比較して自己利益を最大化しようとする利主体の消費者から脱皮せねばなりません。流通の循環は、場所環境地盤にたった生産者と使用者との直接相互関係へと構成されることです。

④ホスピタリティ市場の自由

ホスピタリティ市場の自由とは、市場経済総体の空間の自由ではなく、組織内、個々のビジネス行動内での、管理なき、担当者自身の責任統治の自己技術の自由です。それは、自らが立つ身近な場所環境の全体を見渡して、他生成的に要請・規制される諸条件を加味して、しかるべき個の自己技術を働かせる自由プラチックの市場です。つまり、商品交換の市場ではない、商品関係を統治する自己技術市場です。外在的には社会空間市場=国民市場ではなく、限界づけられた「場所市場=住民市場」が規準になることです。

⑤ホスピタリティ資本

ホスピタリティにおける「資本」は、全体的なスケールでは「場所資本」(場所環境資本)であり、個別的なものは「個々人」の差異の力能です。個人資本を社会人関係へ疎外しないことです。社会資本とされているものは、「公的資本」としてプライベートなものを保証する資本へ転化されねばなりません。

以上、ここでは細かいことは多様に構想されますが、新たな理論言説の生産が要されることであり、ここで述べる場ではないので、素朴に根本原理の要点を指示しました。統括的に言えることは、蓄積様式の機軸が変わることです。生産材、建造環境、科学技術と蓄積様式の主要機軸が変わってきた。その第四次蓄積様式はホスピタリティ統治アートが機軸になるということです。そこにしか、次の可能条件は開けない。国家の配備、社会配備から排除されてきた、「場所」と「資本」を諸関係において配備することですが、知の地盤変えを不可避にします（『ホスピタリティ原論』『甦れ 資本経済の力』参照）。

●ホスピタリティ場所環境政治の出現へ

ホスピタリティは「場所環境」でのアクションとして設定されます。物理的には、速度空間・交通空間、つまり「移動」環境の再構築ですが、社会設計は「不動設計」でしかないものです。歩く速度の生活規準から、モーター速度が補助機関として機能していける成熟技術の開発です。そして場所金融の設置です。マネーは場所環境の生命的な血の流れです。それを場所統治にしないかぎり、利子産み資本の金融経済に統治支配されたままです。そして象徴的資源は、国つ神共同幻想の下に集約して、場所に合う天つ神幻想(場所ごとに多様である）の次元との新たな均衡をはかることです。そして場所住民の生存生活に役立つ場所経済を編制していくことですが、自生エネルギーが基盤になります。場所交通、場所金融、場所エネルギー、場所幻想、この四つが基本・根本原理ですが、水系を動態環境基盤にすえることです。その場所経済が統治しうるように場所政治が補助することです。逆ではありません。国家配備に、場所環境は配置されえていません。国家は不用ですが、場所の多在性を出現させて相互機能しうるよう、過渡的に社会を消滅させていくように統治補助していく役割をもちます。社会環境として、社会技術の統治制の仕方を変えていく移行過程の諸処置が要されます。市民社会の自然性が疎外表出されたことに代わる、場所環境を出現させるホスピタリティ統治技術が要されます。自然概念を非分離に配備することです。

場所は、自律諸個人のコミュニティではありません。それは社会設計の縮小でしかない。場所環境の強い規定性をひきうけ、その拘束条件・限界条件に、絶対無の可能性を見いだしていく、述語環境の開発になります。場所の歴史は、国家の歴史よりも長いのです。それは有の場所としては、閉じた共同体に多分に構造化されてしまいます。他からの支配介入から防衛していたためです。国家配備による社会空間化によって開かれたかのように幻想配備の統治制化がなされたにすぎません。そこにたいして相対的無の場所を想像表出し、潜在している絶対無を出現させる開発とその統治制配備で場所を開くことです。過去への回帰ではありません。産業社会／国家配置の未熟さを超えていく先進的なものです。

ホスピタリティと統治制史の歴史再考：場所史学へ

ホスピタリティは、古くからあったものです、ホスピタリティの歴史を見直す考証が、パストラールの歴史に代わって知の叡智性において考証される必要があります。イリイチは、パリサイ人のあり方にそれを指摘しました。吉本思想における前古代や前言語の探究は、その次元を開こうとしている本質からの考察です。

ホスピタリティは、「生‐歴史」の過程においてサービスへと転移編制されていき、転移されたサービスが商品経済と合体していきますが、ホスピタリティ自体が消滅したわけではない。周辺ないし下層へと追いやられただけです。その余剰の歴史を軸として見直し、歴史性化において転移させることです。「社会の歴史」「サービスの歴史」ではなく、場所の歴史、環境文化技術の歴史を、「社会の文化史」（シャルチエ）を批判媒介にして再構成していくことです。フーコーが描き出した「生‐歴史」は、その境界を開いたものです。その向こう側を発掘しなければなりません、述語制の歴史です。

フーコーの歴史考証から、その自己技術の歴史のなかに、語られていながら考えられえていないものとして探り直すことができますが、それは別稿で論じます。医療や教育においても見直されるべきことであり、狂気や犯罪においても見直されるべきことです。しかも、その自己技術が統治といかに関係していたかです。発展・進歩の歴史生成においてホスピタリティが価値剥奪されて普遍化がなされています。

日本では、たとえば、鎌倉時代になされた「垸飯」という儀式は、歓待であり統治でもあったものです。武士制の振る舞いのなかには、武力衝突を回避するホスピタリティ技術が多様に存在していました。

衣食住において、そこへの統治が歴史的に多様になされましたが、それへの「反振る舞い」にホスピタリティ的なものが見いだされます。たとえば、着物における絹の統治に対して、民衆は、綿や麻の染織技術を磨き上げていきました。「反振る舞い」として新たな染織技術が開発されたのです。泥染などはその典型です。お上の監視を逃れて泥水のなかに隠した、その偶然性からうまれた技術です。限られた熱帯地でないかぎり、人間は衣なくして生存しえません。手作りの染織生産は、ホスピタリティ生産の典型です。

宗達以後の江戸期までの日本絵画は、非分離述語技術表現の最たるものです。『〈もの〉の日本心性』において問題化開示しておきましたが、生活史、文化史、統治制史として浮き出させることです。非分離の多様な述語文化技術が、伝統工芸のなかにも先端科学の技術開発に役立つものとして潜在しています。

フーコーの理論視座をもって、日本文化／技術と政治的統治の関係を、言説や実際の技術とともに見直していくことで、新たな「統治するアート」の可能条件を探り当てていくことです。統治を規制的統制・支配としてしかみていなかった歴史の見直しを、社会史的な非政治的一般性へ解消させることなく、統治制の歴史において描き出し、近代国家編制に代わる可能条件を見いだしていくことがなされうるとおもいます。そのとき、フーコーと社会史研究との関係のとり方は、大いに参考になることです。社会史研究の批判肯定的な活用の仕方です。日本の社会史研究は、あまりの細部にたって、国家の知的配備に配置されてしまっていますが、歴史認識の転移をなす可能条件は潜在しています。地方史に代わって〈場所史学〉を打ち立てることだと思っています。

国家論の目的は、〈国家〉という現実性に辿り着くことでありません。国家の認識構造に自らがからめとられている様態を、国家から切り離して、自らが自らに対して自由であることを実際行為《プラチック》しうるために、〈国家〉のアクトを批判的に知ることです。その批判知において自分が定められていきます。わたしなりの国家論言述を問題化としてなしてきましたが、その「理論の働き」が真であるか偽であるかが問題ではなく、わたしが言述した言説の内部において、いかなる真理のパワー効果が派生していくかです。政治的自律性の自己技術の政治倫理の自らへの行使です。他者への押しつけではない倫理。すくなくとも、国家権力の奪取なる妄想からは切り離されたし、ヘゲモニーをめぐる闘争からも切り離されることはなしえたとおもいます。他方、実際に、〈わたし〉が同意していなくとも国家的な決定はなされていきます。そこにたいしての政治的な自己技術の方向性と振る舞いは示しえたとおもいます。

吉本共同幻想国家論、フーコーの統治制的国家論、ブルデューの国家アクト／国家資本論、この三部作をもって、マルクス＝レーニン主義、グラムシ主義の国家論からの脱出／切り離しがなされる国家論の問題化＝問題構成はしえたと思います。加えて、ラカン理論を活用した国家の再認・誤認の心的構造、さらに統括的な共同幻想国家・国家資本の再生産理論の、五部作を要しました。本格的な理論構成の地盤は開示したと思います。

【参考文献】

二百冊以上のフーコー文献をわたしは蔵書していますが、今回主に基本をおさえるべく参考にしたのは、94頁の文献と以下のものです。

色々な論集がありますが、とくにすぐれているのは、

＊ Christopher Falzon, Timothy O'Leary, and Jana Sawicki(eds.), *A Companion to Foucault* (Wiley-Blackwell, 2013)

基本がしっかりしており、文献アクセスが明細。

基礎世界がどうなっているのかを言表から再確認し、オリジナル文献へアクセスするのに便利なのは、

＊ Leonard Lwlor, and John Nale(eds.), *The Cambridge FOUCAULT Lexicon* (Cambridge, 2014)

けだし、論述はときに稚拙ゆえ、あくまでも再確認への手がかりでしかない。

ともに英訳文献が主であるため、間接的になってしまうが、英訳の誤訳やずれは思考の訓練にもなる。

● 新自由主義に関しては

＊ Daniel Zamora & Michael Behrent(eds.), *Foucault and Neoliberalism* (Polity, 2016)

＊ Vanessa Lemm & Miguel Vatter(eds.), *The Government of Life: Foucault, Biopolitics, and Neoliberalism* (Fordham University Press, 2014)

＊ *Raisons politiques*, no.52: Les néolibéralismes de Michel Foucault (SciencesPo., novembre 2013)

● 統治性に関しては、本書94頁に参考文献を掲示。くわえて、

＊ Michel Senellart, *Les arts de gouverner : Du regimen médiéval au concept de gouvernement* (Seil, 1995)

＊ Arnault Stornicki, *La grande soif de l'État: Michel Foucault avec les sciences sociales* (Les Prairies Ordinaires, 2015)

＊ Jean-François Bert et Jérôme Lamy, *Michel Foucault: Un héritage critique*(CNRS editions, 2014)

＊ P. Miller & N. Rose, 'Governing economic life', *Economy and Society* 19(1), 1990:1-31

＊ Stephen Morton and Stephen Bygrave(eds.), *Foucault in an Age of Terror; Essays on Biopolitics and the Defence of Society*(palgrave, 2008)

概念にたいして講義録の邦訳は、あまりに乱暴です、粗野・粗雑です。フーコー的な緻密さが霧散してしまっています。フーコー思考の緻密さぶりは、ブルデューのコレージュ・ド・フランスの講義録と比べると一目瞭然、フーコーの緻密な怪物さがよく感じられます。（論文集もなかには良い訳もありますが、統一されていないため理解はずれる。）訳語統一が訳書間でなされなかったのは、まだフーコー理論・言説が日本では実定化しえていない現れでしょうが、訳者同士が認めあっていないということの現れでもある。ときにうまい訳語だなと関心するのもいくつかありますが、概念空間の理論関係は煩擾の界へと不可避に現出してしまっています。語学がよくできているのはわかりますが、語学物象化のままではフーコー了解はいつまでも未著のままで、ずれっぱなしです。語学と理論水準とは、まったく別ものです。翻訳不可能の閾への自覚がないのだとおもいますが、訳されてしまったとき訳者知性の水準へ、原書の思想・理論は相当に落下してしまっているということです。これは邦訳書の宿命として打ち破れない閾ですが、自覚をもったならもっとしっかりした、謙虚な考察がなされるとおもいますが。できているとおもってやっていることの過ちです。総体の陥没です。

理論概念の布置

フーコーのような論理を読んでいると、既存の日本語用語・言表をすべてかえてしまいたい欲望にかられるのですが、また、そこまでいかなくてはフーコー了解はありえないことだとも言えるのですが、それは力およぶところではないし、ますます分からなくなってしまうことでしょう。しかし、いくつかの基本語は、はっきりと識別、転移していかねばならない、その最小限のものはあるということです。言表に無意識化されてしまっている、ノモス／命名行為があって、正統性の再認の次元が転移されえていることなのに、既存の正統性のドクサ／通念に還元されてしまっているのです。『言葉と物』が商業的独占によって誤訳のままであるかぎり、フーコーの日本での理解は停滞したままありつづけるほかないですが、論稿集・講義録で、ほんとうならば訳語確定がなされたなら、動きは〈始まり〉えたとおもいますが残念です。未着から問題提起にもなりえていない。『知の考古学』は新訳がでましたが、ぱっとしません。旧訳よりはるかにましですが、わたしとしてはまだ容認できない、言表と概念空間との関係がひずむ。フーコー的理論空間が固有にある、そこがまだ作り出されていない。訳すならなすべきです。

講義など訳書間で渾融され煩擾果てしない基本概念の理論的な整備をなしておきます。大きく四つあります。第一は、規則・規制・規範などに関わるいくつかの基本用語ですが、理論的な文脈を構成しているもので、訳語の問題ではありません。フーコー理論のもっとも根本的な問題閾／概念空間です。第二は、行為・振る舞いをめぐるアート／テクノロジーの概念空間です。第三は、そこにかかわるのですが、統治そのものをめぐる諸概念です。第四は「装置」「配備」をめぐる概念空間です。他にも、いくつもありますが、根本はプラチック pratique への誤認からすべて来ています。これを「実践」と訳言表化しているかぎり、対象がもう間違って別なものになっていますから絶対的に溶けないものです。フランス思想（ドイツ哲学も）の誤認総体にそれは矮小化・転倒・錯認をもたらしています。つまり、社会科学の地盤換えをなした現代フランス思想を、また同じ既存の社会科学界の再認のドクサへと戻してしまっているのです。この正当性のアカデミズム象徴暴力＝不能化は、打ち破らねばなりません。

1．規則・規制をめぐる概念

règle/régler/réglage、règlement/réglementation/réglementaire、régulation/régulateur

この規則・規定・規制・規整などをめぐる用語は、フーコーでは明確に識別されているのに、訳書は意味がまったく分かっていないとしかいいようがない渾融状態にあります。「規則 régle」として固定されたもの——規則へつくりあげていく「規則化する régler」——の次元。その規則にまでいたっていない「規定 règlement」の次元がある——「規定」として指令や服装の決まり価格・生産量制限など定まったものへ構成していく「規定化 réglementation」（「規制化」ともいえます）がある。それが、「規整化 régulation」という定まらない作用・働きの場を出現させ整えてコード化されていく——ここも「規整化する régulateur」働きがある、あるいは「規定」や「規則」が目にはみえないところで規整する作用を働かせている。すると、réglementer という規制・統制する作用が再び派生する。少なくともこの三つの異なるレベル／場があり、それぞれ働き・作用をもっています。この働きは、行為ではありません、人間意志の働きでもありません、規則・規定それ自体が働いていることです、物事 choses の動きです。フーコーは、これらの概念と概念差を対象化していませんが、ブルデューはこれらに関する理論を作っています。それは場／対象がちがいますが、理論関係水準はほぼ対応していると考えていいでしょう。

これらが辞書訳されて、「調整 ajustement」「調整する ajuster」と渾融・混同されているのが、大きな問題です。規整化・規定化・規則化は、「調整」などしません、つねに可能化へむけての闘いがあるのです。「他生成的 hétérogénetique」に規制していくことです。つまり異質なものが生成的に、他律的に働きかけていくことです。homogène とは対称的ではないのです。この他律的生成をただ意味された「異質」とか「不均質」と処理していると、作用・働きを見失なって実体化して、フーコー論理を喪失します。その証拠に、これら規制・規則をめぐる訳語言表がぐちゃぐちゃになって、統治や配備において把捉されていないからです。言説、プラチック、諸制度などの間で作用している仕方です。たとえば、学校で、授業中は隣の子と喋るなと命文するのは「規則」です――規則が習慣化されるとあえて規則にせずに暗黙の規整化が働く――、そのために授業時間・休み時間が区分され、机は隣と離すというようなことは「規定（化）」です。すると、教師が話している間は教師の方に「顔を向ける」という「規整化」が作用します。よそ見もしえます。規定・規則の存在が消えて規整化されているのは、朝起きたなら「学校へいく」というようなことです。規整化が作用していますと、「規範化 normalisation」が機能し、学校・教師に従属・服属していくことがなされます（それが集団秩序になりかつ自分の利になる効果がなされる）。規整化においては、規則・規定に反することもなされえます。また規則・規範があれば規整化に放任しておけばいい。これらが、行為概念にも関係します。英語圏論者たちも擾擾になっています。仏語原書の index des notions にもこれらは載っていない、自覚さえされていないのですが、フーコーははっきり識別して使用しています。自分の理論概念として磨き上げていませんが、使い方は厳密です。とくに「規整化」の水準は重要です。

2. 行為をめぐる概念

フーコーでは、**pratique** と **conduite** が基本概念なのですが、action/acte、そして compotement/comporter や agir などが関係します。フーコーは明確に識別しています。これがまた訳書・訳書間では擾擾になってしまっています。その根拠は「実践」概念空間が無意識にとられて規準になっているからです。統治プラチック pratique gouvernemental を共通に「統治実践」などとしているからです。これは完全な誤認からなされている誤訳であると、もうわたしは断言します。「統治的実際行為」です、それ以外でも以上でもありません。

この誤認は、art gouvernemenral/art de gouverner を「統治術」などとしてしまうことになり、「acte」を「振る舞い」などとしてしまう結果を派生させます。テクノロジーとテクニックとの識別もフーコーははっきりと述べていますが、そこにも関わっていきます。「統治」「統治制」をめぐる理解が、訳書間で紛揉してしまっているということです。つまり、フーコーの統治制理論の基本がまったく了解されていない、訳者次元へと論陥、朽穢してしまっている。それは、訳者間で互いに容認し合っていないということですが、同一訳書内でもぶれています。

pratique は、フランスでもようやく自覚にのせられてきていますが、フーコーでは「自己技術」の次元が論じられてからです。対象の場・地盤を根源からかえてしまった概念です。フーコーらにとってこれはもう最初から日常語ではありません。「プラチック総体」「プラチックの体制」として対象化されています。「実践」にたいする対抗的概念です。系譜的に、サルトルのマルクス主義的思考（『弁証法的理性批判』）とレヴィ＝ストロースの『野生の思考』とにおいて、論争的に対立したものですが、マルクス主義＝「実践」、構造論＝プラチック（実際行為）と対立しているものです。アルチュセールは pratiques は新たな概念だとはっきり言っています。「実際行為」、「実際的なもの」、「実際行為する pratiquer」です。実際的な行為は、慣習化されているのが通常ですから「慣習行為／慣習行動」などともされましたが、「行動」は間違い。実際になされているアクション action 次元で考えられること、と理解すべきです。

conduite/conduire/conduction。これは正直、非常にやっかいな語です。同じ語群で意味がちがってくるからです。フーコー自身、それを説いています。「振る舞い」の意味と「領導する」の意味です。文脈で仕分けるほかありませんが、これが主要概念であることは、セクシュアリテの論述において明白に使われています。反乱、抵抗、革命などは「反振る舞い contre-conduite」の次元から批判考察されています。振る舞い上の同じ次元のことであるという布置になります。（本書 167-170 頁参照）

action/acte。これは、もうシュッツの現象学的社会学において識別された当たり前の区別になって一般化しているもので、欧米論者たちの間では明確に識別されて使われています。日本の訳者たちの無知があるだけです。action とは行為することそれ自体のことで、目的も意図もない行為そのものです。acte/act は、制度化されたアクトのことで、行われることが規定・規整された条件におかれています。たとえば、「学校へ行く」とは学校へ登校する、学校へ行って教育を受け卒業資格を取る、ということが含意されており、そうした制度において構成されているものが「アクト」です。学校へ「歩いていく」「歩きながらおしゃべりしている」ということは、アクションです。道の右側を整列して歩いているのは「アクト」です。これら総体は「プラチック」です。これは、制度プラチックを観ていくうえで、決定的に重要なことです。フーコーでは、他者をmener（連れていく・操縦する・取り扱う）することは「アクト」です、「強制coercition」のメカニズムになります。そして「可能なアクションにたいするアクション」という把捉の仕方をします。acteは処罰裁可の対象になりますが、actionはならない。

ここは、sujets agissantsにたいするagirの仕方と並存されています。agirの余地があることにagissantするという言い方です。それがune action sur des actionsとされます。英訳は、agirもactionだとしてしまっていますが、agirというのは、働きかけ影響を及ぼす、効くというニュアンスがこめられていますのでむしろbehaviorです。単なる行為することそのものではありません。活発な活動的主体に働きかけるという意味になります。それは行為に対する行為のことだ、ということです。権力は、活発な主体の行動comportement de sujets agissantsに記入する、書き込む。何をかというと、仕向ける、誘い込む、向きをかえる、容易にしたり困難にさせる、広げたり限界づける。もっと極端に、拘束するcontraint、禁止するempêche、ということです。（「主体と権力」）。行動comporetementは、ある状態に構造化・身体化されている様態です。

そうしますと、conduiteは行動やアクトの次元にあり、gouvernerはアクション次元なのですが、couduiteを規制していきます。相互関係していますので、注意深く厳密に把捉することです。権力作用や統治の働きは、隷属することに関わり、従属や服属の複雑な関係行為がなされ、ただ「支配される」ではない様態が明証にされます。

1、2の明証な微差を正鵠につかむことで、統治すること、権力関係の働きの基礎・基盤が了解水準にいたります。

3. 統治をめぐる概念 gouvernementとgouvernementalité/gouvernementalisation

この違いをフーコーは強調しているため、「統治」と「統治性」とに訳語識別はされていますが、そのもとであるgouvernerの動詞用法が形容詞用法のgouvernementaleと混同され渾淪し、そこに関係する統治の「アートart」「テクニックtechnique」「テクノロジーtechnologie」「アクションaction」「アクトacte」がまったく錯雑に渾融されてしまって、正鵠にとらえられなくなっています。つまり、訳書で統治性はまったく把捉されていないことを意味します。artにおいては「統治するアートart de gouverner」と主に動詞的につかっています、これははっきり他と識別されています。「統治術」で誤訳とはいいませんが、あえて訳すなら「統治する技芸」なら納得いく事ですが、アートとしかしようがない、最良の仕方で統治することです。

「国家の統治制化 gouvernemetalisation d'État」が、フーコーの眼目ですが、わたしは技術と真理体制を合体させている「統治制」という言表の方をなるべく使うようにして、心性的なもののニャンスがあるとき「統治性」としています。gouvernementale はフーコーでは「統治性」の形容形に近い意味であると、わたしは解しています。

gouvernement はいまでは「政府」になります。さすが「政府」とはやっていませんが、administration は「行政」と訳書はしてしまっています。まだ「行政」は確立されていない歴史時期です。一般的に「管理」とするか「執行」でしょう、統治テクニックの一つの様態です。これにかかわって、「経営（する） gestion」が、「管理 administration」、「統御 contrôler」や「制御」「抑制 maîtriser」、「操縦・操作 operation/operateur」、「統制」などと混同されています。

technique/technologie で、テクニックには、まだ真理の体制が整っていませんが、テクノロジーは技術に真理の体制がともなっているものです。これも訳書では識別されずに混同されています。

4．装置／配備をめぐる概念

dispositif/appareil の違いです。まったく反対の意味であるのに、「装置」として STP では同じ訳語で混同されています。NB では、前者は「機構」などと訳されています。困ったものです。appareil は、日常語ではコンセントなどが典型ですが、プラグをはめ込んだり引き抜いたりする固定化された「装置」です。アルチュセールの用語が一番明証ですが、それは「イデオロギー的国家装置」です。それに対して、フーコーはむしろ「dispositif」という軍事用語を使いました、軍配備のことです。入れ替え可能な「配備」です。ですから、「安全装置」ではありません、「安全配備」のことです。安全は固定化された装置ではない（フーコー自身で「安全装置」という使い方がまだはっきりしていないときにありましたが）。学校や病院は、教育、治療のための「装置」ですが、安全（性）にそのようなものは存在しません。安全性の「配備」は、町計画、都市空間の組織化、食糧不足、疫病への対策・対応として、法や規律の仕方に代わって出現した考え方・仕方ですが、「配備」においての要は「他生成的 hétérogène」であるということです。フーコー自身言っていますが、「他生成的な断固とした総体」で、言説・制度・建築的整備 aménagements・規定的 réglementaires 決定・法・管理的測定・科学的言表、哲学的・道徳的・慈善的な諸命題 prpositions からなり、言われたことも言われていないことも含んでいます（n°206）。他生成的な諸要素間の関連システムで、それらの間の働きが多様にあって、言説、プラチック、制度などの位置交換や機能変更がなされる。そして「配備」は「編成 formation」されて、支配的戦略を配備の母胎のなかで働かせ、命令から従属化統御の配備となっていくのです（n°206）。

たとえば、刑務所は「装置 appareil」ですが、そこには「拘留する emprisonnent」という「配備 dispositif」がなされて、効果をだそうとしていくわけですが、その「配備」は「犯罪環境 milieu délinquant」の構築をなし、それを濾過、集中化、専門化、閉鎖化する働きを、刑務所がなせるようにして、さらに政治的・経済的な目的に再利用していく、ということです。社会の場に、教育や医療の場にも、まさに「支配的戦略機能」するのが「配備」の「戦略的な永続的充足化の過程 processus de perpétuel remplissement stratégique」です。「人口」や「セクシュアリテ」が「配備」されます。「一望監視」も実は配備だということになります。dispositif はフーコーの方法的な根本用語です。思想実体ではありません。この「配備」が、力の諸関連を方向づけ、フィックスし、ブロックさえしますから「装置」とされてしまうのでしょうが、「装置」の根源で働いている「傾向」、「過程」です。構成的にだけでなく、「法・主権」体制から脱出していく歴史的な過程でもあります。権力エコノミーとは異なる系として見いだされたのですが、それが再び権力関係論へとくみこまれていくことです。

ドゥルーズが、Foucault lexicon の書で、Dispositif(Apparatus) の用語解説を担当していますが、まったく論じられえていません。フーコー著作の論理筋を対象でも主体でもない「装置」だと概説しているだけで、それを「光の線」だと気取っていますが、つまり何にも読めていないということです。ドゥールズは、1995年に死していますから、この lexicon の書が刊行された2014年にどうしてその古くさい、わかってもいない論稿が掲載されているのか、知名度ゆえに残されたのか理解できませんが、ともかくひどい代物です。Foucault lexicon の寄稿者たちの論全体がここを誤認しています。ドゥルーズ哲学は、フーコー哲学とまったく異質の形而上学です。

dispositif の英訳は device になりますが、近年のフーコー論では仏語のままになっています。disposer からきていますので、辞書訳では多様な意味が示されています。日本語で「配備」とはやぼったい言表ですが、気取った訳語をあてるにはまだ研鑽が要されるというか、いや国家を実定化しないためにもこのやぼ語でいいのではないかと思っています。dispositif には、dis- の「非」の意味作用もあり、「配備」には「非配備」も含まれています。

こういういい方をフーコーはしています。「社会のあらゆる領域において、セクシュアリテは人間的人格総体を説明する一般的配備 dispositif général となる」(n°349, p.660)。セクシュアリテによって人間の個人性＝人格性 personnalité humaine を説明することがなされるようになったことであって、どこかに「装置」が作られたのではありません。性現象・性様態が「配備」されたということです。こんな明証なことが、あちこちで論じられているのに、どうして分かられないのか、フーコー思考がほとんど理解されえていない典型例です。この邦訳はここでは「一般的配置」とされていて幾分妥当です、素直に訳せばそうなります。ところがその数行あとになると「装置としての性」(「性の装置」)と解釈されてしまうのです。「性の配備」です。セクシュアリテは配備されたものとしては存在していなかった、という文脈です。ギリシャ人やローマ人には性的アクト actes sexuels である愛欲 aphrodisia はあった、そういう性的経験 experiences sexuelles はあったが、配備はされていなかったということです。邦訳は sexualité と sex/sexuel の識別もなされていないし、行為概念もあいまいですが、フーコーははっきり理論仕分しています。でないとギリシャ人のアフロディジア、キリスト教徒たちの肉欲 chair、近代人のセクシュアリテ（同、p.661)、と性のあり方の変移の歴史を解き明かした意味がありません。

STP と NB によって、dispositif の意味、その方法的意味が、あきらかになった。これが一番大きな点でしょう。dispositif を「装置」とするのは、これはもう誤訳だといえます。無理解です。わたし自身も、当初からこの二語の違いをアルチュセールが対比的にあったため、意識化していたもののはっきり識別明示しえませんでしたが（『フーコー権力論入門』1991)、いまは、以上のように識別し断定します。『知の意志』では、「セクシュアリテの装置」ではなく、「セクシュアリテの配備」であったのです。わたしもまちがえましたが STP を読み識別しえた、すみません。まちがいは素直に認め、訂正をかさねていかないといつまでも誤認のまま滞留します。おそらく、国家論が不在ないし既存のままだと、このミス／無理解が起きるのだと思います。

装置も配備も、諸制度に関わります。言説 discours は「formation 形成」ですが、働きとして物事を位置画定 repérer していきます。制度は「établir/établissement 編制」です。「constituer/constitution 構成」とともに、識別されています。これらの下で、布置・配置・装備・整備などがなされ、また関係の仕方とその動きが、連結・連鎖・結合・切断・共関係・通過・移動・配置換え・転移などなされていきます。その中で主要・重要な用語は「配置換え disposer/disposition」です。言説は転移（場所換え）déplacement されますが、物事 choses は disposition されます。dispositif がここに関係しているのです。

disposition はブルデューにおいても主要概念で、フーコーとは問題設定場が異なりますが、働きは同じことを言っています。わたしは、本棚をイメージし、そこに本が並べられている、その本の配置を入れ替えることと、そこに傾向や必要や過程が込められている、とイメージしています。「性向」などとするのは間違いです。理論用語です。

5. その他の用語

cité

これを「国家」などと訳しているものがあります（⑦287頁）。État と同じだというのでしょうか?!「都市」と訳されてもいます。いやはや。パリのセーヌ川に「シテ島」というのがありますが、あれは「国家」「都市」なんでしょうかね?!、と揶揄したくなりますが、あまりに不注意すぎます。cité 論は、ボルタンスキーが前面におしだしかなり意識されはじめましたが、その英訳では City とされています、誤訳です。三流マルクス主義者バリバールも cité 論を論じています、そこではバリバールに即して「市民共同体」などと意味訳されています。一般語が理論用語になったのがボルタンスキーの論述ですが、フーコーでは一般語に近い歴史語であるとおもわれます国家以前のある集団的な都市的様態ですが共同体としたくなかったのでしょう。cité は ville とはっきり区別されています。なのに「都市」と同語に訳されてしまっています。

ville-marché という「町市場」の出現が語られます、「市場都市」ではありません。また urbains/urbanisation という「都市化」に関する論述がなされます。ville（町ないし「市」）において urbains が対象としてつくられていくということです。ville とは、道路、広場、建造物、市場、商業、手工業、機械技芸です（STP, p.342 416-7頁）。ville を基盤にして領土の都市化 urbanisation がなされていくということです。そこにポリス化 policer と「urbaniser 都市化する」が構成されていくということです。urbanité とポリスとの関係です。この十七、八世紀の歴史過程段階において cité は登場しません。都市的規定化（規制化）réglementation urbaine の拡張をポリスは確保していくということです。都市的規定化とは、「人間の共住、商品の工場化、食品の販売」に関わるものです（同 p.343、417頁）。フーコーの都市論は都市研究に反省を迫る質のものですが、訳書はぐちゃぐちゃです。ville は実体概念ですが、urbaine はそこに架かっていく空間概念です。『自己と他者の統治』で cité が「国家」とされている、とんでもない誤認です。国家論ではありません。

cité は STP では十六世紀です（287頁）。cité ouvrière という十九世紀の労働者住宅のことで使われている（IDF, p.223）。はっきり確定されていない。「シテ」としかいいようがないですが、あるテーマに即して構成された「場」が場所化されているものでしょう。（ジュネーブに、各地のたくさんの種類のワインを陳列販売している店が「シテ」と名付けています。）

rapport と rélation、そして corélatif

これも「関係」として同じ訳語でなされていますが、関わりの仕方がまったくちがいます。AがBに「関連する」のが rapport で、relation はもっと外在的に、「AとBの関係がある」と客観的に観ているものです。rapport de soumission というのは、ある個人が他の個人にたいして「従属に関連する」ということであり、その厳格な個人的関連 rapport individuel が、導く個人を導かれる個人への共関係 corrélation に置く、ということになります。それは導かれる者は、個人的関連の内部で受容し服従せねばならない、なぜなら個人的関連だから、となります（STP, p.178）。相関関係とはいえません。corrélatif という言表が名詞的な使い方でたくさんでてきます。「共関物」とされていますが「共関係的なもの」です。「関連 rapport」は内的で、対等的で、数学でいえば「比」、類似しているものの関連ですが、「関係 relation」は外的で、段差というか垂直的ないし上下的な関係がはいっています、フーコー論理ではこれはきちんと区別されています。英訳は、ほとんど relation として同一語にしてしまっています。かつてウル・マルクス研究でも、望月清司が、この違いを強調しました。わたしはそれ以来、フランス現代思想を読むにあたって注意していますが、重要です。マルクスも区別していたことです。ほとんどおしなべて、無頓着に訳されています。フーコーの思考は、タイル貼りのようにきちきちとなされていきますから、これらの用語は仕分けないと理解はズレる。

「法」に関わる言表は、非常にはっきりしません。droit は「権利」であり「法」であり、「正しい」ということであり、また juridique は、裁判的なのか司法的なのか、歴史段階で違ってきます。法理論を、わたしは政治理論として重視しませんので、ここはわたしも厳密さをまったく欠いています。フーコーの法理論に関する考察は欧米でいくつかありますが、それは別の次元でしっかりと論じられるべきだと一般論を言うことしかできませんのであしからず。フーコー自身もそれほど重きをおいているように見えません。それゆえ、ブルデューは、法学者を規準にしての国家論を考証していったといえるのではないでしょうか。

こまかく観ていくときりがないのですが、文化状況、歴史状況がまったく違うのですから、そもそも翻訳化不可能なのが事実です。誤訳と言い難いものが多々ありはするのですが、しかしあきらかに「誤認」がなされていますので、最低限ふまえておくべきことを指摘しました。わたし自身は、もう大学院のとき、メキシコで暮し、翻訳などは絶対的に不可能だと感知してしまい、邦訳はいっさいしないと決断してしまいましたので、語学優等生たちが平然と邦訳をあまりにも粗雑になしていることに、批判を向けていますが理論了解があまりに稚拙。粗雑なままだからです。確実に原著とずれていいます、さらに理論的誤認がおきています。「権力」概念などに関しては、実体的権力の思念・通念からまったく離脱しえていないとしかおもえない訳行論になってしまっています。本書を記述するにあたって、やはり訳書をまったく信用できないとなってしまったのですが、訳書は、書いてある箇所を目印で探せるただのツールでしかないと言えます。考えるツールにはまったくなりえません。かなり良くなってはいるなと感じたのですが、いざとっくむと、やはりまったく駄目でした。

パリで、フーコー没後十周年で、報告を依頼されて日本の翻訳状況を述べたのですが、そのシンポジュウムのあとレストランでの会食談話で、ドゥフェールやエワルドたちから、論文集の邦訳は誰たちに委ねたらいいのかと尋ねられ、二つの潮流が日本にはある、理論的に優れているが語学優秀者が数人しかいないわれわれの系か、語学優秀者たちがいるが理論的に浅薄な系とがある、あなたたちが統括すれば、相互交通からよいものができるだろうが、われわれ同士では、対立的・批判的で協働は無理だと示唆したなら、コンペをやってよい企画のほうに委託するというので、勝手にしろとわたしは身をひきました。彼らフランス人の傲慢さに従属し、尾っぽをふる気など微塵もわたしにはない。フーコー没後『ミシェル・フーコー 1926-1984 権力・知・歴史』(新評論)をまとめたとき、血がながれるかのような闘いが訳のしあげでおきましたが、全論稿が対象ではまさに死人がでる、引いた方がいいとの判断もありました。この怠慢がいけなかったのかなとおもいますが、そもそも邦訳などは不可能だという姿勢がわたしにはありますので。挑発をしていくことしか、わたしには能力がありません。語学劣等生であるがゆえに、逆にくっきりとみえてくるものがあるのです。語学優等生は辞書的に滑倒していく表層作業です。語学優等生たちは、ただの最上の劣等生でしかありません。格闘がない、頭の良さだけで処理している。

欧米で、膨大なフーコー論、フーコー研究が産出されていますが、近代言説地盤が転換されたからです。近代で、日本語のなかにたくさんの訳語が造語輩出されましたが、「社会」という言表さえなかった。それが何十年もかけて言説世界を形成していったように、フーコーから新たな概念・言表・用語が創出されていってしかるべきだとおもいます。言説総体が転移されないことには、現実は変換・転換されえません。わたしなりに、やってはいますが、なにせ一人の闘いです、もっとでてこないと。アカデミズムで無視されてきた状況を通過した後、既存の制度化されたアカデミズムのなかに落下されたフーコーが徘徊する不毛な時間になっているのが今でしょうか。自分へはっきりさせるために、久々にフーコーに向かってみましたが、邦訳には嘆息するばかりです。転移可能性は、紙一重です。わたしのやっていることは、初歩の初歩ですが、それがなされていない。闊達な愚者の登場を期待します。フーコーに既存の賢者は害悪です。

「訳作業」というよりも、思考体系のトランス作業なのです。理論的試行の思考格闘ですから、わたしもいまだに逡巡しています。言語構造・文化史情況がまったく違う言語間で、思考コードのトランスがなされることは、正しい、正確な意味の翻訳とは絶対的になりえない、その裂け目、断裂がある。そこをネガティブではない、生産的にするということは、フーコーの場合は、確実に既存の社会科学・人文科学の近代学問体系の地盤転換ですから、それを明示して、新たな思考技術の可能性を日本語言語の思考のなかにうみだしていくことです。そこを不足・欠如の補充だなどとしていると、根本から誤認が発生します。アカデミズムから切断しなければならない、それは己が身の保証がなくなることも意味するが、そこに打ち勝たねばならない、シビアな象徴的闘争なのです。大学アカデミズムにフーコーが布置されていくことに、わたしは一貫して闘っていますが、自由であることを拘束されたことなど一度も無い、為せばなしうることです。わたしの考察を無視しているようで、無視しえなくなっているのに、わが身を守るために無視・無関心を装っているだけで、それは学問的態度でも研究生産態度でもない、給与大学教師の賃労働保守の愚行であるだけでしょう。知の界闘は停滞・退化するのみです。「対象」へ誠実に、真摯に立ち向かうべきです。東京大学など世界で三〇位以下の、低知性です。わたしはそんな水準で知的作業をしていない、世界の第一線の論者たちと直接交通している次元で、知的生産をひたすら日本でなしているだけです。フーコーに関しては、ラビノウ、シャルチエ、アンドリュー、ハッキング、バウナウアー、シュスターマン、らと議論してきました。

初版あとがき

フーコーを読んでいると、どうにもその緻密な論述にひっぱられてしまいます。思考しえていない思考を新たに展開しているため、そこを追うことで正直いっぱいいっぱいになってしまう。簡潔に集約してしまうと、それはフーコーではなくなってしまうのです。これは正直つらいです。しかも、訳書は原書と違いますので、自らにはっきりさせるために原書の行論に没入してしまいます。さらに、統治にたいして「知—権力—主体」の関係が相互にはいりこんできていますので、そこへの留意が不可避になる。なるべく禁欲をはたらかせたものの、権力諸関係の議論は、やはり素通りできず、長いものになってしまいました。フーコーはやっかいな言説です。

要約的解読をもっと簡明にしてみようとしたのですが、どうしてもフーコー自体からずれてしまうため、本書が本筋をのがさないようにした精一杯の略化です。それに、立ち戻り、見直し、再考察していくためにも、残しておいた方がいいと判断し、このままにしました。最小限ラインが示されています。欧米の論者たちが、フーコー国家論を構成しえなかったのも、読みを「意味されたもの」へ簡略化しているためです。ほとんど統治性の表層理解とその応用でとまっている。そこへは、陥らぬようにと、原書につきっきりで解読してみました。ただひたすら自分へはっきりさせるためです。

ポイントは、フーコーがいかに既存の国家集約的な議論を解体しても、国家の凝集体はどうしても存立しています。その行使可能さを国家が発動せずとも内在化しています。ブルデューによる国家論は、そこへとりくんでいます。そこへフーコー考察をふまえて回帰していくことがこのあと要されます。それはしかし、国家と社会空間との関係をできるかぎりおさえていくものとしてなすことです。「社会政治」としてフーコーはとりだしていますが、まったく不十分です。国家だけの国家論は国家論となりえませんが、物質的な経済過程はできる限り切り離さないとなりません。同時に、法的構造も切り離すことです。国家の本質を把捉するには、歴史的規定存在をふまえるうえでも、その切り離しは理論的に不可避です。そのうえで、経済主体的な規定や法的規定がいかに編制されたのかを拾い上げなおしていくことです。

吉本共同幻想論を〈共同幻想国家論〉として布置する作業をすすめていたなら、どうしてもフーコー国家論とブルデュー国家論とを明示せねばならなくなり、この作業をすすめました。この三つの国家論によって、レーニン的国家論、グラムシ的国家論を離脱できたといえます。自分としては始末してしまったつもりになっていたことを、あらためて再確認する作業でした。そこで、考えられえていなかったものを拾いあげることができました。

G7サミットで、新自由主義が完全に政治破綻している、不能首脳たちの政治には滑稽ささえ感じますが、もはや、彼らは中国・ロシアの統治制なき社会主義的残滓の政治に勝る政治行使ができなくなっています。欧米側に統治制化の弱体化が進んでいるためです。市場経済の破綻は、すでに金融市場の破綻的終焉で出現しましたが、商品再生産を営むだけの産業社会経済の実質破綻が近傍で出現してしまうでしょう。欧米論者がなぜフーコーの新自由主義論にとびついたのか、サミット現実をみてわかりましたが、新自由主義に可能性などはありえない。新自由主義への批判条件を把捉する意味しかそこにはありません。そんな折り、イギリスの国民投票でのEU離脱が表明されました。まさに国家が無い、統治しかないイギリスの国家現象が顕在化した出来事でした。フーコー理論をもってここはみていかないと、考察しえないといえるでしょう。

〈国家—市場経済〉の統治システム自体が、商品生産主導と労働規律化統治と社会空間の自然性化における規則遂行とにおいて、統治技術そのものとして破綻的に現在終焉しているのです。かわって、《場所—資本—環境》の統治技術が創成されていかねばならない。国家政治は社会政治へと転倒して最小の統治で最大の統治をはかろうとしていますが、この双方の同致化が、もはや意味をなさないのです。民族国家間のバランスが、もはや機能しないということです。そこに、テロが徘徊してしまう根源があります。無差別殺戮のテロは絶対的に容認しえないものですが、それは同時に国家間体制を絶対的に容認しえないという政治理性によってしか克服はしえません。国家内での安楽の全体主義を保持する政治実践では、この根源的矛盾・対立を超克していくことはありえない、そこまで世界はきています。本書が示してきた事々は、政治理性の基礎・基本です。しかし、フーコー研究のアカデミズム化は、あきれるほど権力諸関係のプラチック への批判認識をもちえていないものばかりです。「言説プラチック」の概念空間が、「意味されたもの」に転倒構成されて排除されてしまっているからです。政治の「実践」概念空間が、既存の国家権力・政治権力論のまま、補存されたままフーコーの政治を論じています。物事を可能にするパワー関係が、批判条件と可能条件との相反性を出現させていることへの政治的態度が、旧来のままであるからです。

フーコーは、この講義録の一連の訳書が現象させているように、まったくまだ了解閾へいたっていない。ほとんど本質的に理解されていないことに、あらためて驚愕させられました。どういうことなのか、比喩的にいいますが、言語機能を左脳でなす日本語人は、論理・理論を左脳で処理してしまいがちになる。それを右脳へトランスすべく、わたしは煙草の刺激で、原語自体へ右脳でとっくみながら、それを左脳で日本語に書き表すという、交叉の格闘を強いられます。毒としての煙草がきれると、ぴたっと思考が止まってしまう。若い頃はさほどでもなかったのですが、歳老いてきますと、それがはっきりと体感されました。叙述はしかし右脳的次元で限界づけていますので、日本語人には分かりにくいということのようです。日本語で左脳言語にしてしまうと、フーコーではなくなってしまうのです。しかしながら、西欧的環境情況では、フーコー理論は右脳的に構造化された主客分離の近代的論理の言説体系を、述語的に左脳的な言説闘へトランスしているのです。だからといって、日本語言語脳でそれを直接処理はできない。この交叉的な重層的な相互循環をなす思考技術の苦闘です。ひさびさにやってみて感じました。吉本共同幻想論を解読していくときに、こうしたスイッチ切り換えの交叉はおきません。ブルデュー国家論では、はっきりと分割されえます。三つ同時にやっていて、わかったことです。

ともかくもフーコーを読む、ブルデューを読む、そして吉本を読むことは、六〇年代に画定されてしまった日本の大学アカデミズムの社会科学的地盤を根柢から覆すことを不可避にします。いまだに残存しているそのコード解体の格闘的な研鑽が一般になされえていないのです。現代思想理解が、一九七五年以前の時点へ後退してしまっているのを近年痛感します。七〇年代後半は、世界理論革命がなされた、そこにおいて怠惰・怠慢・無知であった圧倒的多数の大学教官たちから指導され領有した知識思考でもって、「いま」を考えているのが圧倒的多数の若き大学人たちの停滞した情況になっています。これは、危機です。危ういと同時に、異なる選択の好機でもありますが、フーコー／吉本了解によってからしか離脱できないことです。

プラチック pratique をまだ「実践」――右脳的領野――としているかぎり、訳書総体がすべてそうなっていますが、その誤認のあるかぎり、フーコー闘は、了解闘へ入ってはいません。そこでは理論・論理と実践とが対立的に区別されたままなのです。まったくだめです。用語の問題ではない、翻訳の問題ではない、思考概念総体の問題です。真理の政治がひずみに転倒したままなのです。関係するさまざまな理論用語が粗雑にずれて、理論文脈はフーコーならざるものに落下してしまっています。プラチック体制においては、言説自体がプラチックであり、プラチック＝実際行為は認識・認知の行為自体です。非分離です。左脳的に配置されている対象なのです。「実践」と「プラチック」はまったく別物です。読者は、「実践」とされている言表を、「実際行為」「実際的なもの」

と言い換えて読まれたなら、そこで意味が通じなくなったならそこは誤訳です。通じても、意味関連は相当にずれていくのを実感できるでしょう。いまは、もうフーコーを読む人は、原書を読める人たちの少数になっているはずです。理論文脈は、時制などをはずして了解水準へいたれますから、原書を読むことで考えることです。語学優等生の方が原書を読めていないのです。わたしは、大学教師就任直後には、大学一、二年生でフーコーを原書で読めるように学生を指導しましたが、可能なことです。原書を読めないのは、ただ怠慢なだけです。フーコーはその格闘をする意味ある書です。大学時代で得た思考などは、大転換する現代世界で、もはや使いものになりません。フーコーは、やはり新たな世界にたいしての知・思考の出発点です。すると、さらに西欧の古典が新たな光線からいききと甦ってきます、新たな閾に観えてきます。

今回、二十数年振りに初心にかえってフーコーにとりくんでみて、その感をあらためて強くもちました。欧米で、何百冊ものフーコー論が刊行されている――そのかなりをわたしは蔵書していますが、参考文献では今回のテーマに合うものをセレクトしただけです――、それに比して日本は貧困です。しかし、欧米のフーコー論もすべて優れているわけではない、卓越したものは少数です。かつて、ポール・ラビノウと話し合ったとき、日本のフーコー了解はひどいものだと言ったなら、米国でも同じだと嘆いていましたが、わたしのフーコー了解は、イアン・ハッキングやロジェ・シャルチエやラビノウたちと対話できる水準でなされているものです。日本で交通する低次元に迎合していませんが、日本の既存の思考体系を転移すべくなしていることであって、いずれその意味が分かるときは来るでしょう。それは、一言で言うと、述語表出面から主体化が浮上してくる、その根元を言説化していくことにあります。フーコーの主体論／自己技術論は、そこからしか把捉されないことです。主体批判論についてはいずれ、機会があったなら戻ってやってみるかも知れませんが、そこはもうすでにフーコーの先にわたしなりに開いていますので、閑があったならやってみようかぐらいのことです。それよりも、わたしとしては、述語制日本語論、日本武士制論で、フーコーを活用しての考証をなす作業をすでにすすめています。古事記／国つ神論の続編です。本書を作業して、国家論的位置が対象化しえてさらに可能な閾が視えてきました。

（二〇一六年一〇月）

生政治・統治性と〈事幻化〉の理論配置：共同幻想国家のもとでの哲学的な生＝自己技術

統治制を国家論へと組み込んでいく上で、また批判理論の最大の課題として、批判を緻密化したところで現実転換は容易になされないことへ放り出される試練に直面します。国家や制度の永続化／永久化は持続していく。「国家の統治性化は国家の延命を可能にしている」からですが、それはいかなるメカニズムないし構造化によってであるのか、力関係や利害関係の次元だけではない次元が作用しています。

統治制は、権力諸関係の拡大的考察に位置づけられましたが、わたしは同時に幻想概念との関係を強調してきました。統治制は、力関係だけのマターではないからです。国家の永続化にはどう見ても幻想関係が絡んでいます。幻想の国家化、家族化、個人化です。フーコーへの批判肯定的な理論闘が開かれていかねばならない。国家認識／国家知に認知形式が収奪されて誤認が再認されていくという批判論理は、いかなる限界に直面しているのかが、批判理論の先の大事な課題です。つまり、批判体系と可能条件との間に潜む〈穴〉です。

産業社会経済において、商品物象化、制度物象化、社会物象化が総動員されて企業活動がなされるのを現実的＝具体的であるとしている新自由主義が行きついている統治制が、国家配備され、個々人の言動の主語制言語様式が国家資本化されて、国家アクトとして自分の制度アクト／社会アクトがなされていることは客観化しえました（資本家からほど遠い「高級賃労働者」ホモ・エコノミクスの経団連の言動形態はその典型です）。商品／物への関与の仕方が統治制化のパワー諸関係に構造化されています。そこにおける自分の自分への配慮が国家配備に絡めとられてしまうことに対する自己技術を、どう働かせていくことなのかを問題設定したとき、その狭間にある作用は幻想だけでも物象化でもないことに気づかされました。その穴を、〈事幻化〉として概念把捉する界閾が浮き出してきたのです。理論的に分節化された諸概念のはざまで作用しているものがある。

●事幻化とは、幻想の現実化をさす。その幻想プラチックを読みとること。
●しかし、本質概念ではない、現実の歴史的段階において実行されている幻想の想像的様態である。
●生産概念でも消費概念でもない、経済概念では把捉できない領域を考える。
●権力概念でも統治制の領域でもない。だが、そこに配備されている。
●国家資本と国家認識／国家配備、そして統治制化とのはざまで作用している働きがある。
●物と人との複合体であるコトにおいて、慣習、習慣、行為・思考の仕方、智恵の界閾である。
●<dispositif> の手法で、物事と幻想・心性との構成化を考えるべき対象である。

「モノ」と「コト」へ分離されてしまった事象を、非分離に把捉するとき、〈もの〉の側からではなく、出来事の「コト」の側から「もの」へ接近する必要がある。その非分離のはざまに幻想が配備される、その様態です。「コト」を優位化した廣松哲学は、本質と現象との間での理論言説でしかないのですが、根拠がある、それは物象化では把捉しえない商品関係の外部の問題構成次元を開いているのです。

○〈もの〉が原生的にある。その純粋疎外における幻想の心的表出次元です。
○〈もの〉は〈物〉化され material、「物事 choses」化されるとき、〈コト〉化の四肢間構造が構成作用している。
○物事《ものごと》化された〈モノ objet〉が、「物の体系」を構成していく。〈モノ〉の商品化のさらなるコト化。

○〈物〉は、〈marchandise（商業的品物）〉を通過して〈商品 commodities〉となる。

これらに対して、人の関与の心的／行為的なあり方が違っています。生活におけるコト化です。

●「大物主」「もののけ」のように、神話的・霊的な心的疎外がなされ、「もの悲しい」「ものさびしい」のような言語言表として日常感覚に残滓している。神話心性的統治制　言語心性的統治制

●マテリアルなものが道具として配備され、技術がタマをこめて疎外表出される。技術心性的統治制

●「物の体系」が物質文化において生活儀礼化していく。儀礼心性的統治制

●経済が出現し、物=商品へ価値化と価格化がなされて消費を快楽していく。経済心性的統治制

これらは歴史的移行ではなく、相互交通しながら、物／事の生活様式を編制しているのですが、現在において諸個人の心身構造を規制している諸関係へ配備されて、物語心性統治制の歴史性化にあるものです。

これを、わたしは、〈gouverne-mentalité〉における、「〈mentalité〉の事幻化」として考える回路を見つけます。フーコー解説者ステルネルのような思考が捨象してしまった対象領域です。つまり、統治制化には、心性／幻想が絡んでいるからこそ、認識や思考や「する仕方」への関与や国家の永続化が可能になっているのであって、ただ分離された物資的諸条件だけからは編制配備されえない。フーコーを種別的に特殊化／優位化していくことに意味を見出しません。個人化・主体化の権力関係は、個人なるカテゴリーで固有の個別性がアイデンティティをもって画定される個人存在が自分である、という幻想化・心性化の次元を構成する、これが事幻化です。

またたとえば、商品のネーミングにおいてまったく売れていなかったものが「ネジ・ザウルス」と名付けられて子供にもウケ爆発的に売れた、折れたバットがゴミになるのはもったいないとその素材を使って「かっとばし」とネーミングした箸にした

なら野球ファンに膨大に売れた、傷があって商品にならないイカを「いかめしになれなかったイカ」として売ったなら哀愁があっていいと売れた。これは、物象化ではない、物が「コト」化されて、想像的な表象で心的な共鳴をえた「事幻化」です。

わたしは〈～化〉を乱発しますが、それは「動き」であり、変化／転移の仕方／傾向を見ていくことであり、その「過程」を考えていくためです。表出疎外の閾を把捉するためです。

事幻化の「事」とは、「社会／経済／人口／安全／自由」の統治制の事《コト》であり、それへの「知」です。これは幻想そのものではない、かつ「物体」でもない。そして、**事幻化において作用しているのは、「規整化」です。他生成的な作用です。**ただ他律従属ではない、「生成」する作用です。「技術」と「行為」の働きがなされています。事幻化の界とは、「社会の統治」空間における「社会人」の生・生存の場です（場所から離床している場です）。

事幻化の効果は、「国家」と「社会／人口／国民」とを対立的に対比させる事であり、そこを規整化します。そこへの、道徳的・経済的・政治的な統治ですが、家族の統治が経済《エコノミー》であることが隠れた軸です。つまり、身体と人口への統治なのですが、対的な家族（さらに性）への統治、そのエコノミー化がある。

ですので、事幻化の基盤は、商品関係や制度関係それ自体ではなく、人口の自然性、人間種の自然性、そして社会の自然性という「自然性化」です。自然性化とは、物事が自然状態であるという考え方／知が編制され、そこに「個人」「家族」も自然性化され永続化されていくのを意味します。さらに大事なことですが、それは静態的ではなく可変的であるということ、ですから測定・計算可能なこととして、その限りでの対象として配備されます。非常に奇妙な概念です。漠然としていながら、計算可能なものでのみ考慮される。そこに、幻想的介入がなされる余地ないし「空」＝穴があるということです。「コト」とは意味《シニフィエ》されたものですから、物理的なものとして可視的に実在化されますが、同時に、それへの幻想的・心的配備を、言語化をもって、伴います。それは象徴界ではなく想像的なものです。そして、かつ、ゴドリエ的な言い方になりますが、贈与不可能な物理的・想像的なものです。人口、人間種、社会は贈与不可能です、それが想像界を構成しえるのです。三種の神器などはその典型です。継承されますが、贈与ではないし交換不可能な物ですが、それは出来事として出現するコトをともなった物体です。ただの物体ではない、コト化され聖化された物です。廣松はここで誤認して、コトの方が根源だとしてしまったのは、事幻化が不在で、想像界での出来事である、想像界の概念を有していないためです。しかし、四肢間構造のロジックは、事幻化/想像界の場所を配備している論理なのです。四つの項はそれぞれフェア・ウンスを疎外しています、それが事幻化です。ここで現象学的思考水準から離脱して、ラカン的な思考へ飛躍せねばなりません。物象化の理論面からの離脱です。四肢間は、商品/労働関係よりもっと根源的であり、かつ歴史段階的事象の本源的なものでもあるからです。フーコー的に、身体/人口/人間種/社会の四項を配置できます。自然性化された四項です。それらは、身体は個人の規律化、人口は国民の統治性化、人間種は生命の生政治化、社会は規則の規範化として、歴史疎外編制されます。これらは、商品関係でも労働関係でもありません。

さらにこの四項関係は、幻想関係へと構成されてもいるのです。個人幻想、民族幻想、人間幻想、社会幻想です。その派生が、個人主義、民族主義、人間主義、社会主義です。細かい微差を省略して述べていますが、主体化と客観化の二元論思考が介在して、そのように幻想編制されています。家族幻想、家族主義も。

そして、ホモ・エコノミクスがコアに配備されますと、廣松が描いた物象化世界の四肢間構造が、労働/労働者、物/商品として編制配置されるとなります。わたしの論理から言うと、事幻化があってこそ物象化の疎外構成がなされうるとなります。ホモ・エコノミクスが統治制と個人との間にうちたてられない限り、労働生産も商品生産もありえないからです。労働を類的存在にしているのも、事幻化のなせる効果でしかありません。事幻化は、共有されうる想像界です。歴史暫時的なコトが、類的化されてしまうのです。

物象化論をわたしは否定しない、そうではなく物象化が溶けない、永続化していく根拠を明らかにしたいのです。損害を巻き起こす事実を、その実際出来事を見ているのに、その実在を幻想プラチック的に保持し続ける根拠です。それは、物象化が物神性、物神主義になるという支配の論理の事態ではないからです。原発事故が起き、住民が住めなくさえなっているのに原発稼働が保持されることが、もっとも顕著な実例ですが、原発保持は支配の論理として機能していても、「電力が必要だ」という考えは支配ではない、国民の側からの要求です。事幻化における経済は、領土・人口・身体さらに認識・習慣・行為に関わる経済なのです。

この永続化が溶けない事態は、学校化や医療化のマターで、日常化されていますし、さらには、日本語に主語がないのに主語があると考える言語物象化により本質的に編制されています。必要の押しつけのイリイチ的論理では、説明・解読になっていません、意味されているコトの指摘にそれは止まっています。統治性の効果であるという指摘でも不十分です。つまり、批判理論が鋭く描き出した、その明白化は、存在的試練として、その自覚認識をなした孤立的個人の「真実を述べる」だけのマターに留まってしまうのです。真実を指摘されたからといって、その真実が幻想を溶解させることにはなりません。この問題は、イリイチ、フーコー、ブルデューを領有したわたしにとって、ずっと覆いかぶさってきた困難さの試練でした。裸の王様は、裸だと言われたところで、またみな、当人も含んで裸だと事実を見ているのに、誰一人、その「新しい着物」を「何も着ていない」とは言わないのです。王様は「どうも本当らしい」と思いながらしかし前より威風堂々と歩き続ける、というアンデルセンが明示した出来事の実際を脱していくことにならないのです。新しい着物があるとすれば愚かでないことを保証してくれる。統治制化が事幻化されていることで延命可能になっているのです。

これは肯定的な物事においても起きていることです。ホスピタリティを誰も否定しません、みな良いことだと感じかつ思うのですが、一向にそれは実現されません。温暖化や環境改善、自生エネルギーに関してもです。つまり、否定的だから肯定的だからの正当性の次元ではないのです。

現実世界で作用している〈正当性〉をボルタンスキーは七つのシテとして類型化し、個々人はどんな人であれ、自らの道徳判断を批判判断をともなって自らの能力において実行しているとプラグマチックに明示しましたが、それは新たな可能条件への実行にはならないものです。彼は、自分はペシミスティックだと言っていましたが、批判理論への批判をなしましたが、可能条件への開削になりません。

哲学的生の問題は、いま、ここで、この課題にもっとも本質的に直面しているといえます。

ここにおいて、わたしは、まだ批判理論が不十分だからだと判断します。「自由の幻想」の指摘からでは、突き抜けられないのも、自由は権力テクノロジーであって、為したいと望んでいること、為すことに利があること、為そうと考えていること、これらはすべて共関係的な諸要素であり、事物の本性を根本的に考える人間たちの統治のイデアである、そこにおける人間たちの自由を考える「諸物事の管理のイデア idée d'une administration des choses」であると示されたように(本書 133-4 頁)、自由プラチックはそこから出ていないのです。〈幻想の統治制化〉が、統治制には必ず絡んでいるからです。

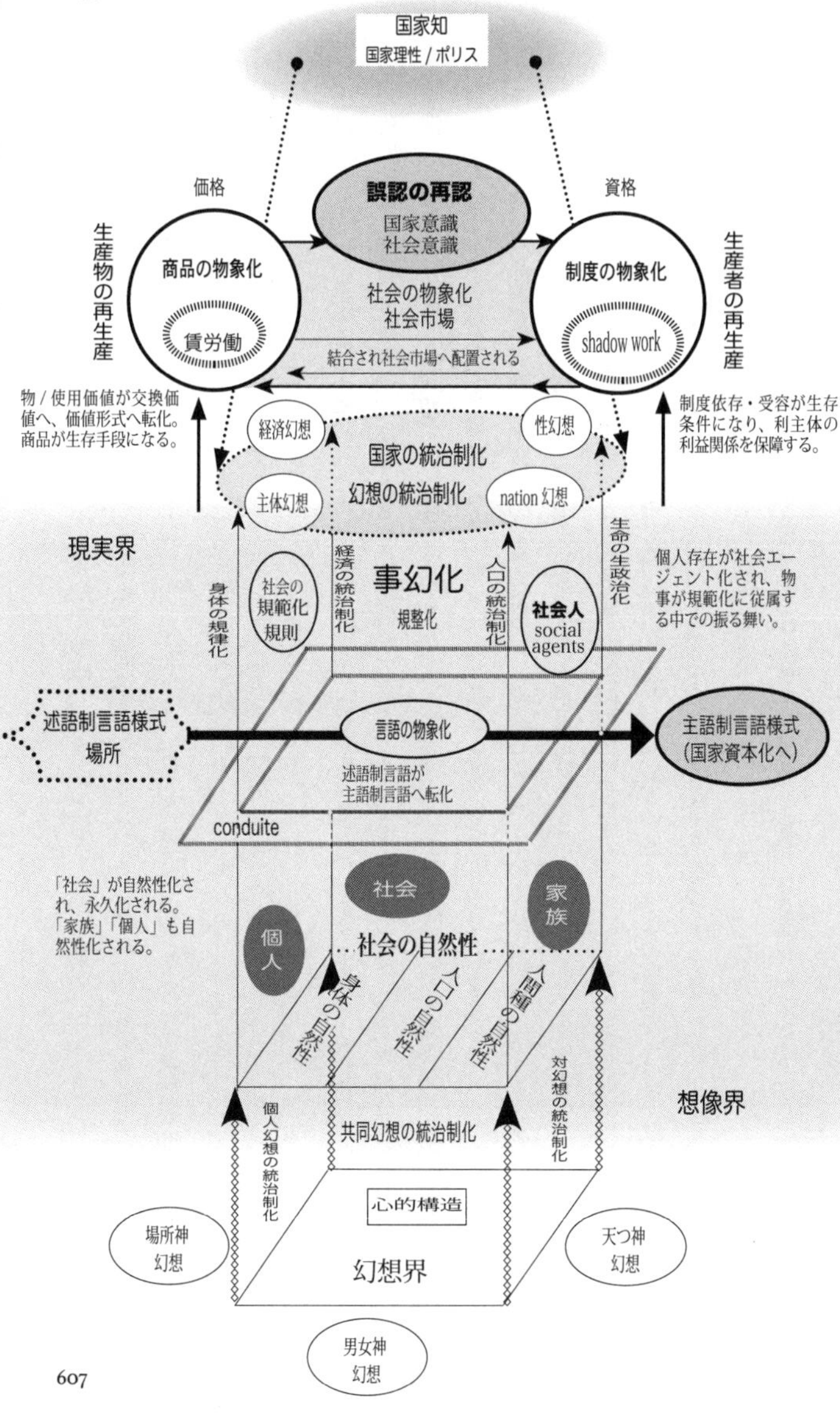
国家知
国家理性 / ポリス
価格
誤認の再認
国家意識
社会意識
資格
生産物の再生産
商品の物象化
賃労働
社会の物象化
社会市場
制度の物象化
shadow work
生産者の再生産
結合され社会市場へ配置される
物 / 使用価値が交換価値へ、価値形式へ転化。商品が生存手段になる。
制度依存・受容が生存条件になり、利主体の利益関係を保障する。
経済幻想
性幻想
国家の統治制化
幻想の統治制化
主体幻想
nation 幻想
現実界
身体の規律化
社会の規範化規則
経済の統治制化
事幻化
規整化
人口の統治制化
社会人
social agents
生命の生政治化
個人存在が社会エージェント化され、物事が規範化に従属する中での振る舞い。
述語制言語様式
場所
言語の物象化
述語制言語が主語制言語へ転化
主語制言語様式
(国家資本化へ)
conduite
「社会」が自然性化され、永久化される。「家族」「個人」も自然性化される。
社会
家族
個人
社会の自然性
身体の自然性
人口の自然性
人間種の自然性
想像界
個人幻想の統治制化
共同幻想の統治制化
対幻想の統治制化
心的構造
場所神幻想
幻想界
天つ神幻想
男女神幻想

この限界閾、臨界閾を明証にするのが、事幻化の概念です。生活の〈振る舞い conduite〉を対象にして人間を物事に関して統治化するだけでなく幻想化・心性化もしている、それは制度アクトや商品経済アクトとは次元と場所が違う、そのように戦略的にテーマ化します。批判体系から可能条件への通道を開くためです。

事幻化の重層構造

正確にはトポロジー空間化せねばならないのですが、複雑になるため、とりあえず立体化で図示しました。事幻化の層は、国家の統治制化における幻想化構成であり、その下に社会の自然性化へ統合される、身体の自然性／人口の自然性／人間種の自然性の層があり、その基盤に「社会の統治」空間での「幻想の統治制化」の層があります。この三つの層はメビウスの帯上へねじれるように関係配備されます。

そして事幻化の地盤は、述語制言語の主語制言語への変容です。この言語物象化による言語資本の統治制化が、すべての諸関係を規制します。国家語化なしに事幻化は為されない、バナキュラーな言葉は事幻化の外部にあります。つまり、事幻化はあくまで国家の統治制化における編制です。主語制言語化において事幻化はなされています。そして、標準語を言語交換して成り立っている「社会の自然性」は「社会幻想」化されて規整化作用を、諸個人へ可能にし、人口に対する安全性のテクノロジーと身体にたいする規律テクノロジーとを権力諸関係において結合的に作用させています。

この構成化の上に、商品の物象化と制度の物象化が配備され、社会の物象化において「社会市場」へ現実的に統合されて、市場の自由において機能しえていく。事幻化は統治中継の出現の次元です。

これが、国家の叡智が国家知として国家認識によって統治制化している全体ですが、事幻化は考えられないまま、実際は種別性においてしか作用しません。そして諸装置の出現が可能になります。

この事幻化された統治制化が不在であると、たとえば中国支配による香港の「りんご日報」の停止とか、ミャンマー軍部制圧とか、直接支配暴力が露出し、国家を守る法治体制として当たり前の正当行動である、と平然公言されます。それを自由主義国は比較して、自分たちは自由な国であると、事幻化の界で、安心・安全であると感じることになる。しかし、コロナ禍において検査やワクチン接種が医療化され、その証明書なしに自由な動きができなくなる編制がなされていくし、原発稼働は持続されるなど、「より少ない統治における優れた統治制化」は社会主義国以上に巧妙になされています。虫に刺されては医者へ、すり傷しては医者へ、風邪を引いたなら医者へと、日々医療化への他生成的な行動を規整化しているからです。医療化幻想は、学校化の教育幻想へ類似構成され、ワクチン接種率が、就学率のように、先進国性の指標とされていくのです。卒業証明書が個人の実際能力に関係ないように、ワクチン接種証明書が感染に関係ないのに保証されるのです。感染に対して自律的配慮で防御していたことが、自主的にワクチン接種へと依存転移されていく、これが事幻化作用です。接種するコトが、感染予防になるという幻想化によって実際に主体行動されます。ワクチン接種提供は、人口の統治制化であり、身体への規律保証であり、国民の命を守る生政治であり、その義務化はしないが、国民の方が接種証明書をもっていないと施設内部へ入れないというコトを実行していくのです。わたしは、制度化による自律性の不能化、自己技術の喪失だと、批判理論をもってそれを見ていましたが、コロナ禍において統治制化が国民自身によって身体自己規律がなされていく事態を観て、ワクチン接種に自発的に行列をなしていくあり方に、事幻化次元を考えないと説明できないとなった。これは、ワクチンが完全な予防ではないと医者が医学的に言っていても、国民自身が「完全な感染予防になる」と幻想化している、接種者が統計的に（計算可能な結果・分析として）感染率・死亡率が低い、という意味されたものが、予防になっているコトだ、と先取り転移される、事幻化の効果です。ウガンダの一選手が陽性反応が出た、その一ケースが入国者総体への不備として論議される、これも事幻化上のコトです。（無観客のオリンピック開会式の競技場の外に、人が密集的に自発的に集まって、花火やドローン演出を観ている。観客認可すると統治性の責任になるが、勝手に集まっているのは統治側の責任ではない、という規則化がそこに絡みます。）

事幻化は実際行為に働きかけそこにおける対象のコトを自然化し永久化していますが、本質的には想像界と現実界とを架橋している働きをなします。絶対にありえない「感染ゼロ」が幻想想定されているのです。複雑な解読不可能な現実界に対して統治制化しうるものを想像界へ配備するのです。セクシュアリテの考察において、フーコーが把捉した物事は、この事幻化であったとわたしは配備します。身体と人口への規律化と統治制化とが、対幻想のセックス化において疎外編制されるコトです。

それは欲望の主体化という次元ではなく、「振る舞いの道徳」に関わる自己のプラチックにおいて、「倫理的実質の決定 détermination de la substance ethique」と概念化されたものの意味です。「道徳的振る舞いの主要なコト内容 matière principal de sa conduite morale」として個人が自分のある部分を構成せねばならないコト façon です。それは実行されたアクト自体よりも、「魂の矛盾した動き movements contradictoires de l'âme」が、道徳プラチックのコト内容になるというコトです。<matieère>を「コト内容」と解しましたが、題材であったり素材であったりの物的なコトです。物自体ではない、マターです。しかもâme（魂、こころ）に起きているコトです、ここが、事幻化の場所であったというコトです。情念の嵐や、魂の安寧や、憧れや興味などへの自己統御などがなされるところです。つまり、事幻化においては倫理的実体が自己技術を決定しているのです。規則への服従や、倫理作業の洗練化や、主体の目的化がそこでなされています。それを規制しているのが事幻化の規整化作用です。そこに、わたしは、主体化幻想、性幻想を、同時に観ます。その幻想構造の心的構造に関係した構成は『国家と再認・誤認する私の日常』で明示しました（64-5頁、112頁、140頁）〔とくに本書の607頁の図を、その書の171頁の図（その墨部分が事幻化の界）に重ねて了解されてください〕。つまり、わたしは事幻化の界でのシニフィアンの働きを探っていたのです。倫理的実質（<substance>は、下に位置する・存在する物的な実質で真実とされるコト）によって、個人は道徳判断をプラチックになしています。「原発爆発は怖ろしい、だが電力は必要だ」「いや廃止すべきだ」、「感染は怖ろしい、だから安全のためにワクチンをうつ」「いや予防に意味ないからうたない」などなど。事幻化は統治制への服従／反振る舞いを含みます。

この事幻化の界で、個人は、自分の正当化を自分自身や他者へ向けてなすのですが、自分が依拠する「正統化の正当性」を領有してなしている、つまり自分の倫理的実質を自分が被っている幻想界の下で、批判判断しながら行為し言表化しています。「させられている」のではなく、自らでしているのです。しかしその言表化を支える知識は自分が、学校や大学で、また書物やネットやマスコミなどを通じて領有したもので、何らかの評価による批判判断をなして、そうして、利害関係や力関係との調整をはかっています。そのとき、事幻化の概念空間が、制度化や物象化とに擬似主体的にむすびつけられます。つまり「判断」において自己を主体出現させるのです。このとき「させられている」ことは消えて、自分がしていると思いこまれます。ここが「信仰」の場になる閾です。学校信仰／教育信仰、医療信仰が商品経済の物象化とともに構造化されて、国家の統治制化された共同幻想次元で、自らの認識・認知諸構造を自己領有するのです。そこに、転倒世界が構成されているのですが、もはや気づき自覚は自律性の不能化をともなってなされません。比喩のサプリメンタルな上重ねがなされて、自らへの読解不可能性が、命名され語られたことを文字通りの事実であると、<constative>に述定行為しているのです。その実際行為を規制している界を図で明示しました。

事幻化界から脱する存在的な自己技術の試練

物象化が転移不可能なように、事幻化も転移不可能です。見届けるには、外部に立つほかありません。それが、場所であり、資本であり、その地盤である述語制言語です。そこから、場所知による新たな統治制化が可能になります。幻想界では、日本では「国つ神」の場所神幻想、その場所から疎外される天つ神幻想、そして男女神幻想、という原生的神話構造です。それを場所民が自らで作ることとです。古事記にそれを読みとれます。宣長や篤胤は、それを国家知へと転じてしまったものでしかありません。幻想論、神話知を叡智的に見直すことが要されます（『国つ神論』『吉本隆明と「共同幻想論」』参照）。幻想本質の規制条件を正鵠に把捉することが必要です。事幻化は、自分の側から構成していくものですから、既存のものとは別系を想像的に創造しえます。

そして、自由主義、新自由主義から脱していくには、「社会市場」批判を媒介にして「資本経済」を商品経済に代わる原理とし、場所へ配備して、ホモ・エコノミクスの知界から脱することです。場所民の資本です。統治制の原理と技術を、そこにおいて新たに作り出していくことです。そのとき、事幻化の界を対象化しておくことで、自分の自己技術の自由プラチックを働かせることができます。「真実を述べる」自分の哲学的生をそこに働かせることですが、ある理念や目標に自己を服属させることではなく、資本や場所やホスピタリティをツールとして活用していくことであり、その活用力作用が述語制言語様式としてなされると、コンビビアルな関係を出現させられます。相反する正当性の公準を、吟味・検証することが可能になるからです。国家を肥大化し、また資本主義を過剰化して、両者を悪として、仰々しく対決することは、自己を擬制的正義に配置するだけであって意味がないのも、かかる擬制に人は生きているのではないからです。哲学的生は、そこを見極める知的資本を領有していることからの存在論的試練です。最善は最悪であることを自覚している哲学的生であり、理念は必ず裏切られることを知っている哲学的な生は、目の前の出来事の事幻化をクリティカルに明証に観ながら、具体現実に対応して実際行為していることです。恥じらいもなく綺麗事、良いことを、平然と言っている人（大学人に多い）を信用しない方がいいのも、そこに哲学がないからですが・・・。

かかる事幻化界を対象化しておくことで、「生きる者の統治」から、フーコーの「主体性と真理」「主体の解釈学」「自己と他者の統治」「真理の勇気」へ勘違いなくとりくんでいけると思います。でないと構造主義に欠落していた「主語的主体論」の復権であるかの様に知識主義で誤認されてしまうと思います。事幻化界から脱するのは、異なる系の事幻化を自己技術として試練としてなしていくという、ある逆説性を行使することですが、事幻化とはいかなる構成であるのかを自覚かつ認識しないと、それはなされない。

言語の統治制化と事幻化

フーコーによる批判考察は、実体化されているものは知の言語によって真理化されているものでしかない、実際的なものを新たな言語によって言説化し直していかねばならないという、メタ批判にある。規範や規定へ字義化されているものは、実際ではない。だが、プラチックはまた言語でしか語れない示せない、その言説をアルシーヴの中に発見するという歴史性研究になっています。日本でフーコーが最初は文化主義者たちによって、無意識的に、隠喩優位の言語に対する換喩化の批評に見えたのも根拠があるわけで、社会科学的言説への無知からきているのも、対象事態に即する言語概念化のその手法の意味作用が読めなかったからなのですが、しかし、批評理論の理解への粗雑さからもたらされているだけですから、気どった知識主義の横行をはなっただけです。日本の記号学流行は、シニフィアンを探るのではなくシニフィエの恣意性を弄り回すだけの仕方に転倒していましたから、意味論を超える理論生産をなしえないまま沈滞していきました。

わたしがフーコーを権力論および歴史論における知・言説の理論だと強調的に提示していったのも、マルクス主義やヴェーバーの社会科学の言説概念空間を転じるためで、社会科学言説の地盤転移をなすための戦略的意図でしたが、それには、「実践」概念の主語的主体の行動優位への批判転移として、対象を「pratiques実際行為」へ転じることに、構造論の意義を見出したからです。言説が対象なのではない、「言説的プラチック」がフーコーの対象であるということ。そして、その先に開かれてくることは、言説・真理の統治制化ではなく、言語自体への統治制化が構成されるという閾への突き進みです。フーコーは作者=主語主体を消しただけにとどまっています。それは述部の構造から類推的に主語＝主体の意図を推論する次元にとどまっているのを意味します。つまり、隠喩的メタ批判の次元から脱しえていないのです。そこが、国家知を外部配置し、パストラールの牧人主体を設定したまま、自己技術論へと横滑りしていきます。ミレールが、他生成を問題にしたのにまた言説へ戻るのかと、フーコーの循環性を批判指摘したところに示唆されているのですが、所詮メタ批判の形而上学でしかないゆえ、ブルデューからは社会的諸条件が考察されていないと批判されます。ブルデューの客観化の客観化としての社会的諸条件の社会構築的考察にも限界があると思いますが、こうした批判が存立している次元には何が論じられていないからでしょうか？　それは規範文法、規則文法の修辞化にとどまっているフーコーです。

人の行動には、幻想、心的構造がともなっていることを指摘してきましたが、それは言語の統治性において規制されている、「振る舞いの振る舞い」には言語規制が働いており、国家論は言語論なしには成り立たないことに関係します。ランガージュの標準語化、国家語化はある意味見える統治制化ですが、根源には主語制言語様式の唯一化・集中化・統合化がなされていることです。総体化という生成的な作業において、歴史と解釈とは一致し、出来事は通時的な動きのなかに包含され、位置づきます。「生政治の誕生」という生成的な統一原則の対象化に含まれてしかるべきものなのです。「それが語る」言語を、「主体が語る」言語へと統治制化した他生成的総体です。国家は個々人が「わたしは日本国民である」と語ることにおいて配備されている時、幻想の統治制化が構造化されており、欲望の主体化の心的構造が国家の主体化と同致する仮象を構成するのです。それは、「国家は従順な国民を欲する」です。主体＝主語など無いものが、在るかのように作用している。これは主語制言語の統治制化なしにはありえない。語っていることを意味しているのではなく、「語ろうとしていることを語る」ことが可能になっている言語様式の編制です。述部統率を解体・解消しえているという主語的意識が機能しえるようになったのです。

述部表現の決定的な役割を果たしていた多様な助動詞、「き・ぬ・けり・つ・たり・り」が、「た」一つに転じられたとき（藤井貞和『日本語と時間』岩波新書）、述部の縮減が起きているだけではないのです。名辞・動詞・形容詞が優位化されたランガージュは、主語なしで主語＝主体を語りうる言語へと転移し、主語が省略されていると国語学（国家知の一つ）が平然と「偽り」を語るのを可能にしたのです。そして、五七五の韻律は残滓したまま後景へおいやられ、代わって西洋音楽の五線譜とドレミ基調の音階が、三拍子リズムとともに、日本音階を解体していく、音の統治制化が並走しています。心身への統治制化アートです。これが、社会編制されているのが事幻化の空間です。経験的現実はすべて幻想であるという幻想主義を主唱しているのではない。「存在や世界は、審美的現象としてのみ、永遠に正当化される」（ニーチェ）という正当化のプラグマチズムの場を示しています。永続的・永遠的というのは、形而上学的慰めでしかないのですから。

文法領域における無限に開かれたシニフィカシオンと衝突して生み出されたランガージュの転移は、「個人」「社会」「国家」さらには「経済」「技術」「教育」などの概念自体に修辞的変容をもたらしたのです。

事幻化は、文学空間の修辞的世界のコトでは無い、あくまで実際行為の心的・幻想的な界の「物語的な」コトである。人はしようとしたことをなしたにすぎないのだ。文学空間は、市場の自由のように、言語の自由な場に外在されえている。言語の統治制化は、文学空間という仮象の場所を疎外構成したが、言文一致のように言語の統治制化に真正面から取り組んだ出来事もあった。しかし、レトリカルな使用にある文学言語の文学空間は、別個に論じられるべきコトです。フィクションまでも可能にする世界ではなく、実際生活の営みにおける言語の統治制化を考えるコトです。言語使用はすべて修辞的ないし比喩的であるとも言えますが、その比喩的言語の次元は別個の視座から考えないとならない。フーコーはときに、言語の修辞的表現から社会的現実性を解析したりしますが、そこは事幻化が作用しているコトとしてわたしはとらえます。でないと、ただ知的安全性を確保する気の利いたお喋りにしかならないからです。鋭い人は、いま、わたしがポール・ド・マンをここでとりあげながら思考しているのに気づかれると思いますが、ド・マンの言説は文学言語空間へ配置しておくべきことで、しかしそこから溢れる哲学的省察をプラチックな領域を照らす限界設定的に活用はしうる。それは、言語の統治制化は、「文字通り」literalism（邦訳は「字義的」と硬く訳しています）の解釈へと思考を固定化させ類似の相同性を一般化して、画一作用をなすからです。

一日500~1000人の感染者確認を3900万人人口、さらに日本人口一億人へと拡大する、身体マターを人口マターの統治性へと拡張しうるロジックは、言語の統治制化からなされている修辞的作用です。科学ではない。非論理の論理化という奇妙な現象をそれは可能にします。個人幻想が逆立して共同幻想と一致するのを可能にしているものです。自分のこととしての感染には、日本国家の国民としての感染予防でしかない統治制化がなされています。比較は、国家内感染者やワクチン接種率の国家間比較でなされます。科学ではない、ただ計算可能性の言語統治制化の思考でしかないもので、自分の位置判断をしている。「友達と一緒に飲みたいからワクチン接種をうける」という若者は、感染予防という概念ではなく、彼の心に現実的に浮上する代替的なイメージを実際行為することへ統治制化され、その思い違いを生じさせ、誤謬が真理として支配する世界に存在することを可能にするのです。個別的自己による非理性的・非媒介的な主体に行きついているのは、主語制の統治制化の効果に他なりません。主客分離の二元世界において、意味されたものしか事実ではないという大学人の言説の非理性的な理性から生み出されている効果の現れです。生産の場における言語、流通の場における言語、消費の場における言語、そして制度の場における言語が、社会の自然性化された社会市場空間における言語の統治制化として循環し、身体行動アクトまで規定している、これが〈事幻化〉の界閾です。

テクストの中心に普遍の安定した意味を定めるロゴス中心主義の形而上学への批判解体をなしたデリダやフーコーは、より厳密なロゴスの緻密な考察閾を開くが、日常生活の実際行為を規定するあらゆる概念の検証的転移をもって、言説に自然化されている概念的秩序を配置換えするフーコーは、真実／真理と関係する唯一のものとされていたことを転じるとき、デリダが言語の派生的・周縁的・逸脱的な軌跡の形態の総体を含んだありのままの言語としての修辞的構造の言述、その解体構築に形而上学的に止まったのに対して、トロープとプラチックのギャップの歴史的変容の〈生〉の界閾を切り開いています。それは、文学テキストと哲学テキスト／政治学テキストの差異をなくす〈言説プラチック〉の閾であり、言語統治制化の界閾を、当人が語らずとも考察可能なものへと開いているのです。

事実を対象にし、実際的なものを対象にしたところで、哲学および社会科学の言語は比喩的概念空間から離脱はできず、指示するテクストとその指示対象との間のギャップはミスリーディングの場として余剰知識を生み出してしまうのですが、それ自身と別のものを指示する物語の傾向と社会科学の対象自身を指示するように向かう理論生産とを、わたしは対峙させるのも、場を規制する述語的場所の実際を後者においては優先させることによってです。シチュエーションとかコンテクスト／文脈と設定している限り比喩的傾向度はそのままで、そこのレトリック構成を見抜き続けるうえで「事幻化」の概念閾をわたしは設定しました。レトリック了解を無視しませんが、それをもふまえて批判対象にして従いません。政治領域のみならず、経済や技術の物質界にまで忍び込んでいる主語制言語の近代レトリック空間を射抜くために、批判媒介的に活用しますが、知識主義の客観を装った主知的敗北主義には陥りません。

「医療化の統治制化」による帝国化の再来

現在、統治制化が世界的に組み立て直されているのが、コロナ禍をめぐる各国の統治制化の仕方です。フーコーによる「社会医学」の考証は、イリイチの『医療ネメシス』への批判としてなされていますが、統治制化の重要な論考です。

イギリスではワクチン接種率が非常に高く実施されたのに、一日三万人を超える感染者増大を招いており、かつサッカーの決勝戦やウインブルドン観戦では、何万人ものマスクなしディスタンスなしの「自由放任」の統治制化が実験的になされていますが、一日千数百人の感染者でしかない日本では、摂取率が低く、オリンピック観戦は無観客とする統治制化がなされましたが、プロ野球やサッカー観戦は観客数制限で開催され、みなマスクをつけています。中国では、強制的な検査やワクチン接種、監禁的防衛が強圧的になされています。USAでは、死者六十万人、感染者数３３８０万人以上、ワクチン摂取率は約５０％です。大谷選手の活躍を見て、TV解説者が、誰も観戦者がマスクしていない、接種がきちんとなされているからだとトンチンカンな理解をするよう、統治制化への個々人の誤認は、実際の意識感覚になっています。どの統治制化が正しいかではない、医療による医療帝国主義のいっせいの統治成果が、学校の義務教育化を超える速度で実際化されている、とんでもない転倒です。感染をめぐって統治制化が迷走しながら、統治制化の再強化をなしているだけです。

医療行為とまったく別次元での医療化統治成果は、国家政府の有効性をめぐってなされているだけではない、国民統治制化として個々人の事幻化作用として機能しています。医療化の不備への「反振る舞い」も医療化の統治制化を求めています。医療専門家たちの政治音痴の医療世界外への提言は、医療ではない医療化の統治制化への妄言ですが、当人たちは真面目真剣にしています。国家間均衡を超えた医療化の帝国化が再来しようとしています。

<suffering>をなくすという医療化の偽装が、苦悩ををなくしたいという個々人の願いに一致しているところに事幻化の場があります。主体化された願望に事幻化は一致する。これが、感染への不安・心配に重ねられて、医療化の安全性テクノロジーが作用しうる根拠になっています。ありえないことが、ありうるかのように想念される、その願望期待に、医療化は平然と擬似世界を画定させていく。事幻化が物象化／制度化と合体していくと溶解不可能な永続化になる、

医療ではない「医療化の義務化」は貧相な統治制化とその迷走を強圧化している。それを支えているのが、「ワクチンによって感染をゼロにしうる」という「事幻化」を自分が支えていることです。ワクチン接種をするなというのではない、それを医療化ラディカル独占して他者へ押し付けるなということです。数人の漏れを、管理的不備として非難しかつ道徳的に裁くような愚行をするな、ということです。わたしは、この統治制化から逃れていろんな制約を不可避に被るでしょうが、自分に余計な物事を制限されたと自己了解し、自分の自分への自己技術をめげずに駆使するのみですが・・・。

事幻化の理論生産へ

「事幻化」はネガティブ作用以上にポジティブ作用する界閾です。先日ＴＶで、ダイアナ妃の告発インタビューを見たのですが、彼女は首をやや下に構え、瞬き一つせず、自分の声で思いを語る、それが「事幻化」の自己技術になっていました。身体と幻想化が真摯に死をかけて生きるべく「真実を語る」勇気においてなされていた。その背景をめぐる力関係や利害関係の調査や告発が多々なされようとも関係ない次元の表出です。不倫

したのか？と問われて、インタビューをとめ、どう答えたらいいのかBBCと相談し、自分が納得いく形で、「彼を愛していました」と答えた、このコト化の言語表出が「事幻化」です。「対」への侵食を拒絶して、王室および世間の共同幻想の統治制化からずらしています。文字通りのコト言述では何の説得性もなされない。

フーコーによる「統治制化」の理論概念とその理論プラチックの手法とから、〈事幻化〉なる概念空間を設定しえたことが、本書の「読み」の最大の成果ですが、この概念を正当化することではなく、これによって、物的関係でも力関係でもない物事（モノ／コト）の働きの「動き」が、言語論的な課題と幻想論的な課題とを負って、客観化の概念空間ではない、述語的理論の概念空間として配置されたことに意味がある。理論考察でありながら無意識に利害関係と力関係へ物事を還元してしまう社会科学思考の慣習からの脱出ですが、すべてが修辞学的なものでしかないというド・マン的拘束性からのずらしへの理論挑戦でもある。大事なことは、対象に対して思考が自由自己技術的に作用することで、対象を鋭利に見抜いていくことであり、それは批判理論を徹底しないと開かれない。

事幻化の最大の効果は、既存の物事の優位性が担保されることとです。プラチック論理を当事者は知らないが論理的にそれはなされている、というロジックを奇妙な論理だとボルタンスキーは批判しましたが、この「当事者は知らないが論理的だ」という界が事幻化の世界です。どんな言語表現にも論理があり、また振る舞い／動作にも論理があるのです。

事幻化の対象は、プラチック総体における幻想的プラチック／心的行為です。

事幻化は、意図・決定でも規範でもなく、統治制化が生存生活次元で実際行為されていく中継域です。

物質的でも象徴的でもなく、想像的に現実界／象徴界を保存するシニフィアン作用です。

事幻化は、個人によって経由される共同的なものの実行効果です。物象化と制度化が自然的であると「社会統治制化」している配備です。支配されて服属しているのではなく、統治制化を受容し、自分の側からそれを肯定的に保存する。事幻化は、主体化された欲望構造に合致しています。

事幻化は、国家の統治制化を権力諸関係において統合化して、力関係／利害関係から切り離された関係行為の正当化シテを、支えています。

事幻化は、主語制言語様式による感覚・認知・認識の諸形式でもって心身／環界を客観化していますが、述語制言語様式への切り替えの可能条件にもあります。

事幻化理論は、批判理論の限界を超えるべく、可能条件を探し当てるうえで、既存秩序を容認した効果のままでいるのではなく、転移へと批判理論をより徹底させる戦略的企図を主題的に働かせえます。

この事幻化領域は、ほんとに不問にされていた次元です。理論的に分節化された諸概念によってこぼれ落ちてしまっている述語的領域に構成されている界です。ボルタンスキー、ラカン、ド・マンからフーコー／吉本を見直したときに見えてきた、相反性が共存する閾です。国家の統治制化が個人化される水準で、それは構造化され個々人へ領有されていますが、事幻化を稼働させているコアは対関係の家族界の統治制化の配備です。そこが隠されています。述語制論理によってしか可視化されません。この事幻化に向かい合うのが、哲学的生としての自己技術です。批判理論を生産的に深化し活用して、批判理論そのものの限界を突き抜けていく領域と水準です。中途半端な批判理論は意味がない。

「知の新書」新版へのあとがき

本書を再版校正しながら、近年ようやくフーコーの限界が見えてきた。それは理論スキームが非常に単純であるということだ。しかし、思考技術、その解析格子の手法は非常に高度である。単純なのは言説世界を見ているだけで、現実的なプラチックを見ていないことからくる理論的限界である。統治制も権力作用もプラチックだとされながら、プラチック自体が把捉されていないことからの限界だ。現実界の複雑性は解読不可能であるが、であるがゆえに理論スキームと理論生産が要される。また、批判理論の限界をフーコー言説は転移しえていない。フーコー設定から多分にボルタンスキーたちが新たな次元を開こうとしたこととアンドリューが言説考察をもっと緻密化したことが、わたしにはフーコーの先にあるものだが、わたしの固有性があるとしたなら、幻想と心的疎外表出の論理を介在させたことである。それは、吉本／ラカン言説を社会科学理論化することに同時になる。したがって国家論五部作を統括した次元から、本書のⅣ部7章をとくに加筆修正した。本筋に変わりないが、フーコーのある種の物質的な論理をもう少し深化せねばならないと感じたためだ。〈事幻化〉なる概念でもって、物象化論／制度化論と幻想論との乖離を越える通道への穴を見つけた。モノ化とコト化のギャップへの橋渡しでもある。これは新資本経済学会で、実際の事業化をなしていく上で、ポジティブに必要な概念空間であると実感したことからきている。マネジメントの統治アートにおいて不可欠な自覚からの論理であり、机上理論からではなく実際からの理論的な要請でもある。

統治制化は、コロナ禍において驚愕的な愚行として機能され、統治アートなきその迷走する姿を露出している。感染に対しての医療行為ではない医療化次元が、平然と緊急事態宣言やソーシャル・ディスタンス、他国ではロックダウンなどとして規制・禁止行動が提起される。グローバル化で、平均化していく生政治の医療化統治制は、医療範囲を超えて〈わたし〉に侵蝕してくる。それへの抵抗もこめて加筆した。

（二〇二一年七月）

山本　哲士（やまもと てつじ）

1948年生まれ。信州大学教授、東京芸術大学客員教授をへて、文化科学高等研究院ジェネラル・ディレクター。教育学博士。政治社会学、ホスピタリティ環境学など専門分割領域にとらわれない超領域的専門研究の研究生産と文化生産を切り開いてきた。大学を超える研究生産機関として文化科学高等研究院を1990年に設立、海外の研究者たちと交通し、国際セミナー／会議をなす。さらにその超領域的学問の実際活用をなす文化生産ビジネス機関としてJapan Hospitality Academyを設立（2005年創設、2013年に改組）、そして2016年にweb intelligence universityの動画配信知的システムを、2017年「文化資本学会」を創設し、2019年「一般財団法人・日本国際高等学術会議」を設立した。

著書、編集・監修、雑誌の書籍生産物は、200点を超える（『聖諦の月あかり』参照）。

＊山本哲士の理論体系 http://japanhospitality.com/yamamoto/
＊ web intelligence university　web-uni.com
＊日本国際高等学術会議・文化資本学会
https://www.japanculturalcapital-gakkai.com
＊文化科学高等研究院出版局　https://www.ehescjapan.com

知の新書 SONDEOS 103

山本哲士
ミシェル・フーコーの統治性と国家論
生政治／権力／真理と自己技術

発行日　2021年8月20日　初版一刷発行
発行所　㈱文化科学高等研究院出版局
東京都港区高輪4-10-31　品川PR-530号
郵便番号　108-0074
TEL 03-3580-7784　FAX 03-5730-6084
ホームページ　https://www.ehescjapan.com

印刷・製本　中央精版印刷

ISBN　978-4-910131-18-4
C1210